Aprender Maya 2012 Avanzado

con 100 ejercicios prácticos

Aprender Maya 2012 Avanzado

con 100 ejercicios prácticos

marcombo
ediciones técnicas

Título de la obra:
Aprender Maya 2012 Avanzado con 100 ejercicios prácticos

Primera edición, 2012

Diseño de la cubierta: NDENU DISSENY GRÀFIC

Comte d'Urgell, 182 · local-2
08036 Barcelona
www.mediaactive.es

Gran Via de les Corts Catalanes, 594
08007 Barcelona
www.marcombo.com

ISBN: 978-84-267-1787-0
ISBN (obra completa): 978-84-267-1533-3
D.L.: B-8762-2012

IMPRESO EN GRAFO, S.A.

Presentación

APRENDER MAYA 2012 AVANZADO CON 100 EJERCICIOS PRÁCTICOS

100 ejercicios prácticos resueltos que conforman un recorrido por las principales herramientas de trabajo con efectos Paint, deformación de formas humanas y creación de esqueletos, animación y creación de efectos dinámicos de Maya 2012. Una vez realizados los 100 ejercicios que componen este manual, el lector será capaz de perfeccionar sus escenas y conseguir efectos de gran realismo con las múltiples y avanzadas herramientas que ofrece Maya. Desde la aplicación de pinceles para crear entornos reales hasta la creación y manipulación de personajes, pasando por la animación, la iluminación y la espectacular generación de fluidos o sistemas de partículas.

LA FORMA DE APRENDER

Nuestra experiencia en el ámbito de la enseñanza nos ha llevado a diseñar este tipo de manual, en el que cada una de las funciones se ejercita mediante la realización de un ejercicio práctico. Dicho ejercicio se halla explicado paso a paso y pulsación a pulsación, con el fin de no dejar ninguna duda en su proceso de ejecución. Además, lo hemos ilustrado con imágenes descriptivas de los pasos más importantes o de los resultados que deberían obtenerse y con recuadros IMPORTANTE que ofrecen información complementaria sobre los temas tratados en los ejercicios.

Gracias a este sistema se garantiza que una vez realizados los 100 ejercicios del manual, el usuario será capaz de desenvolverse cómodamente con las herramientas avanzadas de Maya.

LOS ARCHIVOS NECESARIOS

En el caso de que desee utilizar los archivos de ejemplo de este libro puede descargarlos desde la zona de descargas de la página de Marcombo (www.marcombo.com) y desde la página específica de este libro.

A QUIÉN VA DIRIGIDO EL MANUAL

Si se inicia usted en la práctica y el trabajo con Maya 2012, encontrará en estas páginas un completo recorrido por funciones avanzadas necesarias para un trabajo completo con este programa. Si usted cuenta con nociones de modelado tridimensional, le resultará también muy útil para consultar todas sus novedades o repasar funciones específicas que podrá localizar en el índice.

Cada ejercicio está tratado de forma independiente, por lo que no es necesario que los realice por orden (aunque así se lo recomendamos, puesto que hemos intentado agrupar aquellos ejercicios con temática común). De este modo, si necesita realizar una consulta puntual, podrá dirigirse al ejercicio concreto en el que se trata el tema y llevarlo a cabo sobre sus propios documentos.

MAYA 2012

Maya es una completísima aplicación para modelar, animar y renderizar objetos tridimensionales en poco tiempo, muy parecido a 3D Studio Max, de la misma compañía. Su interfaz gráfica y las avanzadas herramientas de diseño y edición lo convierten en uno de los programas más utilizados en todo el mundo por profesionales del desarrollo de juegos, de la creación de contenidos para la televisión y el cine...

Con Maya 2012 es posible crear simples objetos 2D y 3D y manipularlos hasta convertirlos en objetos más concretos: coches, casas, vajilla e, incluso, personas. Una vez creados, podrá aplicar efectos de pintura y animarlos para conseguir sus propias simulaciones.

Con este segundo manual dedicado al programa, el usuario conocerá los espectaculares efectos de pintura PaintEffects, propios de Maya, aprenderá a crear y deformar esqueletos para conseguir formas humanas y trabajará para animar estos personajes y otros objetos. También conocerá el modo de generar efectos dinámicos, entrará en el mundo de la generación de fluidos y partículas y trabajará con casos concretos de iluminación y renderización.

Cómo funcionan los libros "**Aprender...**"

El título de cada ejercicio expresa sin lugar a dudas en qué consiste éste. De esta forma, si le interesa, puede acceder directamente a la acción que desea aprender o refrescar.

Los ejercicios se han escrito sistemáticamente paso a paso, para que nunca se pierda durante su realización.

El número a la derecha de la página le indica claramente en qué ejercicio se encuentra en todo momento.

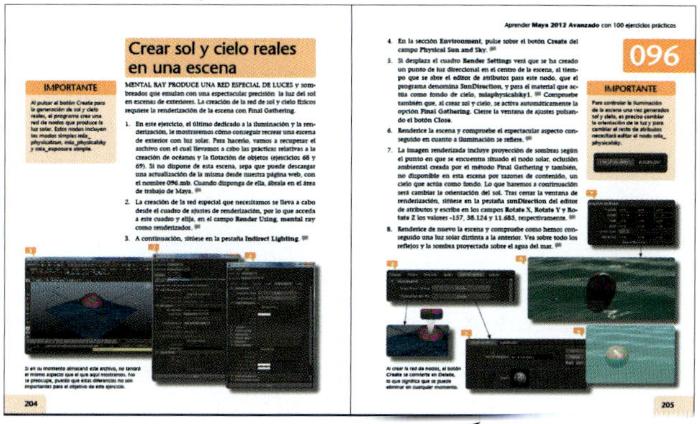

Los recuadros Importante incluyen acciones que deben hacerse para asegurarse de que realiza el ejercicio correctamente y también contienen información que es interesante que aprenda porque le facilitarán su trabajo con el programa.

En la parte inferior de todas las páginas puede seguir el ejercicio de forma gráfica y paso a paso. Los números de los pies de foto le remiten a entradas en el cuerpo de texto.

Índice

Índice

Prepararse para trabajar con PaintEffects de Maya

IMPORTANTE

Con PaintEffects es posible elegir uno de los muchos pinceles preestablecidos para pintar efectos realistas como plantas, pelo, fuego, plumas, pinturas al óleo, pasteles y acuarelas; también puede mezclar pinceles preestablecidos para crear efectos personalizados.

PAINTEFFECTS ES UN COMPONENTE DE MAYA utilizado para pintar de forma rápida y sencilla con pinceladas y efectos de partículas sobre un lienzo 2D o dentro de geometría 3D. Puede utilizar PaintEffects como un programa de dibujo tradicional para pintar imágenes en un lienzo o texturas que se repiten aplicables a la geometría de una escena.

1. Para empezar a trabajar con PaintEffects, éste debe ser debidamente cargado en Maya. PaintEffects es un módulo del programa que de forma predeterminada se carga con la instalación de la aplicación. Sin embargo, si PaintEffects no aparece entre los shelves preestablecidos, deberá, como hemos indicado, cargarlo. En este ejercicio le mostraremos cómo llevar a cabo estos pasos previos al uso de PaintEffects. Para empezar, inicie Maya.
2. A continuación, despliegue el menú **Window**, haga clic sobre el comando **Settings/Preferences** y elija de la pista de opciones que se despliega la denominada **Preferences**.
3. Se abre de este modo el cuadro de preferencias de la aplicación, el contenido del cual se encuentra organizado por categorías. Pulse en este caso sobre la categoría **Modules**, en el panel de la izquierda de esta ventana.

1

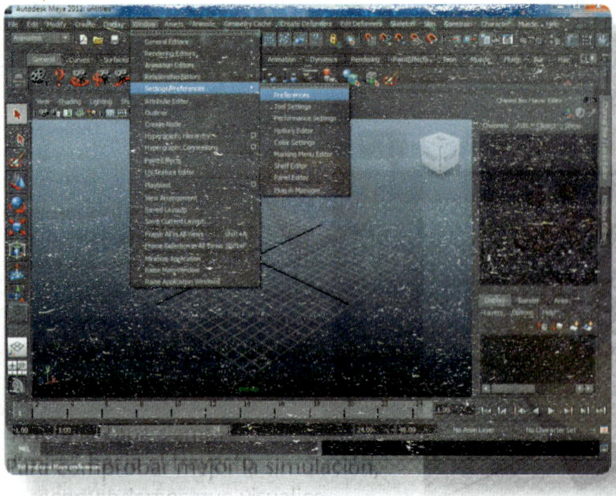

El grupo de menús **Animation** es el que se carga por defecto en Maya.

2

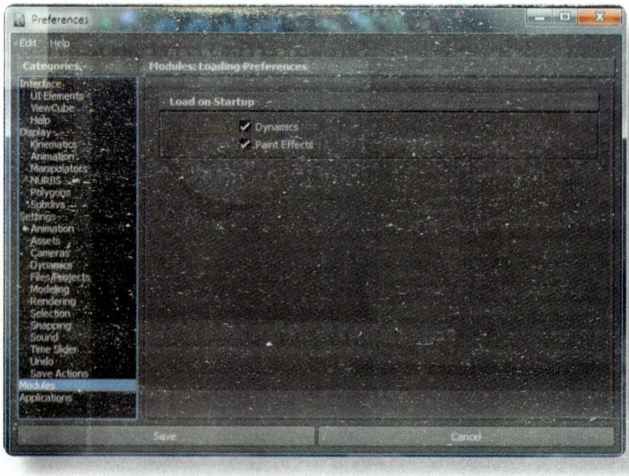

4. Se muestran a la derecha dos opciones, **Dynamics** y **PaintEffects**; ambas se encuentran marcadas por defecto aunque si no es así, marque en este caso la segunda de ellas y pulse sobre el botón **Save** para guardar la modificación de esta preferencia.
5. Para que el cambio surta efecto sobre el programa, reinícielo.
6. Al volver a abrir Maya, el programa mostrará el shelf **PaintEffects**. Además, si muestra el grupo de menús **Rendering**, verá que también se ha insertado el menú **PaintEffects**. Despliegue el campo de grupos de menús, que por defecto muestra el nombre **Animation**, y elija el grupo **Rendering**.
7. Efectivamente, aparece un menú denominado **PaintEffects**. Por último, despliegue el menú **Panels** del visor, pulse sobre el comando **Panel** y compruebe como también aparece el nombre del correspondiente panel.

Además de PaintEffects, maya cuenta con dos funciones: Maya Artisan y 3D Paint Tool. Autodesk Artisan es una interfaz de pintura basada en la escultura que ofrece alta calidad en un tiempo mínimo. Muchos pinceles de Maya utilizan esta interfaz, razón por la cual muchas de estas herramientas se denominan artesanales. Por su parte la herramienta **3D Paint** es una herramienta que puede utilizar para pintar texturas para atributos renderizables como el color, el relieve, la transparencia y el color especular sobre polígonos, NURBS y superficies subdivididas.

001

IMPORTANTE

Si usted trabaja con Linux, debe saber que Maya no carga automáticamente el shelf **PaintEffects**, debido a que pueden impedir la carga del programa. Para cargarlo, deberá desplegar el menú Window y acceder a la ventana **Script Editor** desde el comando **General Editors**. En el Editor de Script, deberá insertar los siguientes comandos:

```
loadNewShelf "shelf_
PaintEffects.mel";
saveAllShelves
$gShelfTopLevel;
```

Pintar en 2D

IMPORTANTE

La herramienta **Paint Effects**, que se activa automáticamente al acceder al lienzo PaintEffects, funciona como un pincel cualquiera. Al arrastrar con este pincel, usted está creando un trazo, es decir, una colección de curvas con atributos que definen cómo se está aplicando el pincel. Si pinta trazos sobre el lienzo 2D conseguirá imágenes y texturas en dos dimensiones, mientras que si los pinta sobre una escena reproducirá una escena real en tres dimensiones.

BÁSICAMENTE, PAINTEFFECTS ES UN PROGRAMA de pintura tradicional que se puede utilizar para pintar sobre un lienzo en dos dimensiones. PaintEffects dispone de un amplio catálogo de pinceles predeterminados, entre los cuales aerosoles, marcadores, óleos, colores pastel, lápices, bolígrafos, entre otros. Cualquiera de estos trabaja como un pincel, es decir, dejando la pintura a lo largo de un trazo.

1. En este ejercicio empezamos realmente a conocer cómo funciona PaintEffects en Maya. Para ello, lo mejor es iniciarse en la pintura en 2D para, más adelante, mostrar cómo puede aplicarse a las tres dimensiones. Para pintar en 2D se utiliza el lienzo PaintEffects de Maya, por lo que lo primero que haremos será acceder al mencionado lienzo. Despliegue el menú de visor **Panels**, haga clic sobre el comando **Panel** y elija la opción **PaintEffects**. 1
2. El lienzo PaintEffects es simplemente un plano con una vista ortométrica normal; esto significa que al pintar un trazo sobre el lienzo, PaintEffects aplica la pintura pero descarta el trazo inferior y los pinceles adjuntos. Al abrir el lienzo se activa automáticamente la herramienta **Paint Effects**, lo que significa que ya puede empezar a pintar. El puntero del ratón muestra el tamaño del pincel y, en la barra de herramientas del lienzo puede consultar el color (**C**) y la transparencia (**T**). Realice un trazo mediante el arrastre. 2

Puede abrir el panel **PaintEffects** pulsando directamente la tecla **8** de su teclado.

1

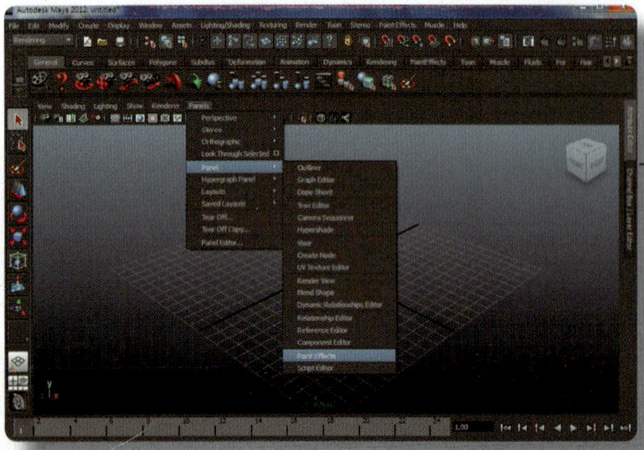

2

Es posible abrir el lienzo PaintEffects como una ventana independiente mediante el comando **PaintEffects** del menú **Window**.

3. En la barra de herramientas del visor, pulse sobre el sexto icono para acceder al cuadro de preferencias del pincel de PaintEffects. 3

4. Se abre de este modo el cuadro de diálogo **Paint Effects Brush Settings**, en el cual, en primer lugar, puede elegir el tipo de pincel y su tamaño. Muestre el contenido de la sección **Brush profile** para consultar su contenido. 4

5. Aquí puede modificar atributos como la anchura del pincel, la suavidad (**Softness**), el grosor o delgadez (**Flatness**) y la densidad de la punta del pincel (**Stamp Density**). Cierre el cuadro de preferencias sin realizar ningún cambio.

6. Como hemos indicado en la introducción, PaintEffects dispone de un amplio catálogo de pinceles. Puede encontrar algunos de ellos en el shelf **Rendering** o acceder, como haremos a continuación, a la ventana de pinceles. En la barra de herramientas del lienzo,pulse sobre el séptimo icono, correspondiente al comando **Get Brush**. 5

7. Se abre de este modo la ventana **Visor**, mostrando el contenido de la pestaña **PaintEffects**. El programa organiza los pinceles por categorías que, a su vez, se encuentran ordenadas alfabéticamente. Haga clic sobre la carpeta **airbrush** para consultar qué tipos de pinceles contiene 6 y, seguidamente, navegue por su cuenta por otras carpetas para comprobar el sinfín de posibilidades de que dispone.

8. A modo de ejemplo, elija cualquiera de los pinceles de la carpeta **Markers** y, tras cerrar la ventana **Visor**, realice un trazo sobre el lienzo.

002

IMPORTANTE

PaintEffects permite crear dos tipos de trazos: el simple y el trazo tubular (*stroke with tubes*). Los trazos tubulares son los que se generan con pinceles que utilizan tubos, con los cuales parece que la pintura emerja de los trazos dibujados, como plantas que crecen de sus semillas. En estos casos, el tamaño del pincel indica el número de trazos generados.

Otra forma de acceder al visor de pinceles es desde el comando **Get Brush** del menú del visor **Brush**.

5

3

4

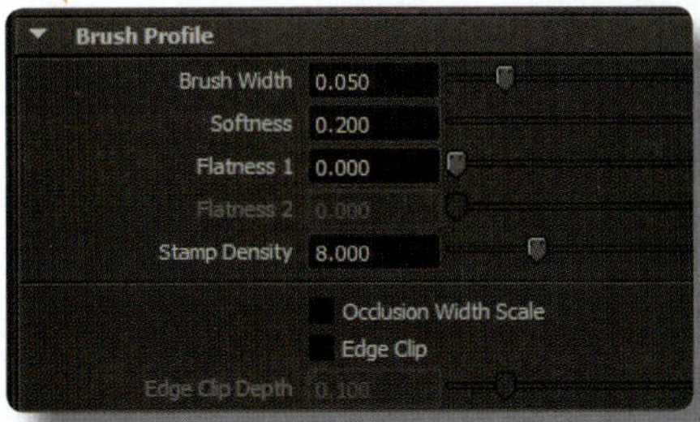

Tenga en cuenta que la ventana **Visor** reúne todos y cada uno de los pinceles disponibles, tanto los que generan trazos simples (por ejemplo, **Markers**) como tubulares (por ejemplo, **Trees**).

6

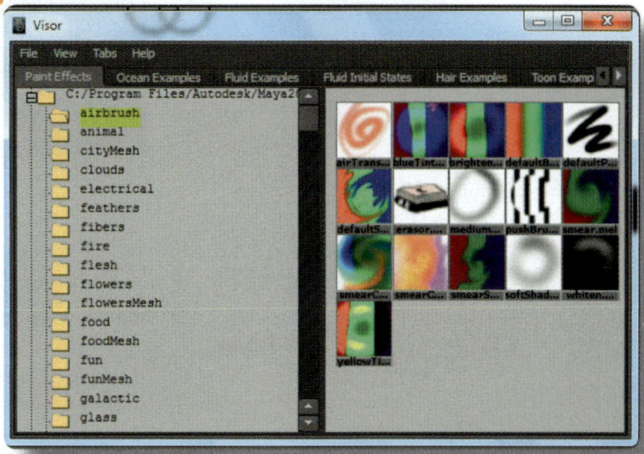

Crear pinceles

CADA VEZ QUE SE PINTA UN TRAZO, PAINTEFFECTS CREA un nuevo pincel y lo vincula al nuevo trazo. Los ajustes de plantilla de pincel definen los ajustes iniciales para este pincel; cualquier cambio que realice sobre los ajustes de plantilla del pincel afectarán a la apariencia de los trazos siguientes, pero no a los trazos ya realizados con el mismo pincel.

1. En este ejercicio aprenderá a crear un nuevo pincel para PaintEffects basado en uno existente. Debe saber que puede crear nuevos pinceles desde cero o bien basados en un trazo existente, en cuyo caso deberá seleccionar dicho trazo antes de proceder como se describe en este ejercicio. Para empezar, despliegue el menú **PaintEffects** y haga clic sobre el comando **Template Brush Settings**. 1
2. Se abre de este modo el cuadro de diálogo **Paint Effects Brush Settings** en el cual podemos configurar el pincel según nuestras necesidades. Como son muchas las secciones que componen este cuadro, nos ocuparemos sólo de algunas de ellas, las más básicas, aunque le recomendamos que personalice por su cuenta el ejercicio adaptando cualquiera de estas funciones. En este caso, muestre el contenido de la sección **Brush Profile**. 2
3. Amplíe la anchura del pincel en el campo **Brush Width** hasta el valor **0.080**. 3

IMPORTANTE

Si desea limpiar el lienzo 2D de PaintEffects, despliegue el menú **Canvas** del mismo lienzo y haga clic sobre el comando **Clear**. El comando **Canvas Undo** deshace el último trazo realizado.

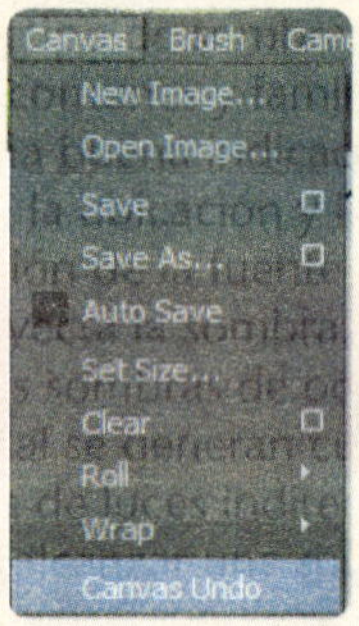

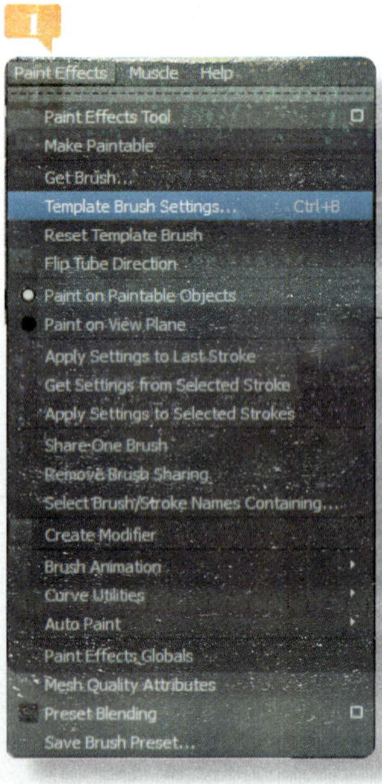

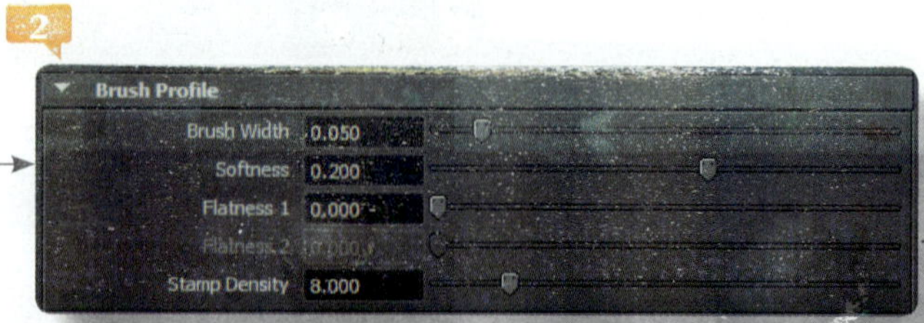

También puede acceder al cuadro de ajustes de la plantilla de pincel pulsando el comando **Edit Template Brush**, el sexto de la barra de herramientas del lienzo, así como mediante la combinación de teclas **CTRL + B**.

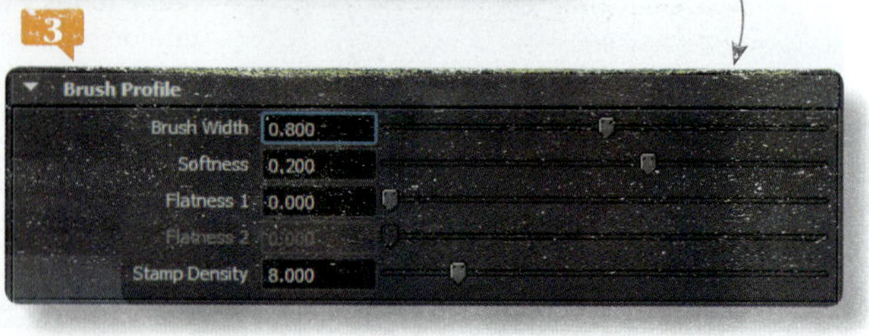

4. Seguidamente, inserte el valor 0 en el campo **Softness** para anular cualquier suavidad existente.
5. Mantendremos el resto de ajustes de esta sección por defecto y pasaremos a asignar un nuevo color al pincel, así como luz, sombra y reflejo. Muestre el contenido de la sección **Shading**.
6. Pulse sobre la muestra de color del campo **Color 1** y elija, en el panel **Color History**, un tono anaranjado para el nuevo pincel.
7. A continuación, muestre el contenido de la sección **Illumination** y active la opción **Illuminated**.
8. Aunque podríamos ajustar varios parámetros relacionados con la iluminación sobre el pincel, mantendremos dichos ajustes con los valores predeterminados y activaremos el uso de sombras. Para ello, en la sección **Shadow Effects**, despliegue el campo **Fake Shadow** y elija la opción **2D Offset**.
9. Una vez activados los parámetros de esta elección, reduzca el valor predeterminado del campo **Shadow Offset** a **0.20** y aumente el del campo **Shadow Transparency** hasta **0.90**.
10. Como último ajuste, muestre el contenido de la sección **Glow** y cree el resplandor aumentando el valor del campo **Glow** hasta **0.70**.
11. En el siguiente ejercicio le mostraremos cómo guardar este nuevo pincel entre los predeterminados en el programa. Termine esta práctica cerrando el cuadro de ajustes y creando unos trazos en el lienzo para comprobar el aspecto del nuevo pincel.

003

IMPORTANTE

Si lo que desea es basar el nuevo pincel en un trazo existente, deberá seleccionar dicho trazo, desplegar el menú **PaintEffects** y elegir el comando **Get Settings from Selected Stroke**.

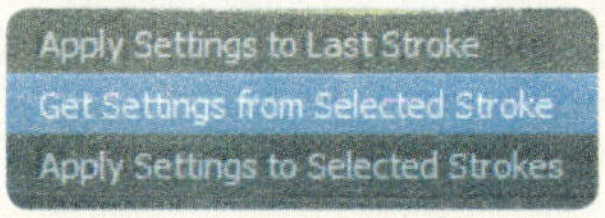

7

6

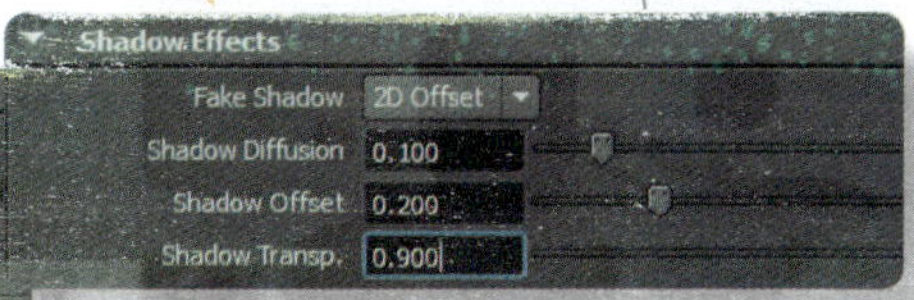

5

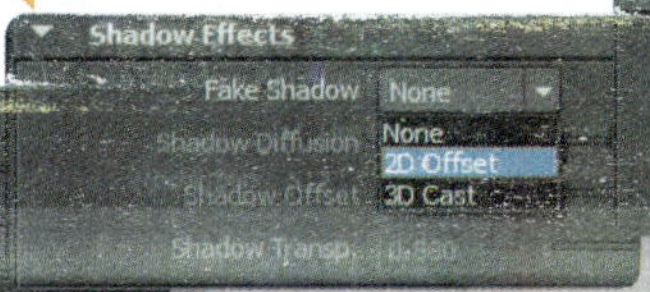

4

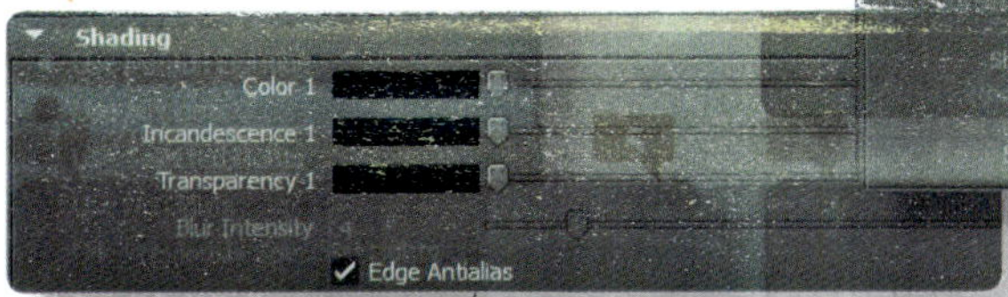

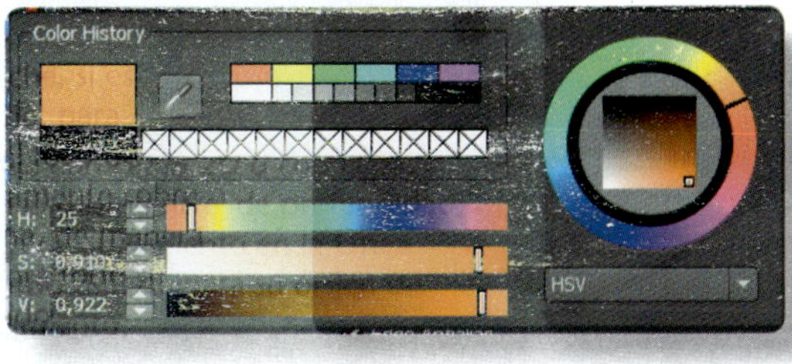

8

Guardar pinceles en PaintEffects

IMPORTANTE

Le recomendamos que, si es usted el único que utiliza sus pinceles, guarde los nuevos pinceles en uno de los shelves disponibles; ahora bien, si desea compartirlos o si dichos pinceles disponen de archivos de texturas, en este caso lo mejor es almacenarlos en la ventana **Visor**.

UNA VEZ HAYA PERSONALIZADO SU PINCEL, ya sea creándolo desde cero o basándolo en uno de los predeterminados en Maya, el siguiente paso y el más lógico consiste en almacenarlo para poder utilizarlo cuando lo necesite. Para ello, es preciso acceder al cuadro Save Brush Preset en el cual podrá, además de renombrar el pincel, indicar dónde desea que aparezca, si en el shelf PaintEffects o en la ventana Visor.

1. Este ejercicio podría ser la segunda parte o la parte final del anterior. Aquí aprenderá a guardar en el programa, concretamente en el shelf **PaintEffects**, el pincel que creamos en la actividad anterior. Empecemos. Con el pincel todavía activo en el lienzo, y tras asegurarse de que el mencionado shelf se encuentra abierto, despliegue el menú **PaintEffects** y haga clic sobre el comando **Save Brush Preset**. 1
2. Se abre así el cuadro de diálogo **Save Brush Preset**. Vamos a asignar un nombre o etiqueta al nuevo pincel. Para ello, inserte el término **naranja_iluminado** en el campo **Label**. 2
3. Como nuestra intención es guardar el pincel en el shelf **PaintEffects**, el shelf **PaintEffects**, dicha etiqueta sólo se mostrará si el estilo del icono está establecido como **Icon/Text**; esta característica puede consultarse y modificarse si es preciso en el cuadro **Shelf Editor**, accesible desde el comando **Settings/**

1

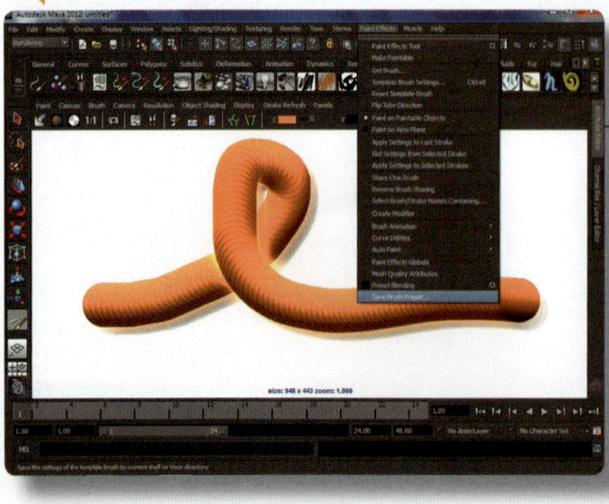

Recuerde que el menú **PaintEffects** forma parte del grupo de menús **Rendering**.

2

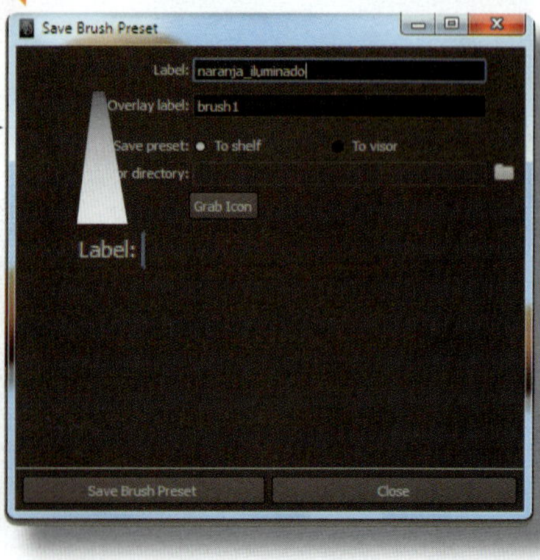

Preferences del menú **Window**. A continuación, mantenga marcada la opción **To shelf** del comando **Save preset**, para indicar así la ubicación preferida para el nuevo pincel. [3]

4. Si hubiéramos marcado la opción **To visor** como destino para el nuevo pincel se habría activado el campo inferior, desde el cual debería indicar el directorio dónde desea almacenar el nuevo pincel. El directorio predeterminado **brushes** no se puede modificar, es decir, no se le puede asignar ningún nombre; sin embargo siempre puede crear una subcarpeta y seleccionarla como directorio de destino. La ruta elegida se reflejará en el campo **Visor Directory**. Pulse sobre el botón **Grab Icon** para crear un icono que represente el nuevo pincel en el shelf.
5. El sencillo proceso ha terminado. Para almacenar definitivamente el pincel, pulse el botón **Save Brush Preset**.
6. Para comprobar que, efectivamente, nuestro pincel forma parte del shelf activo, es decir, del shelf **PaintEffects**, pulse sobre el botón de punta de flecha inferior situado en el extremo derecho del shelf para visualizar la segunda fila de iconos. [4]
7. ¡Misión cumplida! Nuestro nuevo pincel aparece en última posición en el shelf. [5] Para comprobar que funciona correctamente, restableceremos el lienzo activo con los ajustes predeterminados para poder seleccionar el pincel. Para ello, despliegue el menú **Brush** del visor y haga clic sobre el comando **Reset Template Brush**. [6]
8. Ahora sí, pulse sobre el nuevo pincel en el shelf y realice unos trazos sobre el lienzo. [7]

004

IMPORTANTE

Si desea almacenar el nuevo pincel en un shelf del programa, tenga en cuenta que por defecto se guardará en el shelf activo en estos momentos. En estos casos, puede indicar también un nombre en el campo **Overlay label**, nombre que aparecerá sobre el icono correspondiente al nuevo pincel.

7

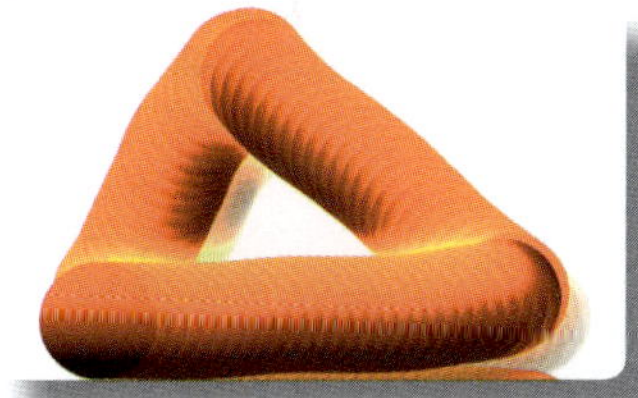

3

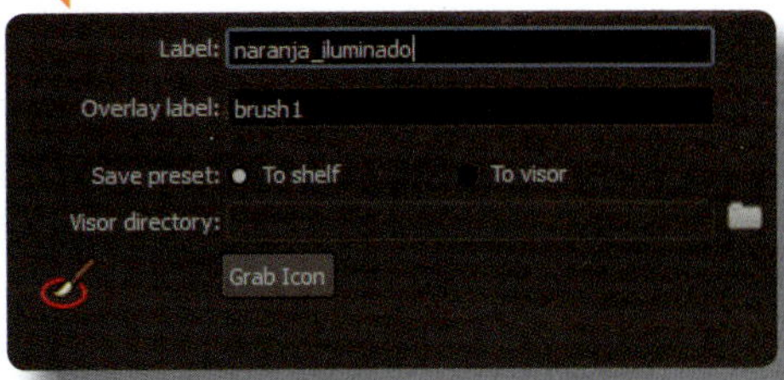

4

5

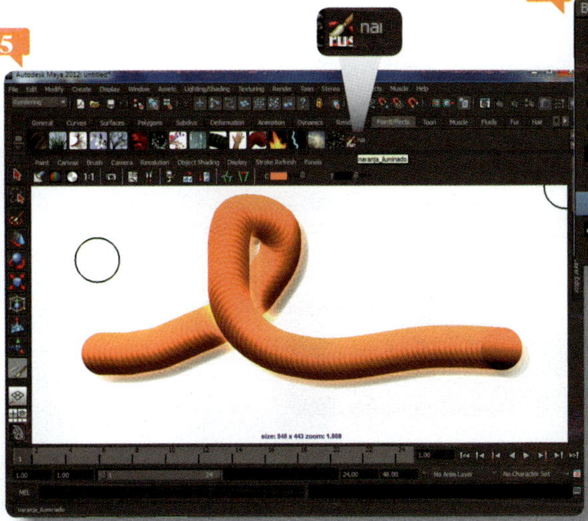

6

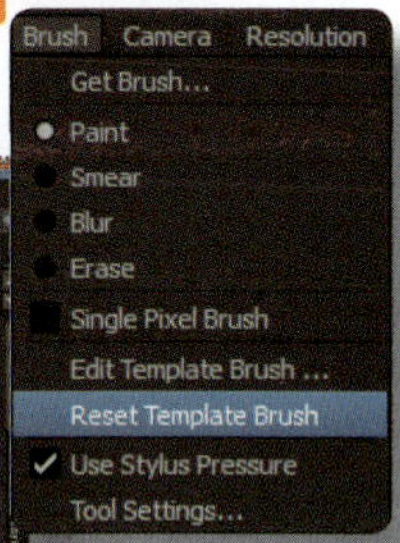

Es importante saber que es posible arrastrar pinceles desde la ventana **Visor** hasta un shelf.

Guardar, abrir y modificar imágenes

AL PINTAR EN 2D, LO QUE REALMENTE ESTAMOS generando son archivos de imágenes independientes de las escenas clásicas de Maya. Dichas imágenes se almacenan únicamente en formato .iff, el formato de imagen de Maya. El programa guarda por defecto las imágenes realizadas en el lienzo en la carpeta sourceimages predeterminada de Maya, y podrá recuperarla siempre que lo necesite para modificarla.

1. Para realizar esta última dedicada a la pintura en dos dimensiones le mostraremos cómo guardar sus imágenes trazadas en PaintEffects, cómo recuperarla y cómo modificar su contenido. Partimos del lienzo pintado en el ejercicio anterior. Para almacenarlo por primera vez, despliegue el menú **Canvas** del visor y haga clic sobre el comando **Save**.
2. Se abre el cuadro de diálogo **Save Image** en el cual debemos indicar el nombre y el formato con que debe guardarse la imagen. Por defecto, el programa guarda el archivo con el formato .iff, el formato de imagen de Maya. Aun así, es imprescindible que, cuando introduzca el nombre que desea dar al archivo, escriba también esta extensión. Así, escriba el nombre **005.iff** en el campo **File name**.
3. Compruebe que la carpeta predeterminada que selecciona el programa para guardar la imagen es **sourceimages**, dentro de

IMPORTANTE

Recuerde que tras la instalación de Maya se crea en la carpeta de documentos del equipo un directorio denominado **maya** en el cual se incluyen una serie de carpetas que utiliza el programa como predeterminadas para guardar los distintos elementos que intervienen en los procesos de modelado. Así, dispondrá de una carpeta predeterminada denominada **scenes** en la cual se guardan las escenas, otra llamada **sourceimages**, entre otras.

Si esta imagen ya hubiera sido guardada con anterioridad, debería utilizar el comando **Save As**.

1

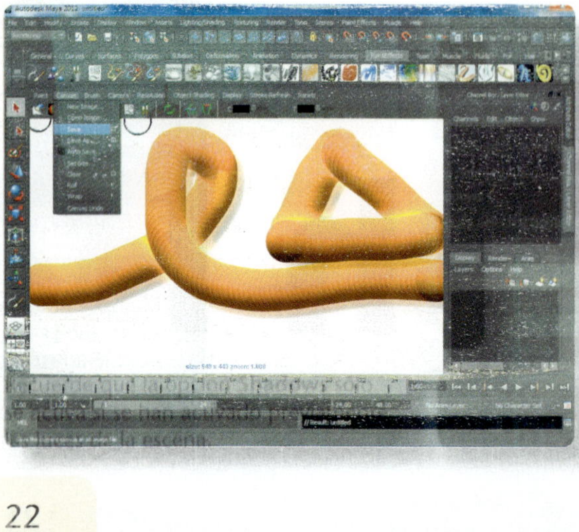

2

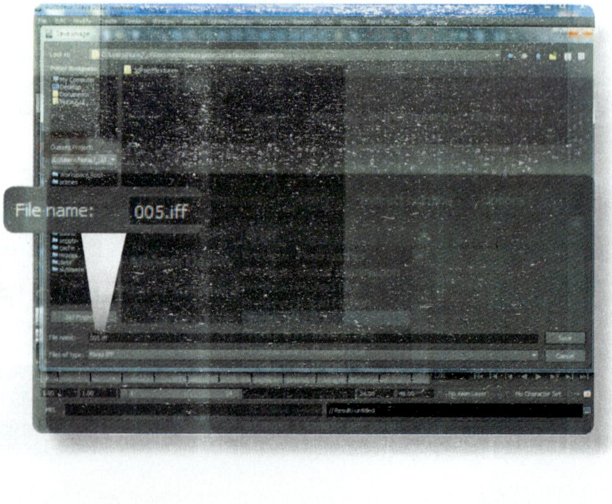

005

la carpeta también predeterminada de proyectos de Maya. Si es preciso, elija el formato **Maya IFF** en el campo **Files of Type** y pulse el botón **Save** para almacenar la imagen. 3

4. Lo que haremos a continuación será cerrar esta escena y volver a recuperar la imagen en el lienzo. Para ello, despliegue el menú **File** de la aplicación y pulse sobre el comando **New Scene**.
5. El hecho de que el programa solicite confirmación para almacenar la escena justifica que escena e imagen son independientes. Pulse en este caso sobre el botón **Don't Save**. 4
6. A continuación, active el lienzo 2D de PaintEffects mediante el menú **Panel** del visor, despliegue el menú **Canvas** y haga clic sobre el comando **Open Image**. 5
7. Localice en la carpeta **sourceimages** abierta por defecto el archivo de imagen **005.iff** y ábralo con un doble clic. 6
8. De esta forma hemos recuperado el lienzo guardado. Maya cuenta con una opción que permite guardar cada trazo después de ser aplicado en el lienzo. Esto resulta recomendable cuando se trabaja con texturas en los trazos y se necesita que se actualicen al instante. Para ello, despliegue el menú **Canvas** del visor y haga clic sobre el comando **Auto Save**. 7
9. De esta forma se activa el autoguardado. Para desactivarlo, vuelva a repetir este proceso. Termine este ejercicio cerrando la escena actual sin guardar los cambios.

IMPORTANTE

Si intenta cerrar una escena o el programa sin haber almacenado el contenido del lienzo realizado con PaintEffects, el programa lanzará un cuadro de diálogo solicitando confirmación para guardarla; si no, los trazos realizados se perderán para siempre. La escena no almacena forzosamente el lienzo 2D.

3

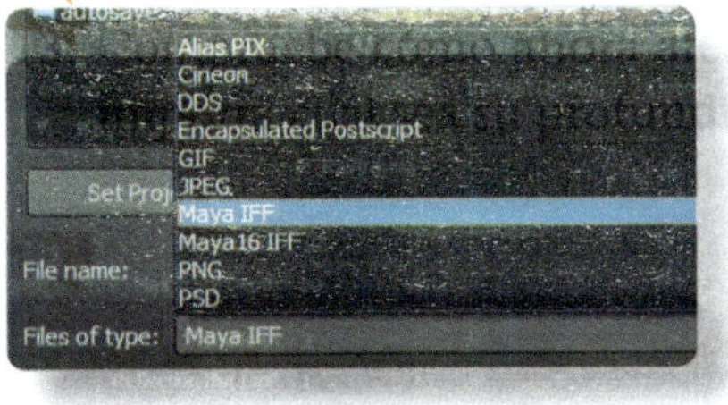

Le recomendamos que si usted prevé traspasar archivos de Linux a Windows no incluya espacios en los nombres de los archivos de imagen.

5

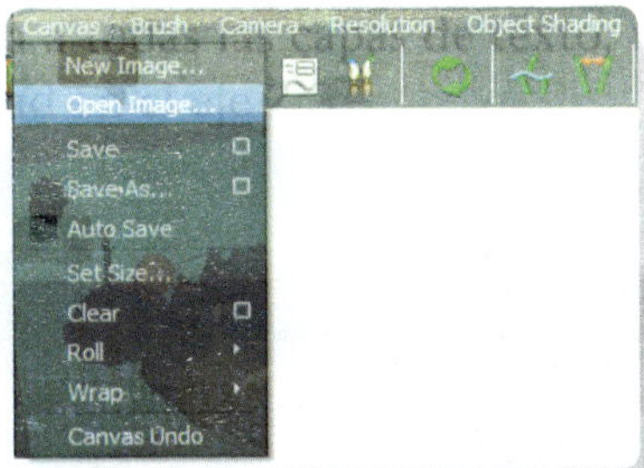

7

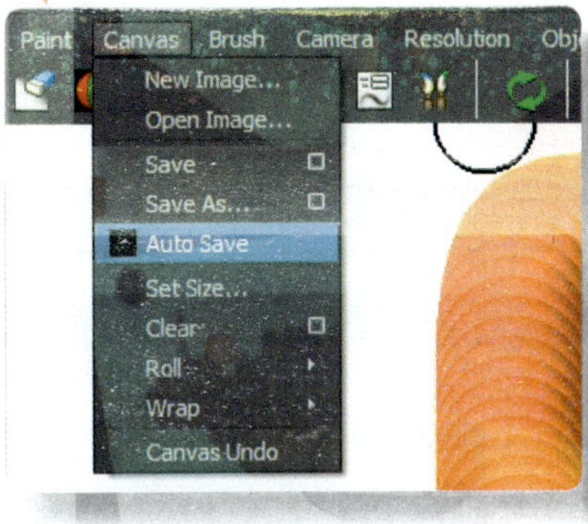

4

6

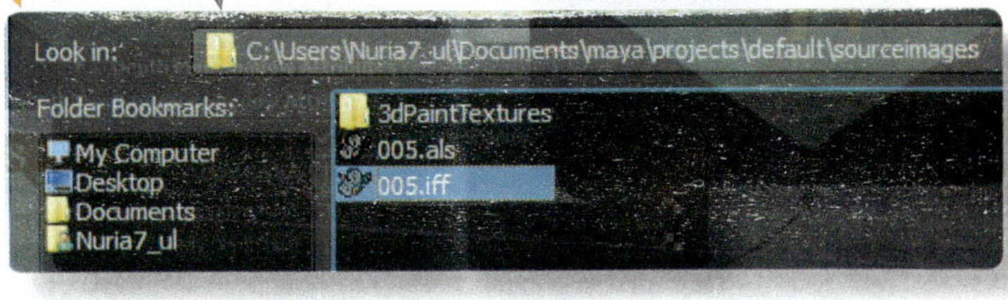

Pintar en 3D

IMPORTANTE

Al dibujar sobre una escena con la herramienta **PaintEffects**, Paint Effects crea una curva y le adjunta un trazo y un nuevo pincel que define la apariencia y el comportamiento de la pintura aplicada a lo largo de la trayectoria del trazo.

PAINTEFFECTS VA MUCHO MÁS ALLÁ DE LOS PROGRAMAS de pintura tradicional gracias a la posibilidad de pintar en tres dimensiones. Cuando pintamos en 3D, cara trazo es un objeto independiente editable. Es posible pintar sobre la cuadrícula del visor en perspectiva o directamente sobre otros objetos, con la particularidad de que después podrá transformar los trazos realizados, así como cambiar su forma y sus atributos.

1. Empezamos con este ejercicio una serie de prácticas dedicadas a la pintura en 3D con PaintEffects. Maya permite pintar en 3D en el visor de la escena o bien en una ventana independiente. La diferencia es que el uso de dicha ventana supone la ventaja de visualizar el aspecto final de los trazos sin pasar por el proceso de renderización. Veamos cómo hacerlo mediante ambos procedimientos. En el shelf **PaintEffects**, pulse sobre el icono del pincel **Neon Blue Brush**, que muestra una letra N de color azul sobre un fondo negro. 1
2. Mediante la técnica de arrastre, trace directamente sobre la escena cualquier forma, la que usted desee, 2 y, una vez terminada, pulse la tecla **Q** de su teclado para activar la herramienta de selección y pulse en una zona libre del visor para eliminar la selección del trazo. 3
3. El programa sólo es capaz de dibujar sobre la escena la forma en cuestión en modo alámbrico pero no de mostrar su aspecto

1

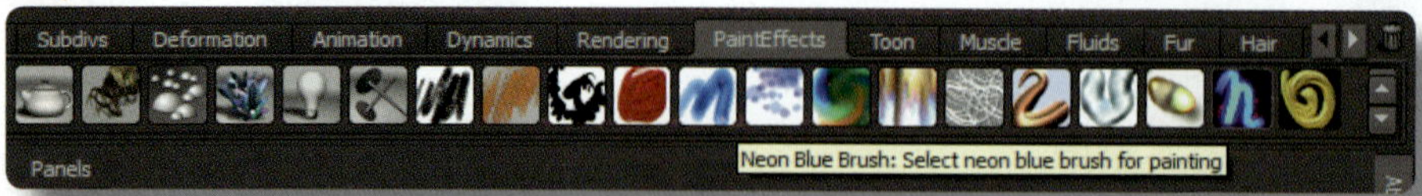

Pintar en uno de los visores que no sea el de perspectiva puede generar resultados inesperados.

2

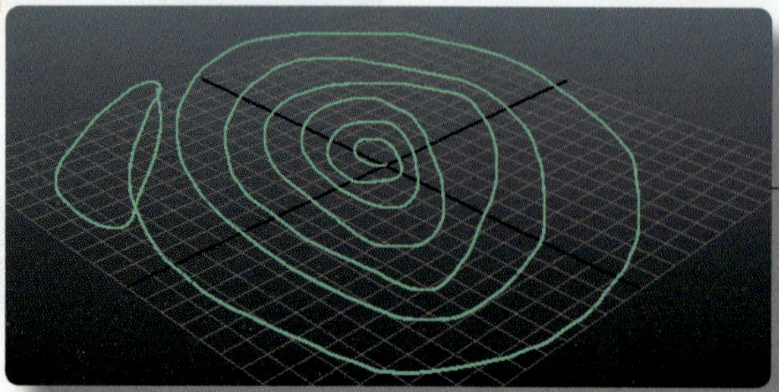

3

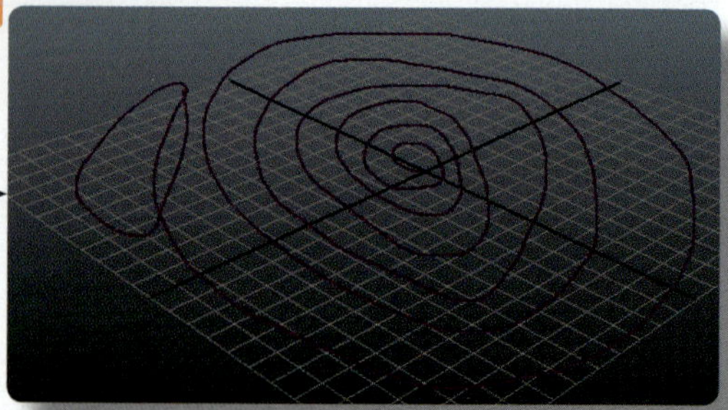

006

final. Para ello, deberá renderizar la escena. En la **Status Line**, pulse sobre el icono que muestra sólo una claqueta. [4]

4. Ahora sí, podemos ver el aspecto del pincel. [5] Si desea visualizar este resultado al mismo tiempo que lo está creando, lo mejor es que pinte en la ventana de PaintEffects en vista tridimensional. Veamos cómo. Tras cerrar la ventana de renderización, despliegue el menú **Panels** del visor, pulse sobre el comando **Panel** y haga clic sobre la opción **PaintEffects**.
5. Como puede ver, éste es el mismo procedimiento que utilizamos para acceder al lienzo de PaintEffects para pintar en 2D. Sin embargo, para conseguir pintar en tres dimensiones, la opción **Paint Scene** del menú **Paint** debe encontrarse activa, como es el caso. [6] En este caso, y dado que el trazo ya estaba realizado en la escena, éste se visualiza todavía en modo de curva. Debemos actualizarlo para que muestra su aspecto final. Para ello, despliegue el menú **Stroke Refresh** del visor y haga clic sobre el comando **Rendered**. [7]
6. Efectivamente, en la escena puede comprobar el resultado final del trazo. [8] Antes de terminar, realizaremos un nuevo trazo con otro tipo de pincel. Para ello, elija en el shelf **PaintEffects** el tercero de los pinceles disponibles, **Surface Bubbles Brush**. [9]
7. Ahora, realice un trazo sobre la escena y compruebe el aspecto tridimensional de este pincel. [10]

IMPORTANTE

Para actualizar el contenido del visor en el panel **PaintEffects** puede utilizar, además del menú **Stroke Refresh**, el comando **Redraw PaintEffects** view, que muestra una doble flecha curvada de color verde en la barra de herramientas de este panel. La actualización se llevará a cabo según la opción seleccionada en ese momento en el mencionado menú.

9

4

Si lo prefiere, utilice el comando **Render Current Frame** del menú **Render**.

6

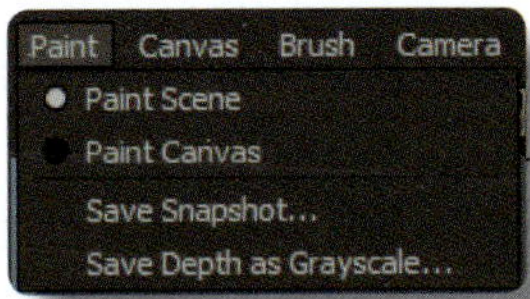

7

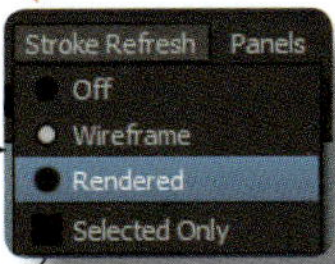

10

Tenga en cuenta que desde el panel **PaintEffects** no es posible utilizar herramientas de transformación ni algunas herramientas de modelado.

5

8

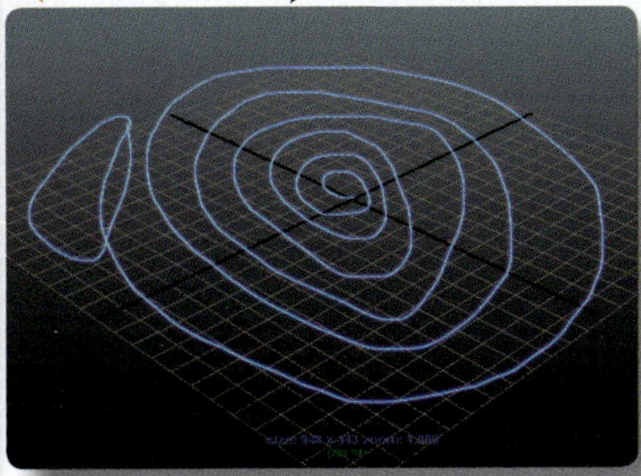

Seleccionar y eliminar trazos

IMPORTANTE

Cuando esté trabajando en el visor de pintura de la escena, la selección de trazos debe llevarse a cabo con la ayuda de la tecla **CTRL** al hacer clic sobre los trazos deseados. La selección directa mediante clics no es posible en este caso. Sí que lo es la selección de múltiples trazos, en cuyo caso deberá ayudarse, además de la tecla **CTRL**, de la tecla Mayúsculas.

MAYA PROPONE DISTINTOS PROCEDIMIENTOS para seleccionar los trazos realizados con pinceles de PaintEffects. Lo más importante a tener en cuenta es que no es posible seleccionar trazos en el lienzo 2D. Para el resto, puede utilizar tanto las herramientas de selección como combinaciones del teclado y el ratón.

1. En este ejercicio le mostraremos cómo seleccionar trazos individuales o múltiples. Con la escena dibujada en el ejercicio anterior todavía activa, active la herramienta de selección pulsando la tecla **Q** o bien pulsando sobre el primero de los comandos de la barra de herramientas de Maya.
2. Un único clic nos bastará para seleccionar un trazo, así que pulse sobre el primero de los trazos realizados.
3. De esta forma, el trazo se muestra de color verde, al tiempo que se activan sus propiedades en la **Channel Box** y el editor de atributos. Si desea seleccionar más de un trazo a la vez, arrastre el puntero del ratón de manera que queden delimitados los trazos que le interesa destacar.
4. En el caso de trabajar sobre composiciones complejas, es decir, en las cuales se han incluido una gran cantidad de elementos, formas y trazos, es posible seleccionar sólo los trazos desde el menú **Select**; de otro modo, podría resultar pesada o incluso difícil la selección de los trazos uno a uno. Pulse en una zona libre de la ventana para eliminar la selección actual.

1

2

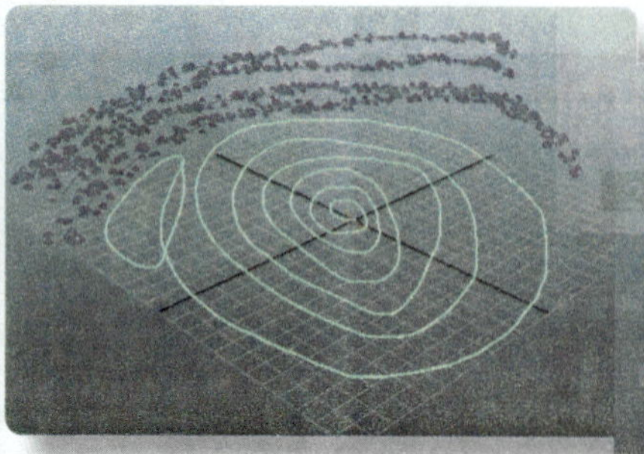

La selección de nuevos trazos supone la deselección de los existentes.

3

007

5. Una vez hecho esto, en la **Status Line**, haga clic sobre el comando **Select by object type** (quizás ya se encuentre activo), pulse sobre el icono que muestra una punta de flecha a su derecha para desplegar un pequeño menú de opciones y elija de este menú la opción **All Objects Off**.
6. De esta forma hemos desactivado todos los objetos activos en el modo de selección. A continuación, haga clic con el botón derecho del ratón sobre el comando **Curves**, el tercero de ellos, y active con un clic la opción **Paint Effects Strokes**.
7. Ahora, podría trazar un marco de selección alrededor de toda la escena y, al soltar el botón del ratón, quedaría seleccionados sólo los trazos existentes. Como nuestra escena sólo cuenta con trazos, no es necesario que realice esta selección, sino que pulse de nuevo sobre el icono que muestra una punta de flecha a su derecha en la **Status Line** para desplegar el pequeño menú de opciones y elija esta vez la opción **All objects On**.
8. Si lo que desea es seleccionar todos los trazos existentes en la escena, despliegue el menú **Edit**, haga clic sobre el comando **Select All by Type** y elija del menú que se despliega la opción **Strokes**.
9. Efectivamente, todos los trazos quedan seleccionados en la escena. Aprovecharemos esta situación para eliminarlos de la escena. Para ello, pulse sobre el primero de los comandos de la barra de herramientas del panel **PaintEffects** y compruebe como, efectivamente, todos los trazos desaparecen de la escena.

IMPORTANTE

Al eliminar trazos de una escena mediante la pulsación de la tecla **Retroceso** de su teclado, o bien utilizando el comando **Delete** del menú **Edit** de la aplicación, debe tener en cuenta que sólo se suprime el nodo del trazo, no la curva inferior sobre la cual se dibujan los trazos.

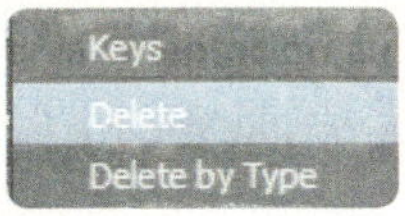

4

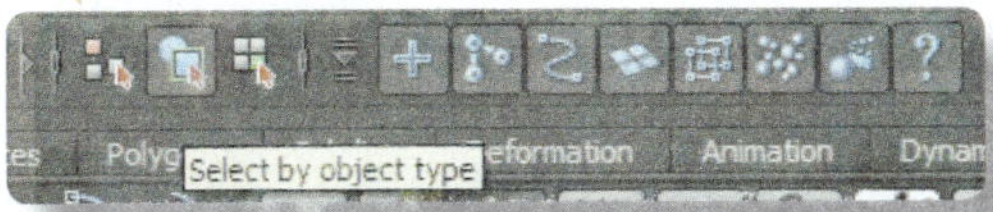

5

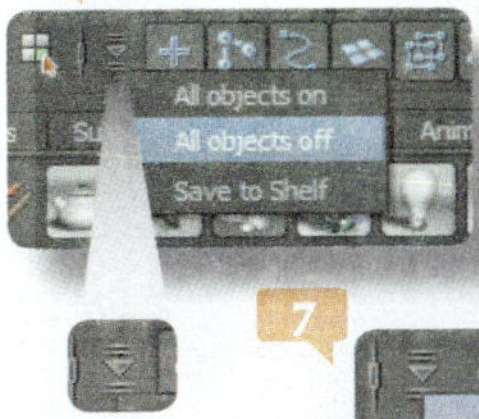

6

7

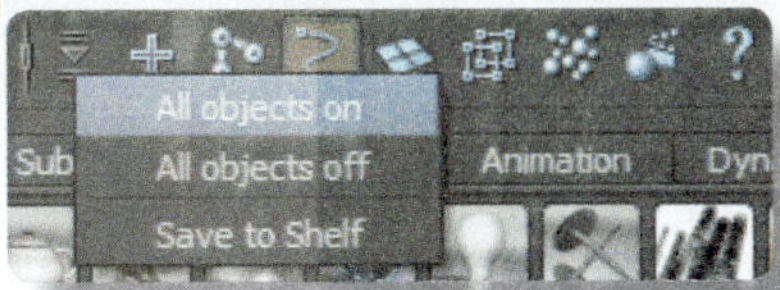

8

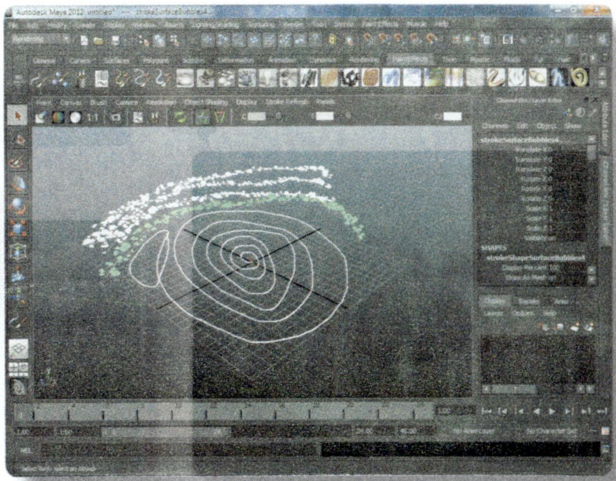

Pintar automáticamente múltiples trazos

MAYA PERMITE RELLENAR DE FORMA AUTOMÁTICA y muy sencilla toda una superficie previamente seleccionada con múltiples trazos. Este procedimiento evita tener que generar las copias de un mismo trazo mediante las típicas acciones de copiar y pegar y permite ahorrar tiempo en la creación de la escena. Para ello, es posible efectuar el relleno de forma ordenada, como utilizando una cuadrícula como base, o bien de forma aleatoria, esparciendo los trazos sin orden alguno por toda la superficie.

1. En este ejercicio le mostraremos dos modos de rellenar automáticamente una superficie con los trazos de un pincel. Para ello, empezaremos en una nueva escena en la cual dibujaremos un plano poligonal. Para ello, despliegue el menú **Create** y elija la opción **Plane** del comando **Polygon Primitives.** [1]
2. A continuación, trace un cuadrado que cubra la rejilla de la escena y pulse la **tecla 5** para que el nuevo objeto aparezca sombreado.
3. Una vez tengamos la superficie que queremos rellenar con múltiples trazos, el siguiente paso consiste en elegir el pincel que deseamos utilizar. En este caso, en el shelf **PaintEffects**, elija el pincel **Daisy Large Brush**, que muestra una flor de color blanco. [2]

IMPORTANTE

El comando **Sample Density** es común en las opciones **Paint Grid** y **Paint Random**. Cuanto más alto es este valor, más suave es el trazo creado y mayor es la densidad del tubo.

Sepa que puede encontrar toda la información y muchas más prácticas relativas al modelado poligonal en el libro **Aprender Maya 2012 con 100 ejercicios básicos** de esta misma colección.

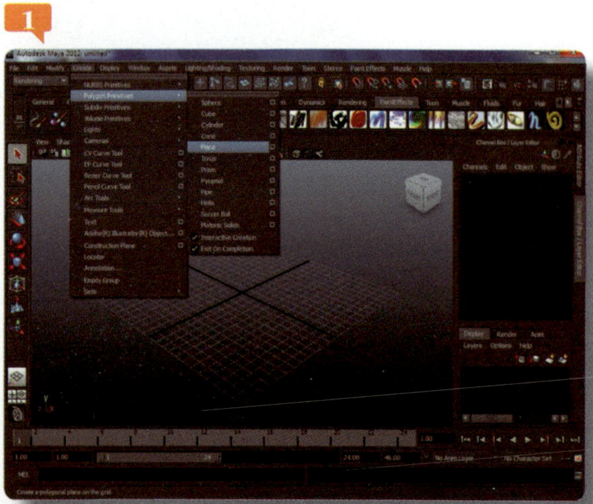

Recuerde que puede desplazarse por el shelf activo con la ayuda de las flechas de dirección situadas en el extremo derecho del mismo.

008

4. Con el pincel y el plano seleccionados, despliegue el menú **PaintEffects** y haga clic sobre el comando **AutoPaint**. [3]
5. Este comando contiene dos opciones, siendo la diferencia ellas el modo con que se generará el relleno. En este caso, haga clic sobre la primera opción, **Paint Grid**.
6. De inmediato, la superficie queda cubierta por los trazos del pincel elegido. Pulse en una zona libre del visor para eliminar la selección y comprobar mejor el resultado. [4]
7. Como hemos indicado, existe otra forma de rellenar una superficie con un trazo, y es utilizando la opción **Paint Random**. Para deshacer la aplicación del trazo anterior, pulse dos veces la combinación de teclas **Ctrl + Z**.
8. Ahora, seleccione de nuevo el plano y active el mismo pincel.
9. En esta ocasión accederemos al cuadro de opciones para ver cómo podemos configurar la opción **Paint Random**. Despliegue el menú **PaintEffects**, haga clic sobre el comando **AutoPaint** y pulse sobre el iniciador de panel de la mencionada opción. [5]
10. Se abre el cuadro de diálogo **Auto Paint Random**, en el cual podemos ajustar distintos parámetros. Como ejemplo, inserte el valor **10** en los campos **Spans U** y **Spans V**. [6]
11. Seguidamente, en el campo **Random Offset**, inserte el valor **1** y en el campo **Stroke length**, el valor **2**.
12. El primer valor indica la separación entre la superficie y el trazo, mientras que el segundo indica la longitud del trazo medida también a partir de la superficie. Pulse el botón **Paint Strokes** y compruebe el resultado. [7]

IMPORTANTE

La opción **Clip Edges** del cuadro **Auto Paint Random** permite mantener "pegados" los trazos a la superficie; la opción **Equalization** modula la densidad de las muestras para los trazos creados basándose en la longitud de las curvas sobre las cuales se generan los trazos, y, por último, la opción **Share one brush** hace que todos los trazos compartan el mismo pincel. Las tres opciones se encuentran por defecto activas.

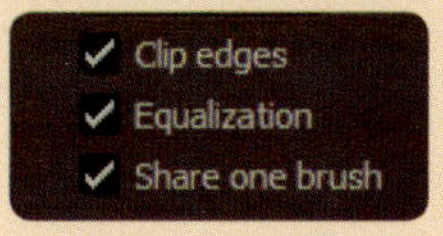

3

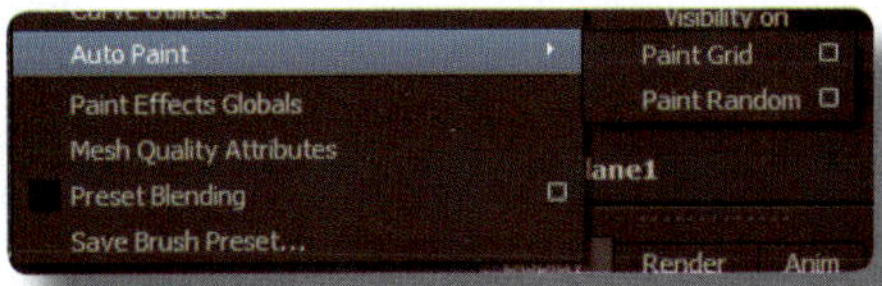

5

7

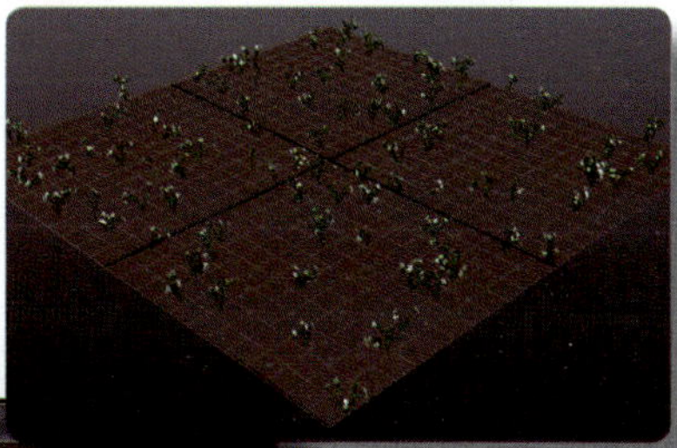

4

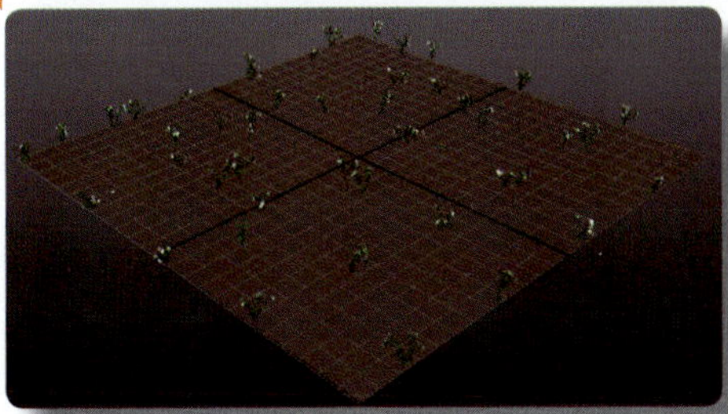

6

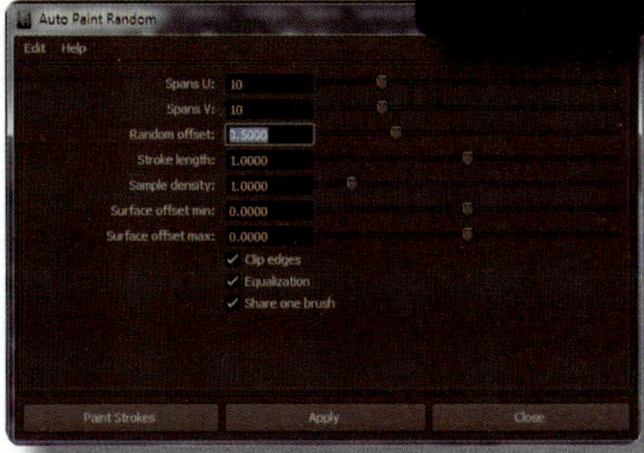

Las opciones **Spans U** y **Spans V** definen el número de líneas en las cuales es preciso dibujar en ambos ejes.

Aplicar pinceles a trazos existentes

IMPORTANTE

Otro comando que permite aplicar pinceles a trazos existentes es el denominado **Apply Settings to Last Stroke**, también en el menú **PaintEffects**. Como su nombre indica, este comando aplica las características del pincel seleccionado al último trazo insertado en la escena.

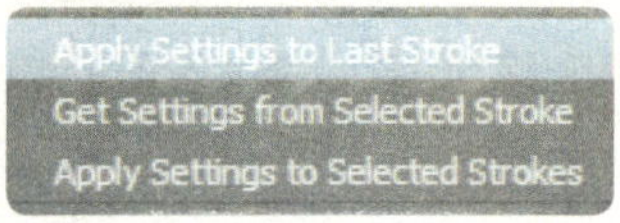

MAYA PERMITE MODIFICAR LOS TRAZOS EXISTENTES en una escena de diferentes maneras. Así, es posible cambiarlos por nuevos trazos de pincel o intercambiarlos por otros aplicados sobre otros trazos en la misma escena. Todo ello, como puede suponer, de un modo rápido y sencillo.

1. En este ejercicio le mostraremos cómo podemos modificar el contenido de una escena aplicando nuevos pinceles a trazos ya existentes. Para ello, vamos a trabajar con la escena generada en el ejercicio anterior, que muestra un plano relleno de flores. Lo que vamos a conseguir, en primer lugar, es cambiar el aspecto del trazo; en concreto, cambiaremos las flores por árboles. Empecemos. En el shelf **PaintEffects**, haga clic sobre el pincel predeterminado **Simple Tree Brush**. [1]
2. Debido al modo con que hemos generado este relleno, de forma automática, será preciso seleccionar sólo uno de los trazos y todos quedarán también modificados. Active la herramienta **Select Tool** [2] y haga clic sobre uno de los trazos existentes, sobre cualquiera de ellos. [3]
3. Si necesita recordar algún aspecto relacionado con la selección de trazos en Maya, no dude en repasar el ejercicio anterior. Para aplicar el pincel que hemos seleccionado en primera ins-

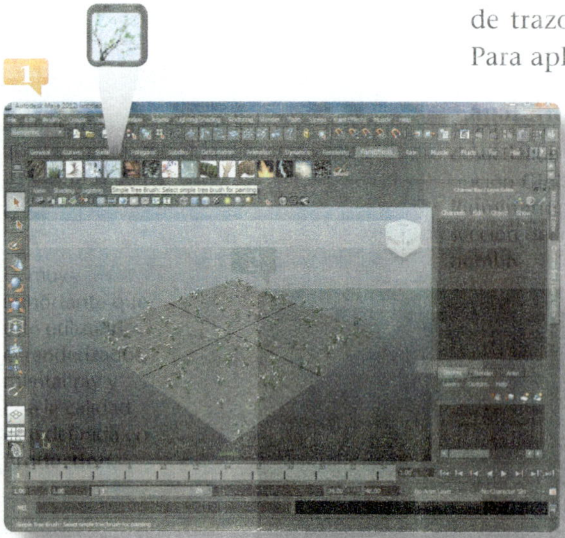

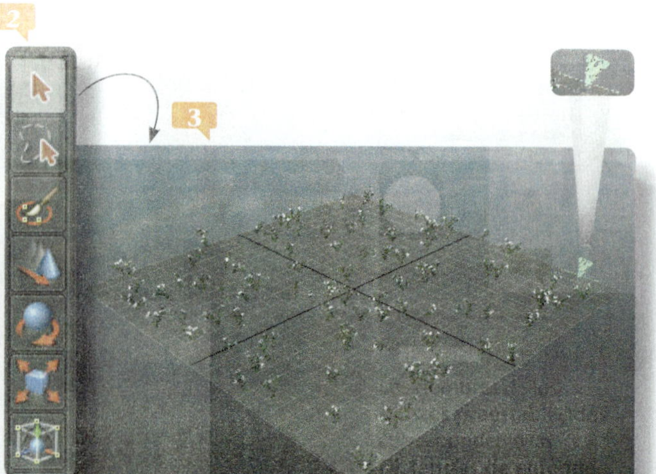

Puede activar la herramienta **Select** pulsando directamente la tecla **Q**.

009

tancia, despliegue el menú **PaintEffects** y haga clic sobre el comando **Apply Settings To Selected Strokes.** [3]

4. En unos instantes, puede comprobar el cambio de trazo sobre la escena. [5] Otra forma de aplicar pinceles sobre trazos existentes es copiando las características de un trazo sobre otro. Como en nuestra escena sólo contamos con los trazos que hemos generado automáticamente, lo que haremos a continuación será activar el pincel predeterminado de Maya y realizar un sencillo trazo con él para, seguidamente, aplicar las características del pincel del árbol. Aunque no es un procedimiento demasiado lógico, nos servirá para conocer esta interesante opción. Despliegue el menú **PaintEffects** y haga clic sobre el comando **Reset Template Brush**. [6]

5. Así hemos recuperado las características iniciales del pincel. Ahora, active la herramienta **PaintEffects** y trace una nueva línea en la escena. [7]

6. Lo que haremos ahora será copiar sobre esta línea básica los atributos del pincel con forma de árbol. Para ello, seleccione uno de los trazos creados automáticamente, despliegue el menú **PaintEffects** y haga clic sobre el comando **Get Settings from Selected Stroke**. [8]

7. Ahora las características del trazo seleccionado se han copiado sobre el pincel predeterminado. Por último, seleccione el trazo realizado anteriormente, despliegue de nuevo el menú **PaintEffects** y elija esta vez la opción **Apply Settings to Selected Strokes.** [9]

8

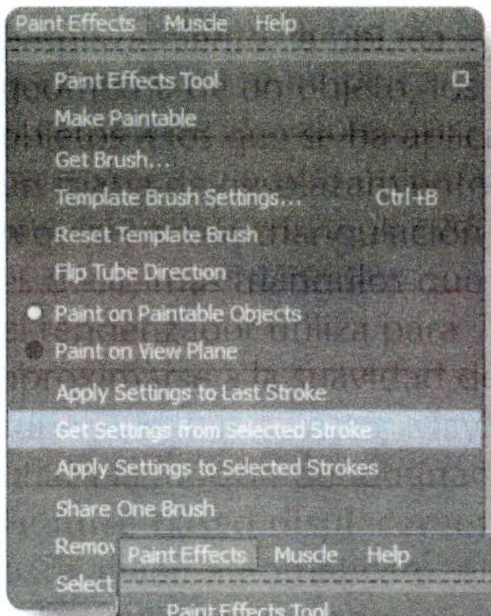

9

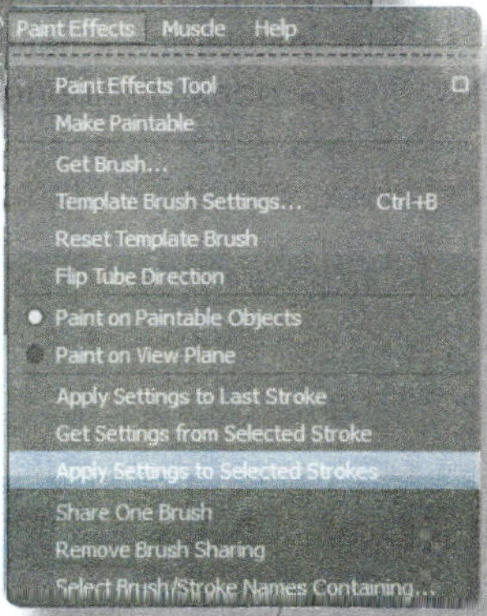

10

4

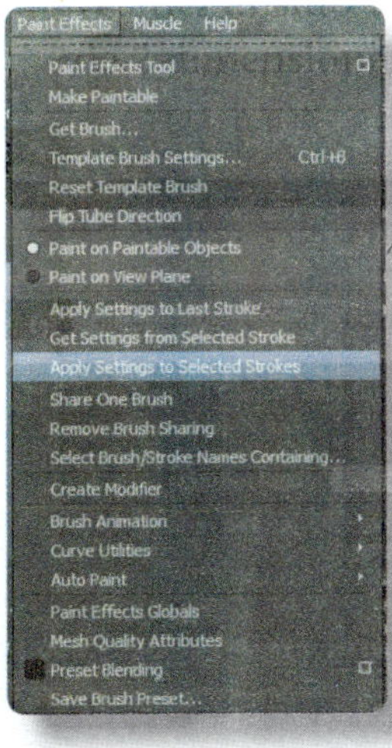

6

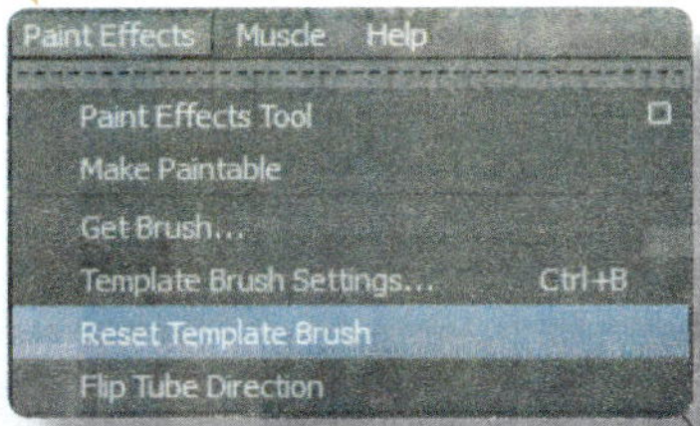

5

7

Compartir pinceles en distintos trazos

AUNQUE POR DEFECTO A CADA TRAZO se le atribuye un único pincel, Maya permite compartir un mismo pincel para distintos trazos, lo que supone que cualquier modificación realizada sobre dicho pincel se aplicará directamente sobre todos los trazos relacionados. Esto resulta particularmente útil en aquellos casos en que múltiples trazos deben tener un mismo aspecto, por ejemplo, el pelo de un personaje o el suelo de un escenario.

1. Para llevar a cabo esta práctica partiremos de una escena de ejemplo que puede descargar desde nuestra página web con el nombre **010.mb**; dicha escena contiene varios trazos creados con dos pinceles distintos, ambos simulando hierba, los cuales serán suficientes para practicar el tema que nos ocupa. [1] Nuestra intención es compartir el pincel utilizado en los trazos inferiores sobre dos de los trazados en la parte superior. Para ello, lo primero que debemos hacer es seleccionar a la vez los trazos de destino, es decir, los que compartirán el pincel. Para ello, con la herramienta **Select**, haga clic sobre los dos trazos más largos de la parte superior de la escena. [2]
2. El programa siempre interpreta que él último trazo seleccionado es que se compartirá con el resto, así es que pulse la tecla Mayúsculas y haga clic sobre uno de los trazos de la parte inferior de la escena. [3]

1

Ya sabe que puede utilizar la técnica de arrastre o bien ayudarse de la tecla **Mayúsculas** para seleccionar más de un elemento.

2

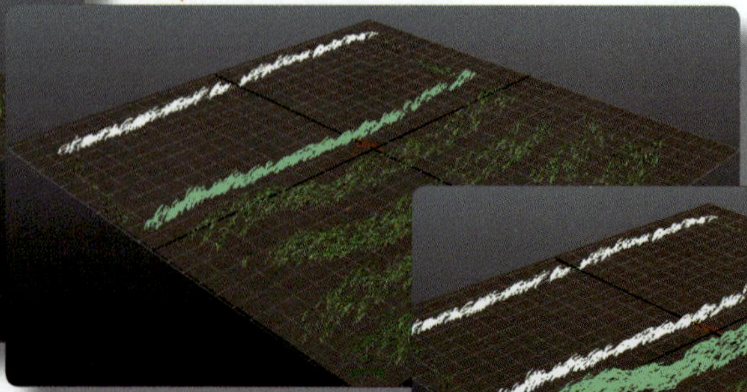

Tenga en cuenta que puede seleccionar tantos trazos como necesite.

3

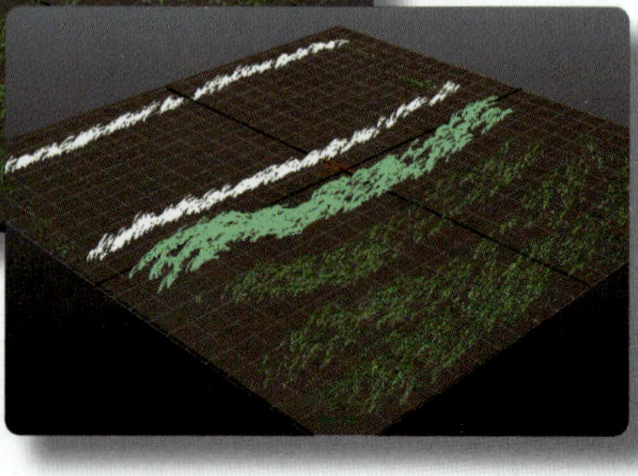

010

3. Una vez tenemos seleccionados el destino y el origen del proceso, despliegue el menú **PaintEffects** y haga clic sobre el comando **Share One Brush**. 4
4. Puede ver inmediatamente como los trazos seleccionados al inicio han adquirido las características del tercer trazo. 5 La ventaja que presenta la acción de compartir pinceles es el hecho de que al realizar una variación sobre el pincel original, los cambios se aplican automáticamente sobre los trazos que lo comparten. Vamos a comprobarlo. Seleccione el trazo con el pincel que hemos compartido de la parte inferior de la escena, muestre el editor de atributos y haga clic sobre la pestaña **grassWindWide1**. 6
5. En esta pestaña encontrará los atributos del pincel. Muestre la sección **Brush Profile** y aumente la anchura del pincel hasta **3**. 7
6. Efectivamente, la anchura ha cambiado tanto en el trazo seleccionado como en los dos que comparten el mismo pincel. Visualice el contenido de la sección **Shading**, pulse sobre la muestra del campo **Color 1** y elija un tono de verde totalmente distinto al actual para poder comprobar el cambio claramente. 8
7. Correcto. El color cambia también en los dos trazos de la parte superior. 9 Cuando desee dejar de compartir el pincel, debe proceder del siguiente modo: seleccione los trazos que desea que dejen de compartir, despliegue el menú **PaintEffects** y haga clic sobre el comando **Remove Brush Sharing**.
8. Termine este ejercicio eliminando la selección actual y guardando los cambios realizados en la escena.

IMPORTANTE

Cuando elimina pinceles compartidos mediante el comando **Remove Brush Sharing**, PaintEffects crea un nuevo pincel para cada trazo utilizando los ajustes del pincel compartido.

8

9

4

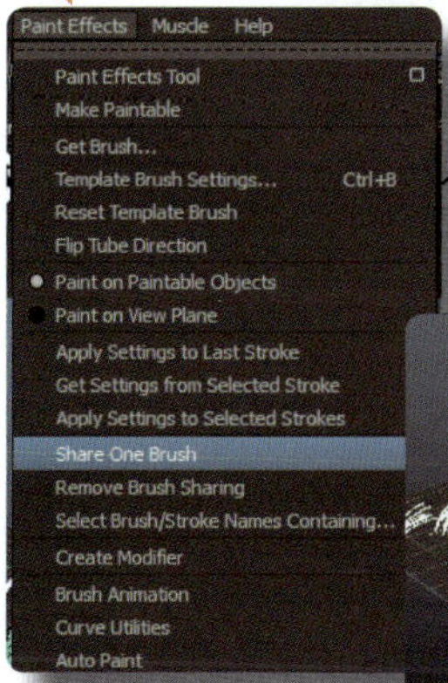

6

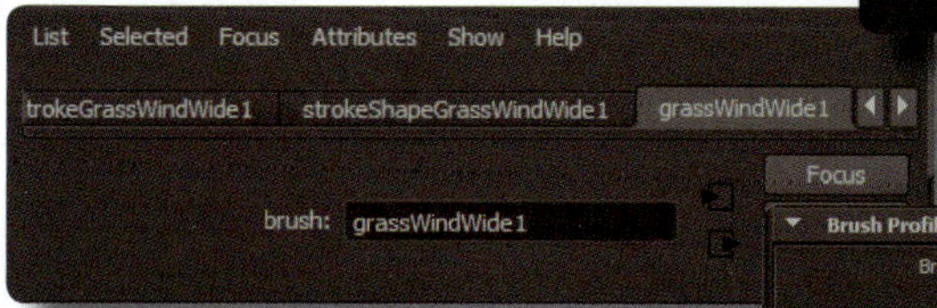

5

7

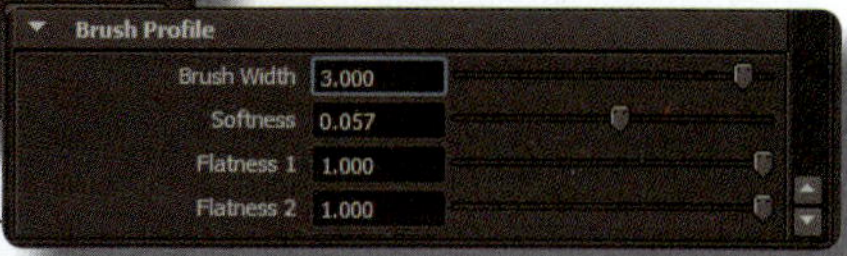

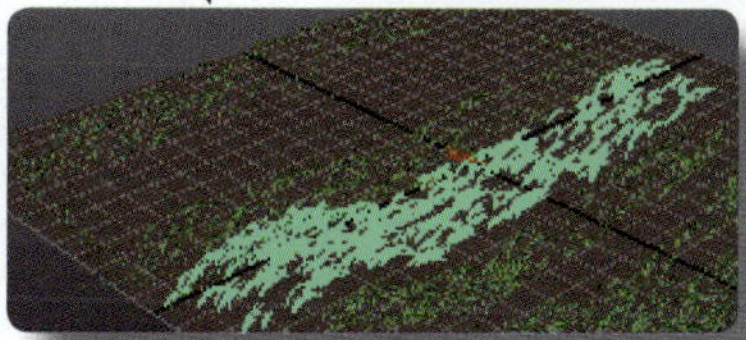

El último trazo seleccionado se denomina selección primaria.

Pintar sobre objetos

IMPORTANTE

Al pintar sobre un objeto, el trazo se desplaza junto a dicho objeto cuando se mueve, pudiendo separar el trazo de la superficie.

MAYA PERMITE PINTAR CON PAINTEFFECTS TANTO sobre objetos poligonales como sobre NURBS. El único requisito imprescindible para poder pintar sobre estos objetos es convertirlos en editables. Al pintar directamente sobre un objeto editable, PaintEffects crea una curva en la superficie a lo largo del trazo y le atribuye dicho trazo y un nuevo pincel.

1. En este ejercicio aprenderá a pintar sobre un objeto. Empezaremos dibujando el objeto que nos servirá de base para nuestros trazos. Desde el shelf **Polygons** o desde el menú **Create**, dibuje un rectángulo aproximadamente como el de la figura 1. [1]
2. Una vez creado, y asegurándose de que se encuentra seleccionado, despliegue el menú **PaintEffects** y haga clic sobre el comando **Make Paintable**. [2]
3. De esta forma convertimos el objeto en editable para poderlo pintar y decorar según nuestras conveniencias. En este caso, muestre el shelf **PaintEffects** y pulse sobre el comando **Get Brush** para acceder a la ventana **Visor**. [3]
4. Localice en el árbol de categorías la carpeta de pinceles **plants** y pulse sobre ella para ver su contenido. [4]

En el libro *Aprender Maya 2012 con 100 ejercicios prácticos* de esta misma colección encontrará todos los detalles para la creación de objetos poligonales.

1

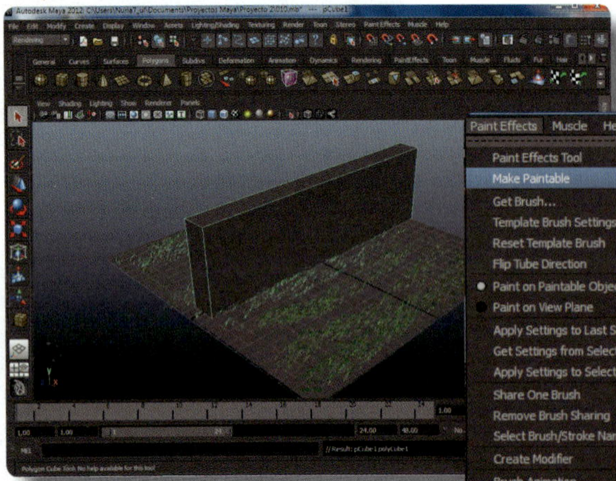

Tenga en cuenta que sólo es posible pintar sobre objetos poligonales o NURBS.

2

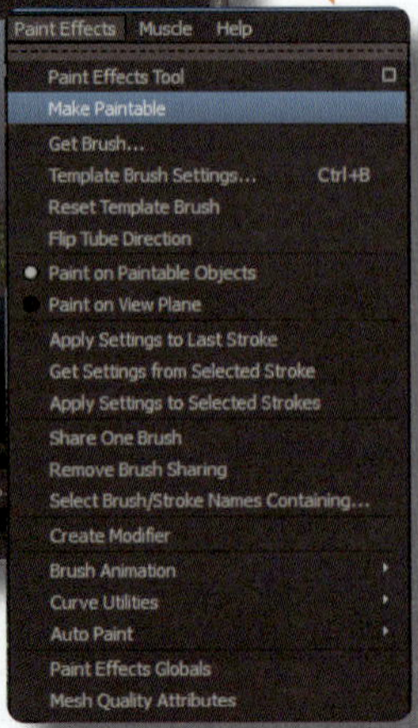

3

4

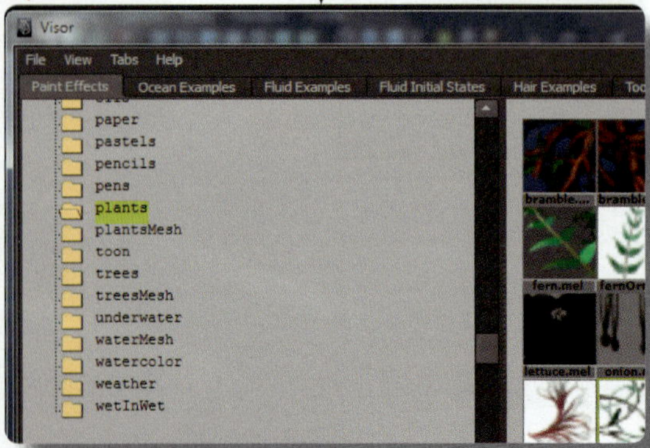

5. Vamos a elegir una especie de enredadera para simular este efecto sobre el muro que hemos dibujado. Haga clic sobre el pincel **VineLeafyMel** y cierre la ventana **Visor**. 5
6. Ahora ya puede empezar a pintar sobre el muro. Para ello, arrastre el puntero del ratón sobre la superficie del objeto, así como por el lateral y el superior. 6
7. Compruebe como, efectivamente, el trazo queda adherido al objeto hasta que usted pinte en otro objeto editable. En el caso en que pinte sobre un segundo objeto editable utilizando el mismo trazo, es decir, sin levantar el puntero del ratón, el trazo continuará en el segundo objeto y ambos quedarán unidos. Elimine la selección del trazo pulsando con la herramienta **Select** en una zona libre del visor.
8. Podemos desplazar el objeto y el trazo se desplazará con él. Para comprobarlo, seleccione con la herramienta **Move** el muro y arrástrelo hacia atrás en la escena. 7
9. Elimine la selección actual pulsando con la herramienta Select en una zona libre del visor.
10. Antes de terminar comprobaremos que no es posible pintar sobre un objeto que no se ha convertido previamente en editable. Para ello, trace un nuevo rectángulo o cualquier otra forma poligonal (no importa en qué punto de la escena sitúe el objeto puesto que no lo mantendremos).
11. Ahora, active la herramienta **PaintEffects Tool** e intente pintar por encima. 8
12. Efectivamente, el resultado es nulo; no es posible pintar sobre un objeto no editable. Elimine el objeto y dé aquí por terminado este ejercicio.

011

IMPORTANTE

Al aplicar el comando **Make Paintable** sobre un objeto, sólo dicho objeto será editable en ese momento y podrá ser pintado; si había otros objetos editables, estos dejan de serlo al activar otros.

8

5

6

7

Puede activar la herramienta **Move** pulsando la tecla **W** de su teclado.

Añadir trazos a una curva

IMPORTANTE

El comando **Make Live** del menú **Modify** convierte un objeto en una superficie "viva". Al aplicar dicho comando sobre superficies NURBS, las curvas que se dibujan sobre dichas superficies se convierten en curvas en superficie (curves-on-surface).

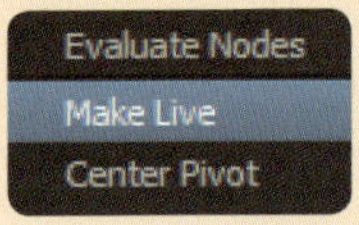

Dispone de toda la información referente a este tipo de curvas y al resto de curvas en el volumen básico *Aprender Maya 2012 con 100 ejercicios básicos.*

LAS CURVAS CV SON AQUELLAS CREADAS MEDIANTE la inserción de puntos de control; Maya permite atribuir trazos de pinceles a estos tipos de curvas, así como a curvas EP. El menú PaintEffects cuenta con un comando que contiene distintas opciones relacionadas con las curvas y los trazos, entre las que se encuentra la que nos ocupa en este ejercicio.

1. En este ejercicio aprenderá a añadir trazos a una curva previamente creada. Para ello, empezaremos este ejercicio trazando dicha curva sobre nuestra escena, no sin antes indicar que la curva quede adherida al plano inferior. Con la herramienta **Select**, seleccione este plano, despliegue el menú **Modify** y haga clic sobre el comando **Make Live.** [1]
2. A continuación, despliegue el menú **Create** y haga clic sobre el comando **CV Curve Tool.** [2]
3. El modo de crear curvas CV es mediante la inserción de puntos de control, por lo que vaya trazando una línea con ondulaciones que cubra las zonas libres de nuestra escena, sobre el plano. [3] Cuando inserte el último punto de control, pulse la tecla **Retorno** para finalizar el trazado. [4]
4. La curva ha quedado adherida al plano, tal y como nos interesa. Seleccione de nuevo el plano, despliegue el menú **Modify** y haga clic sobre el comando **Make Not Live** para desactivarlo.

1

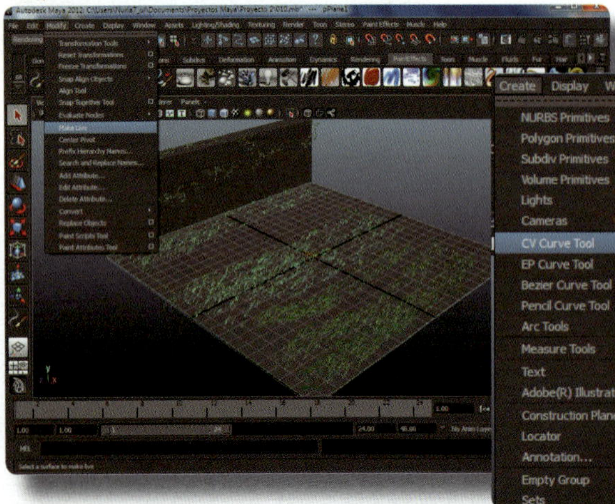

2

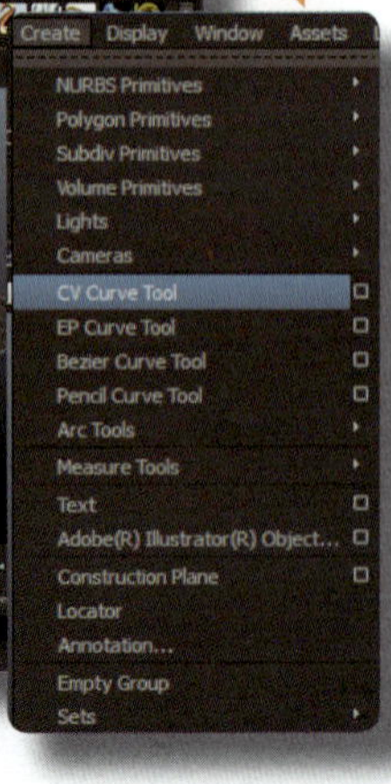

3

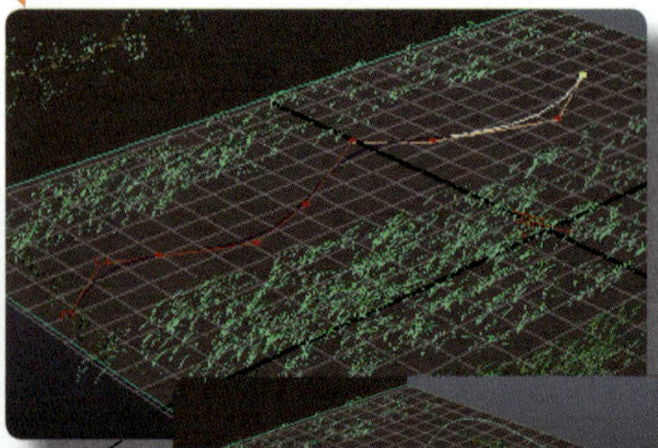

4

5. Seguidamente, seleccione ambos elementos, el plano y la curva que acaba de trazar, con la ayuda de la tecla **Mayúsculas**.
6. Una vez preparada la escena para aplicar los trazos deseados sobre la curva, se trata de seleccionar el pincel adecuado. Para ello, puede acceder a la ventana **Visor** (como haremos en este caso), pero también puede seleccionar el pincel del último trazo mediante el comando **Get Settings from Selected Stroke** del menú **PaintEffects** o bien elegir uno de los pinceles predeterminados del shelf **PaintEffects**. Tal y como hemos indicado, acceda a la ventana **Visor** desde el shelf **PaintEffects**, muestre el contenido de la carpeta **flowers** y elija el pincel denominado **sunflower.mel**. 5
7. Cierre la ventana **Visor**, despliegue el menú **PaintEffects**, haga clic sobre el comando **Curve Utilities** y elija de la lista la opción **Attach Brush To Curves**. 6
8. Compruebe el efecto conseguido; la curva que hemos dibujado anteriormente ha quedado cubierta por el trazo del pincel elegido. Elimine la selección actual para comprobar mejor el resultado. 8
9. Los trazos del pincel se orientan automáticamente según las directrices normales de la superficie sobre la que se encuentran, lo que supone que se deformarán si se deforma la superficie. Para terminar, seleccione únicamente la curva trazada y pulse la tecla **Suprimir** para eliminar este elemento y mantener así sólo el trazo de pincel. 9

012

IMPORTANTE

Al seleccionar la curva, quedará seleccionado el trazo; pulse la tecla **Mayúsculas** y haga clic sobre el trazo para eliminarlo de esta selección.

Con el pincel que hemos seleccionado, cada flor coincide con cada vértice de control insertado durante la creación de la curva.

6

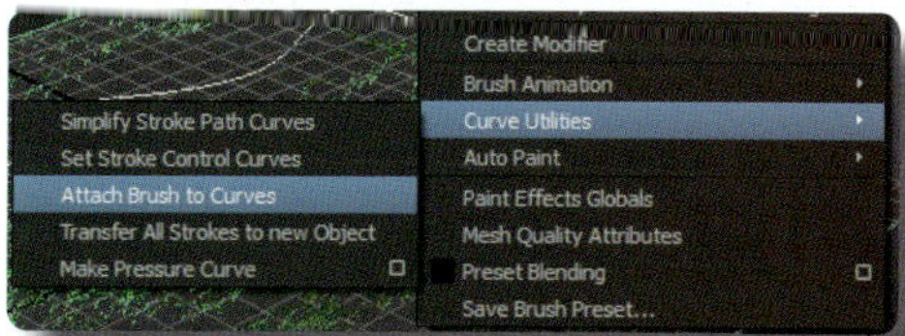

5

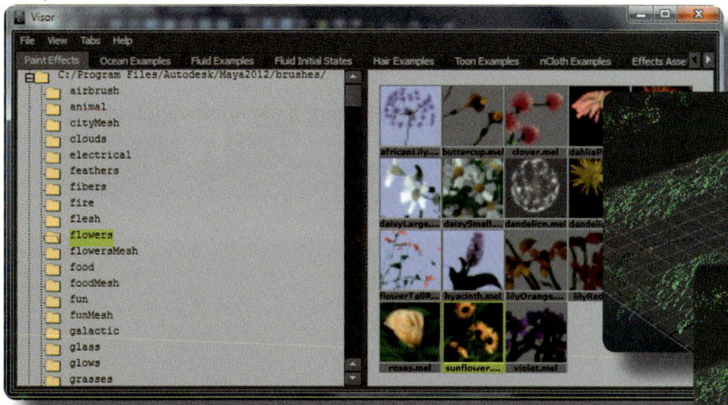

Personalice el ejercicio a su gusto eligiendo un pincel distinto al propuesto.

7

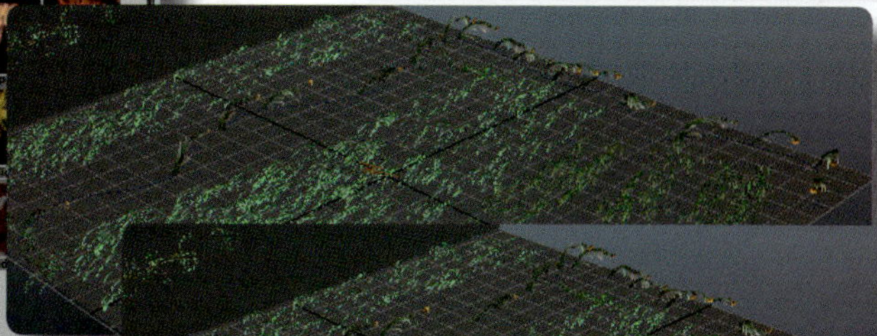

8

Dar forma a los trazos con curvas de control

IMPORTANTE

La navegación en 3D por el visor de Maya se lleva a cabo fácilmente con la combinación del teclado y el ratón. Para moverse por el visor, pulse la tecla **Alt**, haga clic con el botón central del ratón y arrastre, mientras que para rotar la imagen debe pulsar con el botón izquierdo y mantener la tecla **Alt** pulsada. En ambos casos, el puntero del ratón cambia su forma para mostrar el modo de navegación en el cual se encuentra.

MAYA PERMITE MODIFICAR EL COMPORTAMIENTO de los trazos tubulares de PaintEffects mediante un sistema de curvas de control. Las curvas de control son curvas CV o EP, como las utilizadas en el ejercicio anterior, que se asocian a un trazo. Esta asociación permite ajustar los trazos para que sigan a las curvas de control, así como configurarlas para que se adhieran.

1. Este ejercicio podría ser complementario del anterior puesto que volveremos a trabajar con trazos y curvas. Continuamos manipulando la escena **010.mb**; en ella insertamos una serie de flores con un pincel que asociamos a una curva CV. Lo que haremos en este ejercicio es insertar un nuevo trazo de flores y estilizarlas mediante las denominadas curvas de control. Para trabajar con mayor comodidad realizaremos un zoom sobre la escena y cambiaremos el punto de vista del visor. Si usted dispone de un ratón con rueda, utilice esta rueda para acercarse al contenido de la escena; si no, haga clic con el botón derecho del ratón mientras mantiene pulsada la tecla **Alt** y arrastre para cambiar el zoom. 1
2. Desde el shelf **PaintEffects**, localice un pincel con flores blancas y aplique un trazo en una zona libre de la escena. 2
3. Como lo que queremos es estilizar el nuevo trazo, accederemos a una vista lateral para poder trazar con exactitud la curva que servirá de guía. Para ello, pulse la **Barra espaciadora** de su teclado y, cuando aparezcan los cuatro visores de Maya, haga

También puede cambiar a la vista de cuatro visores pulsando el último comando de la barra de herramientas vertical del programa.

1

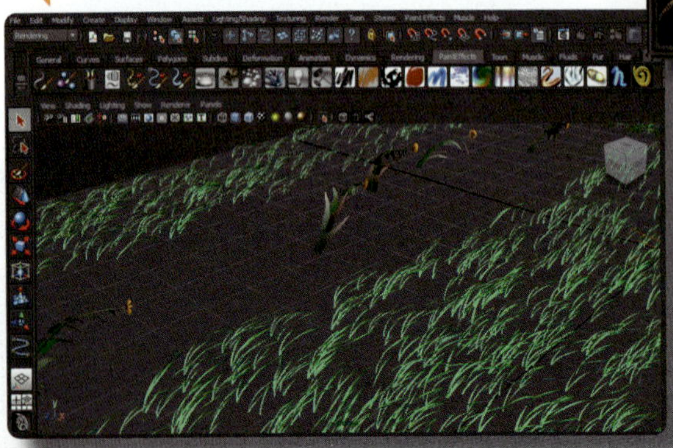

2

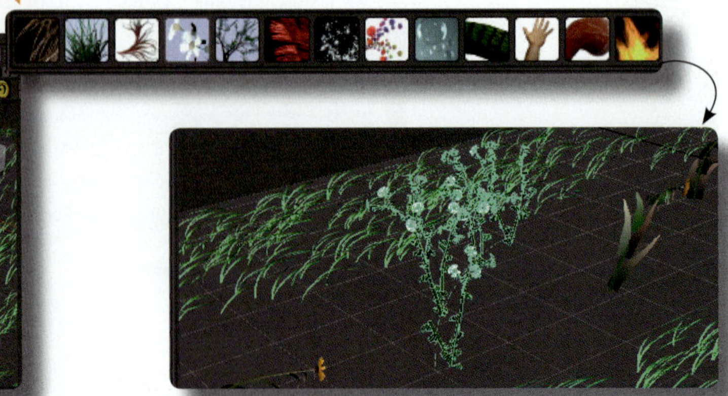

clic en el denominado **Side**, pulsando la **Barra espaciadora** para acceder a él.

4. El siguiente paso consiste en dibujar la curva que servirá de guía para las flores del trazo. Despliegue el menú **Create** y haga clic sobre el comando **CV Curve Tool.** 3
5. A continuación trace una línea más o menos recta mediante puntos de control junto a una de las flores, 4 pulsando la tecla **Retorno** para finalizar el trazado.
6. Resulta del todo importante que la curva empiece muy cerca del trazo y finalice lejos de él. Vuelva a la vista en perspectiva pulsando de nuevo la **Barra espaciadora**.
7. Al volver a la vista en perspectiva puede ser necesario ajustar la posición de la línea curva; para ello, selecciónela y desplácela con la ayuda de la herramienta **Move**, que como sabe puede activar mediante la pulsación de la tecla **W**.
8. Ahora sólo nos queda ajustar el trazo a la curva de control. Para ello, asegúrese de que la curva se encuentra seleccionada y seleccione también, con la ayuda de la tecla **Mayúsculas**, el trazo en cuestión. 5
9. Compruebe que, debido a la naturaleza de los trazos de PaintEffects, toda la serie de flores queda seleccionada. Ahora, despliegue el menú **PaintEffects**, haga clic sobre el comando **Curve Utilities** y elija la opción **Set Stroke Control Curves.** 6
10. ¡Efecto conseguido! 7 Elimine la selección para comprobar el resultado.

013

IMPORTANTE

Si desea que los trazos reaccionen a otras fuerzas distintas a las disponibles en los pinceles de PaintEffects, puede conseguirlo utilizando curvas de control y haciendo que dichas curvas reaccionen. Ésta es una técnica muy efectiva para, por ejemplo, hacer que una melena larga se mueva con el viento de forma natural.

6

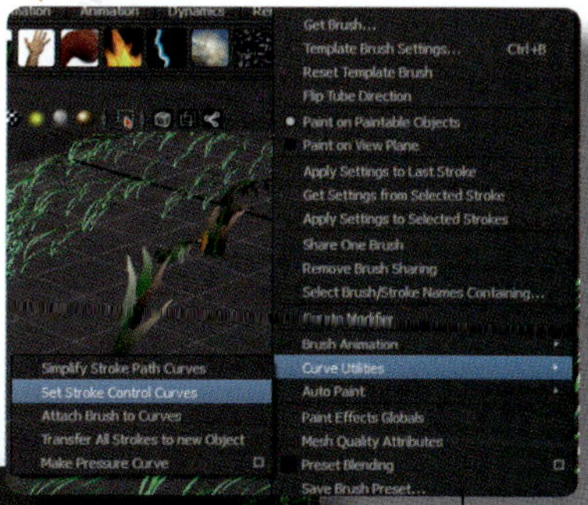

5

3

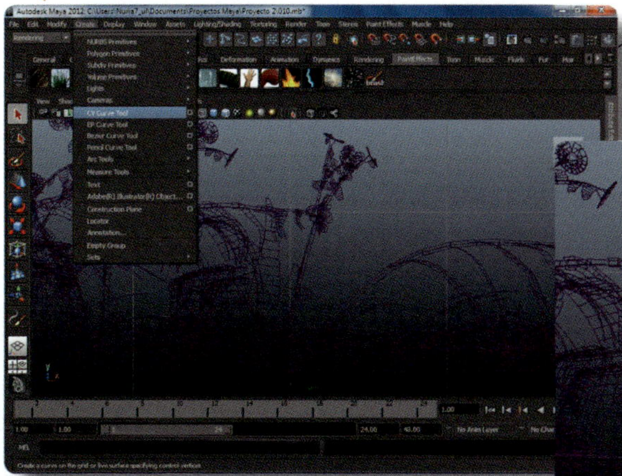

4

7

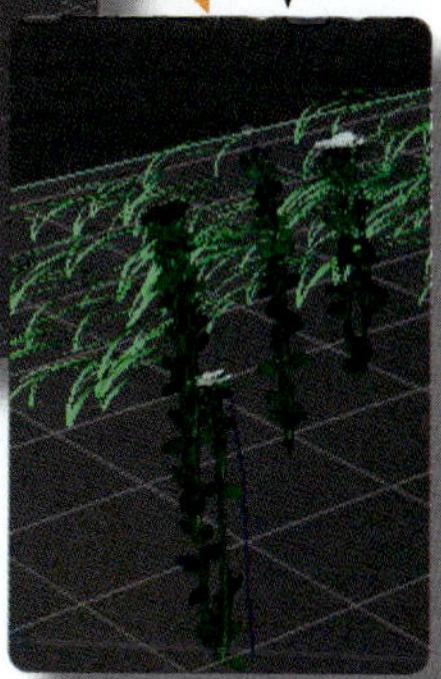

Si elimina la curva de control, el efecto conseguido quedará anulado.

Aplicar fuerza y movimiento a un trazo

IMPORTANTE

Para aplicar fuerzas a trazos tubulares mediante la modificación de curvas de control, es preciso, tras seleccionar el trazo, modificar los valores de los campos **Curve Follow** y **Curve Attract** del subapartado **Forces**, dentro del apartado **Behavior** de la sección **Tubes** del editor de atributos del pincel.

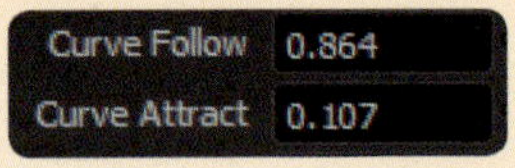

EXISTEN DOS FORMAS DE HACER QUE UN TRAZO reaccione a distintas fuerzas: definiendo dichas fuerzas sobre el pincel de PaintEffects o aplicándolas sobre las curvas de control. Entre las fuerzas aplicables a un trazo está la gravedad, deflexión o impulso, además de turbulencias. En este caso, PaintEffects anima automáticamente la reacción de los trazos.

1. En este ejercicio le mostraremos cómo hacer que una serie de trazos reaccionen ante diferentes fuerzas producidas sobre ellos. Empezaremos aplicando una fuerza que provoque que la hierba se mueva con el viento. Vamos allá. Realice un zoom sobre alguno de los trazos de hierba y selecciónelo. 1
2. A continuación, muestre el editor de atributos y pulse sobre la pestaña del pincel (en nuestro ejemplo, **grassWindWide1**). 2
3. Ahora debemos acceder a la sección en la que se encuentran los atributos de los trazos tubulares, por lo que localice la sección **Tubes**, haga clic sobre ella y muestre, seguidamente, el contenido del subapartado **Behavior**. 3
4. Dentro de este subapartado se encuentra los ajustes relativos a la aplicación de fuerzas y movimientos. Muestre la sección **Turbulence**.

1

2

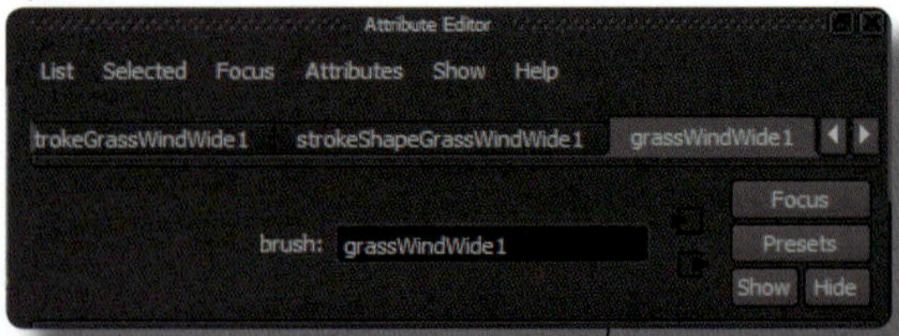

3

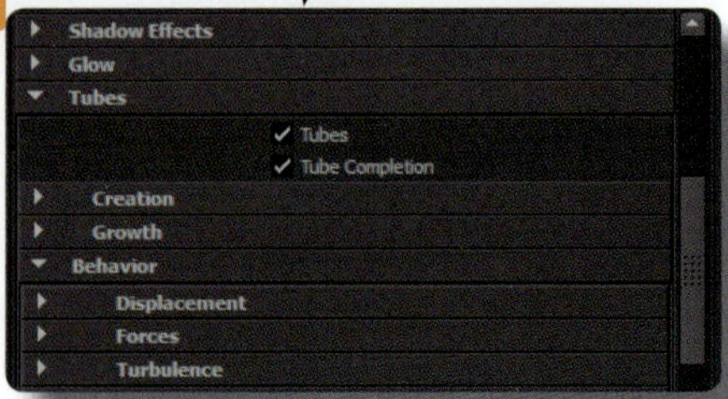

La aplicación de turbulencias es el único atributo de un trazo tubular que implica la animación automática del trazo.

5. El programa propone diferentes tipos de movimientos para el pincel. Despliegue el campo **Turbulence Type** y elija en esta ocasión la opción **Grass Wind.** 4

6. De esta forma se activan el resto de campos situados en esta sección, campos que puede ajustar según sus preferencias. Sin embargo, vamos a comprobar el efecto conseguido hasta el momento. Para ello, pulse sobre el botón **Play Forward**, que muestra una punta de flecha que señala hacia la derecha, en el grupo de controles de animación, en la parte inferior del editor de atributos. 5

7. Efectivamente, la hierba se mueva como si soplara viento en la escena. Aumente la velocidad del movimiento asignando un valor mayor al predeterminado en el campo **Turbulence Speed.** 6

8. Para detener la animación pulse sobre el mismo botón que antes, ahora denominado o bien pulse la tecla **Esc** de su teclado.

9. Veamos un sencillo ejemplo de la aplicación de otras fuerzas sobre trazos. Seleccione en la escena el último trazo en forma de flor que hemos dibujado y, en el editor de atributos, muestre las características del pincel. 7

10. Seguidamente, haga clic en **Tubes**, muestre el contenido de **Behavior** y haga clic en **Forces**.

11. Como ejemplo, aumente hasta **1** el valor del campo **Gravity** y compruebe el cambio sobre las hojas de la planta. 8

014

IMPORTANTE

La aplicación de fuerzas sobre trazos pueden ser animadas fotograma a fotograma para conseguir el efecto dinámico deseado.

9

7

4

Le recomendamos que compruebe por su cuenta el comportamiento de los distintos tipos de turbulencias para descubrir las múltiples posibilidades que el programa pone a su disposición.

8

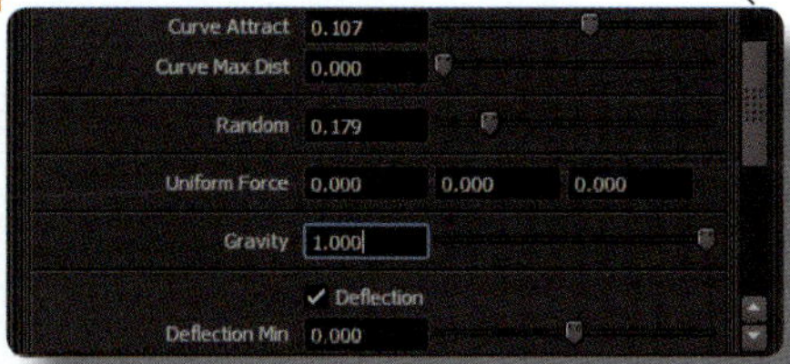

6

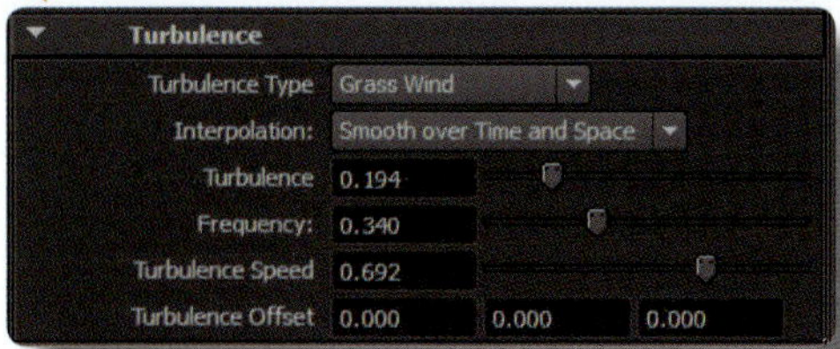

Es posible modificar los ajustes de turbulencia mientras se está reproduciendo.

5

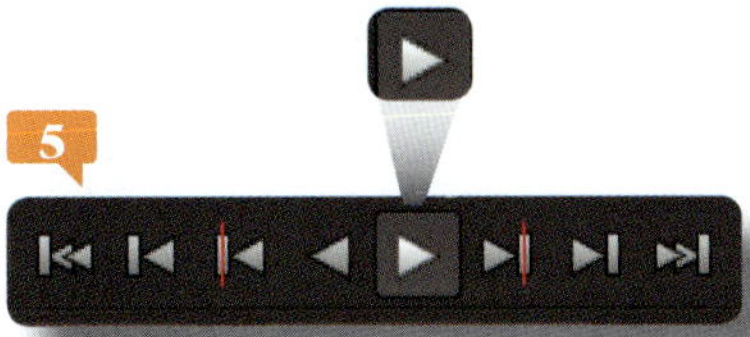

Renderizar PaintEffects

POR DEFECTO, MAYA RENDERIZA LOS TRAZOS de PaintEffects junto al resto de la escena. Sin embargo, también es posible renderizar individualmente los trazos, aunque para ello es preciso configurar las preferencias del programa de un modo determinado. Antes de renderizar una escena con trazos PaintEffects, resulta interesante preparar dicha escena en cuanto a la iluminación y al uso de cámaras se refiere.

1. En este ejercicio le mostraremos cómo puede configurar el programa para que renderice sólo los trazos de PaintEffects y cómo renderizar propiamente las escenas. Continuamos trabajamos con la escena **010.mb**, completada a lo largo de los últimos ejercicios. Empecemos. Despliegue el menú **Windows**, haga clic sobre el comando **Rendering Editors** y elija de la lista la opción **Render Settings**. [1]
2. Se abre el cuadro de diálogo **Render Settings**; este cuadro consta por defecto de dos pestañas: una de opciones comunes y otra destinada al renderizador. Haga clic sobre la pestaña del renderizador, por defecto, **Maya Software**. [2]
3. En la parte inferior del contenido de esta pestaña, haga clic sobre la sección **PaintEffects Rendering Options**. [3]

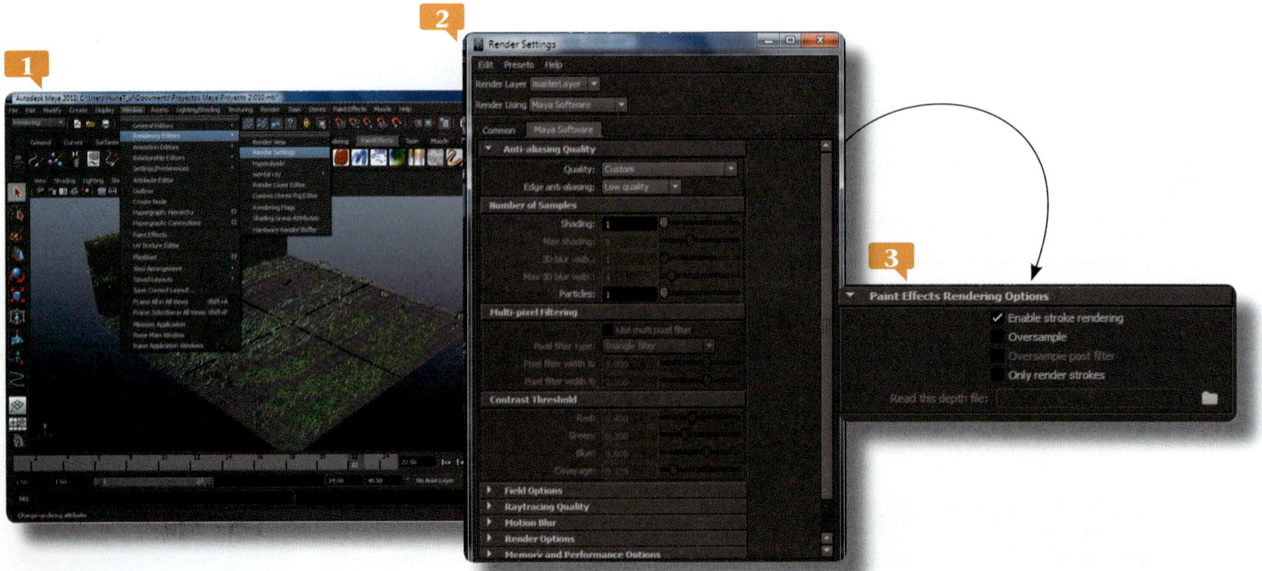

4. PaintEffects cuenta con cuatro opciones de renderización, siendo la primera de ellas la única que se encuentra activa. La opción **Enable stroke rendering** permite renderizar los trazos con el resto de la escena. Si desea renderizar sólo los trazos y después añadirlos a la escena, active la opción **Only render strokes**. Mantenga las opciones tal y como aparecen por defecto y pulse el botón **Close** para salir del cuadro de opciones de renderización.
5. Para renderizar la escena y ver el resultado final de los trazos PaintEffects, muestre el contenido del shelf **Rendering** y pulse sobre el primero de los comandos que contiene una claqueta, denominado **Render Current Frame**. 4
6. Aunque falta iluminación en la escena, puede comprobar el efecto realista de los trazos de PaintEffects. 5 Cierre la ventana **Render View**.
7. Para ver más detalle de alguno de los trazos, realice un zoom sobre el que desee analizar. 6
8. Vuelva a renderizar la escena, esta vez desde el comando oportuno de la **Status Line**.
9. Tanto desde la ventana de renderización como desde el panel de PaintEffects, usted puede guardar una captura de pantalla que refleja aquello que se visualiza en el programa en cada momento. Termine este ejercicio cerrando la ventana **Render View** y cerrando la escena actual almacenando los cambios realizados. 7

015

IMPORTANTE

La opción **Oversample** de las opciones del cuadro de renderización permite renderizar los trazos de PaintEffects en doble resolución; por su parte, la opción **Oversample Post Filter** aplica un filtro ponderado sobre la imagen sobremuestrada (*oversampled*) del trazo para obtener un suavizado óptimo. Ambas opciones son muy útiles para renderizar piel o pelo.

4

Desde el shelf **Rendering**, además de la renderización, se gestionan los materiales, las luces y la asignación de cámaras.

5

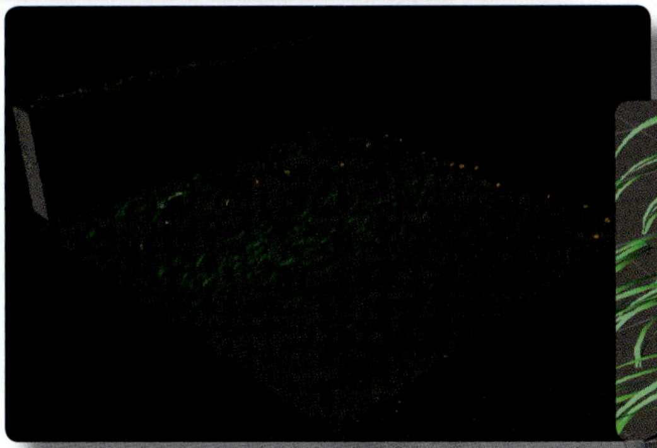

6

7

Crear dibujos con el shader Toon

IMPORTANTE

Tenga en cuenta que Maya lanza un mensaje de advertencia en aquellos casos en que la tarjeta de vídeo instalada en el equipo no soporte la renderización de hardware, lo que puede afectar a la visualización en el visor de la escena de cierto contenido, por ejemplo, el sombreador Toon.

EL SOMBREADOR (*SHADER*) TOON CREA LA APARIENCIA de un dibujo animado mediante un software de modelado y animación. Los elementos de este sombreador incluyen líneas de perfil, líneas de contorno, líneas de pliegue y sombreados con colores sólidos. Combinados, estos elementos recrean el aspecto de un dibujo animado con la técnica de tinta y color (*ink and paint*), en la cual la tinta se refiere a las líneas y el color, al sombreado.

1. En este ejercicio conocerá el aspecto del sombreador Toon sobre un objeto 3D y el modo de modificarlo. Para acceder al catálogo de ejemplos de Maya de archivos Toon es preciso abrir la ventana **Visor**, con la que ya trabajamos en los ejercicios de PaintEffects. Empecemos. Sobre una escena nueva, despliegue el menú **Toon** y haga clic sobre el comando **Get Toon Example.** [1]
2. Se abre de este modo la ventana **Visor**, mostrando el contenido de la pestaña **Toon Examples.** [2] Para importar una de estas muestras a la escena actual, haga clic con el botón derecho sobre una de ellas, por ejemplo, sobre la tercera, y elija del menú contextual el comando **Import...** [3]
3. Cierre el cuadro **Visor** y compruebe como el personaje forma parte de nuestra escena. [4]

1

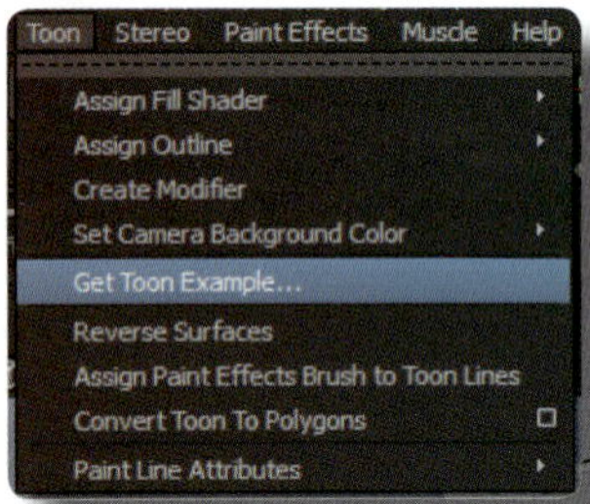

El menú **Toon** forma parte del grupo de menús **Rendering**.

2

3

4

Para visualizar todas las muestras de la pestaña **Toon Examples** en la ventana Visor, puede aplicar un zoom para reducir su tamaño y, además, puede modificar la anchura de la sección arrastrando la línea que separa el panel de la izquierda del central.

016

4. Se trata en este caso de un personaje animado con aspecto de dibujo. (Si está visualizando la escena en modo alámbrico, **wireframe**, pulse la tecla **5** para aplicar el sombreado a la escena.) Para comprobar la animación, pulse sobre el comando **Play Forward** y, una vez realizada la comprobación, pulse la tecla **Esc** para detenerla.
5. Evidentemente, éste es sólo un ejemplo, del todo avanzado, de la aplicación del sombreador Toon sobre un personaje animado. Pero ¿cómo podemos aplicar nosotros este sombreador? Maya permite aplicarlo a todo tipo de geometría: polígonos, NURBS y superficies de subdivisión. Abra la escena **016.mb**, que puede descargar desde nuestra página web, y seleccione la esfera. 5
6. A continuación, despliegue el menú **Toon**, haga clic sobre el comando **Assign Fill Shader** y elija la opción **Solid Color**. 6
7. La esfera queda rellenada con un color sólido predeterminado, 7 que podemos modificar según nuestras preferencias desde el editor de atributos. Haga clic sobre la pestaña **solidshader** para ver los atributos del sombreador Toon.
8. Para cambiar el color del relleno, pulse sobre la muestra de color del campo **Out Color** 8 y elija en el panel **Color History** el tono que más le guste. 9

En el ejercicio siguiente veremos como completar el objeto aplicando una línea de contorno Toon y cómo modificar sus atributos.

IMPORTANTE

Una vez aplicado el sombreador de relleno Toon, es posible aplicar las líneas de contorno y controlar su apariencia desde el editor de atributos, concretamente desde el nodo **pfxToon**. Este proceso será estudiado en el ejercicio siguiente.

8

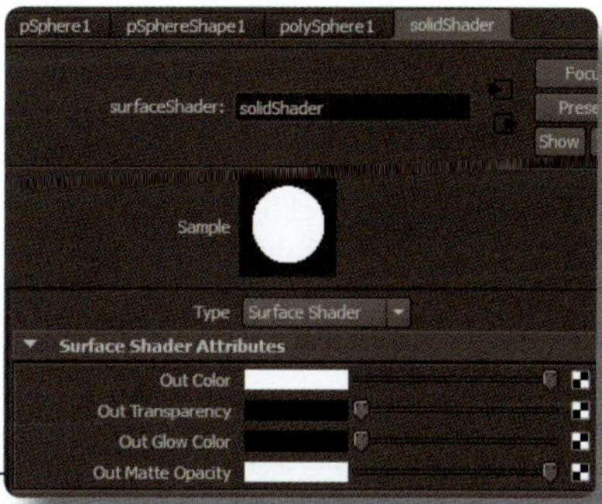

Compruebe en el campo **Type** del editor de atributos como el tipo de sombreador se denomina **Surface Shader**.

5

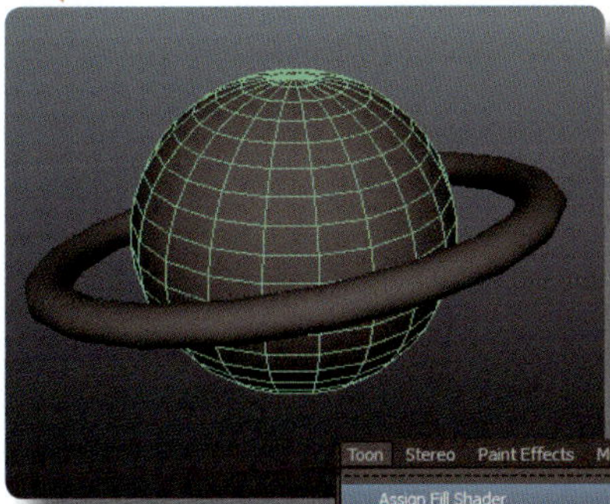

7

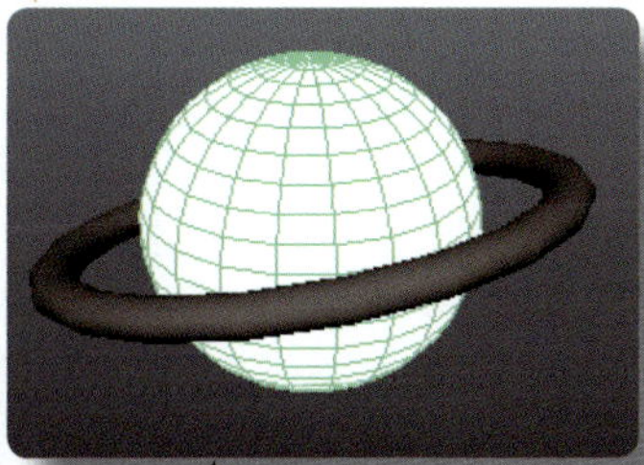

6

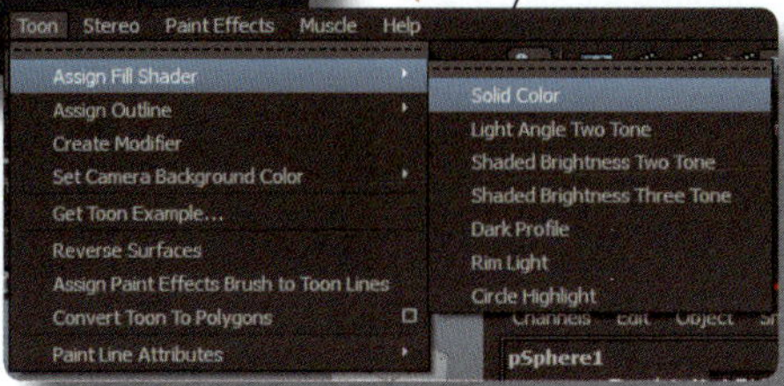

El sombreador Toon cuenta con siete tipos distintos de relleno.

9

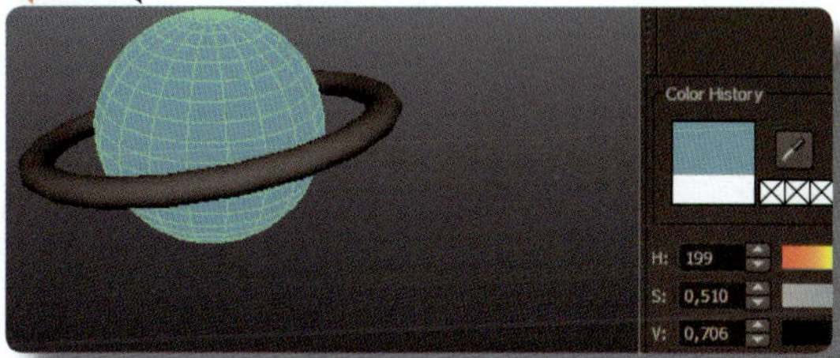

Aplicar líneas Toon

LAS LÍNEAS GENERADAS PARA CREAR CONTORNOS Toon son generadas directamente a partir de una combinación de la geometría de entrada y la escena. Es posible controlar la apariencia de estas líneas desde el editor de atributos, concretamente desde el nodo pfxToonShape, así como pintar líneas adicionales utilizando PaintEffects. En este ejercicio conocerá los cuatro tipos de líneas Toon y las diferencias que existen entre ellas.

1. Continuamos trabajando con la escena 016.mb, sobre cuya esfera aplicamos el sombreador Toon. Sobre esta misma esfera aplicaremos una línea Toon. Empecemos. Con la esfera seleccionada, despliegue el menú **Toon** y haga clic sobre el comando **Add New Toon Outline**. [1]
2. La línea de contorno se aplica en el objeto con unas características predeterminadas. [2] Muestre el editor de atributos.
3. Efectivamente, la línea Toon crea un nodo denominado **pfxToonShape**, el cual cuenta con una serie de atributos comunes y otros, para cada uno de los tipos de línea disponibles. Aumente la anchura de la línea moviendo hacia la derecha el control deslizante del campo **LineWidth**. [3]
4. Las líneas de perfil (**Profile Lines**) son líneas de silueta que aparecen cuando un objeto gira para ser visualizado desde lejos en el visor. Estas líneas son, por defecto, trazos de PaintEffects, por lo que Maya las regenera al cambiar de vista. Visua-

IMPORTANTE

Existen cuatro tipos de línea Toon editables en Maya: de perfil, de contorno, de pliegue y de intersección. Todas estas líneas están definidas en términos de propiedades de malla, es decir, cualquier otra geometría que no sea una malla se convierte en malla poligonal antes de pasar al nodo pfxToon.

Si utiliza mental ray o el hardware de Maya como renderizadores, deberá convertir previamente las líneas Toon en polígonos; para ello, utilice la opción **Convert Toon To Polygons** del menú **Toon**.

1

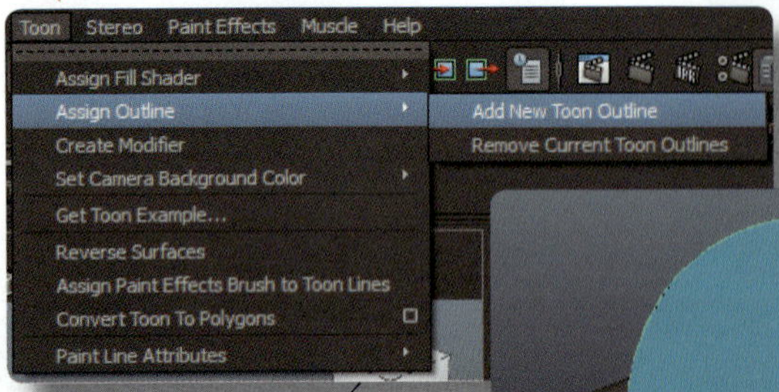

2

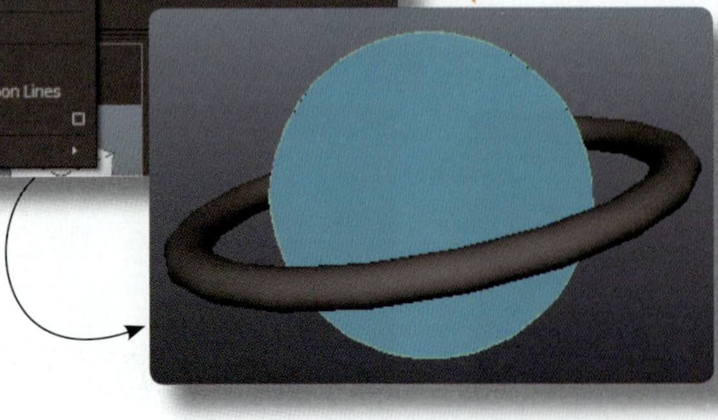

3

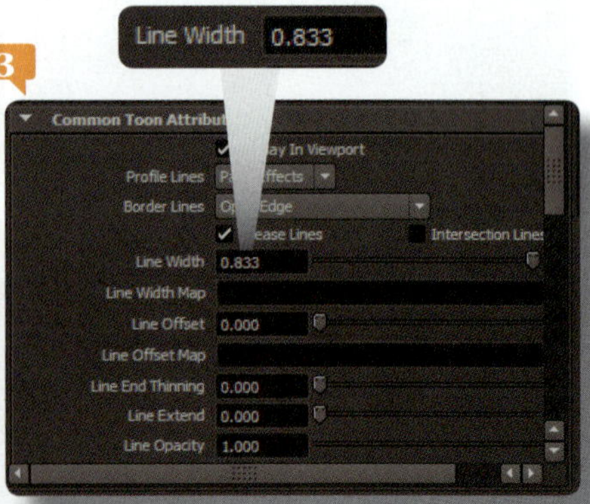

lice y muestre ahora la sección **Profile Lines** en el editor de atributos para ver los ajustes para este tipo de líneas. [4]

5. Desde aquí puede modificar el color de la línea, así como su anchura, la variación de la anchura de la línea si el ángulo de visión cambia, el ángulo en grados más allá del cual las líneas de perfil se rompen y la compensación de las líneas de perfil a lo largo de la dirección de la vista. Pulse sobre la muestra de color del campo **Profile Color** y elija el tono que usted prefiera para la línea. [5]
6. Pulse en una zona libre del visor para comprobar el resultado.
7. La renderización de la escena nos ayudará a comprobar mejor el resultado. Sin embargo, antes de llevar a cabo el proceso, asignaremos un color de fondo Toon a la escena. Para ello, despliegue el menú **Toon**, haga clic sobre el comando **Set Camera Background Color** y elija de la lista la opción **persp**. [6]
8. La lista de opciones del comando **Set Camera Background Color** coinciden con los distintos visores disponibles en Maya. En la ventana **maya**, elija el color que desee y pulse el botón **OK**. [7]
9. Tenga en cuenta que el color de fondo sólo se visualizará en la ventana del renderizado. Vamos a comprobarlo. En la **Status Line**, haga clic sobre el comando **Render the current frame**.
10. Tanto el sombreador Toon como las líneas de contorno se pueden renderizar con el software de Maya. Cierre la ventana de renderización y termine aquí este ejercicio.

017

IMPORTANTE

Las líneas de pliegue (**Crease Lines**) se forman sobre los bordes de los polígonos dónde el ángulo de curvatura es mayor que el valor definido en el campo **Crease Angle Min**. Por su parte, las líneas de contorno (**Border Lines**) se encuentran sobre bordes que forman parte sólo de una cara de un polígono sencillo. Por último, las líneas de intersección (**Intersection Lines**) aparecen en la intersección en la que un objeto solapa a otro.

6

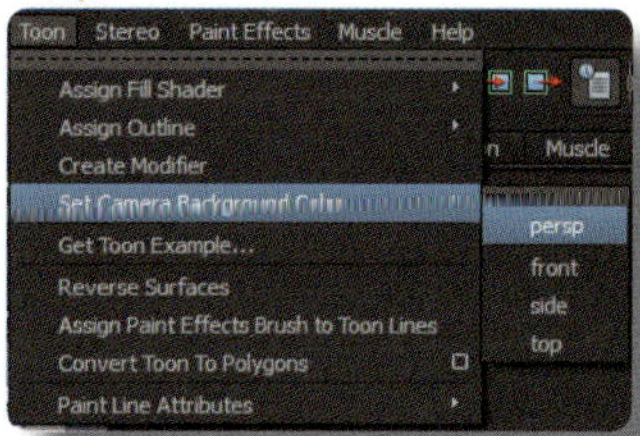

4

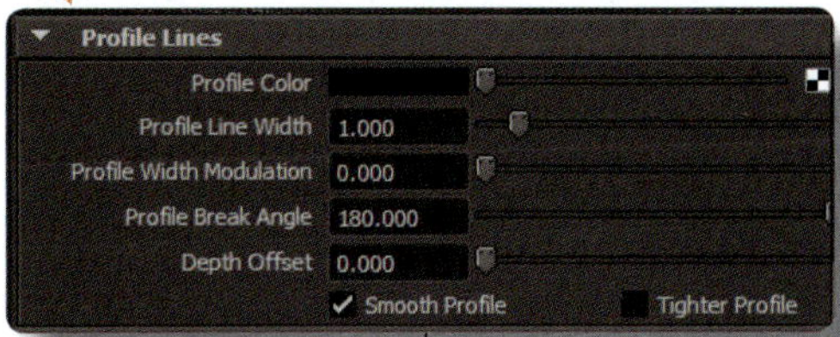

7

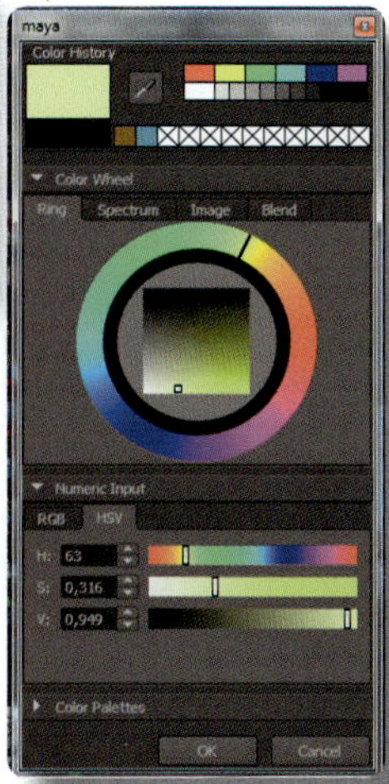

8

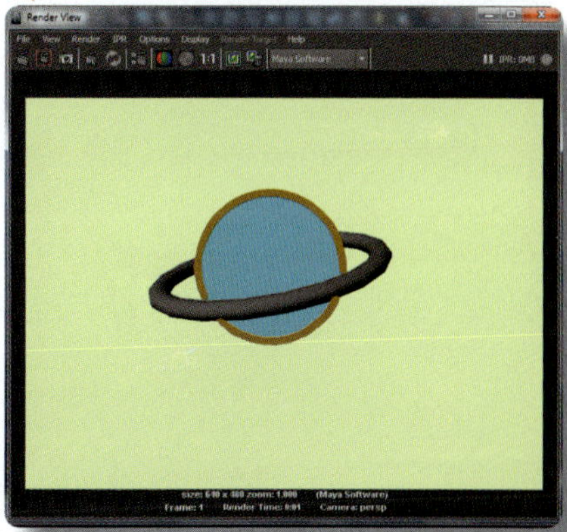

5

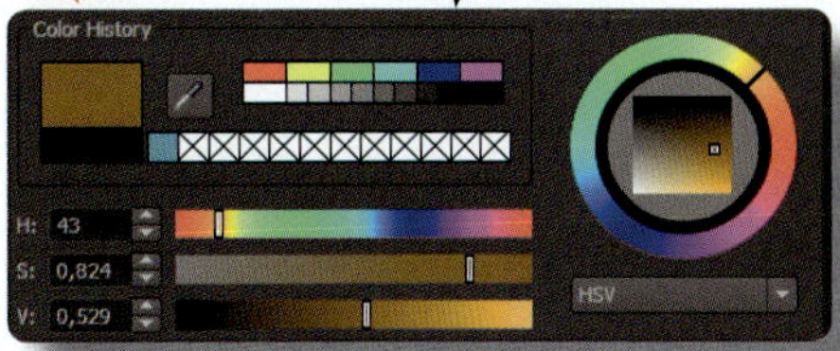

Modificar escenas Toon

IMPORTANTE

En algunas formas geométricas, puede ocurrir que las líneas de contorno no se visualicen correctamente. En los conos, por ejemplo, las líneas de contorno pueden aparecer redondeadas en la punta; esto es debido a que esta figura tiene triángulos largos y finos que se encuentran en una punta afilada. Para solucionar este problema, active la opción **Tighter Profile** en la sección **Profile Lines** del editor de atributos del nodo **pfxToon**.

MAYA PERMITE MODIFICAR EN DISTINTOS ASPECTOS las escenas Toon. Además de ajustar las características de las líneas de contorno desde el editor de atributos, también es posible crear modificadores a partir de dichas líneas, aplicar efectos PaintEffects y convertirlas en polígonos para poder renderizarlas con un renderizador distinto al software de Maya. También puede modificar sus escenas Toon añadiendo nuevos trazos mediante el uso de pinceles PaintEffects.

1. En este último ejercicio dedicado al sombreador Toon, le mostraremos cómo modificar una escena creada con estas características. En primer lugar, vamos a cambiar aplicar sobre la línea de contorno un pincel de PaintEffects. El primer paso para llevar a cabo esta modificación consiste en seleccionar el pincel que queremos utilizar, por lo que, con el contorno de la esfera seleccionado, muestre el shelf **PaintEffects**. [1]
2. Seguidamente, haga clic sobre la muestra **Thick Red Oil Brush**, de color rojo. (Personalice la práctica eligiendo una muestra de pincel distinta a la propuesta.)
3. Una vez elegido el pincel que deseamos utilizar, despliegue el menú **Toon** y haga clic sobre el comando **Assign PaintEffects Brush to Toon Lines**. [2]
4. El cambio sobre el contorno es inmediato. [3] Desde el editor de atributos podrá modificar ahora las características del pin-

1

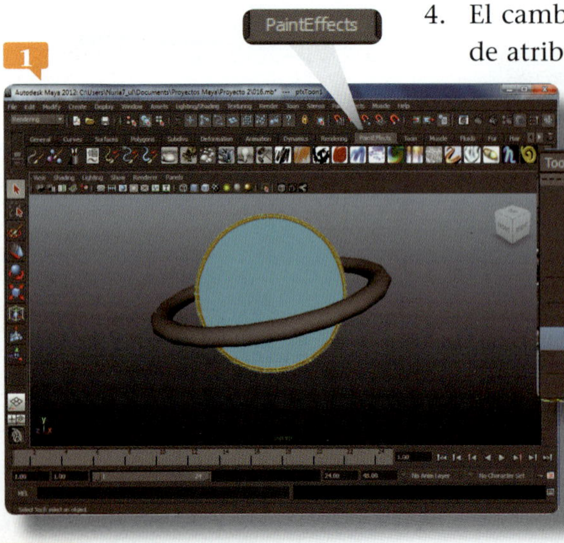

2

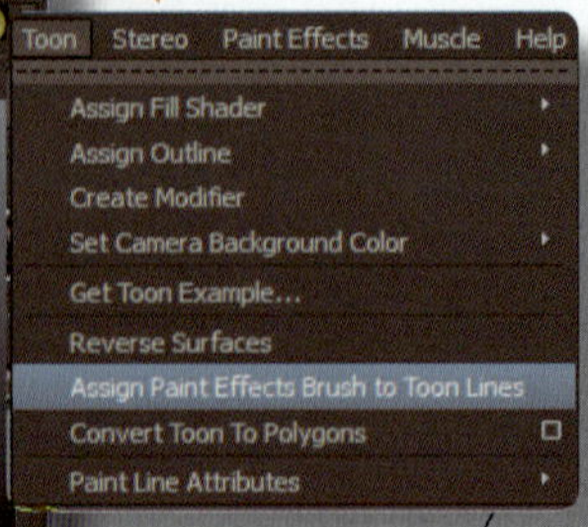

3

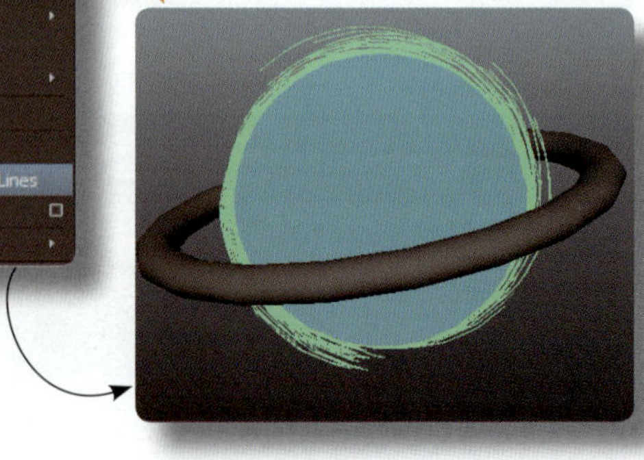

018

cel, tal como vimos en las lecciones dedicadas a PaintEffects. Muestre el editor de atributos y pulse sobre la pestaña **ThickOilRed1**. 4

5. Si lo desea, cambie a su gusto estos atributos hasta conseguir un aspecto totalmente personalizado de la línea de contorno. Imagine ahora que desea añadir líneas adicionales al objeto al que hemos aplicado el sombreador Toon, es decir, a la esfera. Lo primero que debemos hacer es convertirla en editable para poder pintar sobre ella. Con la herramienta **Select**, haga clic sobre la esfera para seleccionarla.
6. Seguidamente, despliegue el menú **PaintEffects** y haga clic sobre el comando **Make Paintable**. 5
7. Ahora, active la herramienta **PaintEffects Tool** y realice distintos trazos sobre la esfera, de cualquier forma. 6
8. Los trazos se aplican con el último pincel seleccionado, el mismo que hemos aplicado sobre la línea de contorno. Si lo prefiere, antes de pintar sobre la esfera, puede elegir un pincel distinto y ajustarlo según sus necesidades. Ahora imagine que desea renderizar la escena utilizando para ello el renderizador mental ray, en cuyo caso Maya requiere la conversión de los objetos Toon en polígonos. Para hacerlo, seleccione la esfera y su contorno, despliegue el menú **Toon** y haga clic sobre el comando **Convert Toon To Polygons**. 7 Para terminar, renderice la escena utilizando mental ray como renderizador (recuerde que puede cambiar esta opción en la misma ventana **Render View**). 8

IMPORTANTE

Además de indicar en la ventana **Render View** el renderizador que debe utilizarse para representar la escena actual, también puede indicar esta opción como predeterminada desde el cuadro de preferencias **Render Settings**, accesible desde el comando **Rendering Editors** del menú **Window**.

7

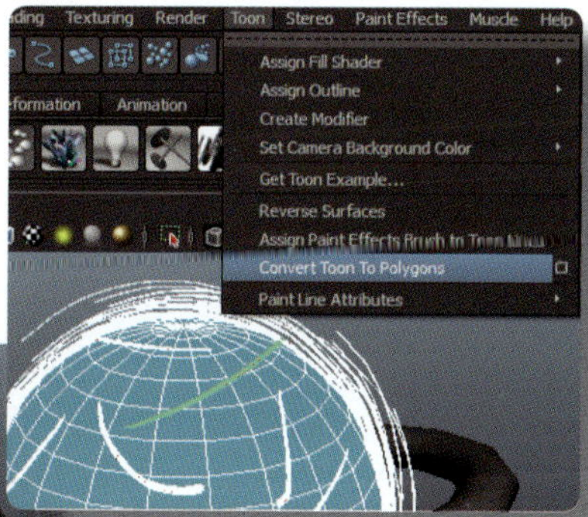

6

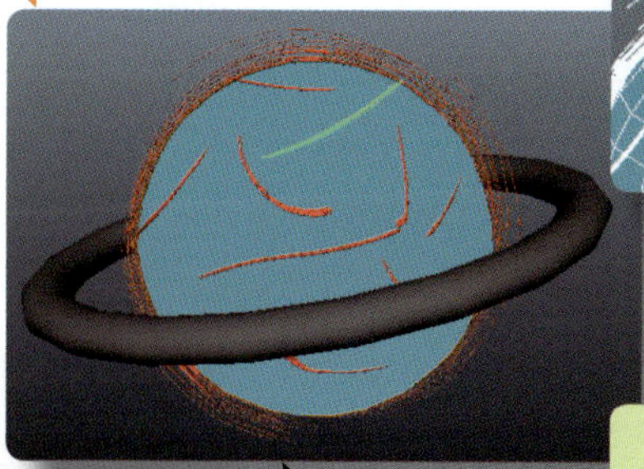

4

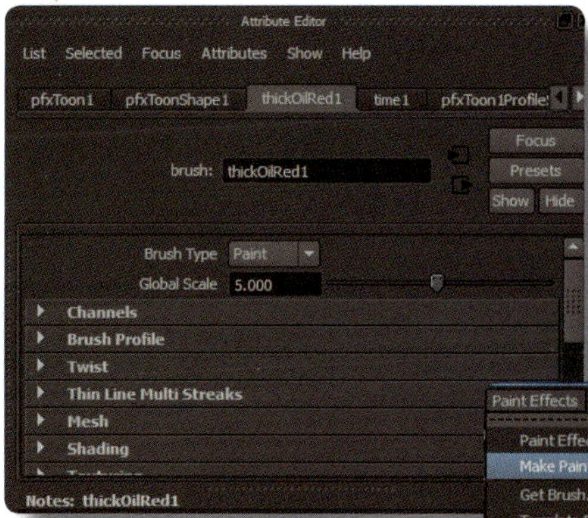

5

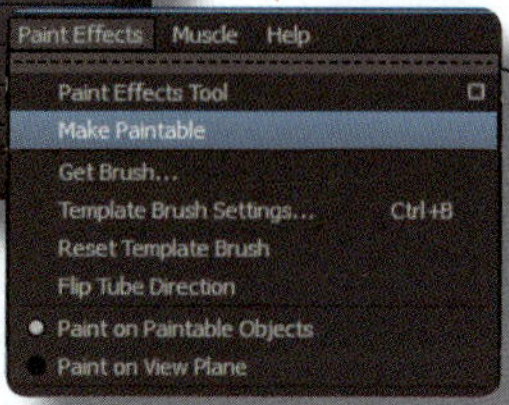

8

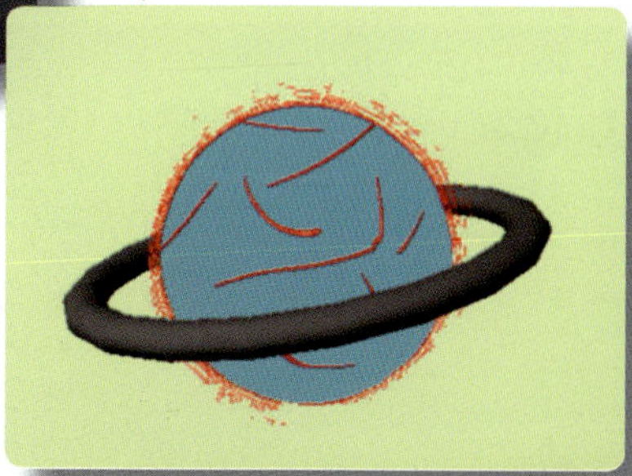

Crear estructuras o esqueletos

IMPORTANTE

Las junturas son el bloque de construcción de los esqueletos y sus puntos de articulación. Por esta razón, las junturas no tienen forma ni aparecen al renderizar la escena. Cada juntura puede tener uno o más huesos adheridos y más de una juntura "hija" o subordinada. Por su parte, los huesos no tienen nodos ni una presencia física o calculable en la escena, sino que son sencillamente indicaciones visuales que ilustran la relación entre junturas.

MAYA UTILIZA LA PALABRA *SKELETON* PARA DESIGNAR una estructura articulada y jerárquica que permite colocar y animar un modelo de huesos. Un esqueleto, palabra que utilizaremos de ahora en adelante en este libro, proporciona un modelo deformable con la misma estructura interior que un esqueleto da a un cuerpo humano. Como en un cuerpo humano, la posición y el número de junturas que se añaden al esqueleto determina cómo se mueve la estructura modular o el cuerpo.

1. Con este ejercicio empezamos una serie de prácticas en las cuales aprenderá las principales acciones para crear esqueletos y estructuras que, posteriormente, puede animar. Un esqueleto está compuesto por una serie de puntos de articulación o junturas y huesos que forman cadenas de articulaciones. Para llevar a cabo estos ejercicios, puede descargar desde nuestra página web la escena **019.mb**, guardarla en la carpeta de escenas de sus proyectos de Maya y abrirla en el área de trabajo del programa. Cuando disponga de ella verá que se trata de un personaje muy básico. Para trabajar con más precisión, sitúese en el visor **Front** y realice un zoom sobre el brazo izquierdo de nuestro personaje. 1
2. También para trabajar mejor, active la vista de rayos X pulsando sobre el ultimo de los comandos de la barra de herramientas del visor. 2
3. De esta forma, podremos ver el interior del brazo mientras insertamos las junturas y los huesos. Sitúese en el grupo de

Recuerde que para cambiar de visor puede pulsar la **Barra espaciadora** y que para desplazarse por el visor puede utilizar la combinación de la tecla **Alt** con el botón central del ratón.

1

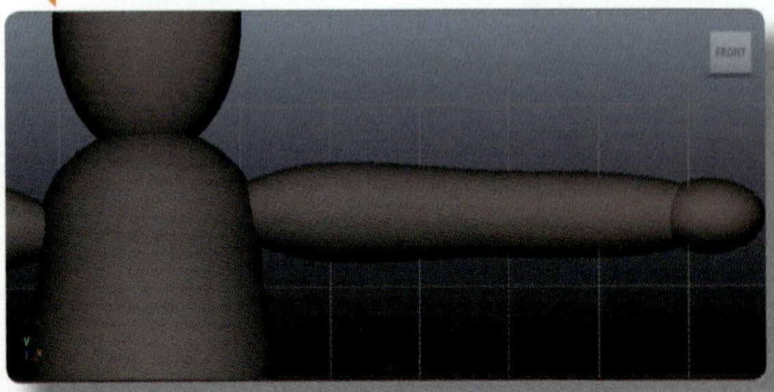

2

3

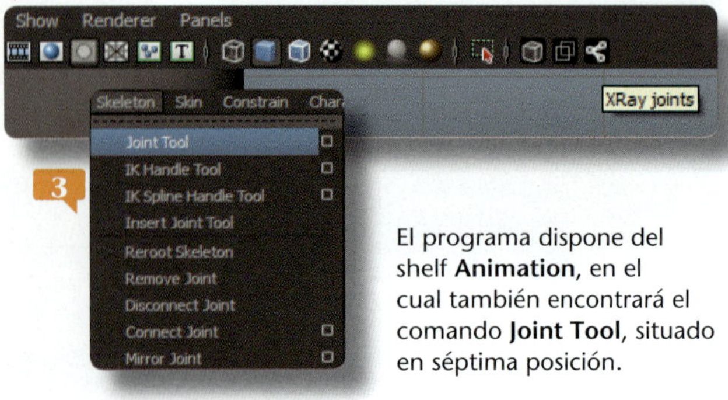

El programa dispone del shelf **Animation**, en el cual también encontrará el comando **Joint Tool**, situado en séptima posición.

menús **Animation**, despliegue el menú **Skeleton** y haga clic sobre el comando **Joint Tool.**

4. El modo de insertar junturas y huesos es muy sencillo: sólo debe hacer clic en el punto en que desea insertar la juntura y cuando haga el siguiente clic aparecerá el hueso que las une. En este caso, haga clic en el extremo izquierdo del brazo para situar el hombro, clic aproximadamente en el centro para ubicar el codo y clic en su extremo derecho para insertar la muñeca.
5. Puede crear tantas articulaciones como necesite. Cuando inserte la última juntura, pulse la tecla **Retorno** para finalizar el proceso de inserción.
6. Maya permite etiquetar cada una de las junturas. Para ello, acceda al editor de atributos.
7. Compruebe que aparece la pestaña **joint1**, correspondiente a la primera juntura insertada. Escriba en el campo **joint** el término **hombroIz** y pulse la tecla **Retorno.**
8. Seleccione ahora la juntura central, etiquétela con el término **codoIz** y haga lo mismo con la juntura derecha, renombrándola como **muñecaIz.**
9. Vuelva a la vista en perspectiva, active la vista de rayos X y compruebe si la articulación se encuentra bien situada.
10. Si es necesario, reubique alguna de las juntas. Para ello, sencillamente selecciónela con la herramienta **Move** y desplácela hasta el punto correcto.
11. Ahora, repita por su cuenta este proceso sobre el brazo derecho, etiquetando las junturas con los términos apropiados (**hombroDe - codoDE - muñecaDe**).

019

IMPORTANTE

Dependiendo de la posición de las articulaciones, es posible duplicarlas y resituarlas en la escena si es necesario. En este caso, será preciso cambiar el nombre de las junturas; para ello, puede dirigirse al editor de atributos o acceder al panel **Outliner**, el cual lista todos y cada uno de los elementos existentes en una escena.

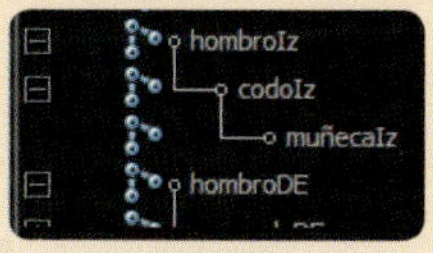

7

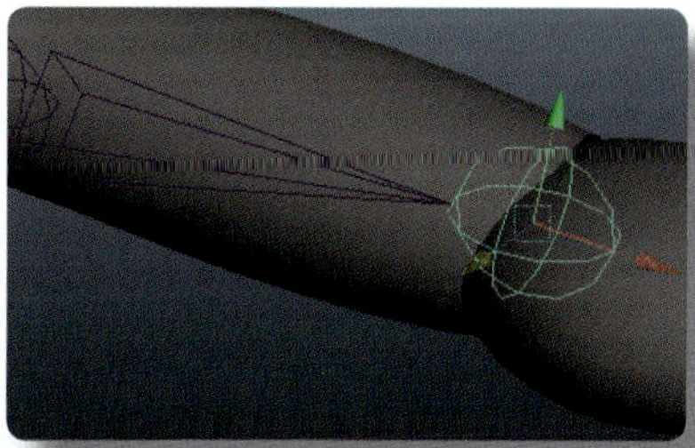

4

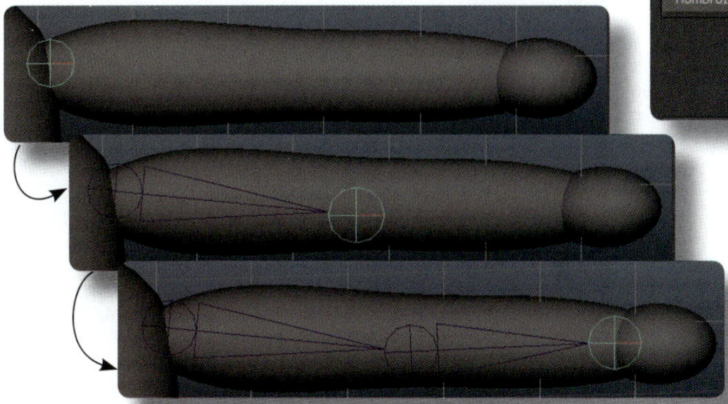

5

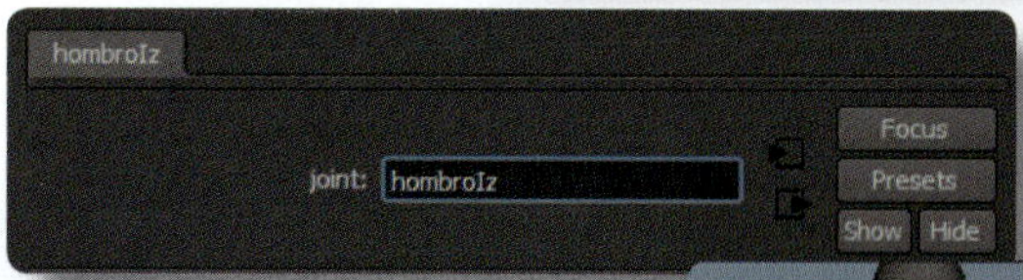

Resulta de gran importancia la correcta colocación de las articulaciones dentro del objeto si queremos conseguir que, posteriormente, la animación sea un éxito.

6

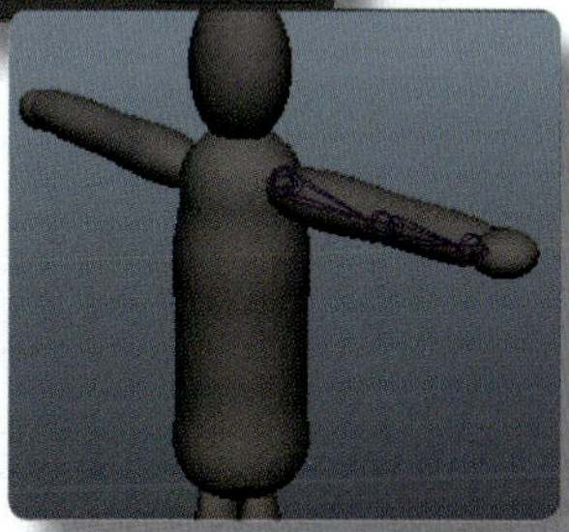

Deformar un sólido con la herramienta Skin

IMPORTANTE

Además de los métodos directos descritos en este ejercicio, Maya cuenta con dos métodos de skinning denominados indirectos: Lattice skinning y Wrap skinning.

EN MAYA SE DENOMINA SKINNING EL PROCESO DE UNIR un sólido con su correspondiente estructura o esqueleto mediante la técnica del recubrimiento, con el fin de que dicho sólido reaccione a los movimientos generados sobre junturas y huesos. Existen tres tipos de skinning denominados directos: el suave, el interactivo y el rígido.

1. En este ejercicio crearemos un recubrimiento sobre los dos brazos de nuestro personaje para que reaccionen al movimiento de las estructuras creadas en la práctica anterior. Si no dispone de estas estructuras, sepa que puede descargar desde nuestra página web la escena **020.mb**, una actualización de la **019**. Empecemos. Realice un zoom sobre el brazo izquierdo de nuestro personaje para trabajar con mayor comodidad y precisión.
2. Con la herramienta **Select**, seleccione el brazo del personaje y, con la ayuda de la tecla **Mayúsculas**, seleccione también la mano. 1
3. A continuación, de nuevo con la ayuda de la tecla **Mayúsculas**, seleccione la juntura principal de la estructura creada, es decir, la que denominamos **hombroIz**. 2
4. El grupo de menús **Animation** cuenta con el menú **Skin** que dispone de todos los comandos para realizar el proceso de

1

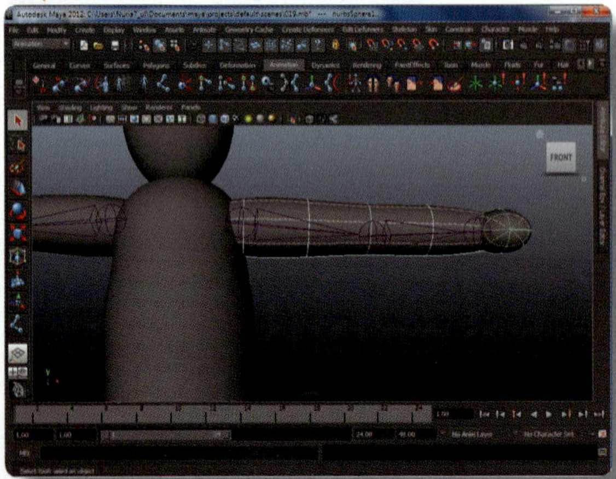

2

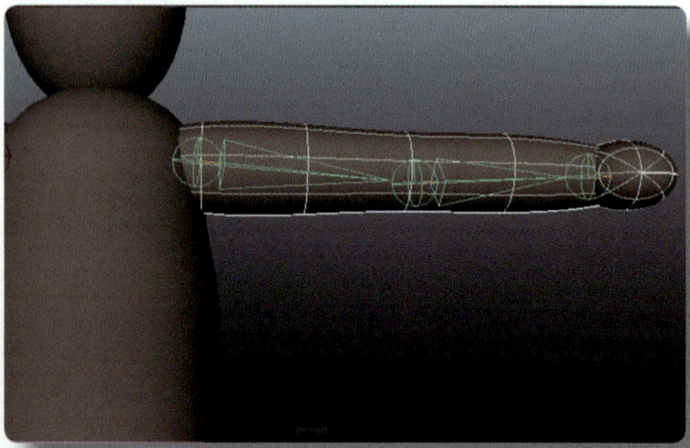

Recuerde activar el modo de visualización de rayos X para poder ver el interior de los sólidos en cuestión.

020

skinning. Despliegue este menú, haga clic sobre el comando **Bind Skin** y separe el submenú como panel pulsando sobre la línea discontinua de su cabecera. 3

5. Estos son los tres tipos de skinning disponibles. El primero de ellos, Smooth Bind, proporciona una deformación suave y articulada permitiendo a distintas junturas influenciar a los mismos puntos deformables del objeto. Con esta técnica, los efectos suaves alrededor de las junturas se ajustan automáticamente al aplicar el recubrimiento. Con todos los elementos correctamente seleccionados, pulse sobre la opción **Smooth Bind**. 4
6. Así de sencillo. Sólo nos queda comprobar cómo afecta este recubrimiento al movimiento del brazo. Para ello, elimine cualquier selección actual y, seguidamente, seleccione con la herramienta **Rotate** la juntura **codoIz**. 5
7. Ahora, mueva el eje exterior para que el brazo se doble hacia arriba por la juntura indicada. 6
8. Sobre el brazo derecho le mostraremos cómo actúa el tipo de skinning rígido. Realice el zoom sobre este brazo, seleccione en este caso el brazo y el esqueleto y pulse sobre el comando **Rigid Bind**. 7
9. Esta técnica crea un efecto de deformación fuerte o dura entorno a la juntura de rotación. La diferencia entre ésta y la técnica suave es que sólo una juntura puede influenciar cada punto de control, vértice o rejas del sólido que envuelve, lo que proporciona un efecto de deformación rígida, que puede suavizar mediante distintos deformadores. Termine este ejercicio eliminado cualquier selección existente en la escena.

IMPORTANTE

La técnica de recubrimiento **Interactive Skin Bind** permite indicar cómo debe deformarse el sólido con el movimiento de las articulaciones. Para ello, sencillamente desplace las aristas de distintos colores y verá como se deforma la parte seleccionada.

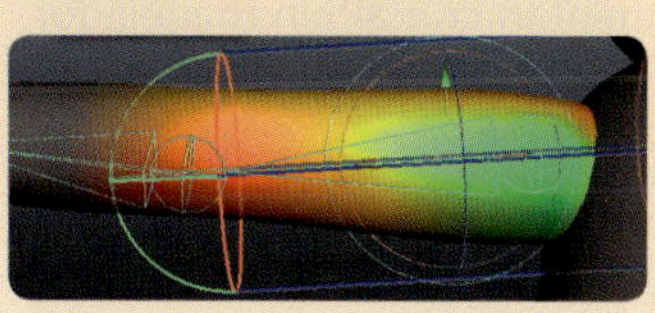

3

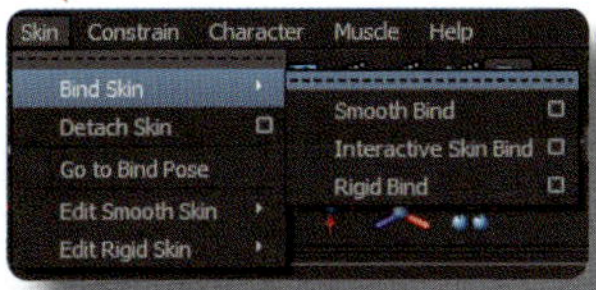

4

El decimoséptimo comando del shelf **Animation** corresponde a la opción **Smooth Bind Skin**.

5

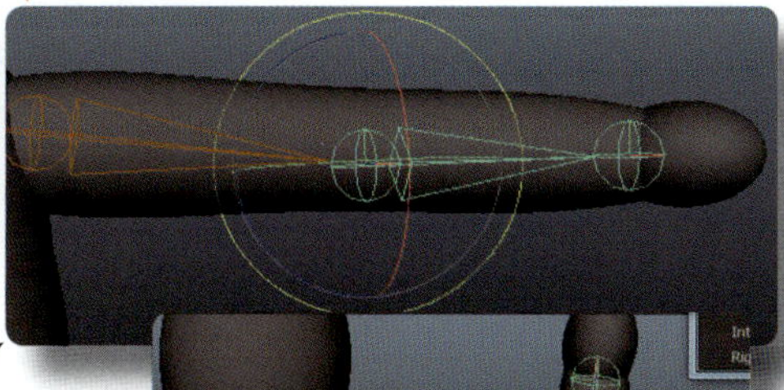

6

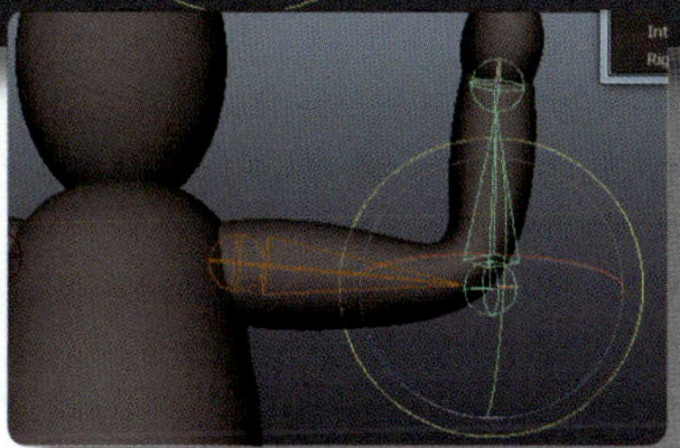

7

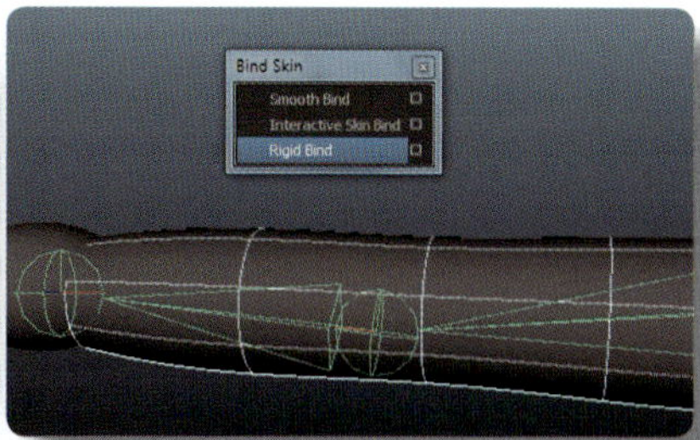

Puede activar la herramienta **Rotate** pulsando la tecla **E** de su teclado.

Crear manejadores IK

IMPORTANTE

En una cadena IK, la juntura en la que empieza el manejador IK se denomina juntura de inicio, y la juntura en la que finaliza se denomina juntura final. Todas las junturas situadas entre estas dos son conducidas por el manejador IK y su guía (*solver*). Las articulaciones que cuentan con algún manejador IK se denominan articulaciones o cadenas IK.

EN MAYA, LOS PERSONAJES CREADOS SE MUEVEN gracias a la cinemática, un sistema gracias al cual es posible especificar movimiento para una estructura o esqueleto. Existen dos tipos de cinemática: la directa (*forward kinematics*, FK) y la inversa (*inverse kinematics*, IK). Cada uno de estos tipos se utiliza para representar distintas maneras de moverse. En este ejercicio nos ocupamos de la cinemática inversa y más concretamente de unos elementos que nos ayudan a manejar con más precisión el movimiento de una articulación: los manejadores IK.

1. En este ejercicio le mostraremos cómo situar manejadores IK sobre una articulación de nuestro personaje. Trabajaremos en este caso sobre una de las piernas, por lo que empiece en el visor Front realizando un zoom sobre la pierna izquierda e incluyendo tres junturas mediante la herramienta **Joint Tool.** 1
2. El uso de manejadores IK es especialmente indicado para el movimiento de piernas y brazos, aunque también para animar objetos mecánicos y robots. Para crear un manejador IK sobre esta articulación, elimine la selección de la cadena de huesos, despliegue el menú **Skeleton** y haga clic sobre el comando **IK Handle Tool.** 2
3. Con el comando activo debemos indicar cuál será la juntura inicial y la juntura final en la articulación afectada. Para ello,

En el shelf **Animation**, el comando **IK Handle Tool** se encuentra en la octava posición.

1

2

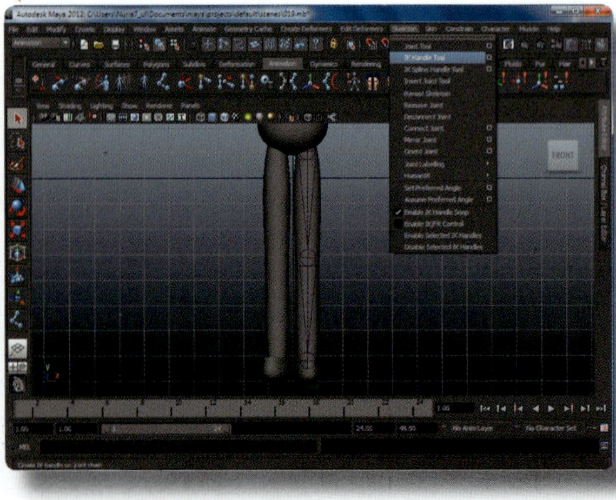

haga clic sobre la primera juntura, la superior, y clic en la tercera, la inferior. [3]

4. Aparece así el manejador IK, que el programa pinta de color magenta. En estos momentos, el manejador IK controla la articulación de la pierna. Para comprobarlo, active la herramienta **Move**, haga clic en la juntura final y muévala. [4]
5. Efectivamente, la pierna se articula manteniendo intacta la juntura inicial. Ahora podríamos situar, si no lo tuviéramos, el pie del personaje dónde más nos interesara. Devuelva a la posición inicial el manejador IK.
6. Seguidamente accederemos al editor de atributos del manejador para comprobar algunas de las características disponibles. Con el manejador seleccionado, muestre el **Attribute Editor** y, en la pestaña **ikHandle1**, localice la sección **IKHandle Attributes.** [5]
7. Una de las características más interesantes es la que permite que una de las junturas del manejador, la inicial o la final, se mantenga bloqueada. Para ello, es posible activar la opción **Stickiness**, la cual por defecto se muestra en **Off**, lo que supone que si movemos la articulación desde la juntura inicial, el movimiento se realizará globalmente, sobre toda la articulación; despliegue este campo y elija la opción **sticky**. [6]
8. De esta forma conseguimos que la juntura final se mantenga inmóvil al desplazar la inicial. Para comprobarlo. Haga clic sobre la juntura inicial con la herramienta **Move** y desplácela hacia abajo. [7]

021

IMPORTANTE

Si accede al panel **Outliner** desde el menú Windows de la aplicación, podrá comprobará que aparecen independientemente las junturas y los manejadores IK.

3

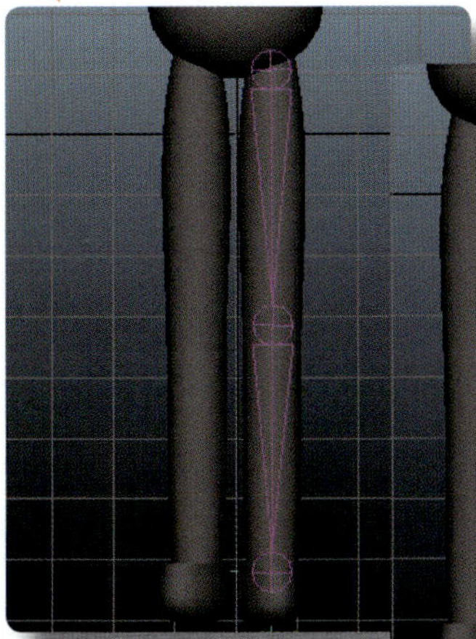

4

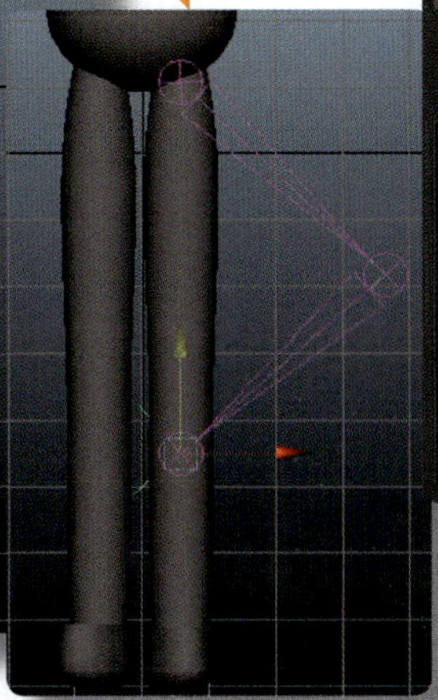

5

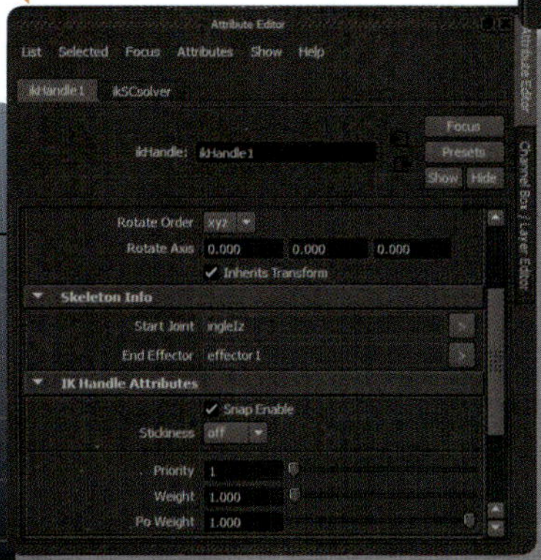

Recuerde que puede activar la herramienta **Move** pulsando la tecla **W** de su teclado.

6

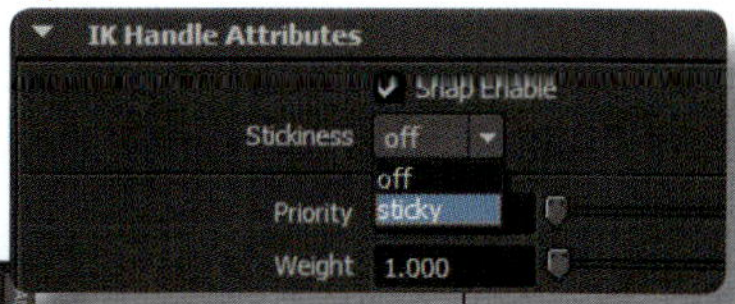

7

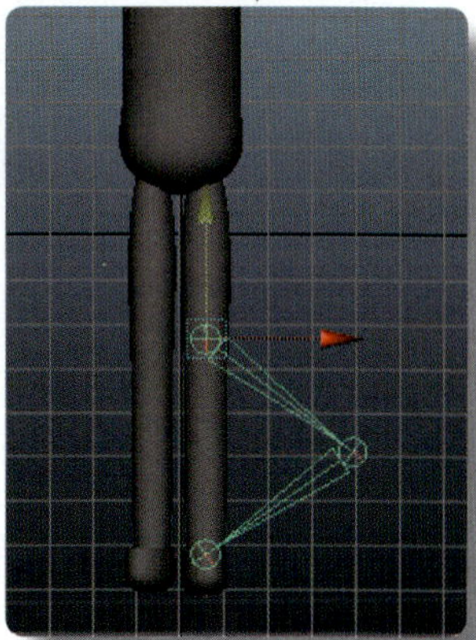

Deformar mezclando formas

IMPORTANTE

Una vez aplicado el deformador Blend Shape, puede acudir a la Caja de canales o Channel Box y comprobar que, en la sección denominada Inputs, aparece el nombre del deformador en cuestión. Si pulsa sobre él, podrá ver el nombre de la forma y del envolvente.

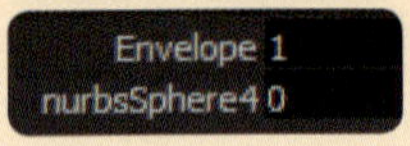

EN MAYA, LOS DEFORMADORES SON HERRAMIENTAS de alta calidad que pueden utilizarse para manipular, en el caso del modelado, los componentes básicos de una forma de destino. En este ejercicio nos ocuparemos del deformador Blend Shape, que permite convertir un objeto en la forma de otro. En la caracterización de personajes, este deformador se utiliza sobre todo para generar distintas posturas faciales.

1. Continuamos trabajando sobre nuestro personaje, el cual ahora utilizaremos para mostrarle la aplicación del deformador Blend Shape. Hemos realizado una actualización de la escena, que puede descargar desde nuestra página web con el nombre **022.mb**. Como comprobará, hemos dibujado las principales facciones faciales de una forma muy básica, ya que nuestra intención será que, mediante la aplicación del deformador **Blend Shape**, muestro amigo mueva ligeramente la boca. Empecemos. Realice un zoom sobre la cabeza del personaje, selecciónela, duplíquela y sepárela del original unos centímetros. 1
2. El cambio de forma se debe efectuar sobre el objeto duplicado. Como nos interesa cambiar la posición sólo de la boca, activaremos la edición de los vértices de control desde el menú quad. Para ello, pulse con el botón derecho del ratón sobre la cabeza duplicada y haga clic sobre la etiqueta **Control Vertex**. 2
3. De esta forma quedan activos todos los vértices de control del objeto. Seleccione con la herramienta **Move** el punto situado

1

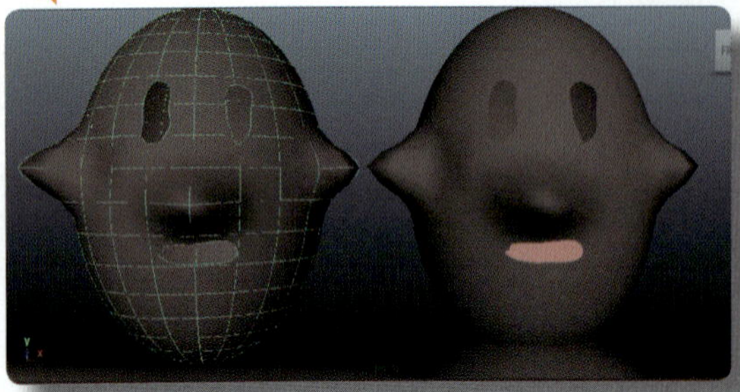

2

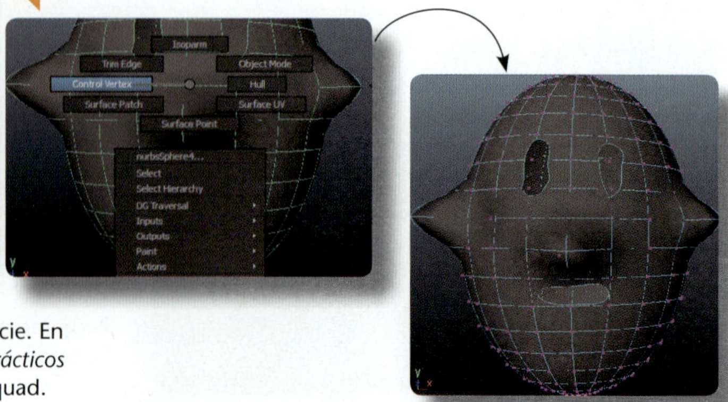

Los menús quad permiten la edición de cualquiera de los componentes de un objeto, sea poligonal, NURBS o superficie. En el volumen básico *Aprender Maya 2012 con 100 ejercicios prácticos* puede encontrar toda la información acerca de los menús quad.

exactamente en la parte inferior de la boca y desplácelo hacia abajo, de manera que la boca quede más abierta con una sonrisa. [3]

4. Devuelva la cabeza al modo objeto desde el menú quad (etiqueta **Object Mode**).
5. Una vez manipulada la forma del objeto duplicado ya podemos aplicar el deformador que nos interesa. Para ello, debemos seleccionar los dos objetos a la vez, aunque siguiendo el orden oportuno. Seleccione en primer lugar la forma duplicada y manipulada y, con la ayuda de la tecla **Mayúsculas**, seleccione la forma original. [4]
6. A continuación, despliegue el menú **Create Deformers** y haga clic sobre el comando **Blend Shape**. [5]
7. Aparentemente no ha ocurrido nada; sin embargo el programa ha fusionado las dos formas seleccionadas. Comprobemos el resultado accediendo al editor de animación del deformador Blend Shape. Despliegue el menú **Windows**, haga clic sobre el comando **Animation Editors** y elija la opción **Blend Shape**.
8. Se abre la ventana **Blend Shape**, desde la cual comprobaremos el efecto sobre la cabeza original. Para ello, mueva el control deslizante hacia arriba y vea cómo la boca de nuestro personaje cambia de forma. [6]
9. Devuelva a la boca su posición neutra, asígnele el nombre **sonrisa** [7] y cierre la ventana **Blend Shape**.
10. Termine este ejercicio eliminando el objeto de destino, es decir, el duplicado.

022

IMPORTANTE

La forma del objeto de destino se denomina forma de destino o forma del objeto de destino; la forma deformada que se crea del objeto de base se conoce como forma *blend*, mientras que su forma original se denomina forma base o forma del objeto base.

7

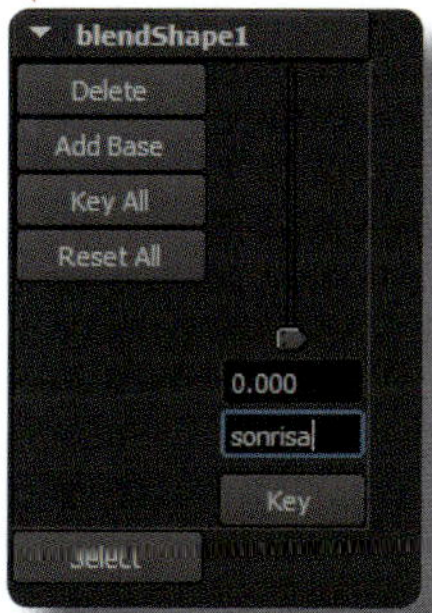

6

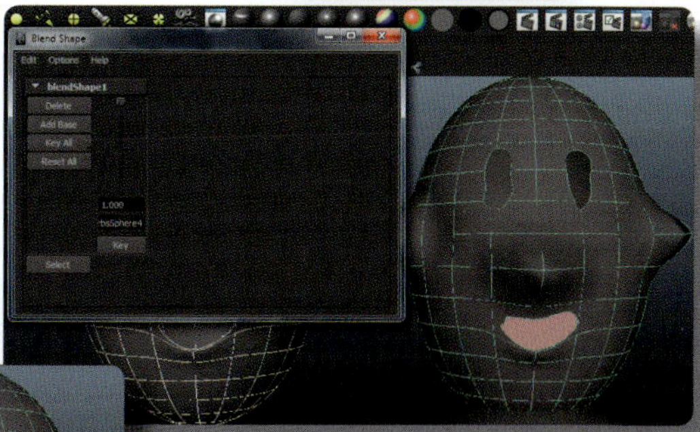

5

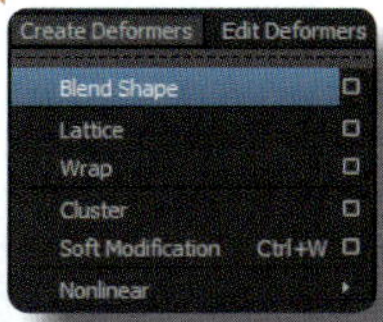

3

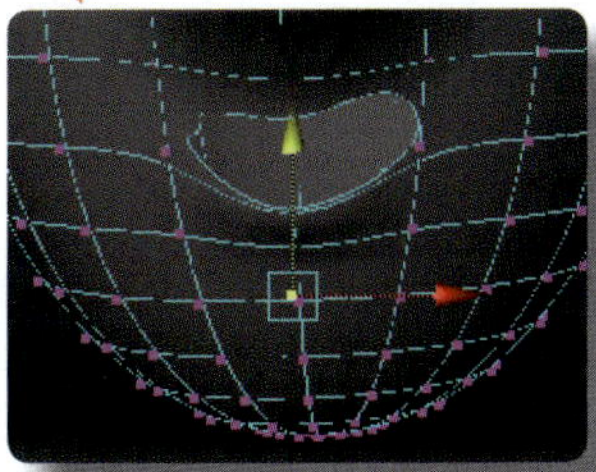

Personalice esta práctica cambiando la forma de la boca a su gusto. Manipulando el objeto vértice a vértice conseguirá la forma precisa que anda buscando.

4

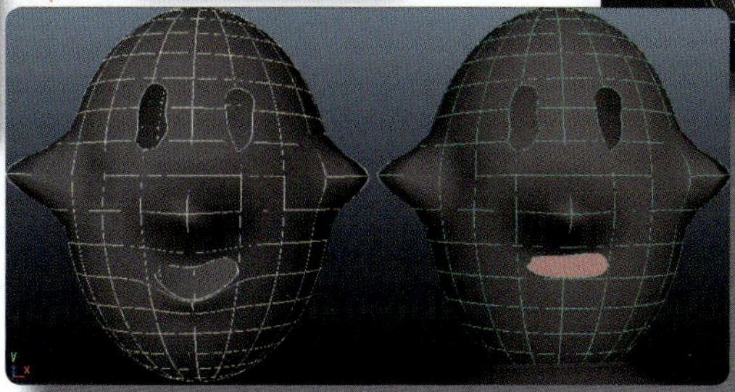

Recuerde que el color verde indica siempre el último objeto seleccionado, dato muy importante en procesos como el que estamos describiendo.

Trabajar con el deformador no lineal Bend

IMPORTANTE

Es posible crear una deformación de curva (**Bend**) ajustando en primer lugar las opciones de creación y después creando la deformación en sí, o bien crear la deformación utilizando las opciones de deformación actuales.

LOS DEFORMADORES NO LINEALES SON UNA MUY BUENA opción para representar efectos propios de dibujos animados. Maya cuenta con seis deformadores de este tipo: Bend, Flare, Sine, Squash, Twist y Wave. El nombre de cada uno de ellos indica claramente lo que hacen. Todos los deformadores lineales funcionan del mismo modo: se aplican directamente sobre una superficie o grupo de superficies y, posteriormente, se editan los parámetros para ajustar el efecto deseado.

1. Para llevar a cabo este ejercicio trabajaremos con una nueva escena de ejemplo, que puede descargar, como es habitual, desde nuestra página web, con el nombre **023.mb**. Cuando disponga de ella en el visor de Maya, [1] realice un zoom sobre la cola del animal.
2. Mediante uno de los deformadores no lineales disponibles en Maya, trataremos de conseguir que la cola del animal se levante doblándose. Vamos allá. Seleccione con un clic la cola del animal. [2]
3. Seguidamente, despliegue el menú **Create Deformers**, haga clic sobre el comando **Nonlinear** y, tras comprobar los seis deformadores disponibles, pulse sobre el primero, denominado **Bend**. [3]

1

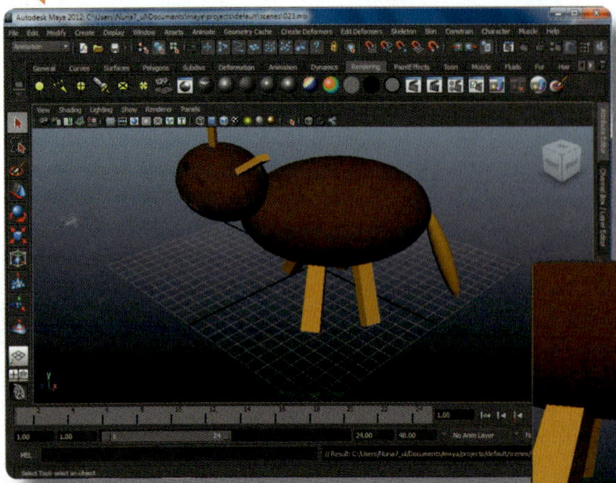

Puede pulsar sobre el iniciador del cuadro de opciones de la opción **Bend** para configurar los parámetros del deformador antes de aplicarlo.

2

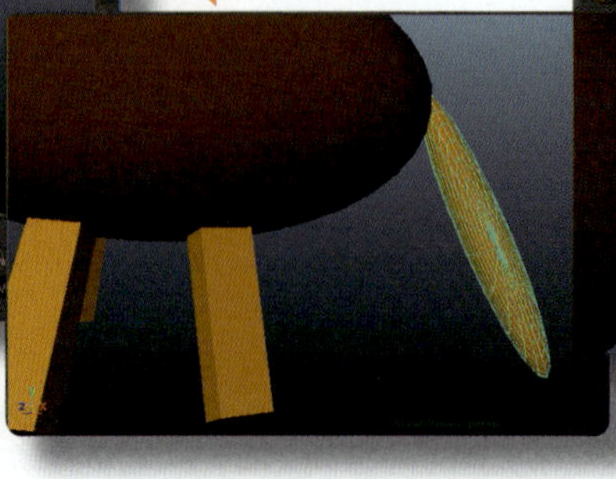

3

023

4. Al elegir el deformador **Bend**, aparece sobre la cola un eje, situado en este caso perpendicularmente al objeto; esto es debido al modo en que ha sido creada la forma. [4] Antes de recolocar el eje para conseguir nuestro objetivo, comprobaremos el efecto que produce el deformador en estos momentos sobre la cola. Para ello, muestre el editor de atributos, sitúese en la pestaña **bend1** y desplace a derecha e izquierda el control deslizante del campo **Curvature**. [5]
5. Efectivamente, y debido a la posición del eje de curvatura, la cola se retuerce, en lugar de levantarse. Devuelva el valor del campo **Curvature** a 0 para modificar la posición del ángulo.
6. Ahora, con el eje seleccionado y con la ayuda de la herramienta **Rotate** (y **Move**, si es necesario), modifique la orientación de este elemento de guía hasta situarlo igual que la cola. [6]
7. A continuación, como lo que queremos es que la cola se levante desde abajo y que la parte superior quede inmóvil, debemos situar el centro del eje en la parte superior de la cola. Para ello, active la herramienta **Move** y desplace hasta esta posición el eje. [7]
8. Ahora sólo nos queda comprobar si hemos conseguido nuestro propósito. Para ello, desplace de nuevo hacia la derecha el control deslizante del campo **Curvature**.

¡Efecto conseguido! Compruebe cómo se dobla el objeto gracias a la posición del eje y al deformador bend. [8]

IMPORTANTE

Desde el editor de atributos o el cuadro de opciones del deformador **Bend** puede modificar la longitud del eje de deformación. Para ello, es preciso asignar nuevos valor en los campos **Low Bound**, para modificar el eje desde la parte inferior, **y High Bound**, para cambiarlo desde la parte superior.

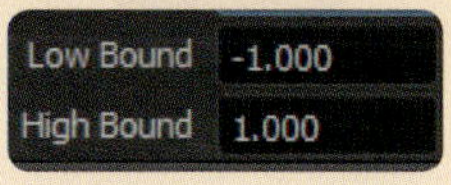

4

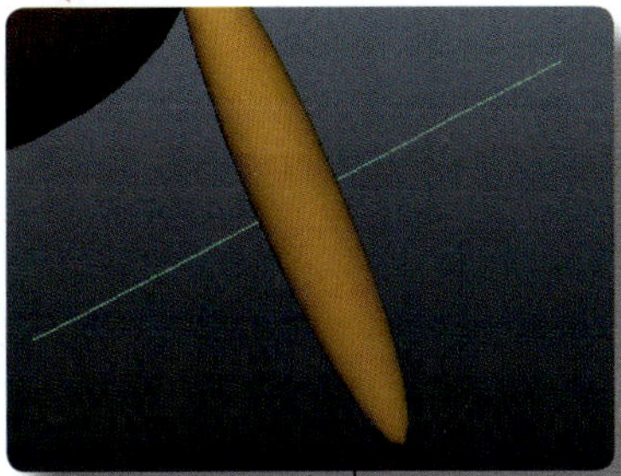

6

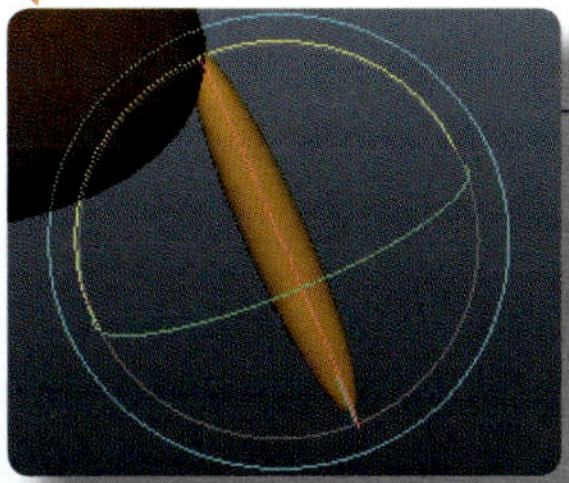

7

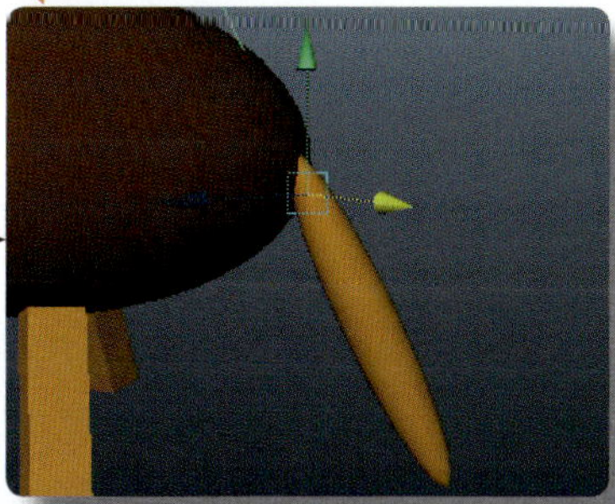

5

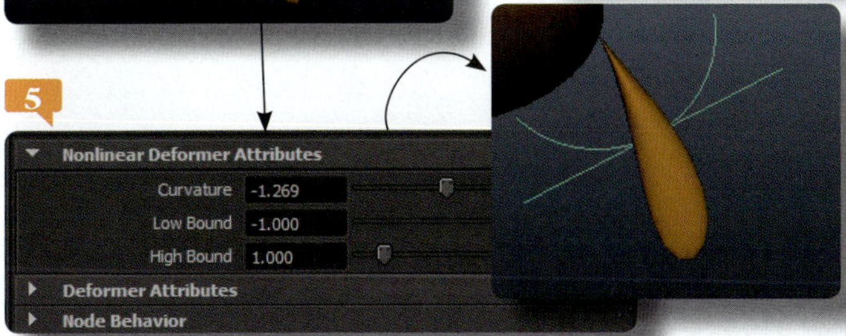

8

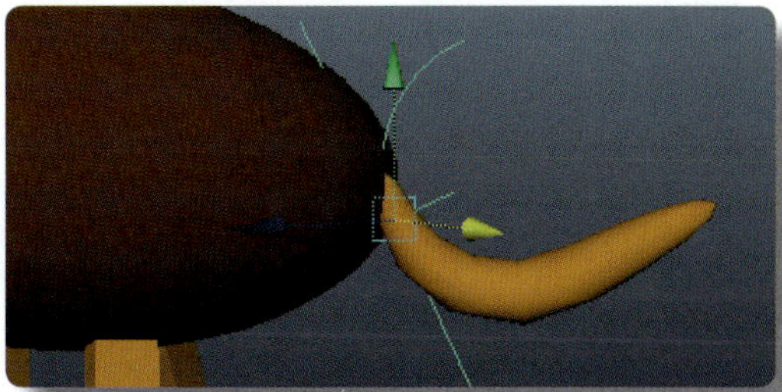

Trabajar con otros deformadores no lineales

SI EN EL EJERCICIO ANTERIOR HEMOS PRACTICADO con el deformador no lineal Blend, en esta práctica le mostraremos la aplicación de otros deformadores de este tipo; en concreto, del denominado Wave, que permite deformar un objeto basado en una onda sinusoidal circular para obtener un efecto de ondulación, y del denominado Twist, con el cual se retuerce un objeto sobre un eje.

1. Para llevar a cabo esta práctica, le instamos a que cree una nueva escena en blanco y dibuje en ella dos cilindros NURBS. (Si lo prefiere, puede descargar la escena **024.mb**.) [1]
2. A uno de ellos le aplicaremos el deformador Wave y al otro, el denominado Twist. Vamos allá. Seleccione el primer cilindro, despliegue el menú **Create deformers** y, en el submenú **Nonlinear deformers**, elija la opción **Wave**. [2]
3. El deformador se aplica sobre la figura seleccionada, listo para ser ajustado. Muestre el Editor de atributos y sitúese en la pestaña **wave1**.
4. En el editor de atributos podemos indicar la amplitud y la longitud de onda, así como el valor de compensación (**offset**) y de recepción (**dropoff**). En el campo **Amplitude**, inserte el valor **0.5** o bien desplace el control deslizante hacia la derecha hasta conseguir aproximadamente este valor. [3]

IMPORTANTE

El deformador no lineal **Flare** permite ensanchar un objeto deformable en cualquier de los dos ejes; el deformador **Sine** permite deformar un objeto a lo largo de una onda sinusoidal, y el deformador **Squash** se utiliza para aplastar y estirar objetos a lo largo de un eje.

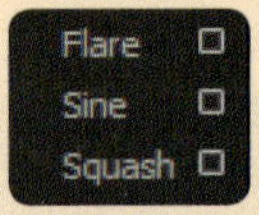

1

Si lo prefiere, puede acceder al cuadro de opciones del deformador de onda y configurar previamente las características del efecto.

2

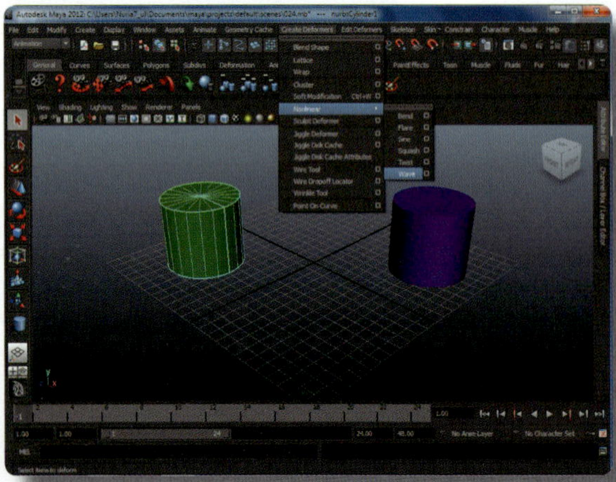

3

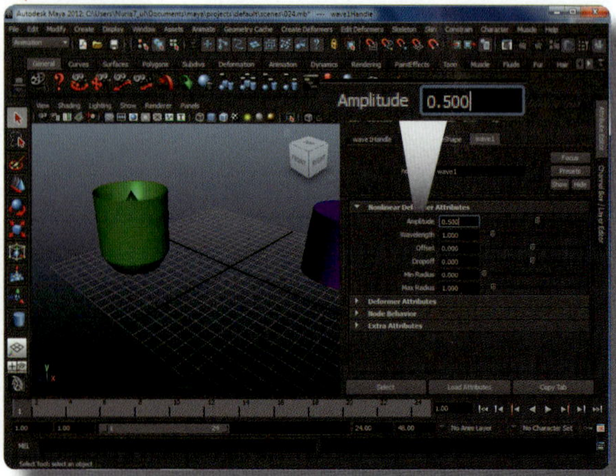

024

5. Como longitud de onda, inserte el valor 1.4 y compruebe el cambio sobre la figura. [4]
6. El valor del campo **Offset** especifica la ubicación de la ondulación con relación al centro del deformador. Inserte ahora en este campo el valor **-3.5**. [5]
7. Gracias a este deformador hemos modificado la forma de la figura original. Pasemos al otro deformador mencionado, el deformador Twist. Seleccione el segundo cilindro y aplique dicho deformador desde el menú **Create deformers**. [6]
8. El manipulador del deformador se sitúa sobre la figura. Muestre la pestaña **twist1** en el editor de atributos.
9. En este caso, son cuatro los parámetros configurables para este deformador. El campo **Start Angle** especifica el grado de torcedura en la posición del límite inferior sobre el eje Y negativo del deformador; por su parte, el campo **End Angle** especifica el grado de torcedura en la posición del límite superior sobre el eje Y positivo del deformador. Inserte el valor **255** en el primero de estos campos y compruebe sobre el cilindro el efecto conseguido. [7]
10. Ahora, inserte el valor **-40** en el campo **End Angle** y compruebe cómo se estrecha el centro del cilindro. [8]
11. Si modifica el valor de los campos **Low Bound** y **High Bound** cambia la posición del ángulo de torcedura inicial y final respectivamente sobre el eje Y local del deformador. Termine esta práctica pulsando sobre una zona libre del visor.

IMPORTANTE

Es interesante saber que puede cambiar la posición del deformador sobre la figura para que el efecto tenga el efecto deseado. Para ello, con el deformador seleccionado y la herramienta **Move** activada, desplace este elemento hasta el punto adecuado.

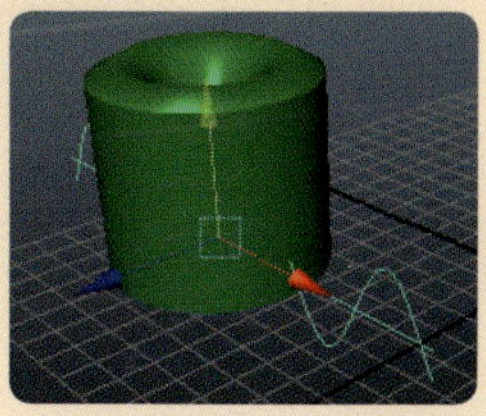

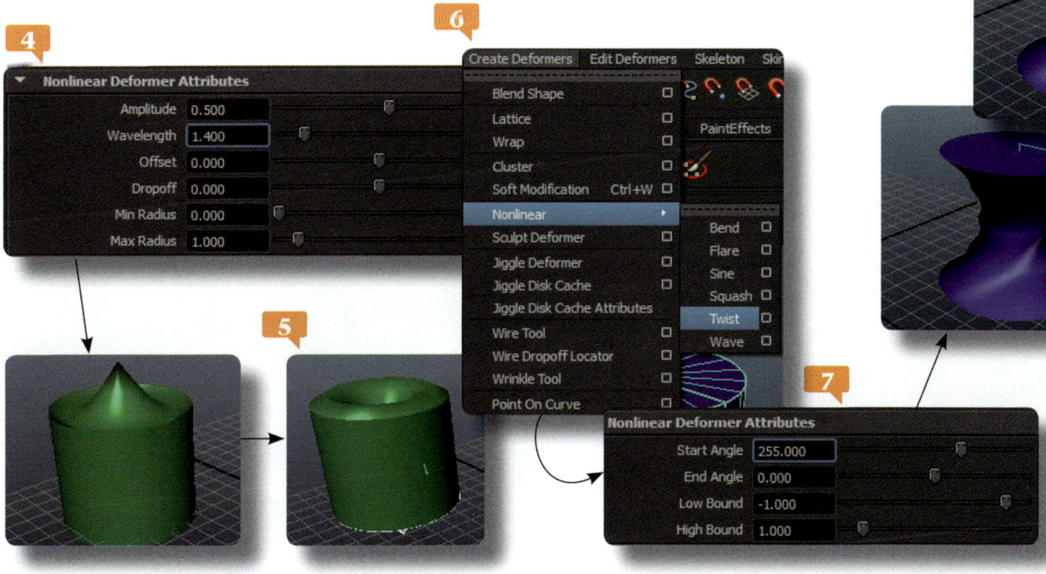

Los valores de los campos **Low Bound** y **High Bound** oscilan entre -10 y 0 y entre 0 y 10, respectivamente.

Deformar con rejas

IMPORTANTE

El deformador **Lattice** incluye dos rejas: una reja de influencia y otra de base. Normalmente, la palabra reja se refiere a la reja de influencia. Toda deformación efectuada se lleva a cabo sobre dicha reja. La reja de base se encuentra por defecto siempre oculta.

EN MAYA, UNA REJA (EN INGLÉS, *LATTICE*) ES UNA estructura de puntos que permite conseguir deformaciones libres sobre un objeto. Para conseguirlo, es preciso, tras aplicar la reja, editarla mediante el cambio de posición, de rotación y de escala o bien, directamente, manipulando los puntos de la estructura. Por lo general, los efectos se consiguen editando cualquiera de los atributos del deformador Lattice.

1. En este ejercicio le mostraremos cómo puede deformar un objeto mediante la manipulación de rejas, con la ayuda del deformador Lattice. Para ello, vamos a recuperar la escena **023.mb**, con la que trabajamos en el ejercicio 23 y en la cual deformamos la cola del animal que en ella aparece. En esta ocasión, lo queremos conseguir es deformar de una forma especial el lomo de dicho personaje. Cuando disponga de la mencionada escena en el visor de Maya, seleccione el cuerpo, la esfera central.
2. A continuación, despliegue el menú **Create Deformers** y haga clic sobre el comando **Lattices**. 1
3. El programa crea una reja con una estructura determinada. Lo que haremos para poder trabajar con mayor detalle es aumentar el número de divisiones de dicha estructura. Para ello, muestre el editor de atributos y sitúese en la pestaña **ffdLatticeShape**. 2

Cuando cambie de escena, recuerde siempre almacenar los cambios realizados en la actual.

1

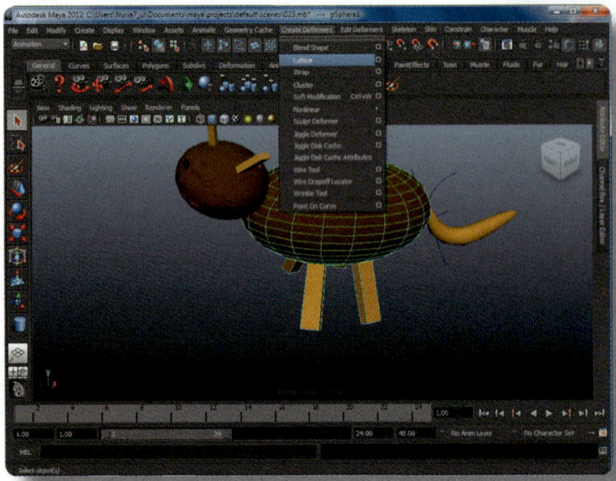

2

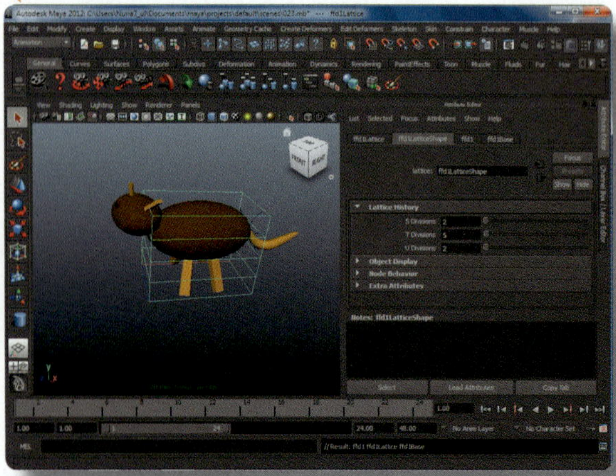

4. Debe saber que cuanto mayor es el número de divisiones, mayor es la resolución de la reja. Cambie a **16** el valor predeterminado del campo **S Divisions** y a **7** los valores de los campos **T Divisions** y **U Divisions.**

5. Observe el cambio sobre la estructura que rodea a nuestro animal. Seguidamente, activaremos la edición de los puntos de la reja para poder manipular libremente la figura. Haga clic con el botón derecho del ratón sobre la estructura de reja y pulse en el menú quad sobre la etiqueta **Lattice Point**.

6. De esta forma se muestran los puntos de reja; observe que dichos puntos coinciden con los puntos de confluencia de las divisiones. Para trabajar con mayor detalle, cambie en el visor a la vista superior pulsando sobre la cara **Top** del cubo de vistas.

7. Ahora, con la ayuda de la tecla **Mayúsculas**, seleccione alternativamente los puntos de la línea situada en el centro del lomo. (Los puntos seleccionados se muestran de color amarillo.)

8. Por último, active la herramienta **Move** y, tras cambiar de nuevo a la vista en perspectiva, arrastre hacia arriba los puntos seleccionados.

9. De esta forma tan sencilla hemos conseguido una nueva forma en nuestra figura original. Muestre de nuevo el menú quad de la estructura y haga clic sobre la etiqueta **Object Mode**.

025

IMPORTANTE

En la pestaña **ffd1** del editor de atributos, el campo desplegable **Outside Lattice** permite especificar el rango de influencia que el deformador tendrá sobre los puntos de destino del objeto. La opción predeterminada **Inside** indica que la deformación se llevará a cabo sólo en la parte del objeto que se encuentra dentro de la reja; las otras dos opciones son **All**, que permite la deformación total del objeto, esté o no dentro de la estructura, y **Falloff**, que permite la deformación del objeto según la distancia de desvanecimiento indicada. En este caso, mantendremos la opción por defecto y pasaremos a deformar nuestra figura.

3

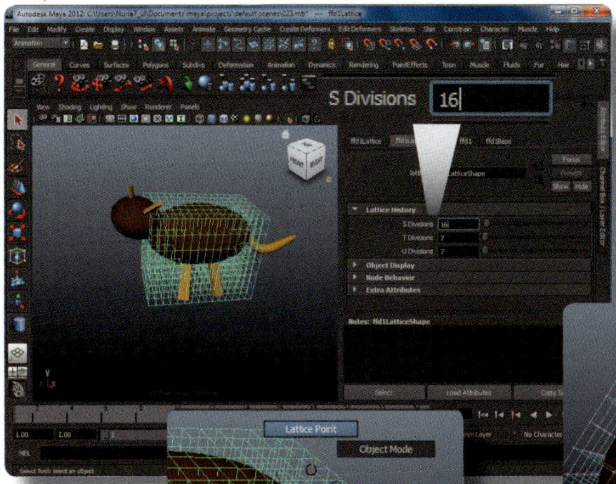

4

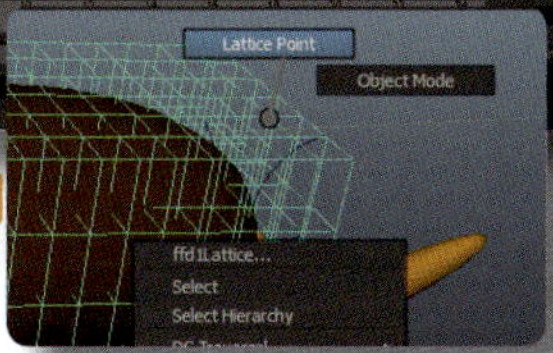

5

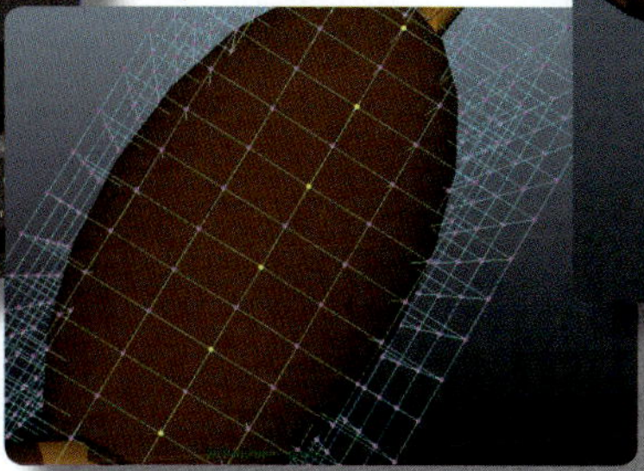

6

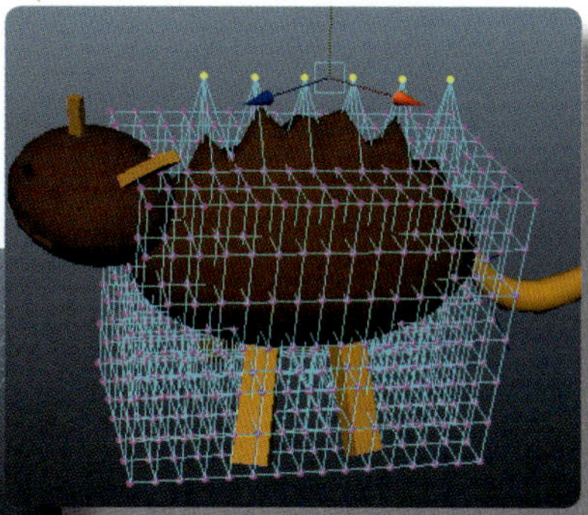

Si lo necesita, realice un zoom para trabajar con mayor comodidad.

Deformar componentes con clusters

LOS DEFORMADORES CLUSTER DE MAYA PERMITEN modificar un conjunto de puntos de objeto (puntos de control, vértices o puntos de reja) mediante distintas cantidades de influencia. Es posible asignar distintos porcentajes de peso para cada punto, de manera que especifique la cantidad que debe afectar a cada punto la rotación, el movimiento o el escalado del conjunto cluster.

1. Para llevar a cabo esta práctica continuamos trabajando con la escena **023.mb.** En este caso, nos centraremos sobre los elementos que actúan de antenas de nuestro personaje; en concreto, aplicaremos un movimiento y una rotación al extremo superior de estos elementos. Empiece la práctica realizando un zoom sobre la cabeza del personaje, de manera que pueda visualizar claramente las dos antenas. 1
2. Seguidamente, como lo que nos interesa es trabajar sobre la punta de las antenas, despliegue el menú quad de la cabeza y active la edición de los vértices pulsando sobre la etiqueta **Vertex.** 2
3. A continuación, seleccione, con la ayuda de la tecla mayúsculas, los cuatro vértices de la parte superior de la antena derecha, despliegue el menú **Create Deformers** y haga clic sobre el comando **Cluster.** 3

1

La espectacularidad de este deformador se consigue con la animación posterior del elemento modificado.

2

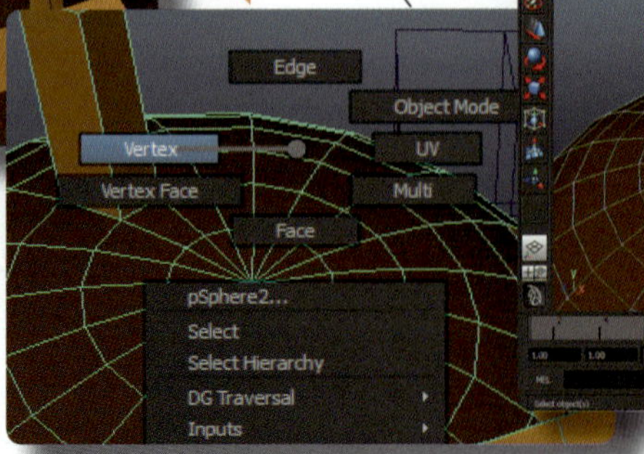

3

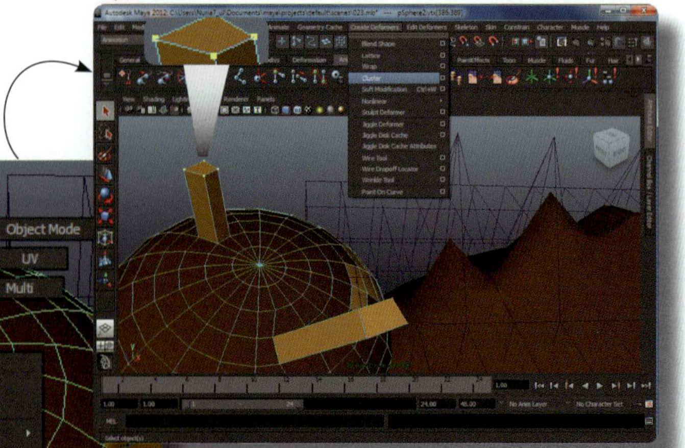

026

4. Sobre la parte seleccionada aparece una letra C, indicativa de la existencia del deformador cluster. [4] Ahora desplazaremos la parte seleccionada hacia arriba, de manera que dé la sensación de que la antena crece. Para ello, active la herramienta **Move** y desplace el cluster sobre el eje Y. [5]
5. Para conseguir la animación, puede asignar una etapa del movimiento a cada fotograma, acción que veremos en próximos ejercicios. Por el momento, asignaremos al cluster también un movimiento de rotación, por lo que active la herramienta **Rotate**.
6. Arrastre el eje Y hacia la izquierda para conseguir que la antena gire sobre sí misma. [6]
7. Maya permite aplicar fuerzas distintas en diferentes puntos del objeto modificado con el deformador Cluster. Para ello, es posible pintar directamente sobre dicho objeto con la herramienta **Paint Cluster Weights**. Vamos a comprobar su funcionamiento sobre la antena izquierda del animal. Repita los pasos anteriores para seleccionar la parte superior de este elemento, y aplíquele el deformador Cluster.
8. A continuación, seleccione sólo la cabeza del animal, despliegue el menú **Edit Deformers** y pulse sobre el iniciador de cuadro de diálogo del comando **Paint Cluster Weights Tool**. [7]
9. Ahora toda la cabeza se muestra de color negro, excepto el extremo de la antena seleccionada. [8] La parte blanca indica que la fuerza del peso es de 1, es decir, del 100%. Ahora se trata de ir cambiando los valores del pincel en el panel de la herramienta e ir indicando la zona del objeto sobre la que desea aplicarlo.

IMPORTANTE

El manipulador que sirve para deformar un objeto con el deformador cluster se visualiza en el panel **Outliner** con el nombre **clusterHandle**.

8

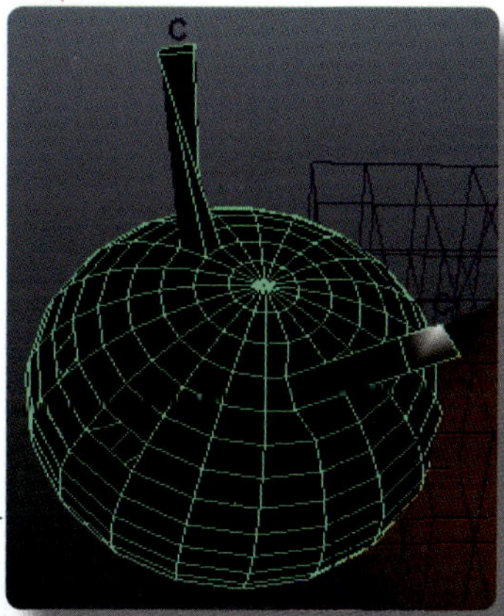

4

5

6

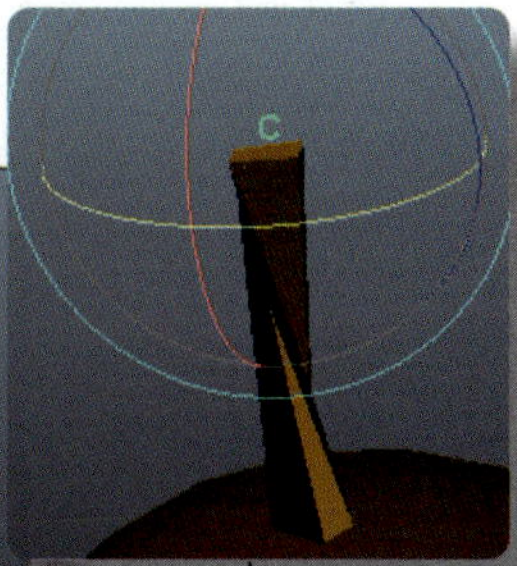

7

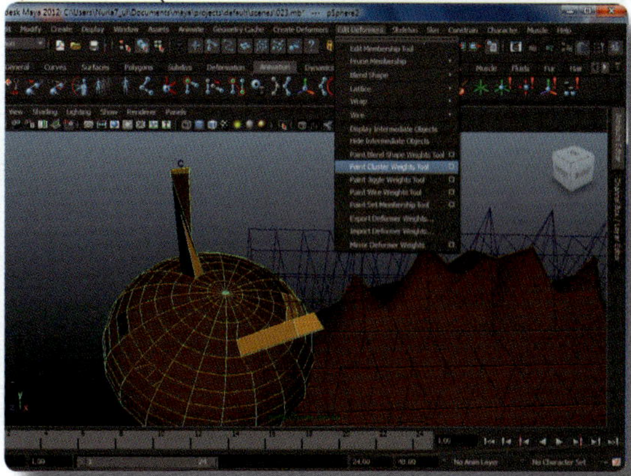

Deformar un objeto con Soft Modification

IMPORTANTE

La **Soft Modification Tool** también forma parte por defecto de la barra de herramientas del programa; su icono ocupa la octava posición en dicha barra.

LA HERRAMIENTA SOFT MODIFICATION ES UN DEFORMADOR que cuenta con atributos ajustables de caída que permite manipular formas 3D, de igual forma que lo haría un escultor para dar forma a un objeto. Esta herramienta permite deformar suavemente mallas de superficie de alta densidad sin tener que ajustar manualmente cada uno de sus vértices de control. Los colores de respuesta muestran el área de influencia alrededor del deformador y sobre toda la superficie.

1. Continuamos trabajando con la escena **023.mb** para mostrarle otro de los deformadores más utilizados para conseguir cambios de formas: el denominado **Soft Modification Tool**. Nuestra intención es, en este caso, deformar la parte delantera de la cabeza de nuestro animal, con el fin de conseguir la forma de un hocico. Vamos allá. Empiece realizando un zoom sobre la cabeza del personaje y mostrándolo frontalmente. 1
2. A continuación, desde el menú quad de esta parte del personaje, active la edición de caras. 2
3. Ahora nos interesa seleccionar aquella parte de la cabeza que pretendemos manipular, por lo que vaya seleccionando, con la ayuda de la tecla mayúsculas, las dos filas de caras que rodean la boca del animal (aproximadamente como en la figura 3). 3

1

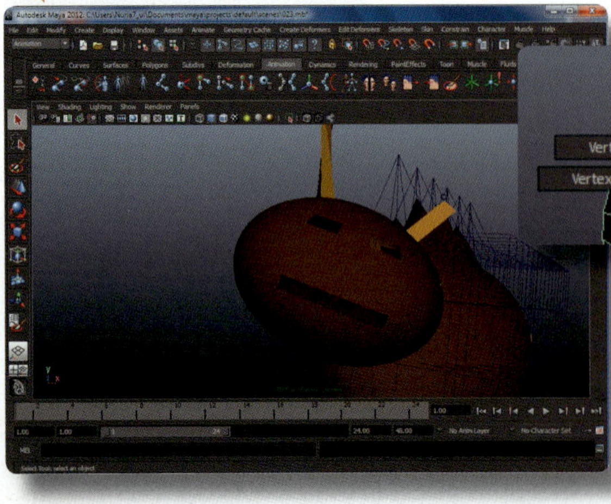

2

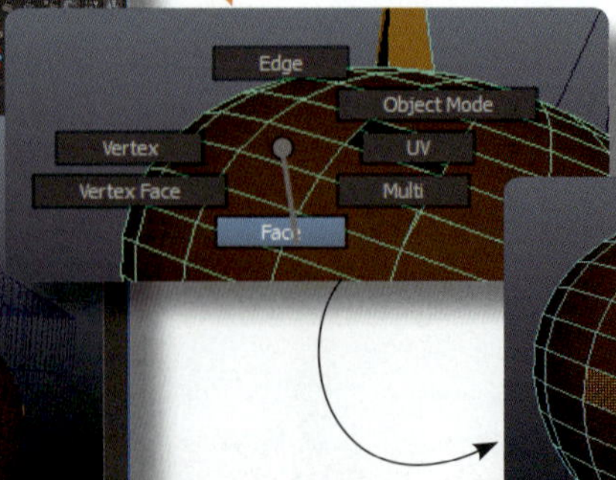

3

En lugar de seleccionar caras del objeto, también podría trabajar sobre los vértices de la zona elegida.

4. Una vez preparada la figura que deseamos manipular, despliegue el menú **Create Deformers** y haga clic sobre el iniciador de cuadro de opciones del comando **Soft Modification Tool**. 4
5. Se abre así el cuadro de diálogo **Soft Modification Options**. Por defecto, la cantidad de deformación es mayor en el centro del manipulador y va disminuyendo gradualmente a medida que se aleja de dicho centro. Sin embargo sepa que usted puede modificar esta característica manipulando la curva de caída en este cuadro. 5 En esta ocasión, mantendremos éste y el resto de parámetros, por lo que pulse el botón **Soft modification**.
6. El área de influencia del manipulador se muestra ahora de dos colores; el amarillo indica el centro y por tanto el punto en que la deformación es más amplia. 6 Para comprobarlo, visualice en primer lugar la escena lateralmente.
7. A continuación, desplace el manipulador de color azul hacia la izquierda y compruebe como, efectivamente, la parte que se encuentra bajo la influencia de la herramienta se deforma suavemente. 8
8. Como hemos indicado en el ejercicio anterior, estas deformaciones adquieren su máximo sentido cuando se aplican en animaciones, puesto que es posible visualizar las distintas etapas de la transformación. Termine este ejercicio devolviendo a la escena su visualización predeterminada y eliminando la selección actual. 9

027

IMPORTANTE

Maya permite utilizar la **Soft Modification Tool** sobre superficies NURBS, poligonales, subdivisiones, curvas, partículas o cualquier otro objeto con componentes.

El deformador **Soft Modification** se refleja sobre el objeto con un manipulador con forma de letra S.

4

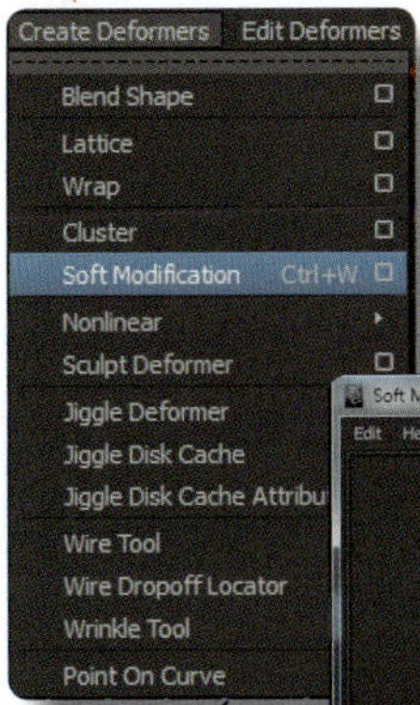

5

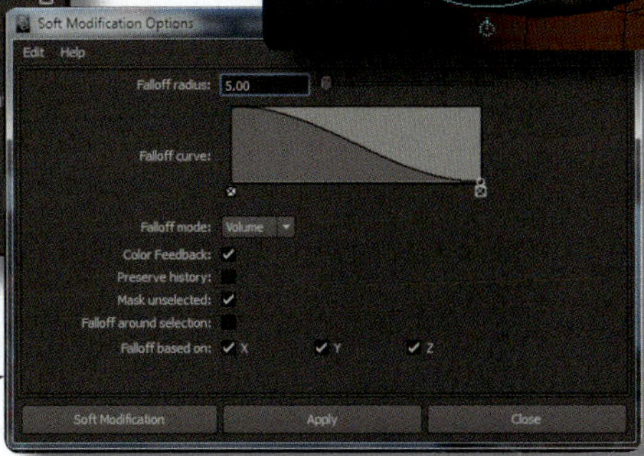

6

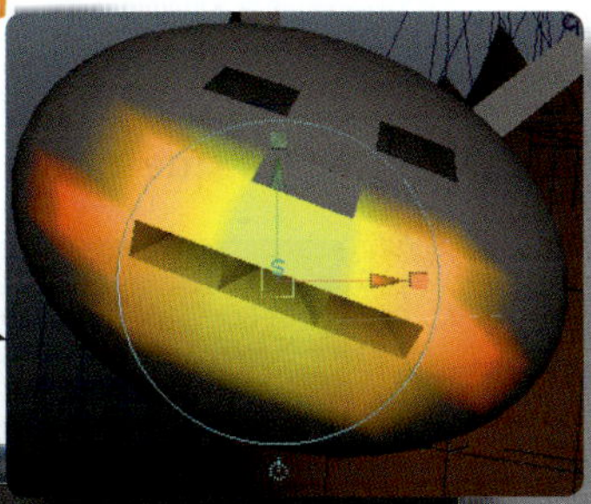

7

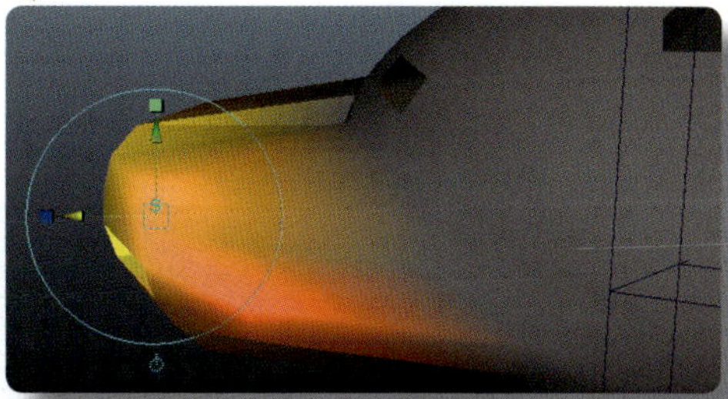

8

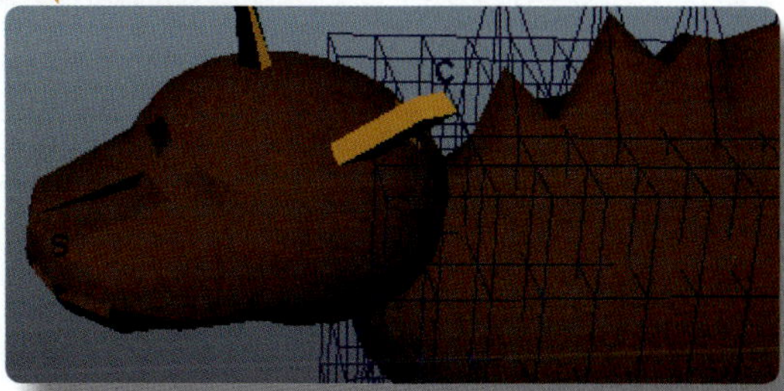

Conocer la cinemática inversa

IMPORTANTE

Las herramientas HumanIK han sido diseñadas para ser compartidas con otras aplicaciones de Autodesk; por esta razón, dichas herramientas permiten transferir ajustes de personajes entre aplicaciones en las correspondientes secuencias animadas.

HUMANIK ES UNA FUNCIONALIDAD DE MAYA que proporciona un entorno de fotogramas clave de personajes completos con cuerpos enteros o partes del cuerpo, así como modos de manipulación, efectores y pivotes auxiliares y fijaciones. HumanIK proporciona, además, un motor de redireccionamiento entre personajes de diferentes tamaños, proporciones y jerarquías estructurales.

1. En este ejercicio efectuaremos una aproximación a la cinemática inversa de cuerpo entero (*full body Inverse Kinematics*). Aunque HumanIK se encuentra disponible en Maya automáticamente como plug-in, para empezar le mostraremos cómo puede cargarlo, si es necesario, de forma manual. Para ello, despliegue el menú **Windows**, pulse sobre el comando **Settings/Preferences** y haga clic sobre la opción **Plug-In Manager**. 1
2. Se abre la ventana **Plug-In Manager**, en la cual se listan todos los plug-ins disponibles para el programa, tanto los que se cargan automáticamente como los que no. En este caso, localice el plug-in denominado **mayaHIK.mll** y compruebe como debería mostrar las correspondientes casilla **Loaded** y **Auto load** marcadas. Una vez realizada la comprobación, cierre el cuadro de diálogo pulsando sobre el botón **Close**. 2
3. Maya cuenta en la ventana Visor con dos ejemplos de esqueletos FBIK completos que puede consultar para hacerse una

1

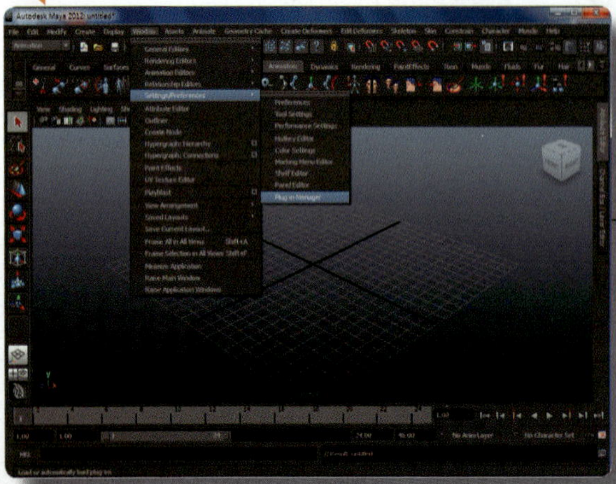

2

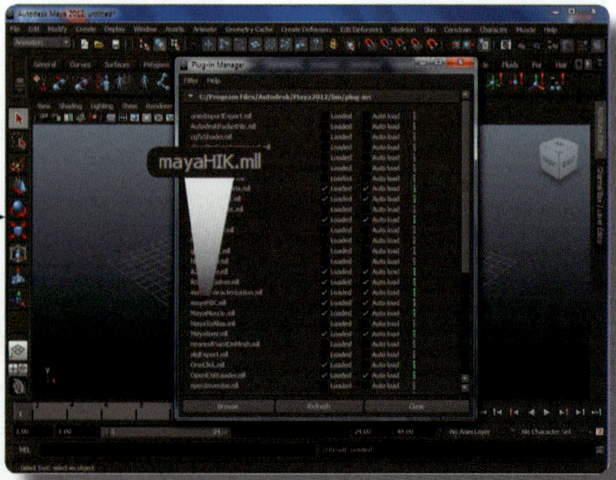

028

idea del alcance de las herramientas HumanIK. Para acceder a estos ejemplos, despliegue el menú **Window**, haga clic sobre el comando **General Editors** y elija esta vez la opción **Visor**.

4. En los primeros ejercicios de este libro ya trabajamos con esta ventana para conocer modelos de pinceles. En este caso, localice la pestaña **HumanIK Examples** y pulse sobre ella.
5. Aquí dispone de cuatro ejemplos de personajes creados mediante las herramientas HumanIK. Para visualizar alguno de ellos, haga clic con el botón derecho del ratón sobre el ejemplo que desee y pulse sobre la opción **Import Maya File .ma**. 3
6. Cierre la ventana **Visor** y, tras reducir el zoom de la escena si es necesario, compruebe las posibilidades de esta funcionalidad de Maya. 4
7. Veamos ahora a modo de consulta cómo ha sido creado este espectacular personaje. Para ello, despliegue el menú **Skeleton**, haga clic sobre el comando **HumanIK** y elija la opción **Skeleton Generator**. 5
8. Compartiendo espacio con la **Channel Box** y el **Attribute Editor**, se ubica el panel **Skeleton Generator**, mostrando los atributos del personaje creado. El hecho de que se muestren todas las opciones inactivas se debe a que el personaje se encuentra bloqueado. Para desbloquearlo, pulse sobre el icono que muestra un candado cerrado en la parte superior del panel. 6

Ahora las opciones se encuentran activas, lo que supone que podemos modificarlas. 7 Sin embargo, dejaremos la manipulación y creación de personajes para los ejercicios siguientes.

IMPORTANTE

Para redirigir animaciones en Maya, cada personaje debe contar con una definición de personaje HumanIK. Para crear esta definición, es preciso utilizar la herramienta **Characterization Tool** y, una vez realizada, bloquearla.

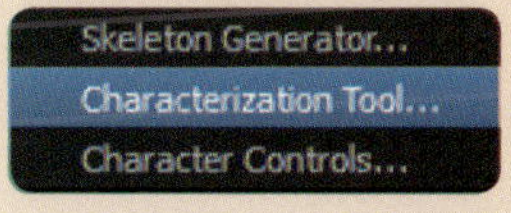

5

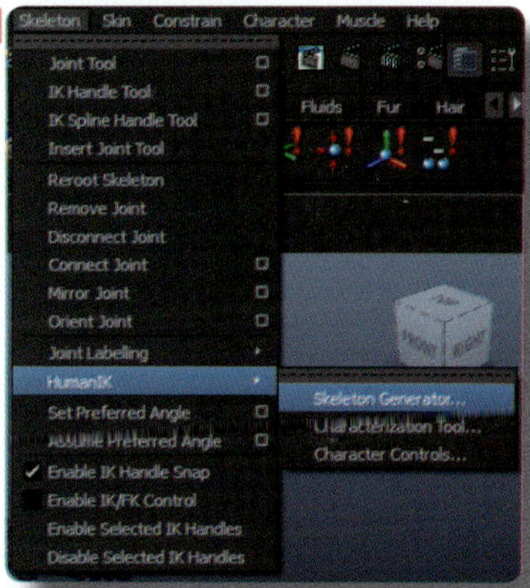

El menú **Skeleton** forma parte del grupo de menús **Animation**.

3

6

4

7

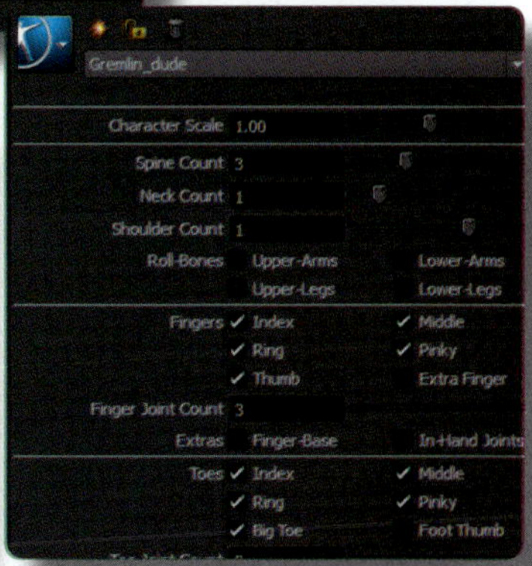

Para poder ver la estructura de junturas y huesos del personaje, asegúrese de que el modo **X-ray Joints** del visor se encuentra activo.

Usar HumanIK para crear esqueletos completos

IMPORTANTE

También puede crear esqueletos completos mediante el comando **Create a new character**, el primero de los situados en la parte superior del panel **Skeleton Generator**.

EL USO DE HUMANIK SUPONE LA CREACIÓN DE NODOS de personaje que deben estar conectados según una serie de ajustes típicos y habituales. Con ello queremos decir que, por ejemplo, el hombro derecho es el nodo padre del codo derecho que, a su vez, es el nodo padre de la muñeca derecha. El modelo biomecánico de HumanIK está equipado con el conocimiento necesario acerca de cómo estos nodos deben moverse. Para conseguir que este conocimiento pueda aplicar dicho movimiento, es preciso mapear los nodos sobre las junturas de la estructura del esqueleto.

1. En este ejercicio aprenderá la forma más básica de crear personajes utilizando las funciones de HumanIK. Para ello, empezaremos con una nueva escena en blanco. Si ha realizado el ejercicio anterior, la escena mantendrá el panel **Skeleton Generator** abierto, aunque vacío. [1] Si no es así, despliegue el menú **Skeleton**, pulse sobre el comando **HumanIK** y haga clic sobre el nombre del mencionado panel.
2. Para crear un nuevo esqueleto completo, pulse sobre el icono situado en el vértice superior izquierdo del panel, haga clic sobre el comando **Skeleton** y elija la única opción activa del submenú, la opción **Create.** [2]
3. El esqueleto aparece en el visor con una serie de características predeterminadas, [3] las cuales podemos modificar para conse-

1

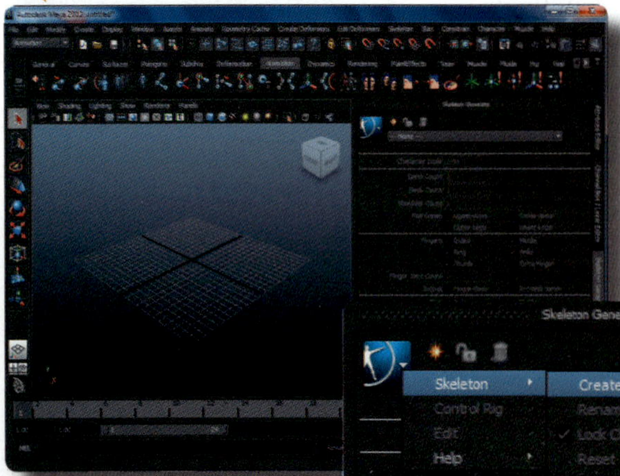

2

3

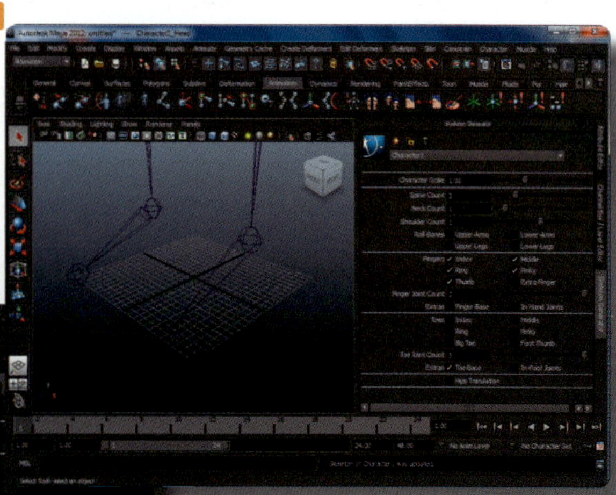

guir el modelo deseado. Lo primero que haremos en este caso es disminuir el tamaño del personaje. Para ello, en el panel **Skeleton Generator**, inserte el valor **0.10** en el campo **Character Scale** y pulse **Retorno** para redimensionar el esqueleto. [4]

4. A partir de aquí, podemos crear nuestro personaje según nuestras necesidades. Como ejemplo, realice un zoom sobre la mano izquierda del personaje para poder ir comprobando los cambios que indiquemos. [5]
5. Ahora, en el panel **Skeleton Generator**, desactive la opción **Thumb** en el apartado **Fingers** para eliminar de la mano el dedo pulgar. [6]
6. Observe que cómo el dedo desaparece de ambas manos. [7] Active ahora la opción **Extra Finger** para añadir un nuevo dedo a nuestro personaje, en el extremo opuesto de las manos.
7. Seguidamente, realice un zoom en la parte inferior del personaje, sobre los pies.
8. Por defecto, los esqueletos creados desde cero no cuentan con ningún dedo. Para comprobar el cambio, active los dedos **Index**, **Ring**, **Big Toe** y **Middle** del apartado **Toes.** [8]
9. Por último, desactive la opción extra **Toe-Base** y disminuya a **2** el número de junturas de los dedos. [9]
10. Una vez creado nuestro esqueleto, podemos renombrarlo y guardar la escena. Para ello, despliegue de nuevo el icono del panel, haga clic sobre el comando **Skeleton** y elija la opción **Rename**.
11. En el cuadro de diálogo **Rename Character**, escriba la palabra **personaje** y pulse el botón **OK**.

029

IMPORTANTE

Para que pueda funcionar un esqueleto en una animación HumanIK, el personaje necesita lo que se denomina una definición de personaje (*character definition*). La creación de dicha definición es el proceso de trazar la estructura del esqueleto para que pueda ser entendida por el solucionador HumanIK.

4

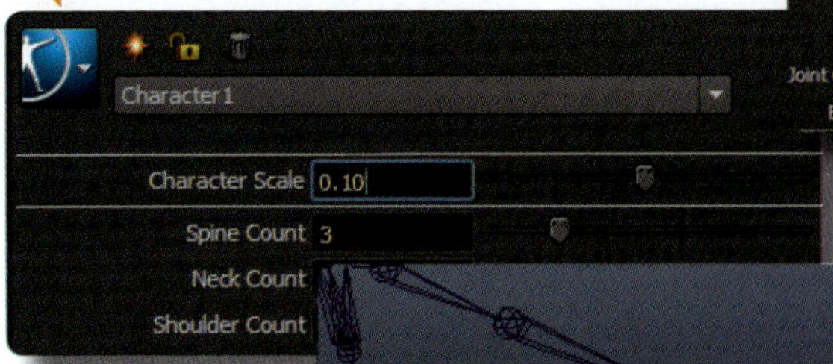

5

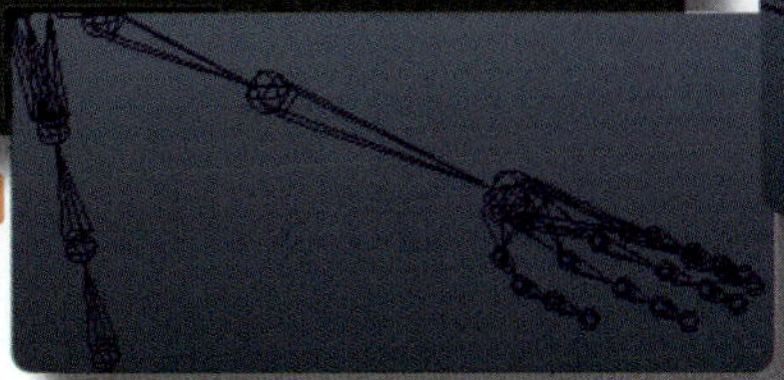

6

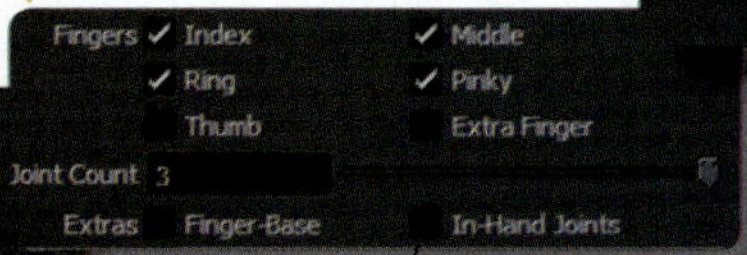

7

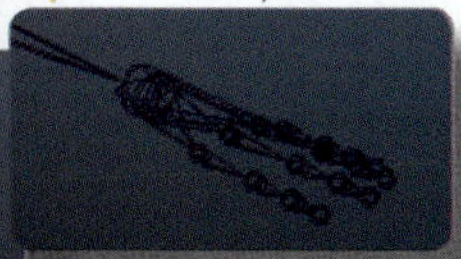

8

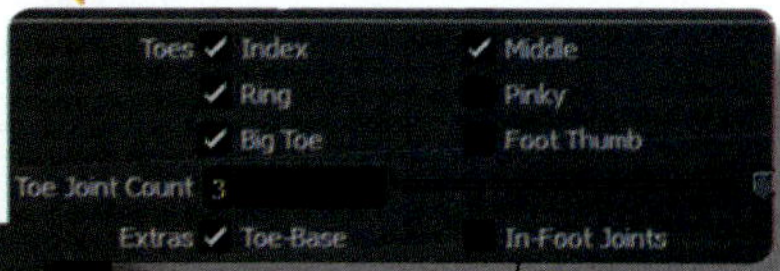

9

Completar el proceso de trazado de personajes

> **IMPORTANTE**
>
> Para poder conseguir con éxito la definición de un personaje y su posterior mapeado, es preciso seguir exactamente una serie de normas respecto a la postura en T del esqueleto: debe situarse frente a la dirección positiva del eje Z; los brazos deben encontrarse en cruz a lo largo del eje X; la cabeza debe estar levantada, con la parte superior en la dirección positiva del eje Y; las manos deben estar planas, con las palmas mirando hacia el suelo y los pulgares paralelos al eje X, y los pies pueden estar perpendiculares a las piernas o bien como continuación de las mismas, pero nunca deben rotar sobre el eje Y.

PARA QUE PUEDE FUNCIONAR UN ESQUELETO en una animación HumanIK, el personaje necesita lo que se denomina una definición de personaje (*character definition*). La creación de dicha definición es el proceso de trazar la estructura del esqueleto para que pueda ser entendida por el solucionador HumanIK. Existen en Maya dos maneras para completar el proceso de trazado de un personaje, según si está utilizando una convención de nombres estándar para los huesos de dicho personaje.

1. En este ejercicio veremos cómo completar la definición de nuestro personaje creado en la práctica anterior. Si no dispone de la escena abierta en el visor, ábrala; si no ha realizado el ejercicio anterior, sepa que puede descargarse la escena apropiada con el nombre **personaje.mb** desde nuestra página web. [1]
2. Una vez hemos cargado el esqueleto, despliegue el menú **Skeleton**, haga clic sobre el comando **HumanIK** y elija del submenú que se despliega la opción **Characterization Tool.** [2]
3. Compartiendo espacio con la **Channel Box** y el **Attribute Editor**, se abre el panel **Characterization Tool**, mostrando un esquema de una figura humana. [3] A continuación, empezaremos el proceso de mapear o trazar los huesos, es decir, de

1

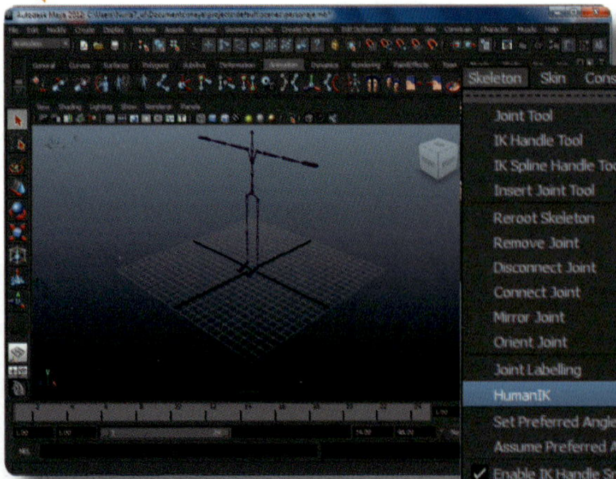

2

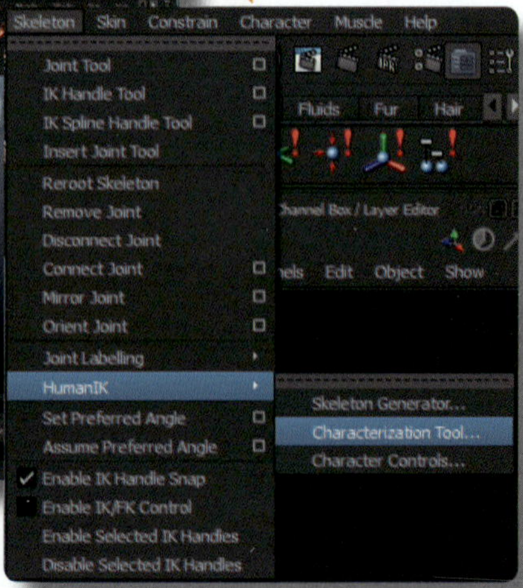

3

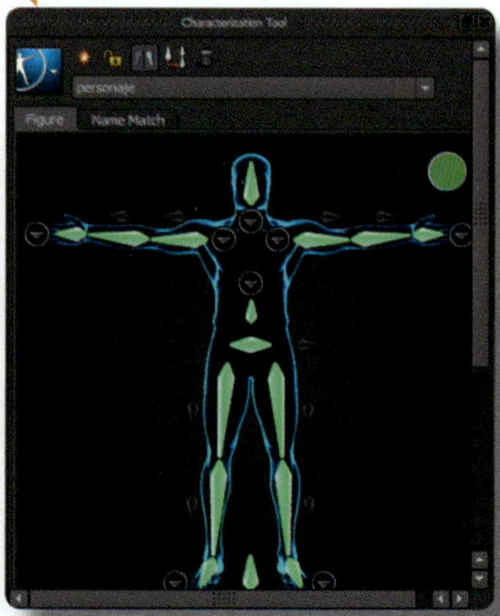

designar cada una de las partes de nuestro esqueleto. Para ello, podemos realizar este proceso de forma manual o automática. Vamos a mostrarle las dos opciones, aunque completaremos el proceso de forma automática por motivos de espacio. Para mapear los huesos manualmente, haga doble clic en el panel **Figure** sobre el hueso en cuestión (verá que cambia a azul) [4] y después haga clic sobre el correspondiente hueso en el esqueleto de la escena. [4]

4. La celda en el panel **Figure** cambia a verde para indicar cada asignación de hueso válida. A continuación, debería seguir el trazado hasta definir todos los huesos del esqueleto. Sin embargo, como hemos indicado, esta asignación o mapeado también puede llevarse a cabo de automáticamente de forma muy sencilla. Veamos cómo. Seleccione en la escena uno de los huesos de nuestro esqueleto, por ejemplo, el que correspondería al cuello. [5]
5. En la barra de herramientas de la parte superior del panel **Characterization Tool**, pulse sobre el comando **Name Matching**, el segundo empezando por la derecha. [6]
6. Aparece el cuadro de diálogo **Apply Template**, desde el cual debe seleccionar la plantilla que desea utilizar para designar a los huesos, por defecto, la denominada **HIK**, e indicar el objetivo de la coincidencia. Mantenga las dos opciones predeterminadas y pulse el botón **OK** para realizar la asignación. [7]
7. Por último, haga clic sobre el indicador de validación de estatus de color verde. [8]

IMPORTANTE

Otra forma de realizar el mapeado de huesos manualmente es seleccionando sobre la escena el hueso que desea asignar y, en el panel **Characterization Tool**, pulsando con el botón derecho del ratón sobre la correspondiente celda; en el menú contextual deberá elegir la opción **Assign Selected Bone**.

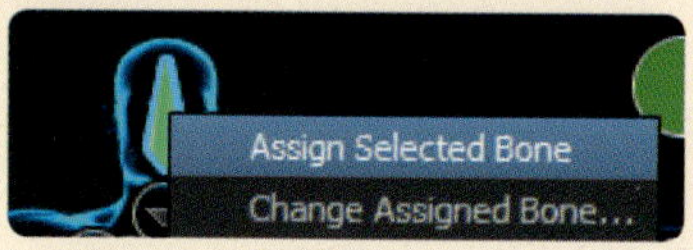

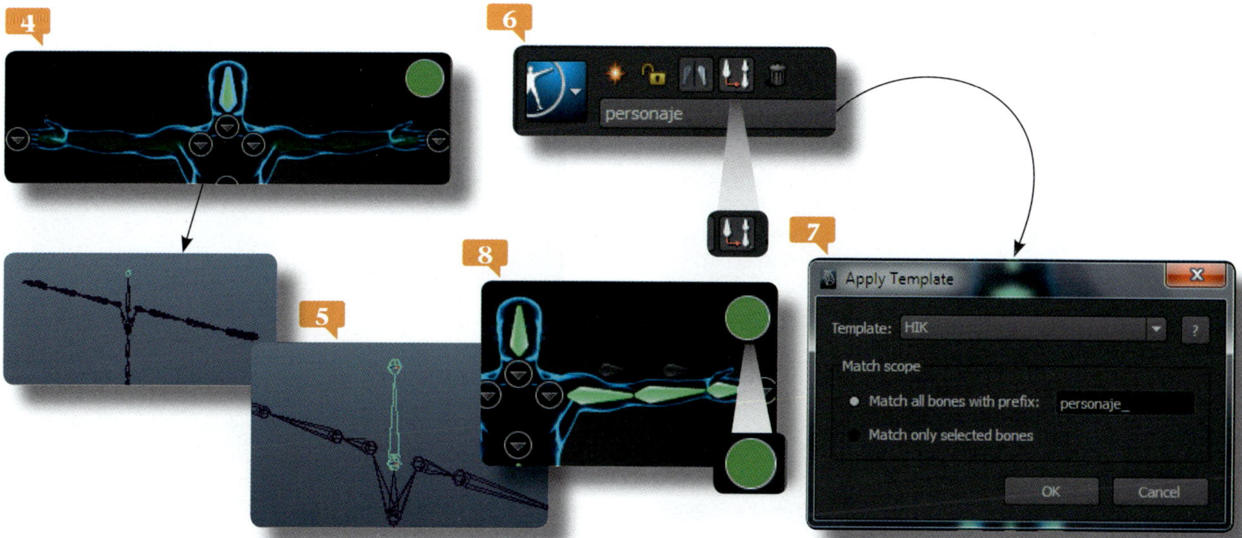

Conocer el sistema de músculos de Maya

IMPORTANTE

Para la animación de personajes, es posible crear músculos basados en el esqueleto del personaje para que, cuando dicho esqueleto se mueva, los músculos se aplasten y se estiren.

MAYA MUSCLE, EL SISTEMA DE MÚSCULOS DE MAYA, es un deformador de skin que permite caracterizar personajes con músculos subyacentes para crear deformaciones extremadamente realistas. Cualquier superficie NURBS puede ser convertida para incluir un nodo de forma de músculo y conectarse al deformador skin Maya Muscle.

1. En este ejercicio conocerá el funcionamiento de Maya Muscle, la funcionalidad de Maya destinada a la creación y manipulación de músculos en personajes. Existen distintas formas de empezar a trabajar con esta subaplicación. Una de ellas consiste en convertir deformadores skin existentes en músculos. Recupere la escena **019.mb** o bien descargue desde nuestra página web una actualización de la misma, con el nombre **031. mb**. 1

2. Como recordará, creamos para este personaje una serie de junturas y huesos que recubrimos con deformadores skin. Lo que haremos es convertir estos deformadores en músculos. Nos centraremos en este caso sobre el brazo izquierdo de nuestro personaje, para el cual debemos devolver su posición inicial. Para ello, seleccione el hueso que se encuentra en posición vertical y, en la **Channel Box**, asigne el valor **0** a los tres campos de rotación. 2

Antes de convertir un skinCluster en músculo, asegúrese de que la juntura o el objeto se encuentra en su posición neutra.

1

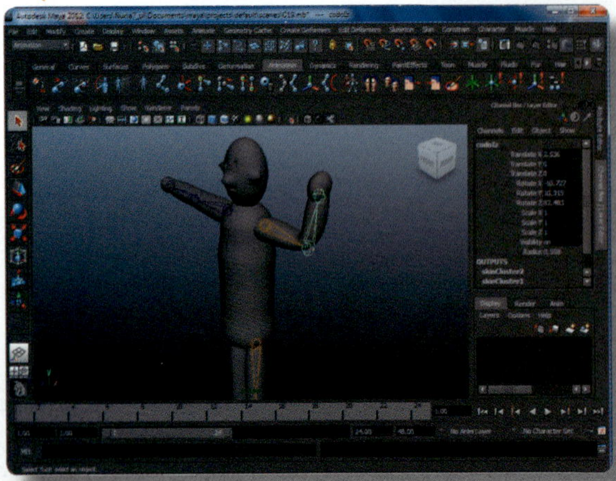

2

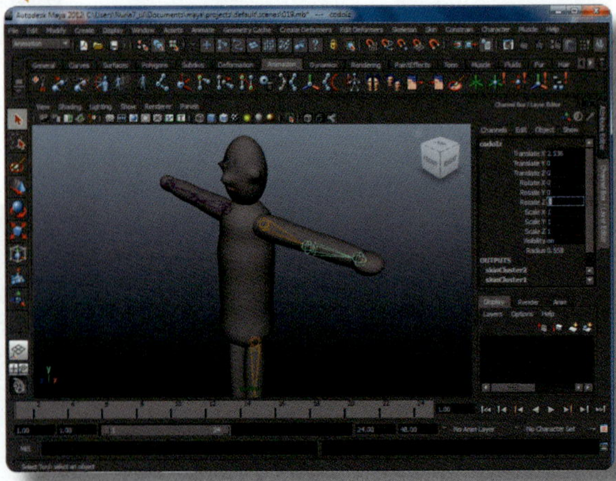

031

3. A continuación, seleccione el brazo del personaje, no su esqueleto. 3
4. Seguidamente, despliegue el menú **Muscle**, haga clic sobre el comando **Skin Setup** y elija del menú que se despliega la opción **Convert Smooth Skin to Muscle System**. 4
5. Aparece el cuadro de diálogo **skinCluster to Maya Muscle Conversion Option**, en el cual el programa pregunta si al realizar la conversión se debe eliminar la skinCluster o sencillamente deshabilitarla. En este caso, pulse sobre el botón **Disable** para mantenerla aunque inactiva. 5
6. La conversión se inicia cambiando las junturas por cápsulas. Las cápsulas son los objetos primitivos del músculo que se pueden conectar a un deformador skin de Maya Muscle. Estas cápsulas son como las junturas, con la diferencia de que cuentan con forma y volumen que les permite ser utilizadas para efectos de deslizamiento (*Sliding effects*). Para que la conversión continúe, el programa solicita la designación del eje sobre el cual se dirigirá la longitud de las junturas. Pulse sobre el botón **X-Axis**, el eje predeterminado en Maya. 6
7. Las junturas se convierten en cápsulas, y la deformación se aplica con el peso original. 7 Una vez finalizada la conversión, la deformación parece la misma, aunque ahora utiliza un deformador de músculo. Muestre el editor de atributos y compruebe como ahora aparece una pestaña denominada **cMuscleSystem1**. 8

IMPORTANTE

Maya Muscle se carga automáticamente al iniciar Maya. Sin embargo, si necesita realizar esta carga manualmente, despliegue el menú Window, haga clic sobre el comando Settings/Preferences y elija la opción Plug-in Manager. En la ventana del mismo nombre podrá activar esta funcionalidad.

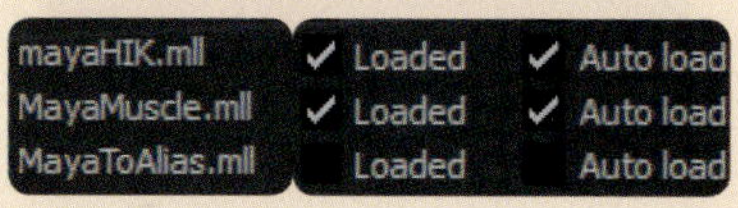

8

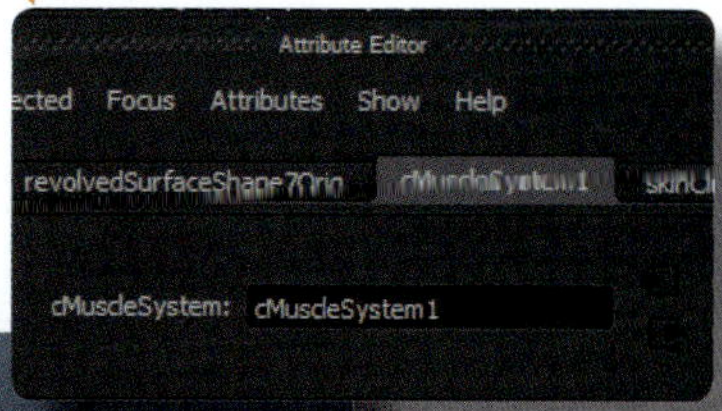

3

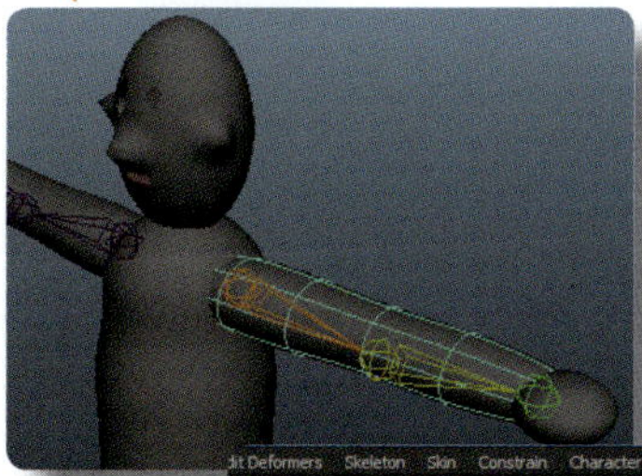

Puede comprobar si el objeto seleccionado cuenta o no con una skinCluster aplicada accediendo al editor de atributos del objeto en cuestión; allí, deberá existir una pestaña denominada **skinCluster1**.

7

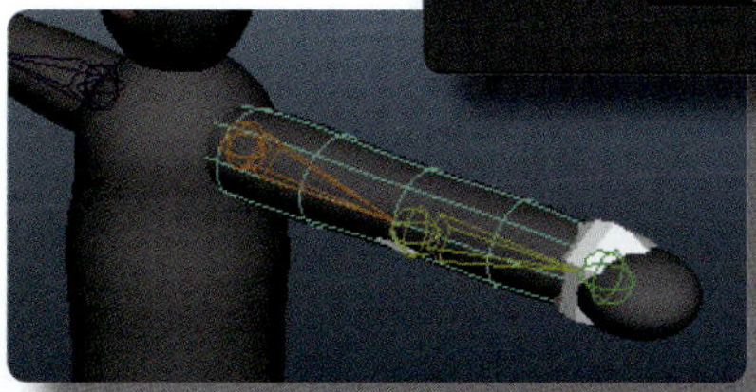

4

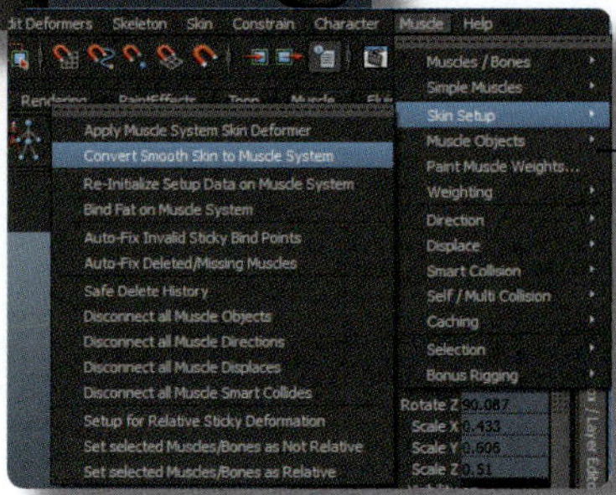

5

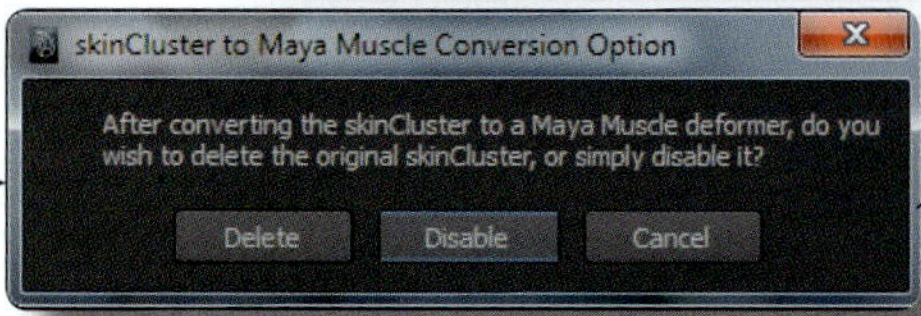

6

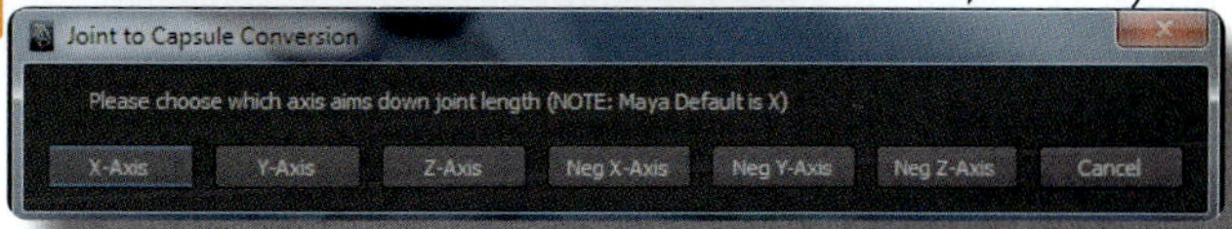

Conectar un músculo a un deformador

IMPORTANTE

Para realizar la conexión de músculos con un deformador desde el menú **Muscle** debe desplegar el comando **Muscle Objects** y elegir la opción **Connect selected Muscle Objects**. Recuerde que este menú sólo forma parte del grupo de menús **Animation**.

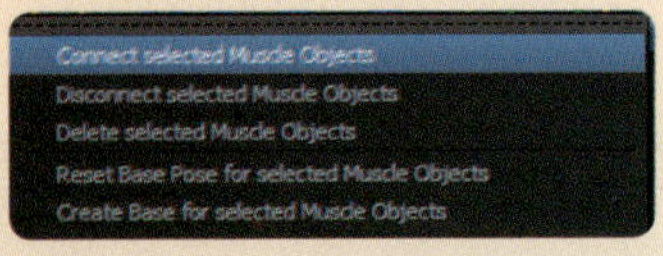

UNA VEZ HA AÑADIDO UN MÚSCULO A UN OBJETO, es posible conectar este músculo a un deformador skin de músculo (Muscle skin deformer). El proceso para realizar esta conexión difiere según si el objeto al que se ha asignado el músculo es una cápsula o una malla poligonal o bien si es una superficie NURBS. En cualquier caso, es imprescindible que el objeto que se desea deformar se encuentre en la posición inicial o de base que quiera que tenga una vez aplicado el deformador.

1. Partiendo del trabajo realizado en el ejercicio anterior, en esta práctica conectaremos el músculo añadido en el brazo de nuestro personaje a un deformador skin de músculo. Empecemos. Seleccione la cápsula del codo y, con la ayuda de la tecla **Mayúsculas**, seleccione también el brazo. 1
2. Como hemos visto en la práctica anterior, el grupo de menús **Animation** cuenta con el menú **Muscle** para gestionar el sistema de músculos del programa. Sin embargo, en esta ocasión, en lugar de utilizar el correspondiente comando de dicho menú, accederemos al shelf **Muscle** para comprobar así todas las opciones disponibles en este elemento. Muestre el contenido de este shelf. 2

1

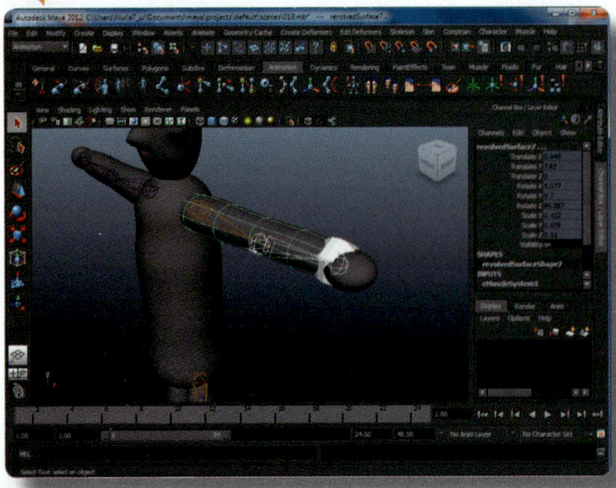

El orden en que realice estas selecciones no es importante en el proceso.

2

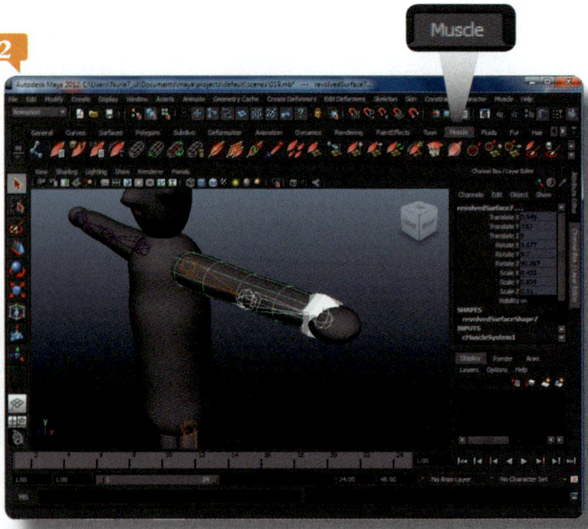

Los botones de punta de flecha situados en la parte derecha del shelf indican que existe una segunda fila de iconos.

3. Compruebe el elevado número de comandos disponibles desde este elemento. La acción llevada a cabo en la práctica anterior, es decir, la conversión de las junturas y los huesos en músculos, se podría haber realizado mediante el icono situado en decimosexta posición. En esta ocasión, haga clic en el siguiente, denominado **Connects selected muscleObjects nodes to the selected muscleSystem deformer.** [3]
4. En la parte inferior derecha del visor puede comprobar que la conexión ha sido realizada con éxito. [4] Sin embargo, la simple conexión de músculos no ajusta los pesos predeterminados, sino que dichos pesos deben ser pintados manualmente o bien dejar que sea el programa quien los pinte con valores predeterminados. Veamos cómo. Despliegue el menú **Muscle**, haga clic sobre el comando **Weighting** y elija la opción **Apply Default Weights.** [5]
5. Aparece así la ventana **Default Weights**, cuyas opciones varían según el tipo de peso seleccionado en el campo **Weight**. Dado que son tantas las opciones disponibles en esta ventana y tan poco el espacio de que disponemos en este libro, aplicaremos los valores tal y como el programa ajusta por defecto. Por lo tanto, pulse sobre el botón **Apply Default Weights.** [6]

El programa realiza el cálculo oportuno de los pesos indicados. [7]

032

IMPORTANTE

La diferencia entre efectuar la conexión sobre una cápsula o sobre una superficie NURBS se encuentra en que, una vez realizado el proceso, aparece la ventana **Sticky Bind Maximum Distance**, la cual permite limitar el área de influencia del músculo respecto al objeto. En esta ventana puede ajustar este límite de influencia manualmente o bien dejar que sea el programa quien realice un cálculo automático.

7

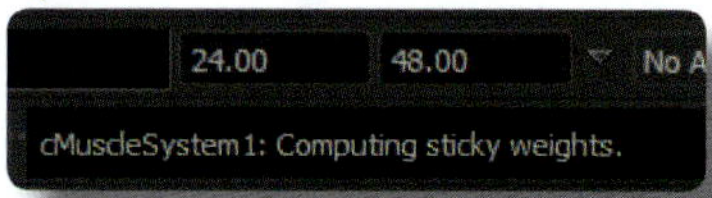

3

4

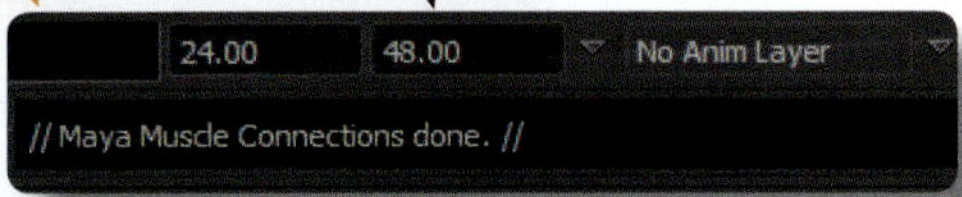

5

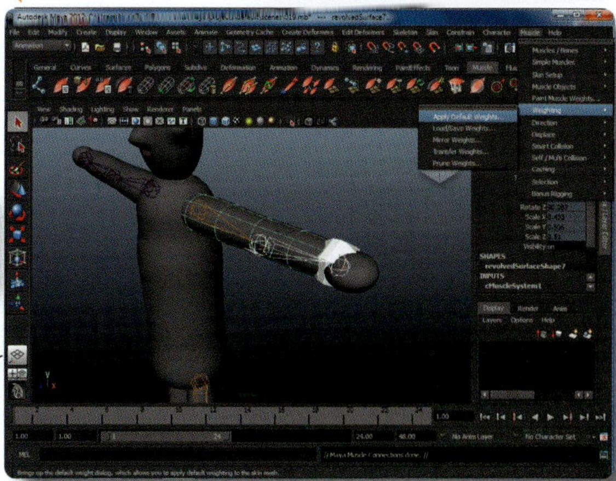

6

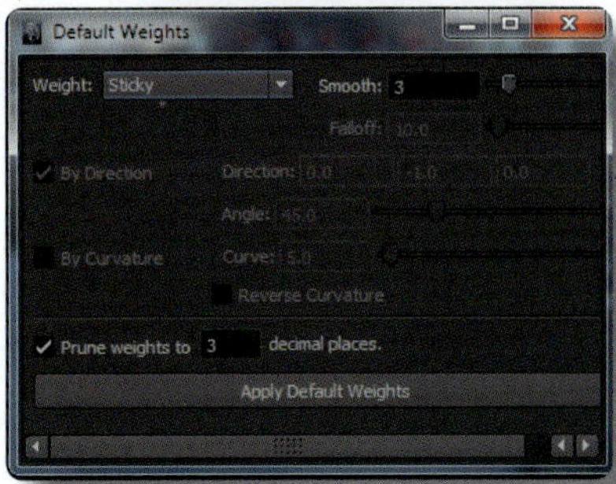

Mediante el valor del campo **Smooth**, Maya determina qué punto se aplica a cada nodo o a qué valor, y después aplica la operación de suavizado a los pesos. Es decir, el valor del campo **Smooth** ajusta el número de iteraciones que aplica la operación de suavizado.

Conocer las bases de la animación en Maya

IMPORTANTE

La animación dinámica (*Dynamic Animation*) permite crear movimientos totalmente realistas mediante el uso de las reglas físicas para simular las fuerzas de la naturaleza. El uso de expresiones es otra forma de animar escenas; las expresiones son instrucciones que se insertan para animar atributos.

```
Ball.translateX = Cube.translateX + 4;
```

TODOS LOS DEFORMADORES Y LA CREACIÓN DE estructuras que hemos llevado a cabo hasta el momento adquieren todo su sentido cuando se asigna una animación a los objetos que los contienen. Maya proporciona potentes herramientas para dar vida a los personajes de sus escenas. Estas herramientas dan libertad para animar cada atributo de un objeto y el control necesario para transformar con éxito junturas y huesos, manejadores IK y otros modelos.

1. En este primer ejercicio dedicado a la animación en Maya realizaremos una aproximación a las bases de esta funcionalidad, de manera que pueda hacerse una idea del comportamiento de las animaciones en el programa y de aquello que es posible conseguir. Para empezar, despliegue el menú **Help** de Maya y haga clic sobre el comando **Learning Movies.** 1
2. Ésta es la mejor manera de conocer la creación de animaciones sencillas y básicas en Maya, accediendo a las películas de aprendizaje que la compañía Autodesk pone a su disposición. En la ventana **Essentials Skills Movies**, pulse sobre la película número 6, denominada **Keyframe animation.** 2
3. De esta forma se abre el reproductor predeterminado en su equipo mostrando la película seleccionada. En este caso, se tra-

1

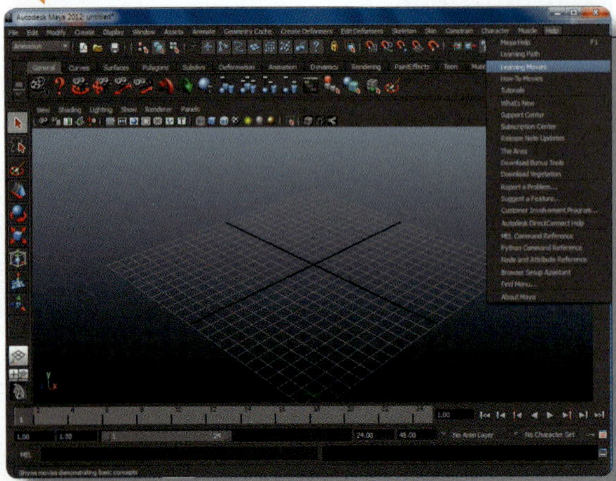

2

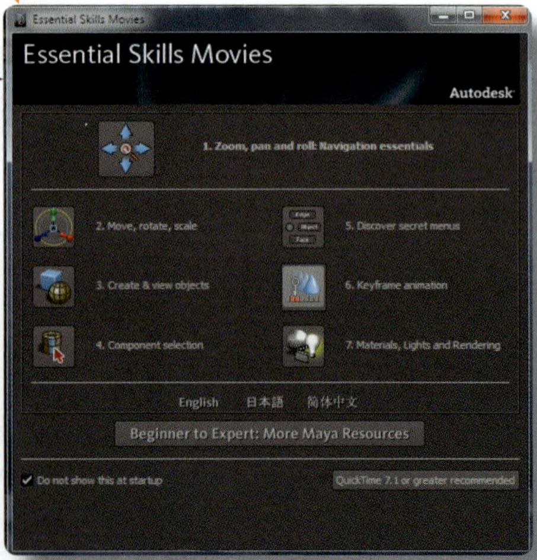

La ventana **Essential Skills Movies** aparece por defecto al iniciar el programa; si desea que sólo se muestre cuando la necesite, marque la casilla de verificación de la opción **Do not show this at startup**.

033

ta de un movimiento básico de rebote de una pelota mediante fotogramas utilizando para ello la denominada Línea de tiempo. Como puede comprobar, el movimiento se consigue asignando a cada fotograma un estado del objeto, es decir, una transformación. [3] Cuando termine la reproducción, cierre la ventana del reproductor.

4. Cierre también la ventana de las películas de ayuda para seguir adelante.
5. Además de la animación por fotogramas, Maya dispone de otros procesos para conseguir que el contenido de sus escenas cobren vida. La animación denominada Driven keys, o por impulsos, permite vincular los atributos de un objeto con otros. El uso de este tipo de animación implica la creación y ajuste de fotogramas de este tipo. Despliegue el menú **Animate** y compruebe cómo aparece un comando denominado precisamente **Set Driven Key**. [4]
6. La animación no linear permite dividir, duplicar y mezclar clips de película para conseguir efectos de movimiento determinados. Por su parte, la animación a lo largo de un trazado (Path animation) permite utilizar una curva como trayectoria para la animación de un objeto. Despliegue una vez más el menú **Animate** y seleccione esta vez el comando **Motion Paths**. [5]

La mayoría de estos tipos de animación serán descritos mediante prácticas durante los próximos ejercicios, por lo que no asignaremos detalle alguna acerca de ello. En la práctica siguiente empezaremos a conocer la línea de tiempo.

IMPORTANTE

La animación de capturas de movimiento (*Motion Capture Animation*) permite utilizar datos de captura de movimiento para aplicar movimientos realistas sobre personajes en sus escenas. Por otro lado, la animación por capas consiste, como su nombre indica, en crear animaciones utilizando para ello las capas existentes en las escenas.

3

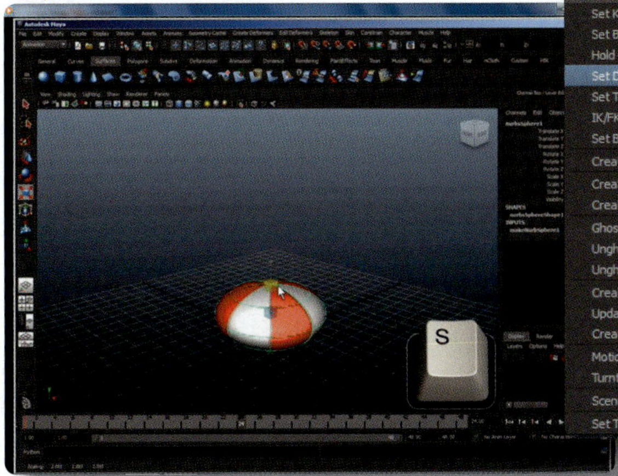

4

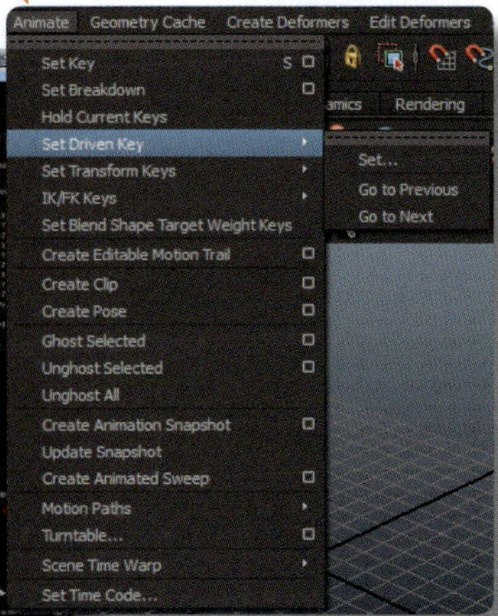

5

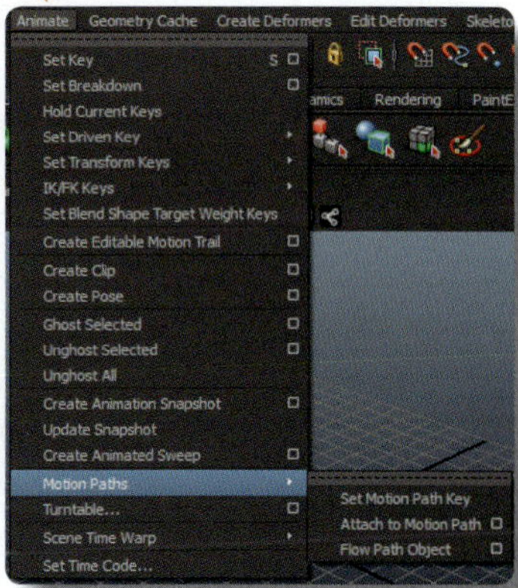

Trabajar con la línea de tiempo

IMPORTANTE

Una vez creado el objeto que se desea animar, es preciso establecer los fotogramas que representarán el momento en que los atributos de dicho objeto cambian durante la animación. El establecimiento de fotogramas consiste en ubicarse en el momento en que se desea ajustar un valor para un atributo, configurando ese valor y, a continuación, colocando allí el fotograma. En realidad lo que está haciendo es grabar una instantánea del objeto en cada momento.

LOS FOTOGRAMAS CLAVE (KEYS) SON MARCADORES ARBITRARIOS que especifican los valores de propiedad de un objeto en un momento determinado. La designación de fotogramas clave es el proceso de creación de marcadores que especifican el tiempo y la acción en una animación. Una animación es el proceso de crear y editar las propiedades de uno o varios objetos que cambian con el tiempo. Los fotogramas , claves o no, de una animación quedan representados en la denominada Línea de tiempo.

1. En este ejercicio le mostraremos cómo se trabaja con la línea de tiempo y cómo quedan representados los fotogramas en este elemento. Además, aprovecharemos para conocer los controles de reproducción de las animaciones en Maya. Para todo ello, nos serviremos de una sencillísima animación, que puede descargar desde nuestra página web con el nombre **033.mb**. Cuando disponga de ella, ábrala en el área de trabajo del programa. [1]
2. La animación consiste en una esfera que cambia de posición y de forma en una animación de 25 fotogramas. La línea de tiempo es la banda numérica situada en la parte inferior del visor, [2] que, por defecto, cuenta con 48 fotogramas vacías, de los cuales sólo se visualizan los primeros 24. [3] Seleccione la esfera y compruebe el cambio sobre la Línea de tiempo. [4]

1

4

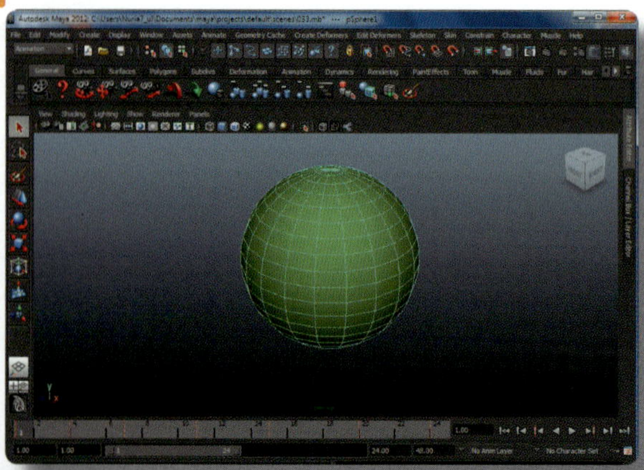

2

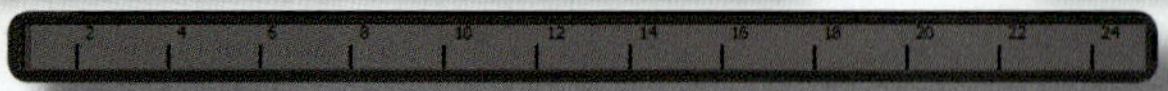

3

034

3. Los fotogramas que muestran una fina línea vertical son los que marcan cambios o transformaciones en la animación. Como ejemplo, pulse sobre el fotograma 11. [5]
4. Efectivamente, en esta parte de la animación, la esfera se deforma. [6] Haga clic ahora sobre el fotograma 24. [7]
5. En este caso, además de continuar con la deformación, la esfera se ha desplazado hacia arriba. [8] En la parte derecha de la Línea de tiempo se ubican los controles de reproducción de las animaciones. El aspecto de dichos controles es el mismo que para cualquier dispositivo de este tipo, por lo que haga clic sobre el control **Play forwards**, que muestra una punta de flecha que señala hacia la derecha. [9]
6. Mientras se reproduce la animación, compruebe sobre la Línea de tiempo cómo se van sombreando los fotogramas consecutivamente, para que pueda controlar el punto de la animación en que se encuentra. Para detener la reproducción, pulse sobre el mismo comando, que ahora se denomina **Stop playback** y muestra un cuadrado de color rojo, [10] o bien pulse la tecla **Escape** de su teclado.
7. Para volver al inicio de la animación, pulse sobre el primero de los controles de reproducción. [11]
8. El segundo de los controles sirve para ir hacia atrás un fotograma y el siguiente, ir al fotograma clave anterior. Los mismos controles existen para ir hacia delante. Termine este ejercicio eliminando la selección de la esfera y comprobando y comprobando sobre la Línea de tiempo que la marca de los fotogramas clave desaparece.

IMPORTANTE

Por defecto, el movimiento por la Línea de tiempo implica la actualización del contenido de la escena sólo en el visor actual. Para que dicha actualización se lleve a cabo sobre los cuatro visores o sobre aquellos que sea necesario, puede dirigirse a la ventana de preferencias del programa y, en la categoría **Time Slider**, activar la opción **All** en la sección **Playback**.

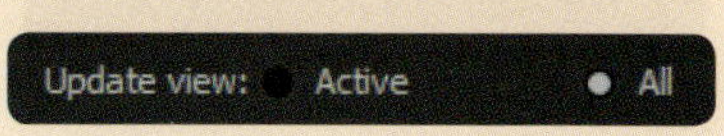

5

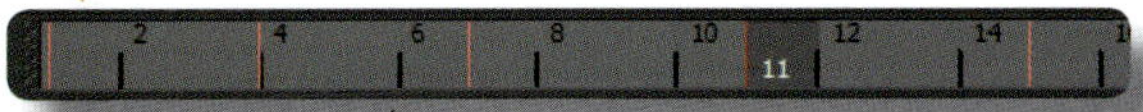

El control situado a la izquierda del control de reproducción sirve para reproducir la animación hacia atrás.

9

6

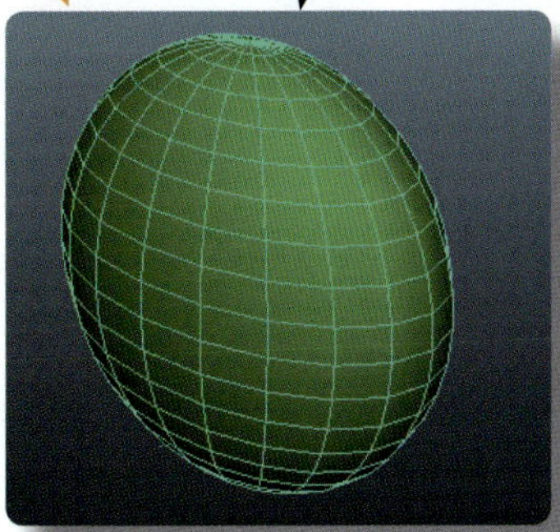

7

Puede moverse por la animación deslizando el indicador de tiempo actual, que se muestra de color gris sobre la Línea de tiempo.

8

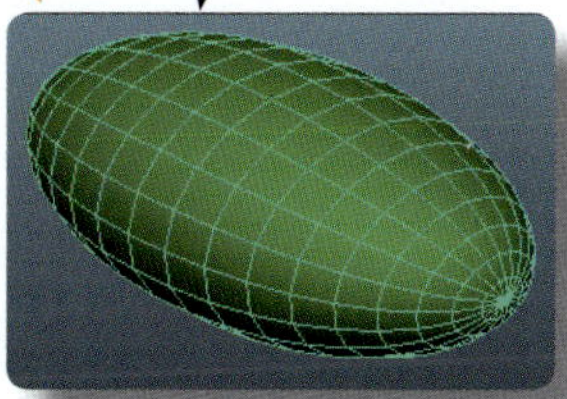

10

11

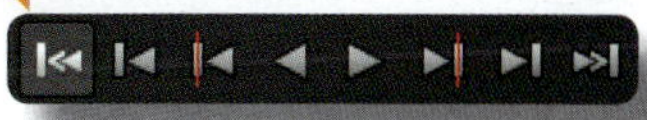

Crear fotogramas clave

IMPORTANTE

Para ocultar el deformador Lattice que cubre el cuerpo del animal, es preciso acceder al editor de atributos y, en la pestaña **ffdlatticeShape**, desactivar la opción **Visibility** de la sección **Object Display**. En la versión actualizada de la escena, dicho deformador ya se encuentra oculto.

COMO SE HA DESCRITO EN EL EJERCICIO ANTERIOR, los fotogramas clave son aquellos que, en una animación, indican el cambio de estado o de atributos del objeto y quedan representados en la línea de tiempo por una línea vertical de color rojo. Los fotogramas clave deben insertarse de forma manual indicando sobre la Línea de tiempo el fotograma adecuado, realizando las modificaciones oportunas tanto sobre el visor como desde el editor de atributos y designando el fotograma como clave.

1. En este ejercicio crearemos nuestra primera animación mediante la inserción de fotogramas clave. Para ello, vamos a trabajar con la escena **035.mb**, que puede descargar desde nuestra página web; se trata de una actualización de la escena **023.mb**, la cual hemos ido modificando mediante la aplicación de deformadores en ejercicios anteriores. Cuando disponga de ella, ábrala en el área de trabajo de Maya. [1]
2. Sobre la parte frontal de la cabeza de nuestro personaje, aplicamos en el ejercicio 27 el deformador Soft Modification, el cual se encuentra en estos momentos en su posición neutra. Crearemos una animación en que se muestre dicha deformación. Empecemos. Seleccione la cabeza del animal y haga clic sobre el primer fotograma, en la Línea de tiempo. [2]
3. Para crear un primer fotograma clave, el cual no mostrará todavía movimiento alguno, despliegue el menú **Animate** y haga clic sobre el comando **Set Key**. [3]

1

2

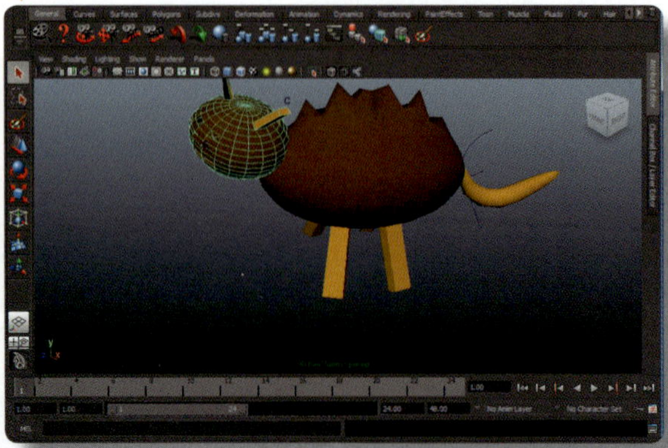

3

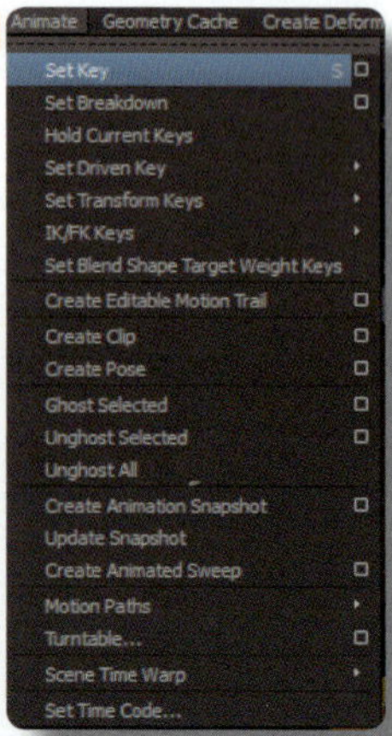

035

4. Compruebe como el fotograma 1 queda marcado como clave por una línea vertical de color rojo. Seleccione ahora el fotograma 4 y repita el proceso anterior. [4]
5. Así nos aseguramos que el estado inicial del animal se prolongue estos cuatro primeros fotogramas. Vamos a empezar ahora el proceso de transformación. Para ello, sitúese en el fotograma 8 y seleccione sobre el visor sólo el indicador del deformador Soft Modification, que muestra una letra S. [5]
6. Para iniciar la deformación, active la herramienta **Move** y desplace ligeramente hacia la izquierda el eje Z. [6]
7. Ahora, inserte un nuevo fotograma clave pulsando directamente la tecla **S** de su teclado.
8. A continuación, sitúese en el fotograma 12, desplace de nuevo el modificador un centímetro hacia la izquierda y designe el fotograma indicado como clave. [7]
9. La siguiente modificación la llevaremos a cabo desde la Caja de canales. Para ello, sitúese en el fotograma 18 y muestre este panel.
10. En el campo **Translate Z**, inserte en este caso, el valor **1.6**, pulse la tecla **Retorno** [8] y, de vuelta al visor, asigne al fotograma seleccionado la condición de clave.
11. Podemos continuar transformando nuestro personaje; sin embargo, terminaremos este ejercicio reproduciendo la animación. Para ello, elimine la selección actual y sitúese en el primer fotograma.
12. A continuación, active la animación desde el correspondiente control de reproducción. [10]

IMPORTANTE

Es posible reordenar, eliminar y duplicar fotogramas clave y secuencias de fotogramas clave. Por ejemplo, es posible copiar las propiedades animadas de un objeto en otro.

8

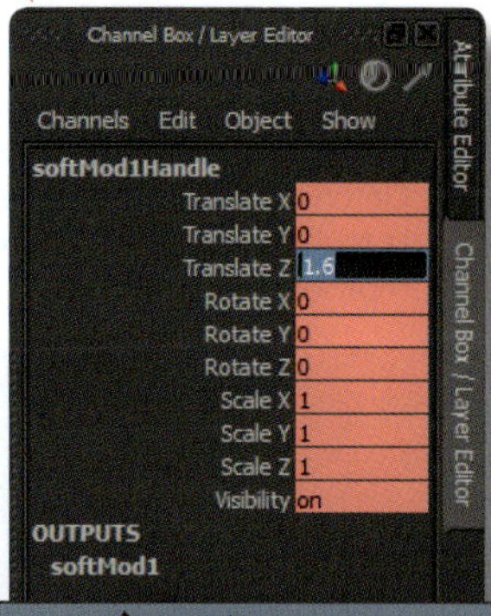

4

7

5

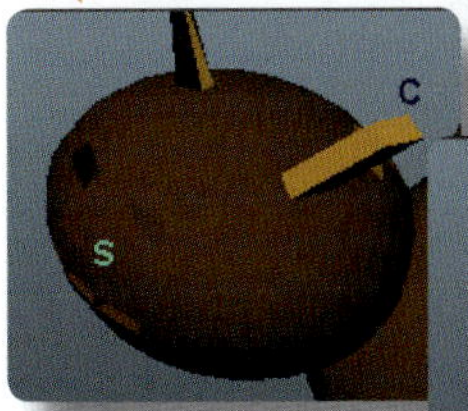

6

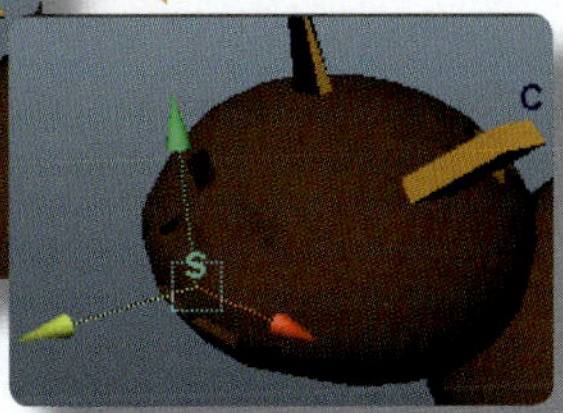

Ya sabe que para detener la animación puede pulsar la tecla **Escape**.

9

Editar y modificar fotogramas clave

IMPORTANTE

En el cuadro de preferencias de la línea de tiempo, al cual se accede directamente desde el último icono situado debajo de los controles de reproducción, puede cambiar el número del fotograma en que debe iniciarse y terminar, tanto la animación completa como la reproducción. En la parte inferior, puede indicar qué visor debe actualizarse durante la animación, la velocidad en la que debe reproducirse y, como vemos en este ejercicio, decidir entre animación continua o simple.

UNA VEZ CREADA LA ANIMACIÓN, SEA SENCILLA o compleja, Maya permite editar los fotogramas para modificarla en distintos aspectos. Así, es posible eliminar fotogramas clave, reordenarlos en la línea de tiempo e, incluso, compartirlos entre escenas mediante los comandos básicos Copiar y Pegar.

1. Practicaremos la edición de fotogramas clave sobre la animación de ejemplo que utilizamos en el ejercicio 34, la cual mostraba una esfera que cambiaba de posición y de forma. Empiece la práctica reproduciendo la animación desde los controles de animación. [1]
2. La animación está diseñada para que se reproduzca continuamente, es decir, cuando llega al final vuelve a empezar. Antes de editar los fotogramas propiamente dichos, le mostraremos cómo modificar ésta y otras propiedades. Detenga la animación y pulse sobre el último icono situado debajo de los controles de reproducción, **Animation preferences**. [2]
3. Se abre así el cuadro de preferencias del programa, mostrando el contenido de la categoría **Time Slider**. En la sección **Playback**, marque la opción **Once** del campo **Looping** y pulse sobre el botón **Save** para cambiar esta propiedad. [3]
4. Empezaremos eliminando un fotograma clave de la animación. Para ello, seleccione la esfera, haga clic con el botón

Detenga la animación mediante la tecla **Escape** o el control de reproducción oportuno.

1

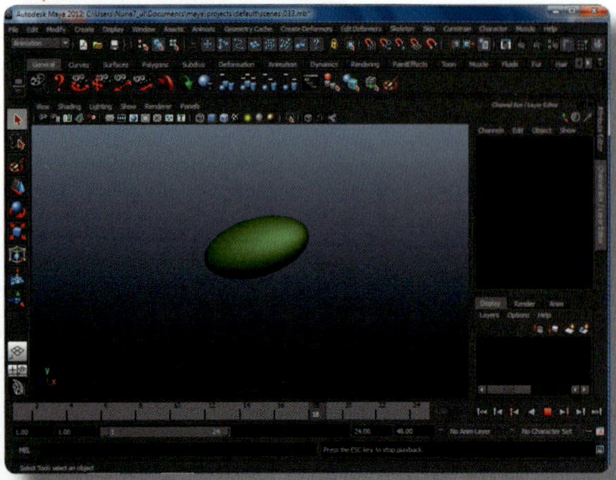

3

2

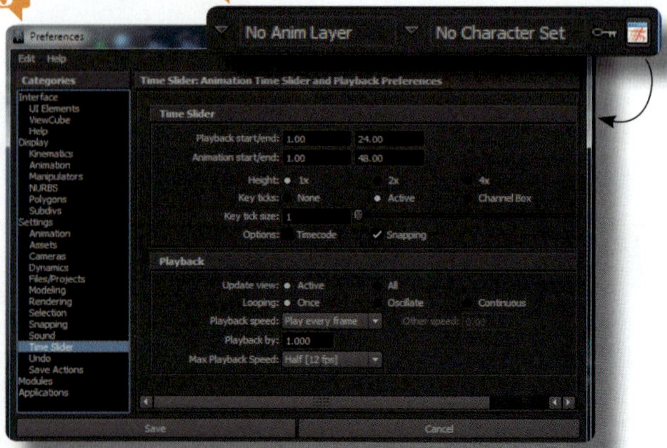

036

derecho del ratón sobre el fotograma **1**, el cual contiene un fotograma clave, y elija del menú contextual el comando **Delete**. (4)

5. El marcador del fotograma clave desaparece. A continuación, vamos a copiar uno de los fotogramas clave en una ubicación libre de la Línea de tiempo. Para ello, seleccione el fotograma 4, despliegue el menú **Edit**, haga clic sobre el comando **Keys** y elija la opción **Copy keys**. (5)
6. Nos interesa pegar el elemento copiado en el fotograma 26; sin embargo, la Línea de tiempo sólo visualiza por defecto hasta el 24. ¿Cómo lo hacemos? Muy sencillo, haga clic sobre la banda de color gris situada debajo de la línea de tiempo y, sin soltar el botón del ratón, arrástrela hacia la derecha, de manera que podamos visualizar hasta el fotograma 30. (6)
7. ¡Perfecto! Ahora podemos proseguir con el pegado del fotograma copiado. Haga clic con el botón derecho del ratón sobre el fotograma **27**, pulse sobre el comando **Paste** del menú contextual y elija del submenú que se despliega la opción **Paste**. (7)
8. La última acción de edición que deseamos mostrarle es el desplazamiento de grupos de fotogramas. Para ello, pulse la tecla **Mayúsculas** y, sin soltarla, haga clic sobre el fotograma **20**. (8)
9. Compruebe que el fotograma queda resaltado de color rojo. Haga clic sobre la punta de flecha de la derecha y arrastre hasta cubrir los siguientes fotogramas hasta el **23**. (9)
10. Ahora, pulse en el centro de la selección y arrastre el grupo de fotogramas hacia la izquierda, hasta situarlos sobre el fotograma 16. (10)
11. Reproduzca la animación y compruebe cómo finaliza después de haber reorganizado los fotogramas.

IMPORTANTE

La opción Paste connect del comando Paste ajusta las curvas de los fotogramas copiados en el valor, por lo que no existe continuidad en la animación al inicio del segmento pegado.

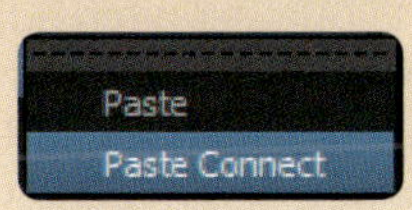

8

9

10

6

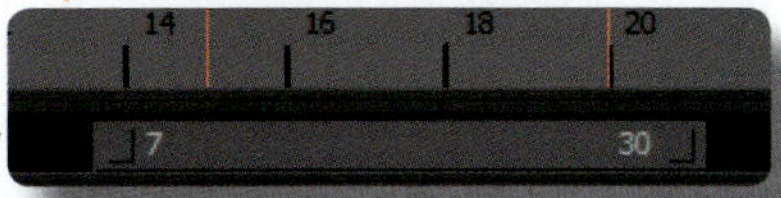

4

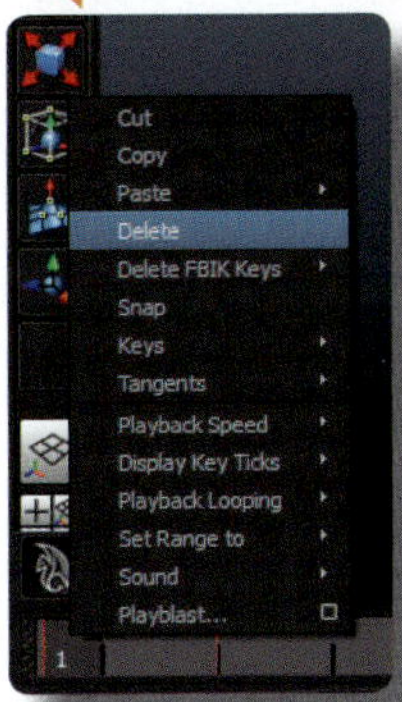

5

El corte, la copia y el pegado de fotogramas clave puede llevarse a cabo siempre desde el menú contextual del fotograma y desde el comando **Keys** del menú **Edit**.

7

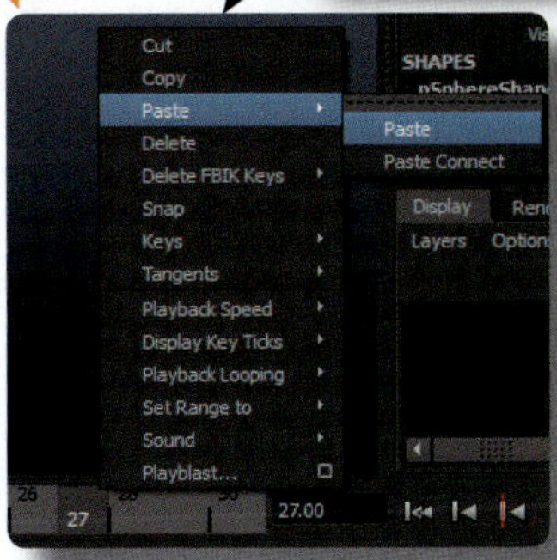

También puede cambiar el fotograma final de reproducción en los campos situados a la derecha de la banda deslizante.

Modificar fotogramas desde Graph Editor

IMPORTANTE

La ventana **Graph Editor** cuenta, como es habitual, con una barra de menús y una barra de herramientas, desde las cuales es posible llevar a cabo todas y cada una de las acciones que permiten editar y modificar los fotogramas de una animación. La parte principal de la ventana está ocupada por el panel **Outliner**, a la izquierda, y el visor gráfico, a la derecha.

LA VENTANA GRAPH EDITOR PERMITE EDITAR representaciones visuales de fotogramas clave y curvas de animación. Las curvas de animación pueden ser de fotogramas representados como puntos, segmentos de curvas entre fotogramas clave y tangentes que controlan cómo los segmentos de curva hacen que un fotograma entre y salga.

1. En este ejercicio aprenderá otra forma más visual de editar y modificar los fotogramas clave de una animación. Seguimos trabajando con nuestra escena **033.mb**. Para empezar, seleccione la esfera. 1
2. Ya sabe que de esta forma puede visualizar sobre la línea de tiempo los fotogramas claves existentes en la animación. El Graph Editor forma parte de los editores de animación de Maya, por lo que despliegue el menú **Window**, haga clic sobre el comando **Animation Editors** y elija de la lista el mencionado editor. 2
3. Accedemos así a la ventana **Graph Editor**; en la parte izquierda de la misma se muestra el panel **Outliner**, que lista todas y cada una de las transformaciones sufridas por el objeto seleccionado, y en la parte derecha se despliega el visor gráfico. 3 La línea numérica situada en la parte inferior de la ventana corresponde a la Línea de tiempo y sus fotogramas. Para com-

1

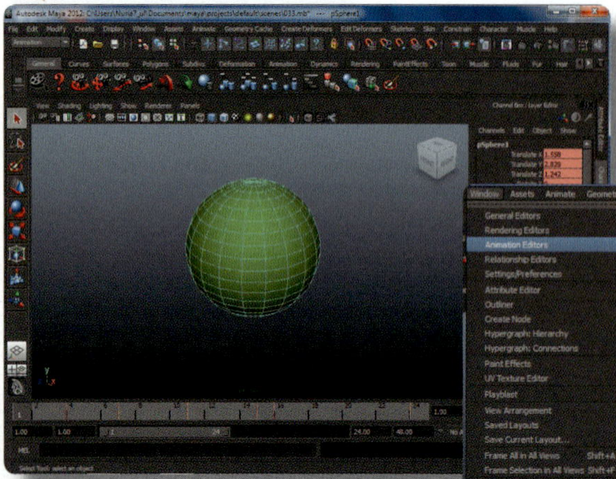

2

3

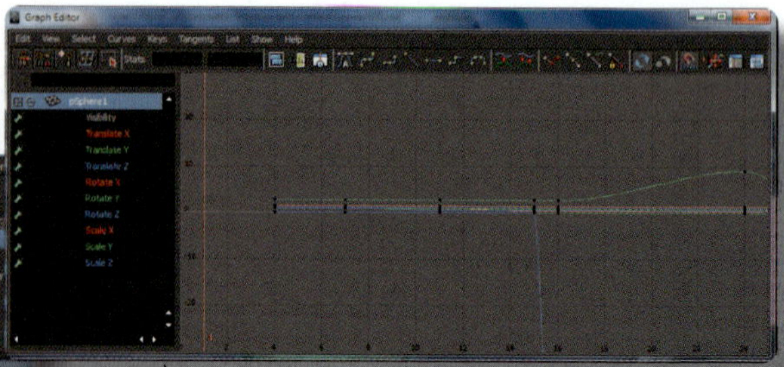

Si no hubiera seleccionado la esfera, la ventana Graph Editor aparecería vacía.

037

probarlo, haga clic sobre el primer fotograma en la línea de tiempo y arrastre hacia la derecha para realizar la animación, mientras comprueba cómo la línea indicativa del fotograma activo también se mueve en el Graph Editor. [4]

4. Como puede imaginar, puede llevar a cabo modificaciones de estado directamente sobre las líneas de color del Graph Editor. En el panel **Outliner**, haga clic sobre el atributo **Translate Z.** [5]
5. De esta forma, individualizamos en el visor gráfico el movimiento sobre el eje seleccionado, en este caso, el eje Z. Vamos a modificar la posición inicial del objeto. Para ello, active la herramienta **Move** pulsando la tecla **W**, haga clic sobre el primer punto de la curva de animación actual y, sin soltar el botón del ratón, desplácela hacia abajo, aproximadamente hasta el valor **-20.** [6]
6. Para comprobar el cambio en la animación, reproduzca la escena de forma habitual.
7. Seleccione ahora en el panel **Outliner** el atributo **Scale Y.** [7]
8. Modificaremos desde aquí la forma de la esfera en el último fotograma clave. Para ello, debemos desplazarnos por el visor gráfico como lo haríamos en el visor de la escena. Pulse la tecla **Alt** y, sin soltarla, haga clic y desplace hacia la izquierda con el botón central del ratón. [8]
9. Por último, en el visor gráfico, haga clic sobre el punto de la curva de animación de color verde correspondiente al fotograma 27 y desplácelo un milímetro hacia abajo. [9]
10. Cierre esta ventana y reproduzca la animación para comprobar los cambios conseguidos.

7

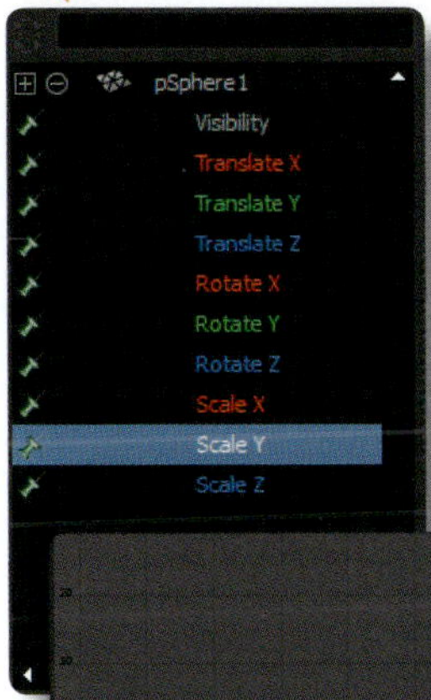

8

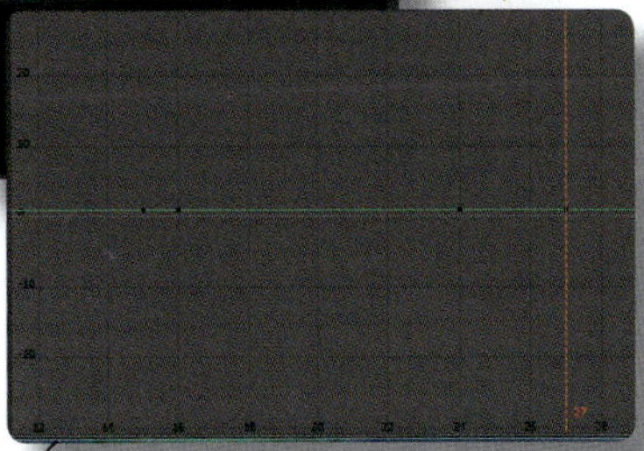

9

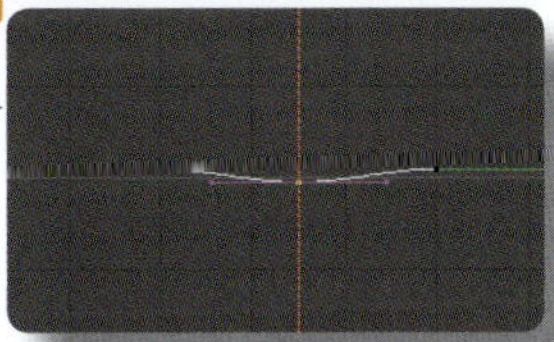

4

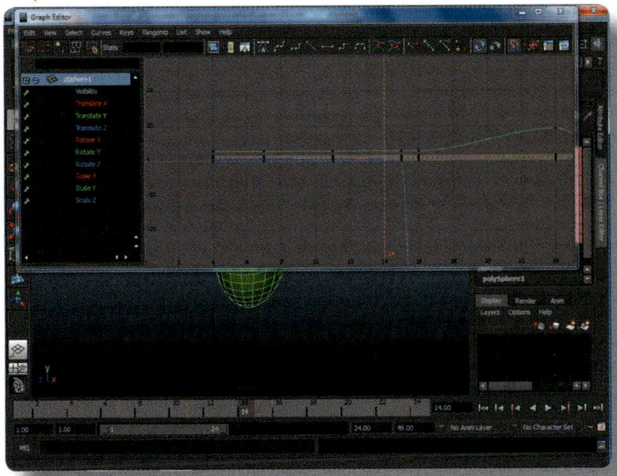

5

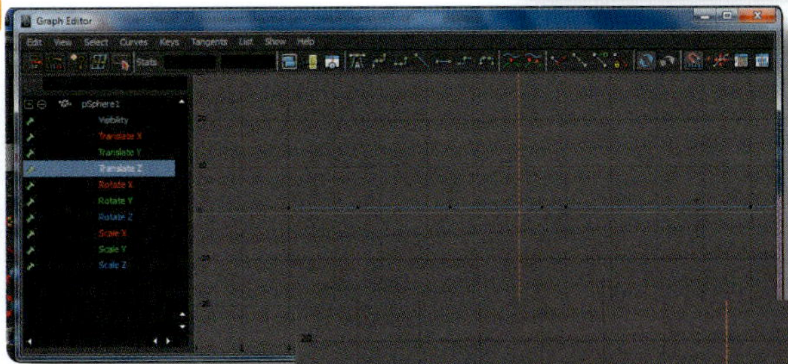

6

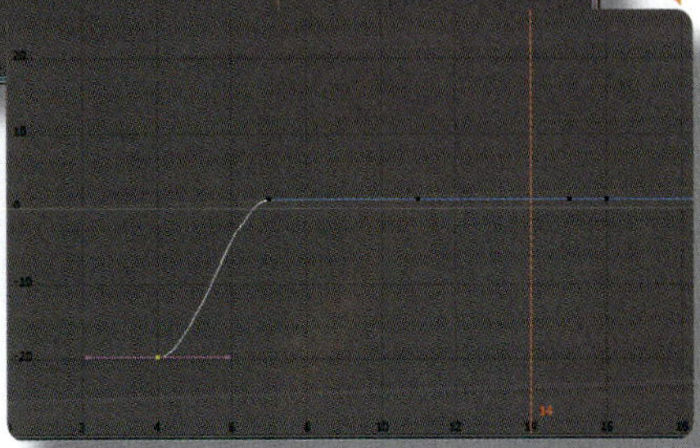

Cada una de las líneas, sea cual sea la transformación, se muestra en el color del correspondiente eje (X, Y, Z).

Modificar fotogramas desde Dope Sheet

IMPORTANTE

Si lo desea, puede mostrar el panel Dope Sheet, así como el Graph Editor, sobre el visor, y no como ventana flotante. Para ello, despliegue el menú **Panels** del visor, haga clic sobre el comando **Panel** y elija la correspondiente opción.

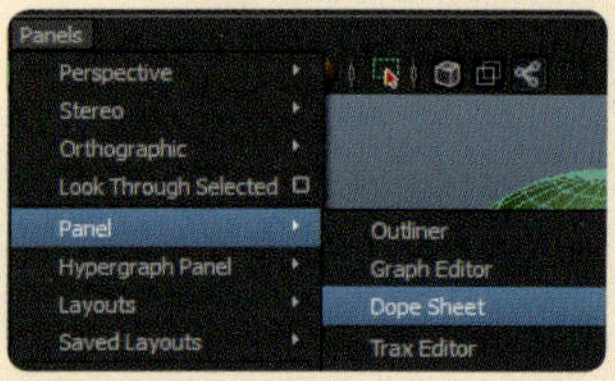

LA VENTANA DOPE SHEET ES UN POCO MÁS sofisticada que la línea de tiempo y menos funcional que el Graph Editor; sin embargo es una excelente forma de editar fotogramas rápidamente. El Dope Sheet permite editar la sincronización y el tiempo de sonidos y eventos en una animación. La interfaz del Dope Sheet es muy similar a la del Graph Editor. Cuenta con una barra de menús y una de herramientas en la parte superior de la ventana; en la parte izquierda se encuentra el panel Outliner y en la derecha, el visor.

1. En este ejercicio, de realización muy similar al anterior, aprenderá a modificar fotogramas desde la ventana Dope Sheet. Para ello, continuamos trabajando una vez más con la animación de la escena **033.mb**, que modificamos en la práctica anterior desde el Graph Editor. Empiece resituando, si es necesario, la animación al inicio y seleccionando la esfera. [1]
2. Para acceder a la ventana **Dope Sheet**, despliegue el menú **Window**, haga clic sobre el comando **Animation Editors** y elija la opción **Dope Sheet**.
3. Se abre así la ventana **Dope Sheet**, que dispone prácticamente de la misma estructura que la del Graph Editor. De hecho, desde esta ventana puede alternar entre ambos editores. Para ello, pulse sobre el primero de los dos iconos situados en el extremo derecho de la barra de herramientas de la ventana. [2]

2

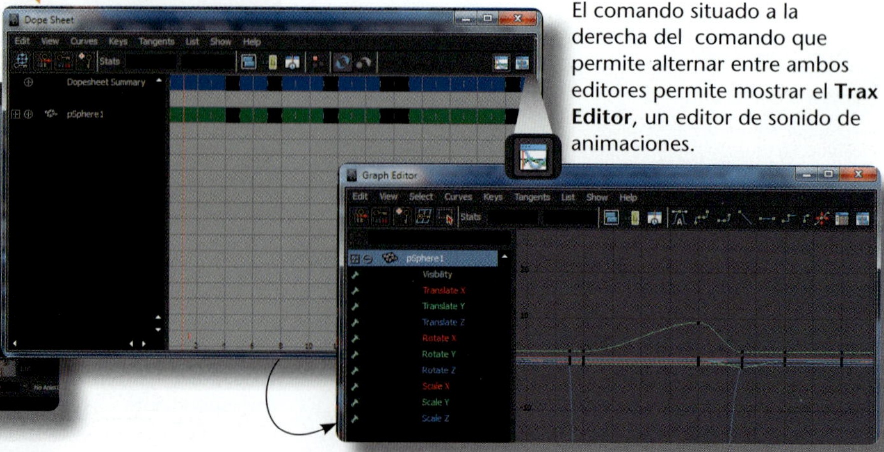

El comando situado a la derecha del comando que permite alternar entre ambos editores permite mostrar el **Trax Editor**, un editor de sonido de animaciones.

1

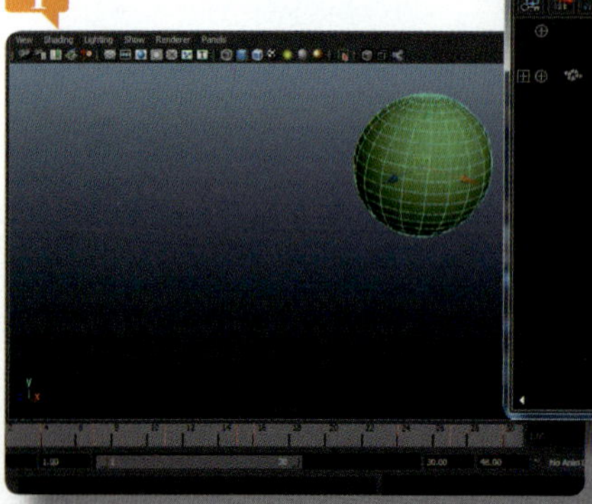

4. Efectivamente, el Dope Sheet se convierte en el Graph Editor. Para volver al editor anterior, vuelva a pulsar sobre el mismo comando en la barra de herramientas actual.
5. La gran ventaja de trabajar con el Dope Sheet es que permite mover o desplazar fotogramas clave en conjunto o individualmente. Como ejemplo, seleccione en el panel **Outliner** la esfera. [3]
6. De color amarillo se muestran los fotogramas clave existentes en la animación. Vamos a desplazarlos todos a la vez. Para ello, pulse con el botón central del ratón sobre el primero de ellos, correspondiente al fotograma 4, y arrástrelos hacia la izquierda un par de fotogramas. [4]
7. De esta forma, hemos desplazado a la vez todos los fotogramas clave de la animación. A continuación, haga clic sobre el fotograma clave 22 y arrastre con el botón central del ratón pulsado hacia la izquierda también un par de fotogramas. [5]
8. El Dope Sheet también permite la edición fotograma a fotograma por atributos. Visualice en el visor la animación en el fotograma 27 y desplácese en el Dope Sheet hasta visualizar también este fotograma.
9. A continuación, en el panel Outliner, el Dope Sheet, pulse sobre el signo + situado dentro del círculo. [6]
10. Así visualizamos los tres atributos de transformación. Haga clic por ejemplo sobre el signo + que precede al atributo Rotate y seleccione el que indica la rotación en el eje Y. [7]
11. Termine el ejercicio cerrando la ventana **Dope Sheet**.

7

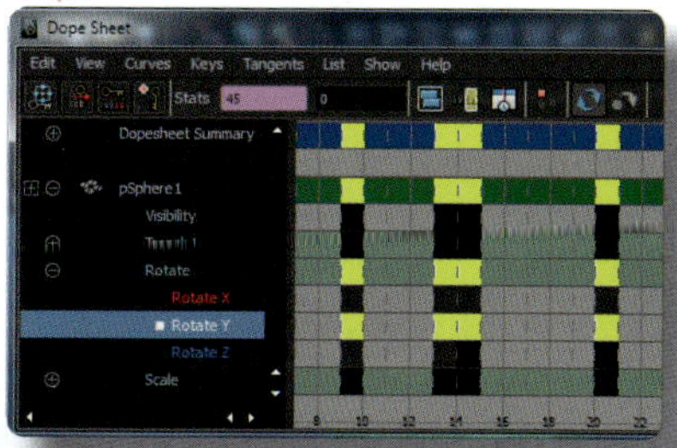

3

5

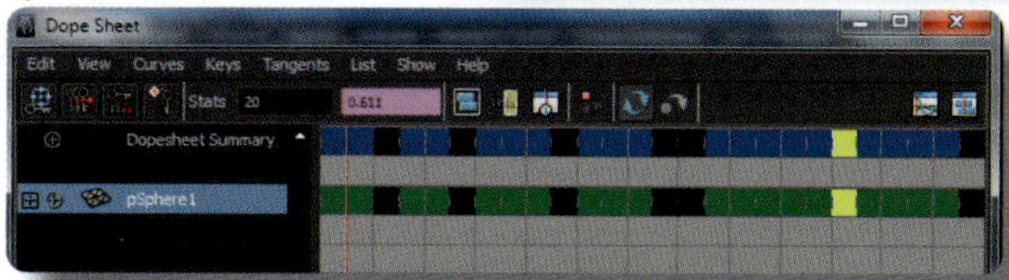

Antes de desplazar los fotogramas en el Dope Sheet, asegúrese de que la herramienta **Move** se encuentra activa.

4

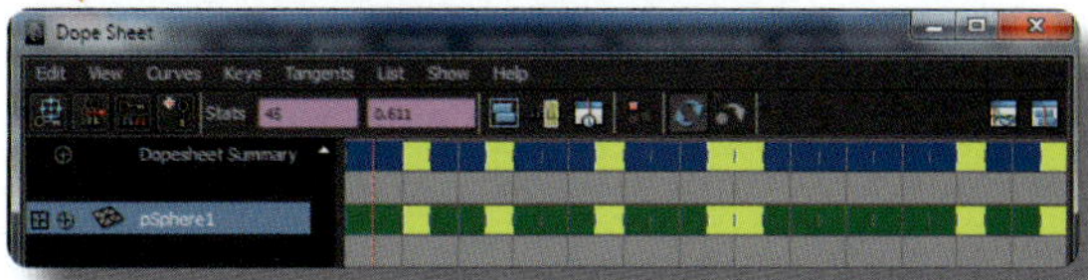

6

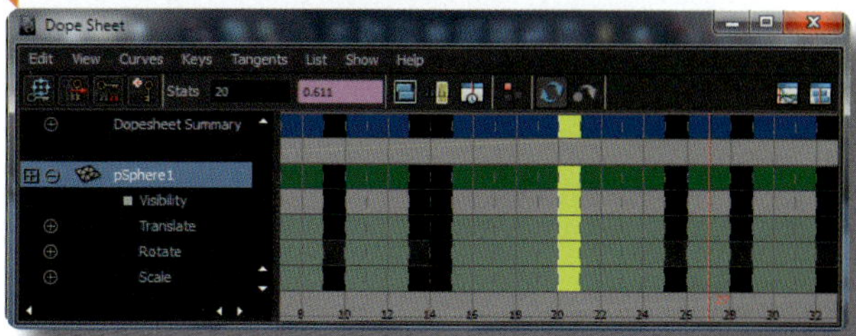

Crear fotogramas clave breakdown

EN MAYA, LOS FOTOGRAMAS BREAKDOWN SON fotogramas especiales que mantienen una relación de tiempo proporcional entre los fotogramas clave adyacentes, es decir, entre los que se encuentra. Este tipo de fotogramas resultan de gran utilidad cuando se necesita ajustar el tiempo de una animación manteniendo ciertos valores de atributos en puntos de una curva de animación. Los fotogramas breakdown se representan sobre la línea de tiempo con una línea vertical de color verde; así se diferencian con facilidad de los fotograma clave normales.

IMPORTANTE

Los fotogramas breakdown que no tienen fotogramas clave adyacentes son ilimitados, lo que significa que funcionan igual que cualquier otro fotograma al colocarlos, editarlos y moverlos.

1. En este ejercicio crearemos una nueva y sencilla animación insertando en ella un fotograma clave del tipo breakdown. Para ello, vamos a recuperar la escena **035.mb**, que contiene nuestro personaje de cuatro patas. En concreto, realizaremos una rotación sobre la cabeza a partir del fotograma 20. Empecemos. Visualice en la Línea de tiempo el rango de fotogramas del 20 al 43. 1
2. Seguidamente, sitúese en el fotograma **20** y seleccione la cabeza del animal. 2
3. Aquí crearemos un fotograma clave normal con el primer movimiento de rotación. Para ello, active la herramienta **Rotate** pulsando la tecla **E** de su teclado y gire hacia la derecha la cabeza mediante la manipulación del eje Y, de color verde. 3

Recuerde que puede utilizar la banda deslizante situada debajo de la línea de tiempo para mostrar el rango de fotogramas que le interese.

1

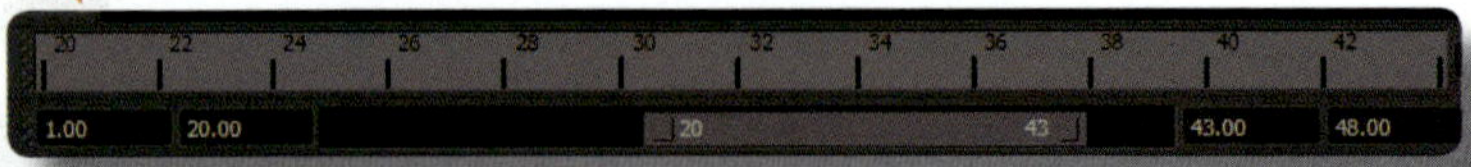

2

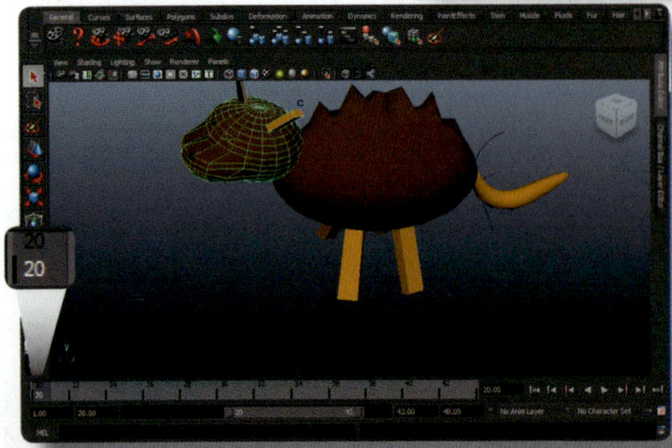

3

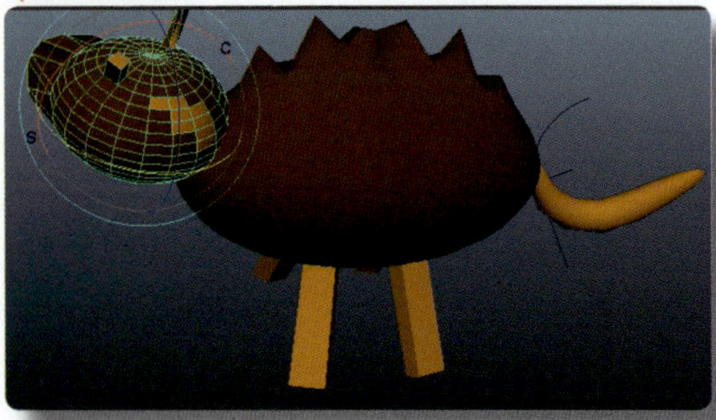

039

4. Ahora, despliegue el menú **Animate** y haga clic sobre el comando **Set Key**.
5. Vamos a repetir el proceso con el movimiento final. Sitúese en el fotograma **40** y gire la cabeza del animal, esta vez hacia la izquierda. [4]
6. Inserte un fotograma clave mediante el menú **Animate**, desde el teclado o bien desde el menú contextual de la Línea de tiempo [5] y compruebe la animación conseguida hasta el momento desplazándose por la Línea de tiempo.
7. Llegados a este punto crearemos en el punto medio de este fragmento de la animación el fotograma breakdown. Para ello, sitúese en el fotograma **30** y levante la cabeza del animal utilizando el manipulador de rotación oportuno. [6]
8. Para crear el fotograma clave, despliegue el menú **Animate** y haga clic sobre el comando **Set breakdown**. [7]
9. Los fotogramas clave breakdown se representan en la Línea de tiempo con una fina línea de color verde. [8] Reproduzca la animación para comprobar el efecto conseguido.
10. De hecho funcionan igual que los fotogramas clave normales, con la única particularidad que se encuentran relacionados con el anterior y el posterior fotograma clave. Para comprobarlo, pulse la tecla **Mayúsculas** y, sin soltarla, haga clic sobre el fotograma **40**. [9]
11. Amplíe la selección hasta el fotograma **42** y desplácelos hacia la izquierda un par de fotogramas, comprobando cómo el fotograma breakdown también se mueve proporcionalmente. [10]

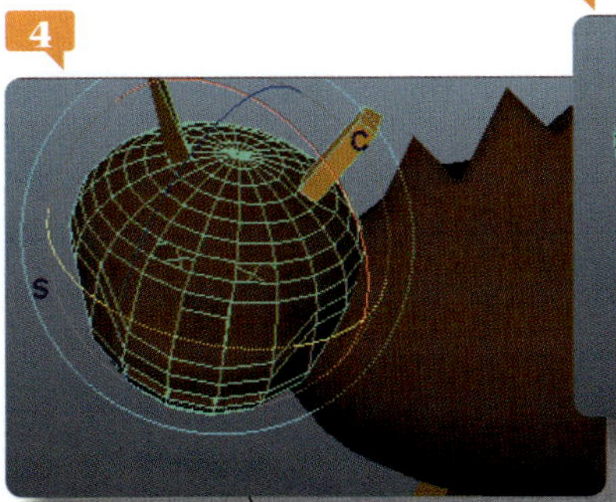

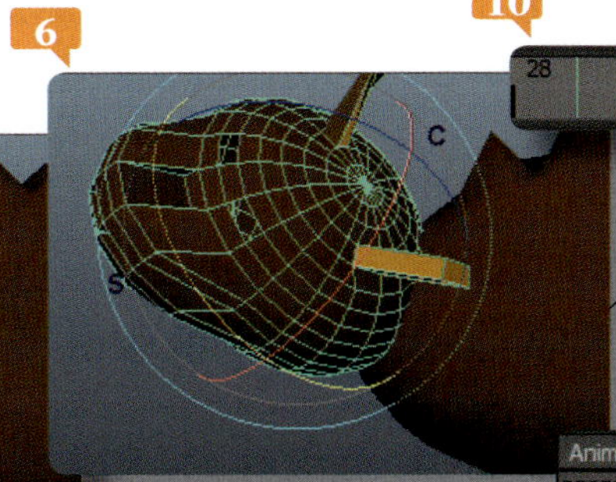

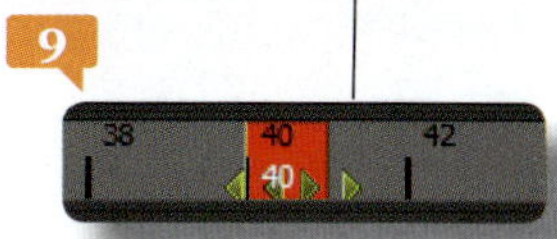

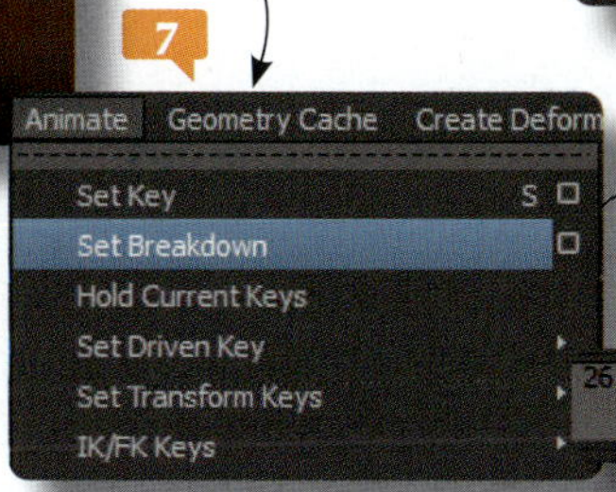

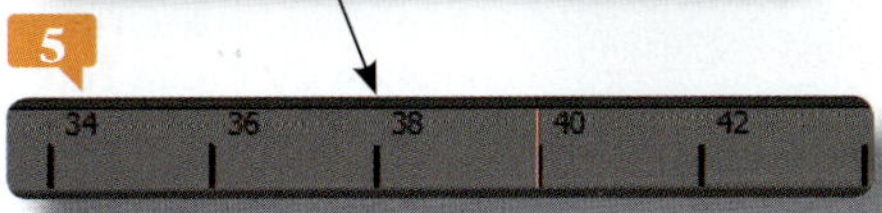

Ya sabe que puede pulsar la tecla **S** para insertar un fotograma clave.

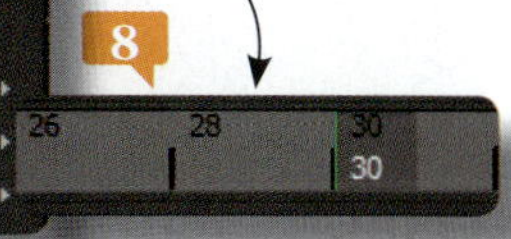

Animar objetos a lo largo de un trazado

IMPORTANTE

Una vez trazada la curva que servirá como trazado para la animación, es posible editarlas tanto directamente sobre el visor como desde el panel *Graph Editor*, estudiado en ejercicios anteriores.

LA ANIMACIÓN A LO LARGO DE UN TRAZADO PERMITE controlar la posición y la rotación de un objeto a lo largo de una curva. Lo único que debe tener en cuenta es que las curvas NURBS no pueden utilizarse como trazado. El proceso para animar objetos a lo largo de un trazado consiste esencialmente en tres pasos: la creación del objeto, el trazado de la curva y la aplicación del comando correspondiente que vincula los dos elementos y permite la animación.

1. En este ejercicio, le mostraremos cómo puede animar un objeto a lo largo de un trazado. Con ello, conseguimos que dicho objeto siga justo la trayectoria que necesitamos. Continuamos trabajando en la escena **035.mb**; en este caso, nuestro objetivo es crear un objeto, en concreto, una esfera que simulará una pelota, que se desplazará por delante de la cabeza del animal. Vamos allá. En primer lugar, cree la mencionada esfera desde el shelf **Polygons** y sitúela a la derecha de la cabeza. 1
2. Vamos a aplicarle un material a la esfera, por lo que, desde el shelf **Rendering**, active la cuarta muestra de materiales, denominada **Phong Material**, y asígnele el color que usted desee desde el editor de atributos del material. 2
3. La segunda parte del proceso consiste en generar la curva que nos servirá de trazado para la animación. Como hemos indicado en la introducción, las curvas NURBS son las únicas que

En el libro *Aprender Maya 2012 con 100 ejercicios prácticos* encontrará toda la información relativa tanto a la creación de objetos como a la aplicación de materiales.

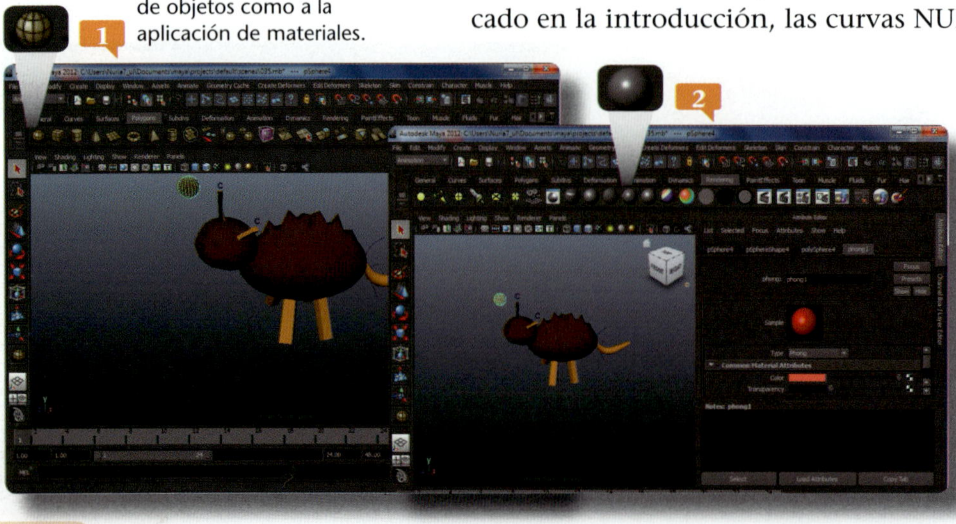

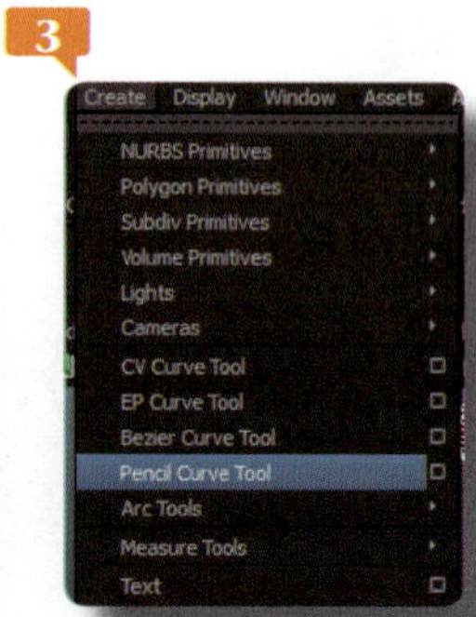

Si lo prefiere, utilice el comando **CV Curve Tool** o **EP Curve Tool** para crear el trazado.

no pueden utilizarse como trazado. En este caso, despliegue el menú **Create** y haga clic sobre el comando **Pencil Curve**. [3]

4. Dibuje aproximadamente un arco que empiece delante de la esfera y termine a la izquierda de la cabeza de nuestro animal. (Seguramente deberá desplazarse por el visor cambiando el punto de vista para resituar la curva en el punto exacto que nos interesa.) [4]
5. Ya disponemos de los dos elementos imprescindibles para crear la animación que nos interesa. Ahora, seleccione la esfera y, pulsando la tecla **Mayúsculas**, seleccione también la curva. [5]
6. Debe saber que puede animar más de un objeto sobre una misma curva, en cuyo caso deberá seleccionar todos los objetos y la curva igualmente, como acabamos de hacer. A continuación, despliegue el menú **Animate**, haga clic sobre el comando **Motion Paths** y elija, del submenú que se despliega, la opción **Attach To Motion Path**. [6]
7. Observe lo que ha ocurrido; la esfera ha quedado vinculada al trazado, en cuyos extremos han aparecido dos cifras: 1 y 24. Estos son los números de los fotogramas en los cuales empezará y finalizará la animación del objeto a lo largo del trazado. [7] Comprobemos el efecto conseguido. Reproduzca la animación. [8]

Como puede comprobar, la animación de la esfera no coincide con la rotación de la cabeza; sería más conveniente que el animal siguiera la esfera con la mirada. Trataremos de resolver este efecto en el ejercicio siguiente.

040

IMPORTANTE

La dirección en la cual se crea la curva que sirve como trazado para la animación es la dirección hacia la que el objeto se moverá. Si al reproducir la animación el objeto no se desplaza, seguramente sea porque no ha seleccionado los dos elementos (objetos y curva) en el orden apropiado.

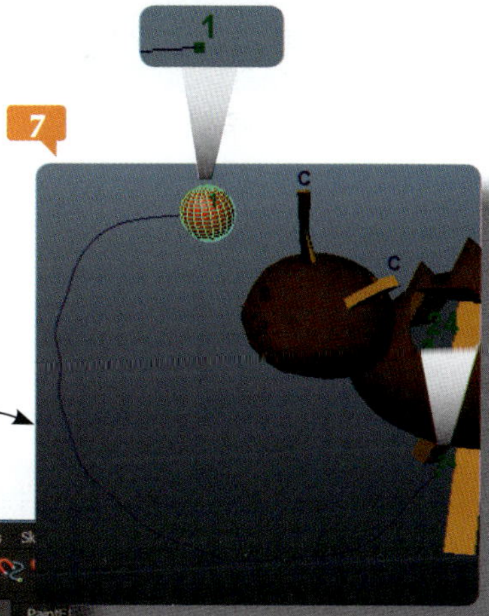

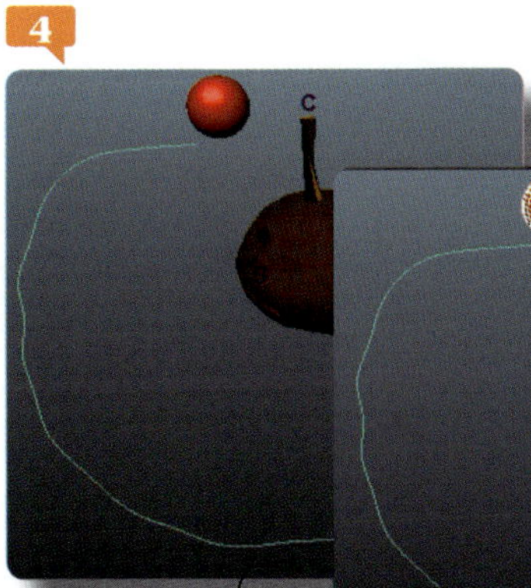

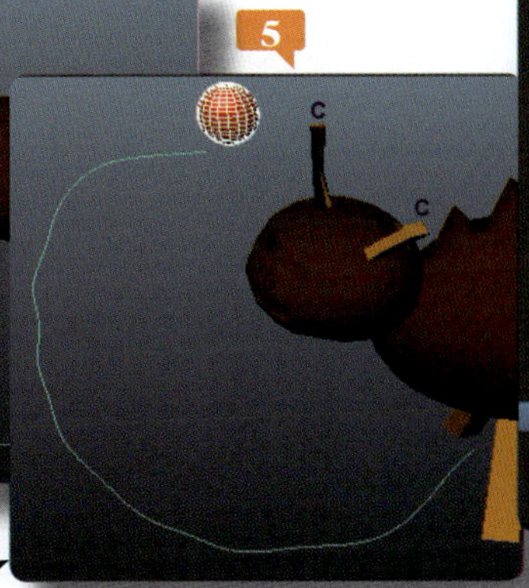

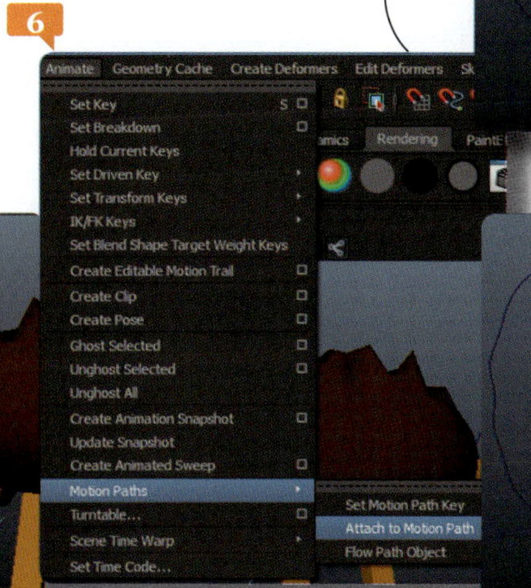

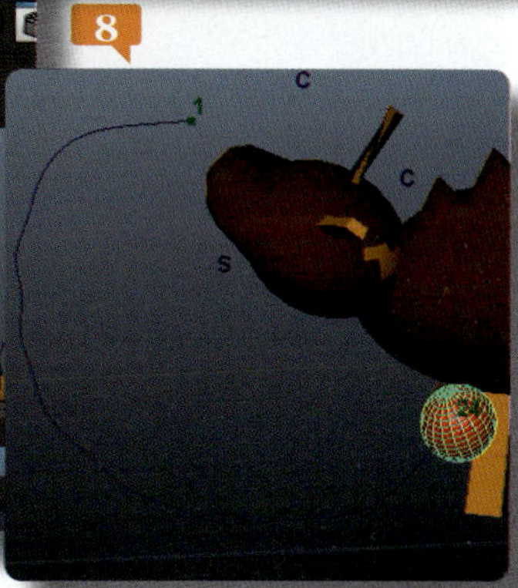

Editar las curvas de trazado

UNA VEZ CREADA LA ANIMACIÓN DE UN OBJETO SOBRE una curva, puede ocurrir que el movimiento no se muestre tal y como esperábamos. La edición de las curvas de trazado puede llevarse a cabo con distintos fines, como el cambio de forma de la curva, el cambio de dirección o, incluso, su eliminación.

1. En este ejercicio, continuación del anterior, editaremos nuestra curva de trazado para modificarla en distintos aspectos. Como hemos comentado al final de la práctica 40, el movimiento de la cabeza del animal no coincide demasiado con el desplazamiento de la esfera frente a él. Empezaremos eliminando la curva de trazado (no la forma en sí) para volver a crearla con una serie de parámetros exactos. Para ello, seleccione la curva en cuestión. [1]
2. Para eliminar el trazado, despliegue el menú **Edit**, haga clic sobre el comando **Delete All by Type** y elija la opción **Motion Paths.** [2]
3. Los números de los dos extremos de la curva desaparecen, pero la curva permanece en la escena; esto significa que sólo hemos eliminado la función de curva de trazado. [3] Seguidamente, tras seleccionar la esfera y la curva, despliegue el menú **Animate**, haga clic sobre el comando **Motion Paths** y pulse

IMPORTANTE

Al reproducir la animación del objeto a lo largo de una curva, podrá comprobar que el programa empieza la animación suavemente. Si desea que este inicio sea más brusco, modifique el valor del campo **Side Twist**, en el editor de atributos del elemento **motion path**, el cual justifica la rotación del objeto alrededor del eje lateral.

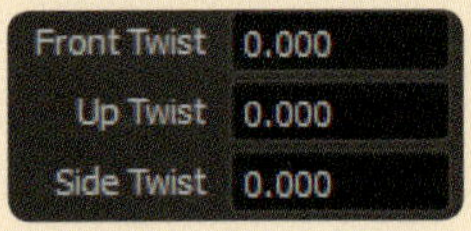

1

Otra forma de eliminar un trazado sobre una curva es seleccionando los puntos situados en cada extremo de la curva y pulsando la tecla **Delete** o **Retroceso** de su teclado.

2

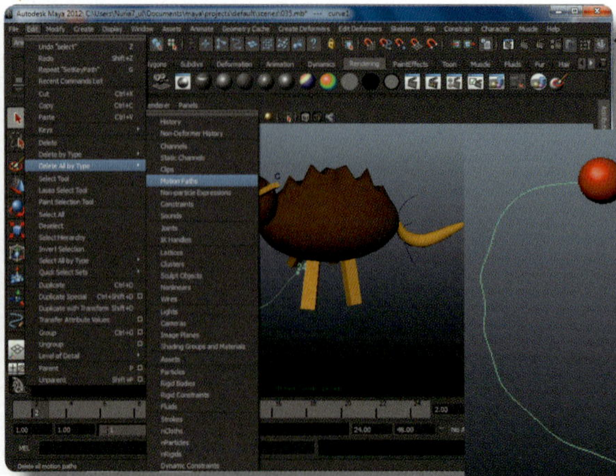

3

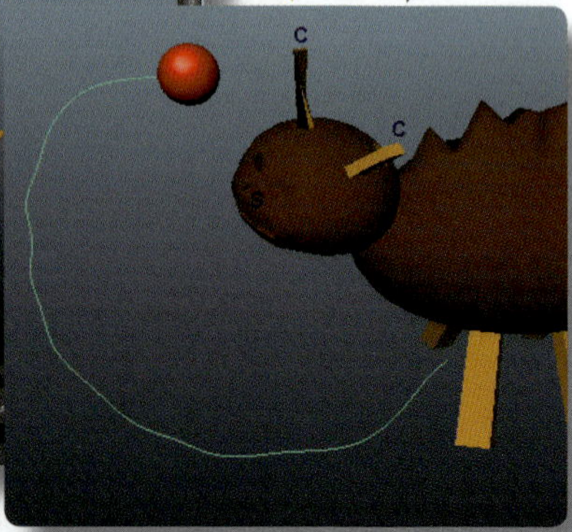

esta vez sobre el iniciador de cuadro de opciones de la opción **Attach to Motion Path.** 4

4. De esta forma se abre el cuadro de diálogo **Attach to Motion Path Options**, en el cual llevaremos a cabo la configuración que nos interesa. En concreto, cambiaremos el rango de tiempo en que debe reproducirse la animación. En la sección **Time range**, active la opción **Start/End.** 5
5. En los campos **Start time** y **End time** debemos insertar el fotograma en que debe empezar y acabar respectivamente el movimiento del objeto a lo largo del trazado. En este caso, inserte el valor **48** en el campo **End time.** 6
6. Antes de confirmar los cambios, cambie en el campo situado a la derecha de la banda deslizante de la Línea de tiempo el valor **24** a **48.** 7
7. Ahora sí, pulse el botón **Attach** en el cuadro de opciones y compruebe el cambio sobre la curva de trazado.
8. Efectivamente, ahora el extremo final del trazado muestra el número **48**, tal y como hemos indicado. 8 Reproduzca la animación para comprobar el efecto que hemos conseguido hasta el momento.

Mucho mejor, ¿verdad? Si desea afinar más el movimiento de la esfera de manera que se base en la rotación y el movimiento de la cabeza del animal, puede editar los puntos de control de la curva y deformarla. 9

041

IMPORTANTE

La curva que se utiliza como trazado sólo se visualiza en el visor de la escena; nunca en la escena final renderizada. No elimine la curva puesto que si no eliminará también la animación conseguida.

4

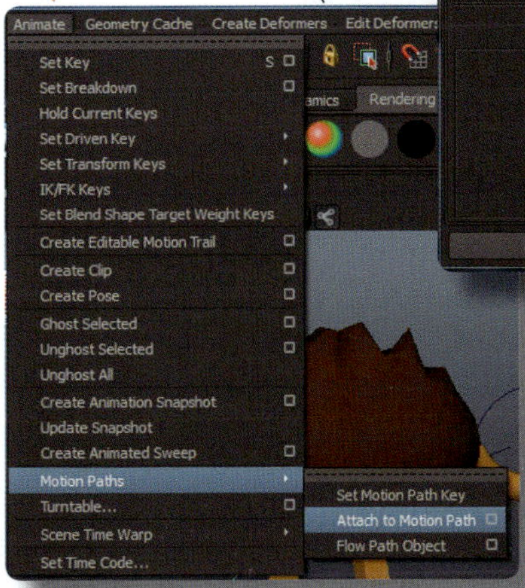

5

6

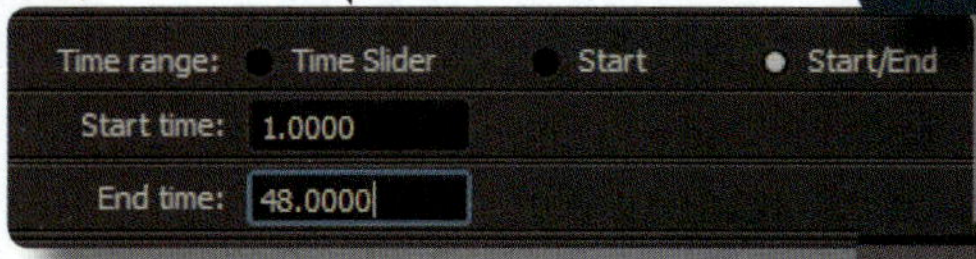

9

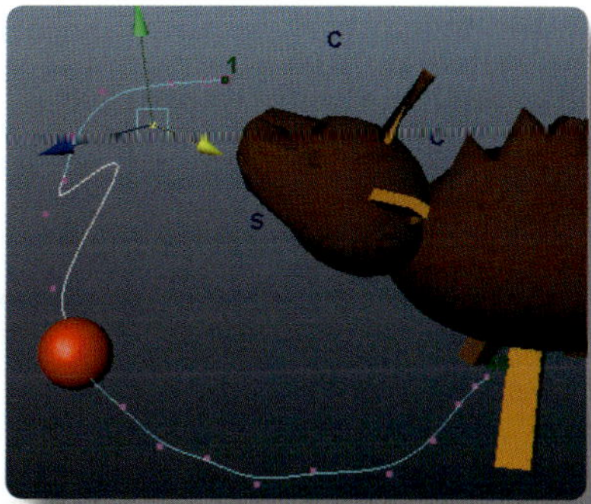

8

7

Animar con restricciones de dirección

> **IMPORTANTE**
>
> Si la restricción de dirección, tratada en este ejercicio, resulta interesante, debe saber que existen otros tipos de restricciones no menos útiles. Por ejemplo, la denominada **Point Constraint** provoca que un objeto se mueva y siga el movimiento de otro objeto; la restricción de orientación (**Orient Constraint**) hace coincidir exactamente la orientación de distintos objetos.

EN EL EJERCICIO ANTERIOR HEMOS TRATADO DE simular que nuestro animal seguía con la mirada una pelota; para ello, manipulamos una curva en trayectoria. Sin embargo, Maya proporciona otros métodos para realizar este seguimiento de un objeto sobre otro: la animación con restricciones. Las restricciones, utilizadas por profesionales sobre todo en la animación de personas, permiten restringir la posición, orientación y escala de un objeto respecto a otros objetos.

1. Para llevar a cabo este ejercicio, partiremos de una nueva escena en blanco, vacía, en la cual crearemos los dos objetos sobre los cuales aplicaremos una restricción y, posteriormente, animaremos. Empecemos. Cree un tubo en posición horizontal situado perfectamente sobre el eje Z de la escena; para ello, cree la base desde el visor **front** 1 y proporcione el volumen desde el visor **perspective**. 2
2. A continuación, cree una esfera frente al extremo derecho del tubo, en el borde de la cuadrícula, aproximadamente como la que puede ver en la imagen. 3
3. Vamos a conseguir que el tubo siga a la esfera cuando ésta se mueva por el visor. Para ello, con la esfera seleccionada, pulse la tecla **Mayúsculas** y seleccione el tubo. 4

1

El comando que utilizará para crear el tubo es el denominado **Pipe**, el octavo en el shelf **Polygons**.

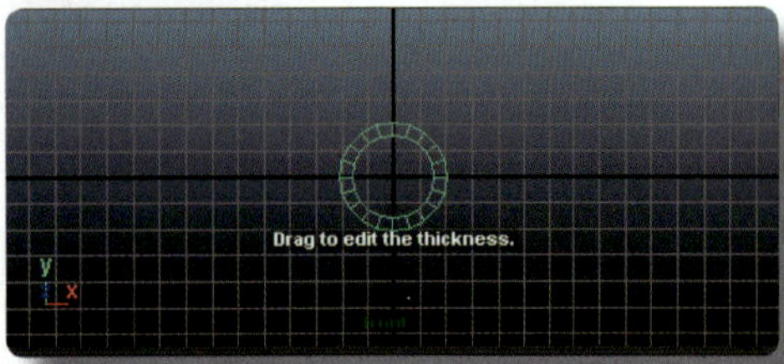

2

3

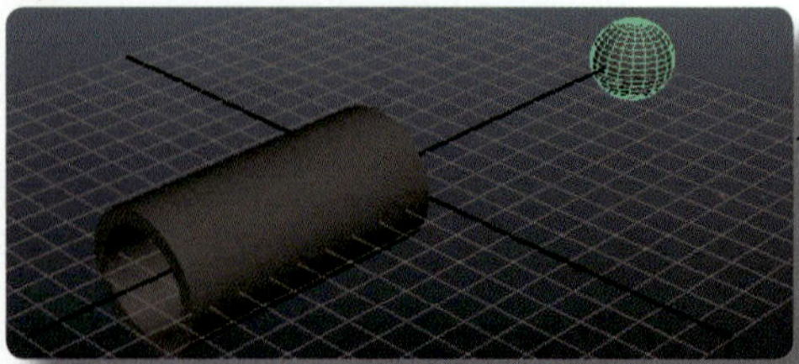

4

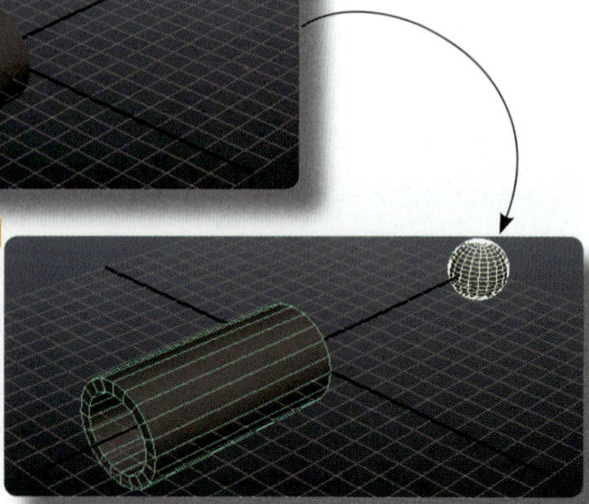

Para un resultado satisfactorio, es importante el orden en que selecciona los objetos implicados en la restricción.

042

4. Despliegue ahora el menú **Constrain** y haga clic sobre el iniciador del cuadro de opciones del comando **Aim**. [5]
5. Como ha podido comprobar al desplegar el menú **Constrain**, Maya dispone de múltiples formas de restricciones, que, por motivos de espacio, no podemos tratar en su totalidad en este libro. Se abre así el cuadro de diálogo **Aim Constraint Options**, desde el cual debemos indicar, ante todo, sobre qué eje tiene que aplicarse la restricción entre los dos objetos. En este caso, se trata del eje Z, al cual asignaremos un valor muy bajo, sencillamente para que vea qué ocurre. Inserte el valor **1** en el tercer campo de la opción **Aim vector** y, tras asegurarse de que los dos otros campos se encuentran a 0, haga clic sobre el botón **Add**. [6]
6. A partir de ahora, la esfera y el tubo se encuentran restringidos, lo que significa que si movemos la esfera, el tubo la seguirá sobre el eje indicado. Vamos a comprobarlo. Seleccione la esfera con la herramienta **Move** y desplácela hacia arriba. [7]
7. Correcto; compruebe como el tubo sigue el movimiento de la esfera, como si la apuntara. Si ahora creamos una animación, este seguimiento será constante. Vamos a comprobarlo. En el fotograma **1**, sitúe la esfera en el extremo izquierdo de la escena e inserte un fotograma clave pulsando la tecla **S**.
8. Mediante el mismo procedimiento, cree tres o cuatro fotogramas clave más cambiando la posición de la esfera.
9. Termine este ejercicio eliminando cualquier selección existente y reproduciendo la animación. [8]

IMPORTANTE

Las restricciones de dirección (*Aim constraints*) se utilizan para restringir la orientación de un objeto de manera que un objeto apunte hacia otro. Según esta definición, los usos más típicos de este tipo de restricción es la dirección de luces o cámaras sobre uno o más objetos.

7

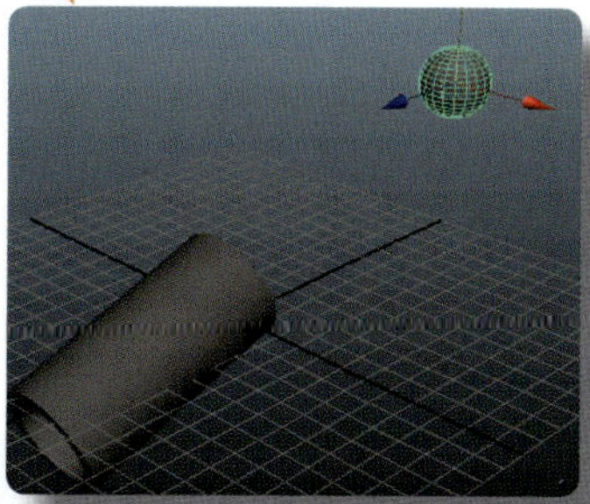

5

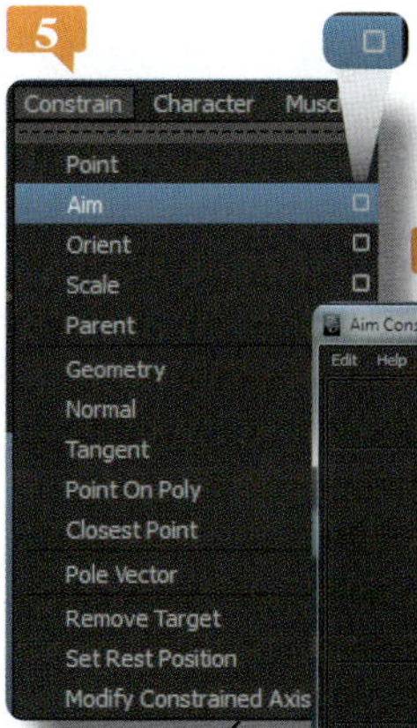

6

8

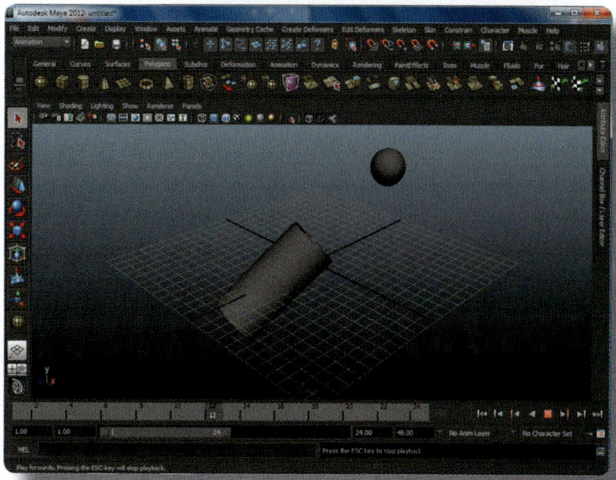

Animar con restricciones de punto

IMPORTANTE

Entre las opciones configurables del tipo de restricción de punto, se encuentra la denominada **Weight**. Esta característica especifica la cantidad en que la posición del objeto restringido puede ser influida por el objeto de base. El valor predeterminado es 1 pudiendo ser establecido de 0 a 10.

LAS RESTRICCIONES DE PUNTO (POINT CONSTRAINTS) provoca que un objeto se sitúe en la posición de otro objeto y lo siga, o bien que se coloque en la posición media respecto a múltiples objetos. Este tipo de restricción resulta muy útil cuando se desea conseguir que un objeto tenga exactamente la misma animación que otros objetos.

1. En esta nueva práctica dedicada a las animación con restricciones le mostraremos otro tipo de restricción que puede resultarle muy útil en la creación de sus escenas animadas. Se trata de las restricciones de punto. Para ello, continuaremos editando la escena creada en el ejercicio anterior, aunque sepa que si no dispone de ella puede descargar el correspondiente archivo desde nuestra página web, con el nombre **restriccion.mb**. Empecemos. Desde el shelf **Polygons** o desde el menú **Create/Polygons Primitives**, cree un toroide que tenga un radio ligeramente más ancho que el de la esfera de la escena. 1
2. La idea es restringir el toroide alrededor de la esfera, de manera que al reproducir la animación, ambos objetos se muevan juntos. Para ello, seleccione en primer lugar la esfera y, seguidamente y con la ayuda de la tecla **Mayúsculas**, el toroide. 2

1

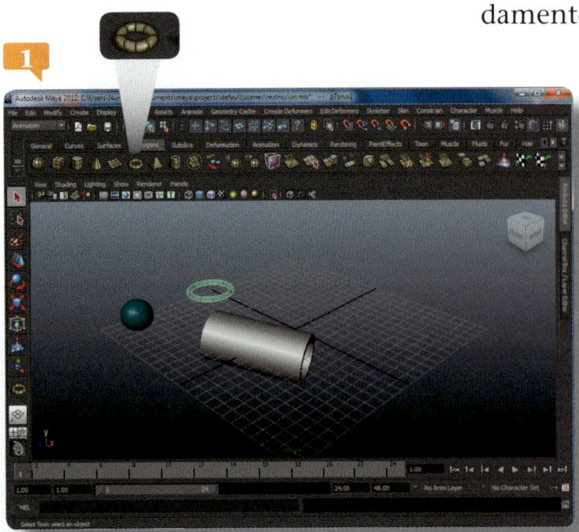

Personalice la creación del nuevo objeto aplicándole un nuevo material. Para ello, diríjase al shelf **Rendering**.

2

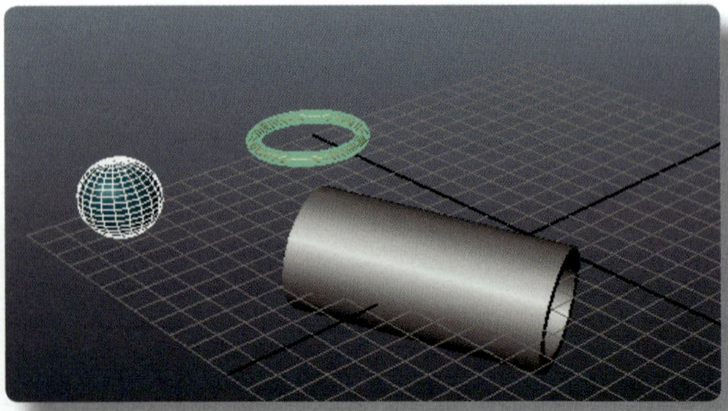

El primer objeto seleccionado es el que restringe, mientras que el segundo actúa como restringido. Por esta razón, resulta de gran importancia el orden de selección de los objetos antes de aplicar restricciones.

043

3. Una vez seleccionados los objetos, despliegue el menú **Constrain** y haga clic sobre el iniciador de cuadro de opciones del comando **Point**. [3]
4. En el cuadro **Point Constraints Options** puede ajustar el modo con que se llevará a cabo la restricción; sobre todo es importante el valor del campo **Offset**, uno para cada eje, ya que así indicará la posición del objeto restringido con respecto al objeto de base. En este caso, y para que vea cómo se aplica la restricción con los valores predeterminados, pulse el botón **Apply** en el cuadro de opciones. [4]
5. Efectivamente, el toroide rodea la esfera tomando como punto de referencia el centro de la misma. [5] Para cambiar la posición del objeto restringido, inserte en la segunda celda del campo **Offset** el valor **1**, correspondiente al eje **Y**, y pulse el botón **Add**. [6]
6. Ahora el toroide se ha desplazado hacia arriba según el valor que hemos introducido. [7] Para comprobar que, en efecto, los dos objetos ahora actúan como uno en cuanto al desplazamiento, reproduzca la animación. [8]
7. Desde el editor de atributos puede manipular los mismos parámetros que hemos visto en el cuadro de opciones de la restricción. Con el toroide seleccionado, muestre el **Attribute Editor** y pulse sobre la pestaña **pTorus1_pintConstraint1**.
8. En la sección **Point Constraint Attributes**, asigne el valor **-1** en la segunda celda del campo **Offset** y compruebe el resultado.

IMPORTANTE

A pesar de contar con la restricción aplicada, los dos objetos pueden manipularse por separado en cuanto a sus características físicas, por ejemplo.

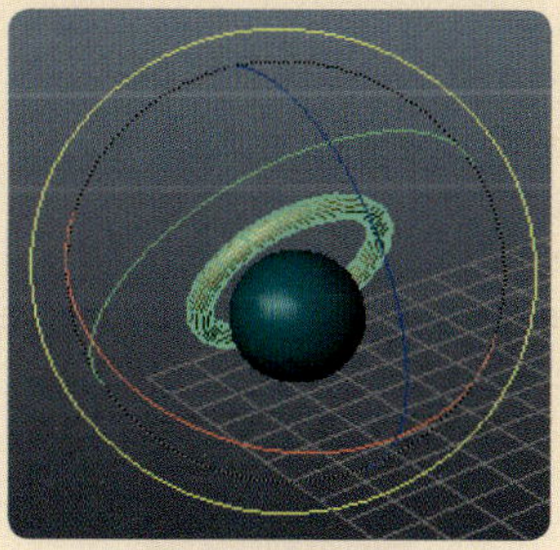

3

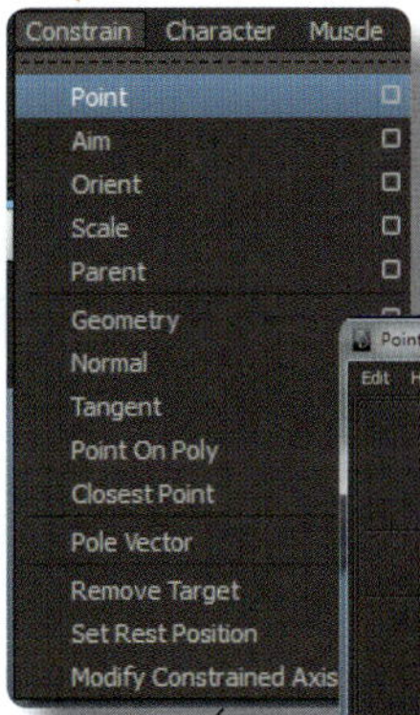

Puede aplicar la restricción directamente sin pasar por el cuadro de opciones del comando.

4

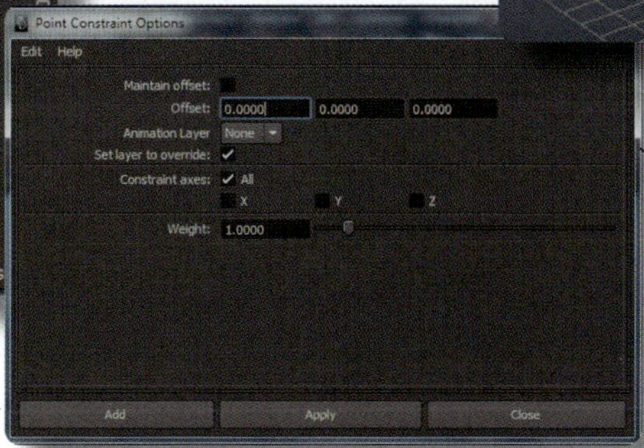

5

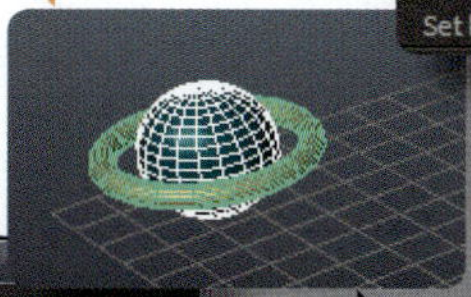

6

7

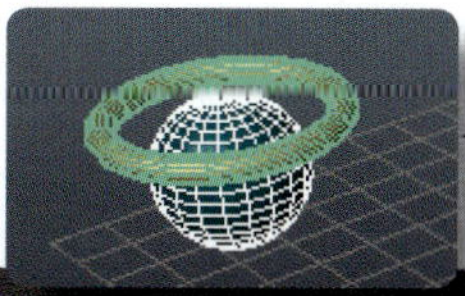

8

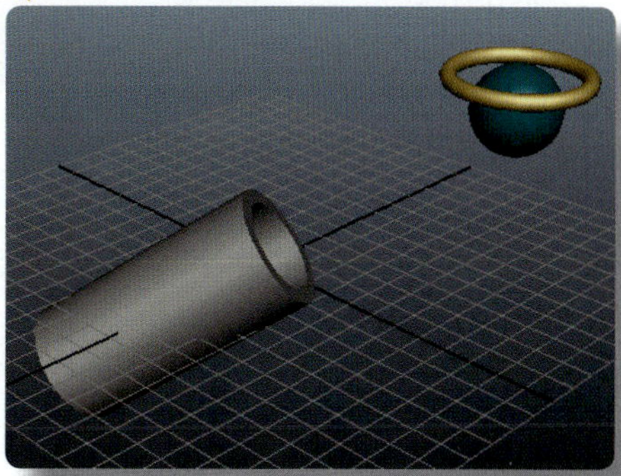

Crear animaciones cíclicas

IMPORTANTE

El tipo de animación cíclica denominada lineal (**Linear**) extrapola el valor del primer fotograma clave utilizando su información tangente, lo que proyecta una curva lineal infinitamente lejos. Por su parte, el tipo de animación cíclica constante (**Constant**) mantiene el valor de los fotogramas clave finales. De hecho, éste es el ajuste predeterminado de las curvas de animación en Maya.

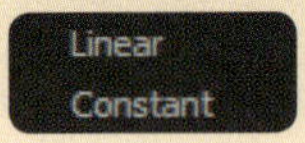

MAYA PERMITE CREAR ANIMACIONES QUE SE REPITEN de diferentes maneras; es lo que se denomina animaciones cíclicas. Como ya hemos visto en varias ocasiones, la línea de tiempo muestra por defecto los primeros 24 fotogramas de una animación total de 48; usted puede indicar desde este elemento que se visualicen todos los fotogramas y configurar la animación para que se reproduzca dos veces en este mismo espacio e, incluso, que se repita en dos direcciones.

1. En este ejercicio conocerá cómo crear distintas animaciones cíclicas. Para ello seguimos trabajando con la misma escena de restricciones que hemos utilizados en las últimas prácticas. Como puede ver en la Línea de tiempo y en la inferior, se visualizan sólo los primeros 24 y la animación se detiene al alcanzar el mencionado fotograma. [1] Compruébelo reproduciendo la animación hasta que se detenga automáticamente.
2. No encontramos ahora en el fotograma 24. [2] Escriba en el campo situado a la derecha de la banda deslizante de fotogramas el valor **48** para ampliar el número de fotogramas que deben visualizarse en la Línea de tiempo. [3]
3. Vuelva a reproducir desde el principio la animación y compruebe como, de nuevo, los objetos de la escena se detienen

1

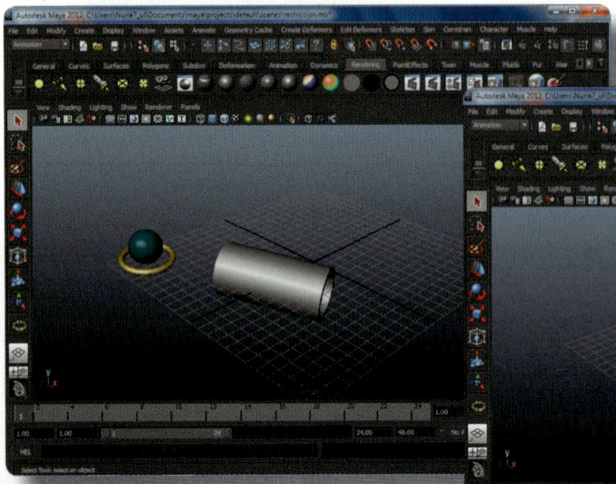

2

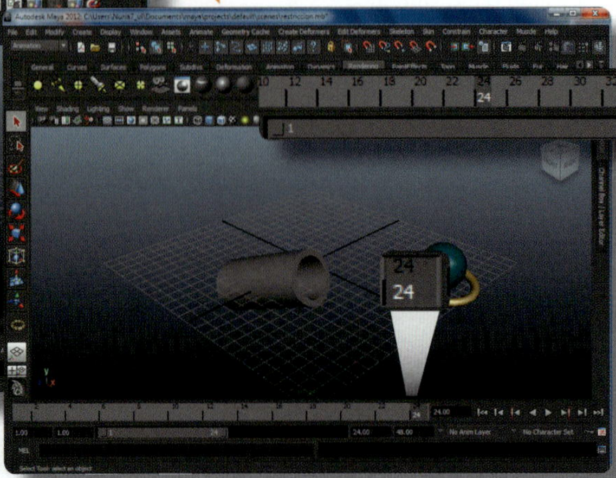

3

Esto también puede llevarlo a cabo arrastrando el margen derecho de la banda deslizante.

044

en el último fotograma clave, aunque la reproducción sigue hasta el último fotograma, el 48. [4]

4. Vamos a tratar de conseguir que el movimiento de nuestros objetos se reproduzca en dos direcciones, de manera que ocupe toda la animación. Para ello, es preciso acceder al Graph Editor, elemento con el que ya trabajamos en una práctica anterior. Tras seleccionar la esfera, despliegue el menú **Window**, haga clic sobre el comando **Animation Editors** y elija de la lista el mencionado editor.
5. Debemos modificar las tres curvas de desplazamiento a la vez, por lo que en el panel **Outliner** del **Graph Editor**, seleccione, con la ayuda de la tecla **Mayúsculas**, los tres elementos **Translate.** [5]
6. A continuación, despliegue el menú **Curves** del **Graph Editor**.
7. Los dos primeros comandos se refieren al inicio del ciclo con respecto al primer fotograma clave; el comando **Pre Infinity** se refiere a los fotogramas situados antes del primer fotograma y el comando **Post Infinity** se refiere a los fotogramas situados después del primero. Las opciones incluidas en ambos comandos son las mismas. En este caso, despliegue el comando **Post infinity**.
8. La opción **Cycle** permite crear una animación cíclica normal, es decir, periódica; al llegar al último fotograma clave designado, la animación se repite hasta el último fotograma. Pulse sobre la opción **Oscillate** y cierre el **Graph Editor**. [6]
9. Reproduzca la animación y compruebe como el movimiento va hacia delante y hacia atrás tres veces.

IMPORTANTE

Con respecto a las animaciones cíclicas, Maya presenta como novedad en esta versión 2012 la opción Isolate Curve. Situada en el menú Curves del Graph Editor, esta opción, una vez activada, permite que sólo las curvas que se encuentran seleccionadas se visualicen en el área gráfica, mientras que el resto se encuentran ocultas.

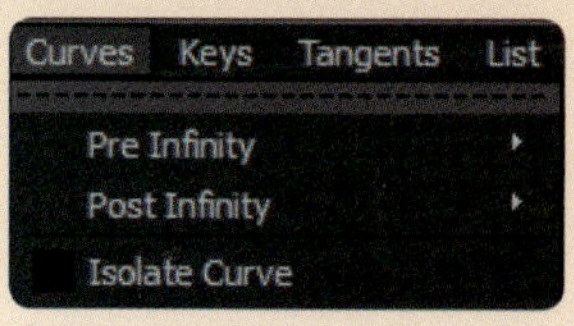

La opción **Cycle with Offset** repite la curva de animación infinitamente, teniendo en cuenta que añade el valor del último fotograma clave del ciclo al valor de la curva original del primer fotograma clave.

4

5

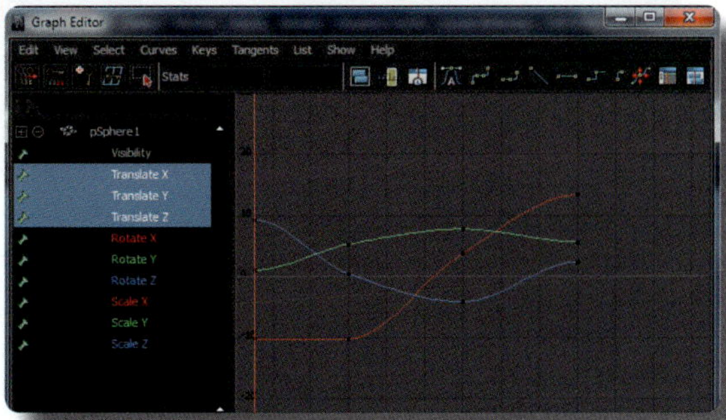

6

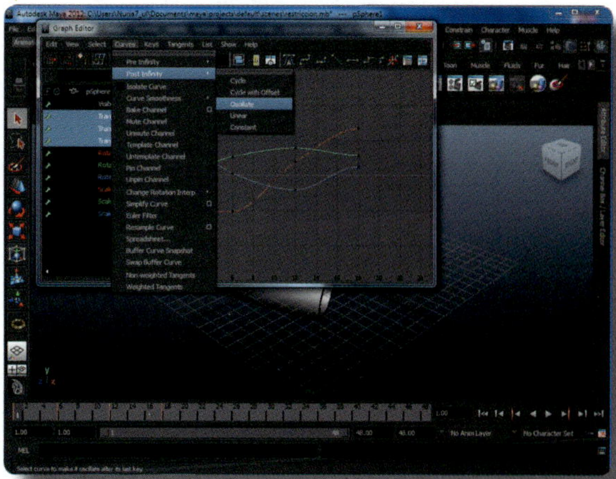

Utilizar fotogramas clave Driven

IMPORTANTE

Es preciso tener en cuenta que cualquier cambio realizado sobre un atributo "conductor" (driver) altera el valor del atributo "dirigido" (driven). Por ejemplo, es posible designar fotogramas driven para animar una puerta que se abre cuando alguien pasa por delante.

MAYA DISPONE DE UN TIPO DE FOTOGRAMA CLAVE especial denominado Driven que permite vincular unos valores de atributos con otros. En los fotogramas clave normales, un atributo tiene los valores vinculados al tiempo en la Línea de tiempo, mientras que los atributos de un fotograma clave Driven se encuentran vinculados a los valores de un atributo de dirección.

1. En este ejercicio le mostraremos cómo funcionan en Maya los fotogramas especiales denominados Driven. Para ello, le instamos a que descargue desde nuestra página web una nueva escena de ejemplo, denominada **045.mb**. Cuando disponga de ella, ábrala en el área de trabajo de Maya.
2. Nuestro objetivo en este caso es conseguir que el movimiento de la palanca superior del objeto provoque la rotación de la caja situada debajo. ¿Cómo lo conseguiremos? Vinculando el atributo de desplazamiento de la palanca a la rotación de la caja. Empecemos. Seleccione la caja de la escena. 1
3. A continuación, despliegue el menú **Animate**, haga clic sobre el comando **Set Driven Key** y elija de la lista la opción **Set**. 2
4. Se abre así el cuadro de diálogo **Set Driven Key**, el cual se encuentra dividido principalmente en dos partes: la superior muestra el atributo conductor o director y en la inferior, el atributo conducido o dirigido. En este caso, como hemos se-

Sobre la caja hemos aplicado a cada cara un material distinto, lo que nos ha permitido asignar también colores diferentes.

1

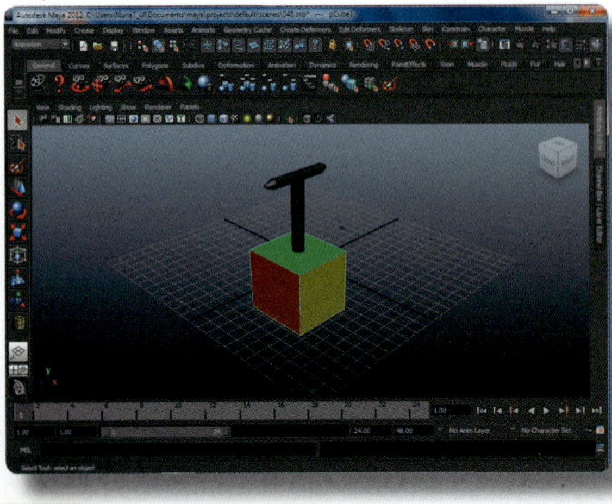

2

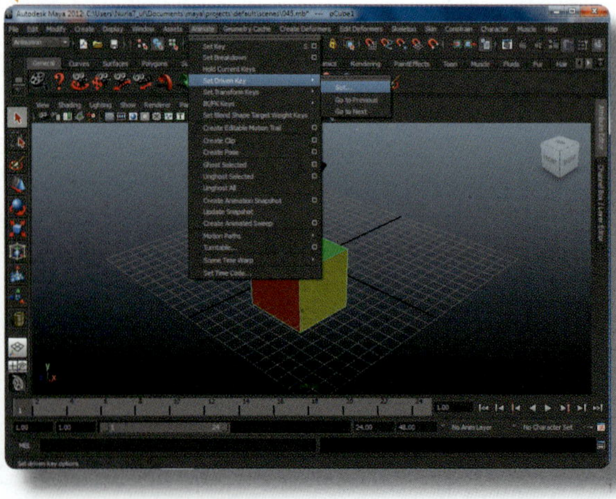

leccionado el cubo, sus características se muestran en la parte inferior del cuadro, en el apartado **Driven**. Lo que debemos hacer ahora es cargar el conductor. Para ello, seleccione en la escena la palanca pulsando sobre el objeto en posición vertical y haga clic en el botón **Load Driver**. [3]

5. El programa carga los atributos de la forma que actuará como conductor. [4] El siguiente paso consiste en seleccionar el atributo dirigido que queremos que sea modificado por el atributo conductor, el cual también debemos seleccionar. Así que haga clic sobre el atributo **Rotate Y** de la sección **Driven** y seleccione del mismo modo el atributo **Translate Y** de la sección **Driver**. [5]
6. Seguidamente, pulse el botón **Key** para designar la relación entre los dos atributos designados.
7. Ya hemos completado el primer paso del proceso. Vamos a por el segundo, en el cual debemos efectuar la transformación sobre la escena de los atributos designados. Para ello, seleccione la palanca con la herramienta **Move** y desplácela hacia abajo, sobre el eje Y. [6]
8. Ahora, seleccione el cubo con la herramienta **Rotate** y gírelo a derecha o izquierda sobre el mismo eje. [7]
9. Pulse de nuevo sobre el botón **Key** en el cuadro **Set Driven Key.**
10. A partir de ahora, cuando mueva la palanca hacia arriba y hacia abajo, el cubo girará. Cierre el cuadro de ajuste, pruébelo y dé así por terminado este ejercicio.

3

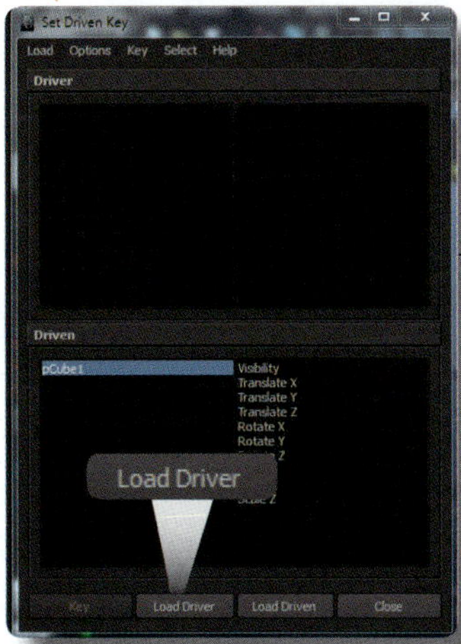

4

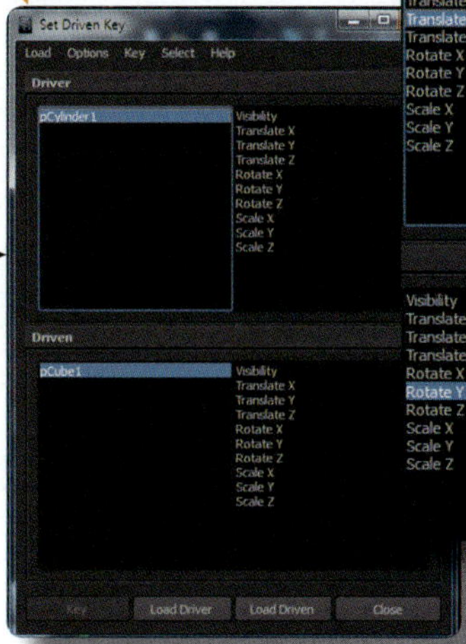

5

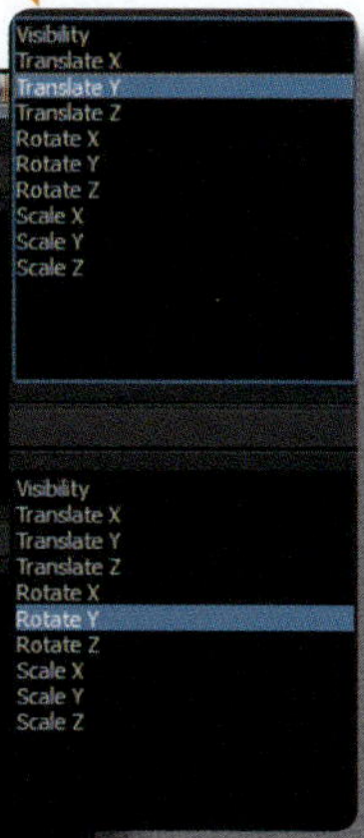

045

IMPORTANTE

Maya permite utilizar dos o más atributos conductores para controlar un único atributo conducido, de la misma forma que es posible dirigir más de un atributo conducido con el mismo atributo conductor.

El objeto que actúa como palanca en la escena está formado por dos cilindros restringidos; el horizontal ha sido restringido sobre el vertical, de manera que movemos este último, el primero lo seguirá.

6

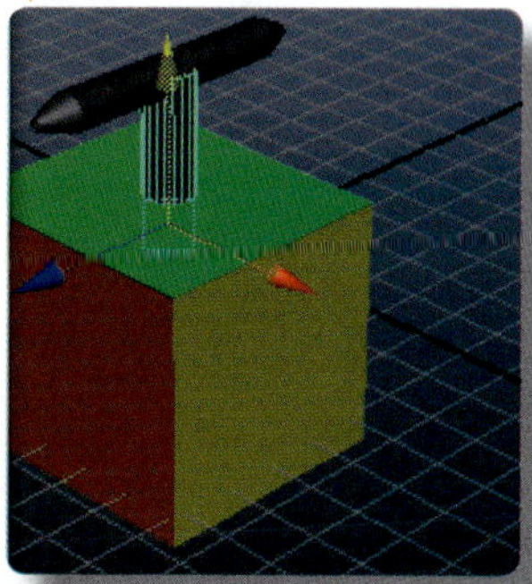

7

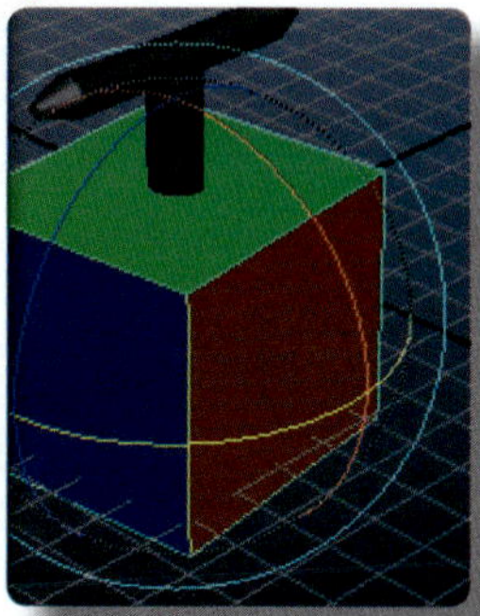

Trabajar con capas de animación

IMPORTANTE

Las curvas de animación que no forman parte de la estructura de capas se encuentran representadas por el elemento **BaseAnimation** en dicho panel.

LAS CAPAS DE ANIMACIÓN PERMITEN CREAR Y MEZCLAR distintos niveles de animación en una escena. Es posible crear capas para organizar una nueva animación por fotogramas, o bien crear una nueva línea de fotogramas por encima de la animación existente sin sobrescribir las curvas originales. Las capas de animación aparecen en la ventana Animation Layers Editor y, según su configuración, se mezclan para crear una animación final.

1. Para trabajar con las capas de animación, recuperaremos la escena **035.mb** en su última versión (por si la necesita, hemos guardado una versión actualizada de la escena con su aspecto actual con el nombre **046.mb**). Empezaremos la práctica enviando cada elemento de la escena a una nueva capa de animación. Para ello, en primer lugar, muestre el panel **Channel Box/Layer Editor** y acceda a la pestaña **Anim.** [1]
2. A continuación, seleccione la cabeza del animal, despliegue el menú Layers del panel de capas y elija el comando **Create Layer from Selected.** [2]
3. Se crea una nueva capa de animación, que el programa denomina por defecto **AnimLayer1**. [3] Haga doble clic sobre esta nueva capa y renómbrela como cabeza. [4]

Al renombrar la capa, compruebe cómo en la línea inferior a la Línea de tiempo se refleja ahora el nombre de la capa seleccionada.

1

2

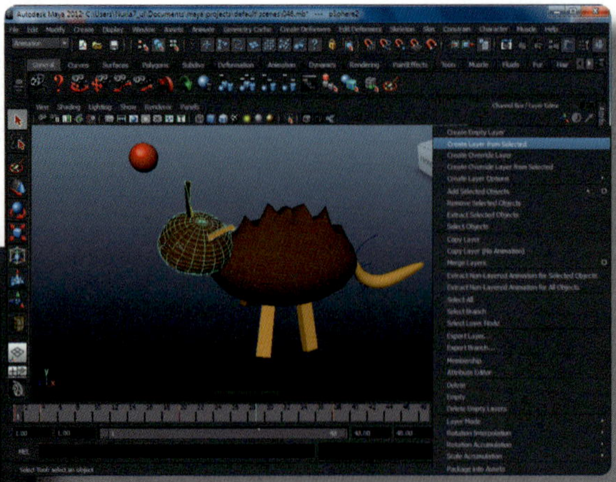

También puede crear la nueva capa basada en la selección mediante el último de los iconos del panel de capas.

3

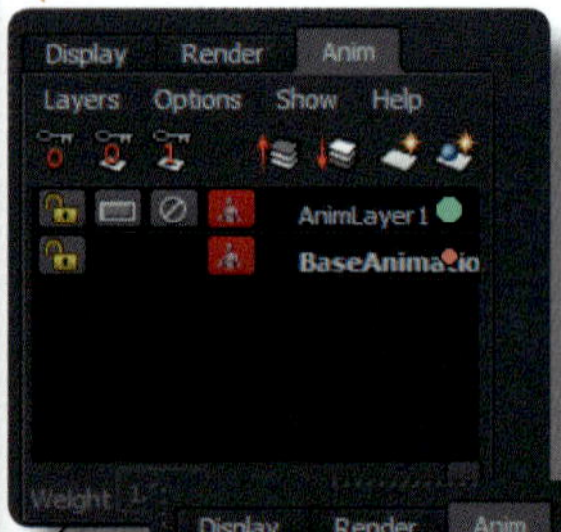

4

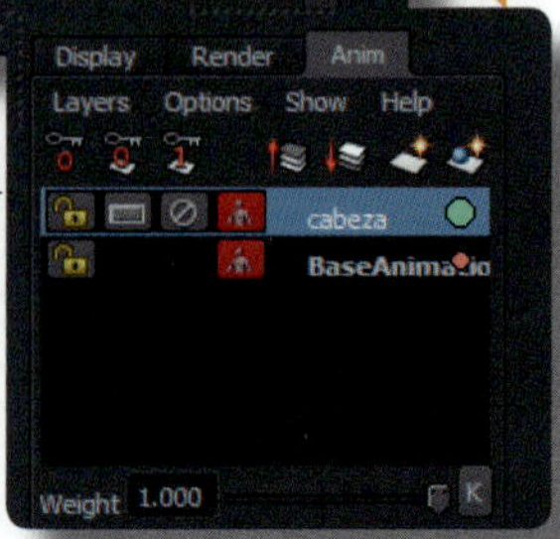

4. Repita este proceso con el cuerpo, la cola y la pelota, renombrando cada capa con el término pertinente. [5]
5. Una vez distribuidos en capas los elementos de la escena, vamos a crear todavía una nueva capa, esta vez vacía, y le añadiremos sólo los atributos de rotación de la cabeza del personaje. Por esta razón, seleccione la cabeza del animal y seleccione también la correspondiente capa en el panel de capas. [6]
6. Cree una nueva capa pulsando sobre el penúltimo icono del panel o bien utilizando el comando **Create Empty Layer** del menú **Layers**, también de este panel; renombre la nueva capa como **rotación_cabeza.** [7]
7. Ahora se trata de seleccionar en la Channel Box los atributos que le interesa colocar en la nueva capa y enviarlas. Para ello, seleccione en este caso los tres atributos de rotación. [8]
8. A continuación, haga clic con el botón derecho del ratón sobre la selección y elija del largo menú contextual el comando **Add To Selected Layers.** [9]
9. Como nuestra escena ya cuenta con una animación, al reproducirla puede verla completa. Sin embargo, de no ser así, podría ir asignando los diferentes fotogramas clave necesarios en las capas adecuadas. Los tres primeros iconos que preceden al nombre de cada capa sirven para bloquearlas (**Lock**), hacerlas transparentes (**Mute**) e individualizar (**Solo**). Termine este ejercicio eliminando cualquier selección activa.

046

IMPORTANTE

Al animar con capas, el programa muestra diferentes estados para cada una de las capas en el panel de capas. Un punto de color verde junto a la capa muestra que la capa está activa, mientras que un punto de color rojo significa que la capa está afectada.

5

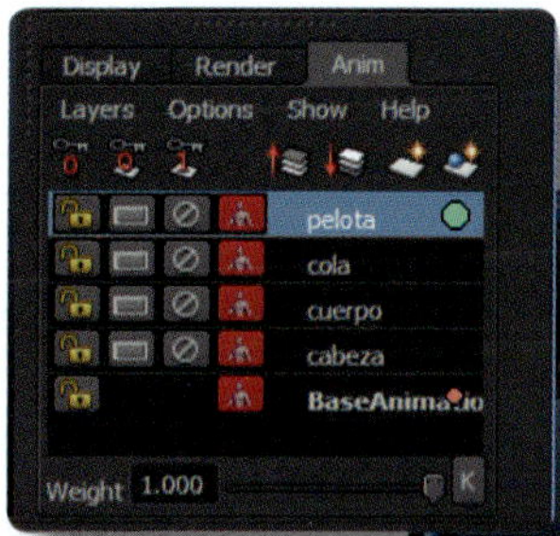

El panel de capas no admite espacios entre palabras, por lo que es importante que utilice otros signos, como el guión bajo.

6

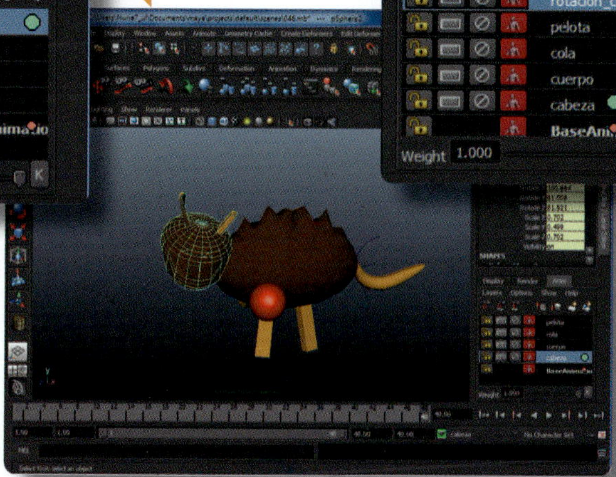

7

8

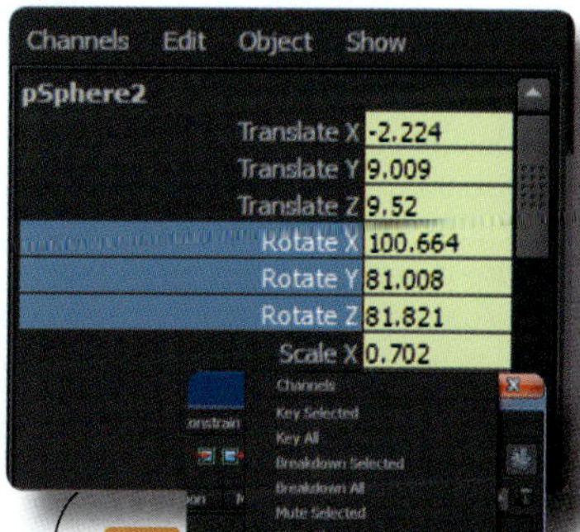

9

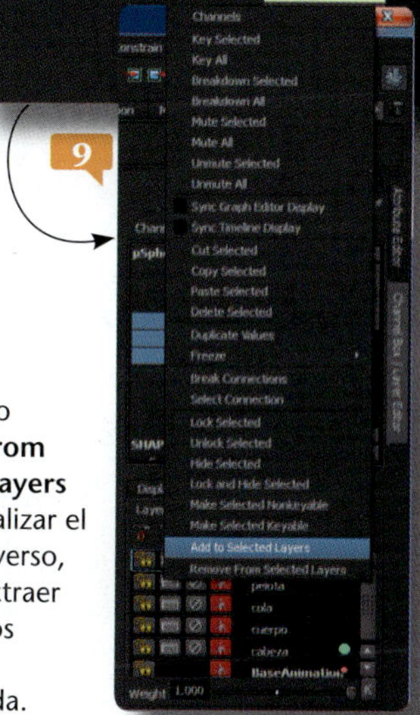

El comando **Remove From Selected Layers** permite realizar el proceso inverso, es decir, extraer los atributos de la capa seleccionada.

Reproducir animaciones con Playblast

IMPORTANTE

La reproducción de una animación en el visor no es una garantía de la correcta ejecución de la misma. La razón de ello es que el ordenador necesita realizar ciertos cálculos para cada uno de los frames o fotogramas de la animación: en unos fotogramas la animación es más rápida, en otros es más lenta... El equipo puede necesitar más tiempo para realizar estos cálculos.

UNA VEZ CREADAS SUS ANIMACIONES EN MAYA, es conveniente que compruebe su correcta ejecución. El uso de los controles de reproducción para visualizar las animaciones en el visor puede producir limitaciones provocadas por el tamaño del archivo, por la complejidad de la escena y, en muchas ocasiones, por la velocidad del equipo y de la tarjeta gráfica. Por estas razones, la reproducción en el visor no es una garantía de la perfección de la misma. Si desea obtener los mejores resultados, es conveniente utilizar la función denominada Playblast.

1. En este ejercicio conocerá en qué consiste la función de reproducción denominada Playblast y cómo podemos aplicarla a nuestras escenas animadas para obtener un resultado de visualización óptimo. Continuamos trabajando con nuestra escena del animal y la pelota. Para empezar, despliegue el menú **Windows** y haga clic sobre el iniciador del cuadro de opciones del comando **Playblast**. 1
2. Se abre el cuadro de opciones de la función Playblast. Lo más interesante de este cuadro de opciones es indicar el formato de salida de la animación y el tamaño de visualización. Para comprobar qué formatos son los disponibles, despliegue el campo **Format**. 2
3. Son tres los formatos de animación disponibles: **avi**, seleccionado por defecto, para Windows; **iff**, propio de Maya para Li-

Puede ejecutar Playblast para previsualizar sus animaciones directamente, sin pasar por el cuadro de opciones; en este caso, la previsualización se llevará a cabo con las últimas opciones configuradas o, en su defecto, con las predeterminadas.

1

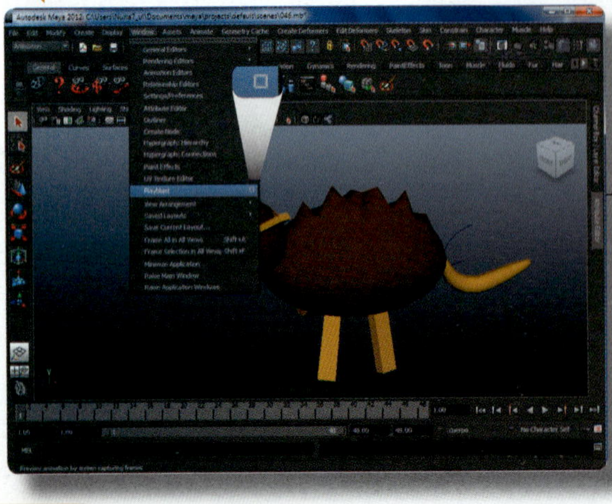

2

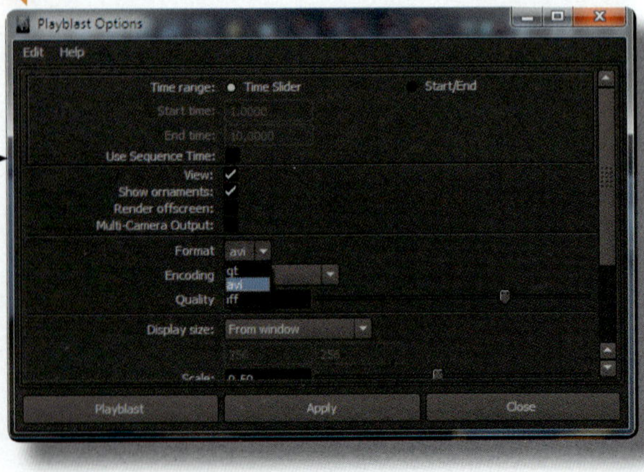

047

nux, y **qt**, para Mac OS X. Mantenga seleccionado el formato de película avi y despliegue ahora el campo **Display size.** [3]

4. Maya dispone de tres opciones para la visualización final de la animación: **From window**, que produce las imágenes Playblast en el mismo tamaño que el visor activo; **From render settings**, que utiliza para las imágenes Playblast el tamaño especificado en la sección **Image Size** del cuadro de preferencias de renderización, y **Custom**, que permite especificar la anchura y la altura de la ventana de visualización. Mantenga también la opción predeterminada y visualice la parte inferior del cuadro de opciones con la ayuda de la barra de desplazamiento.
5. El campo **Frame padding** indica el número de ceros con el cual, para el formato IFF, se etiquetan los nombres de archivo de las imágenes que se previsualizan. Seguidamente, indicaremos que nuestra animación se guarde como película. Para ello, active la opción **Save to file.** [4]
6. Por defecto, el programa almacena las películas con el mismo nombre que la escena, aunque puede renombrarla en el campo **Movie file**, así como indicar una nueva ubicación de destino mediante el botón **Browse**. En este caso, pulse el botón **Playblast** para previsualizar nuestra escena.

De inmediato, la animación se reproduce, primero en la ventana del visor en un tamaño menor al original, [5] tal y como se especifica por defecto en la ventana de opciones, y, una finalizada la reproducción, se abre el reproductor de medios y vuelve a ejecutarla. [6]

IMPORTANTE

Por defecto, Playblast previsualiza la animación utilizando el visor activo y el rango de tiempo actual especificado en la Línea de tiempo para determinar la duración de la animación. La escala predeterminada es de 0.5, lo que produce que la resolución de las imágenes Playblast sean un cuarto del tamaño visor activo.

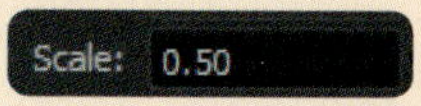

3

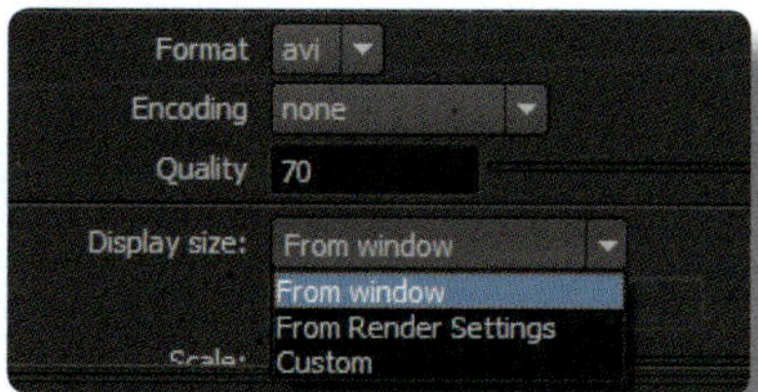

Por defecto, el valor del campo **frame padding** está fijado por defecto en 4, para que pueda soportar fCheck.

4

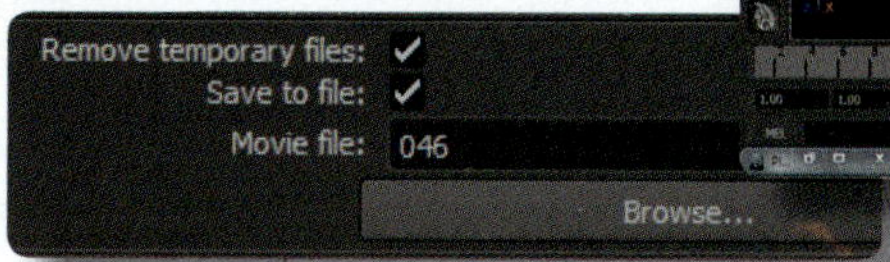

5

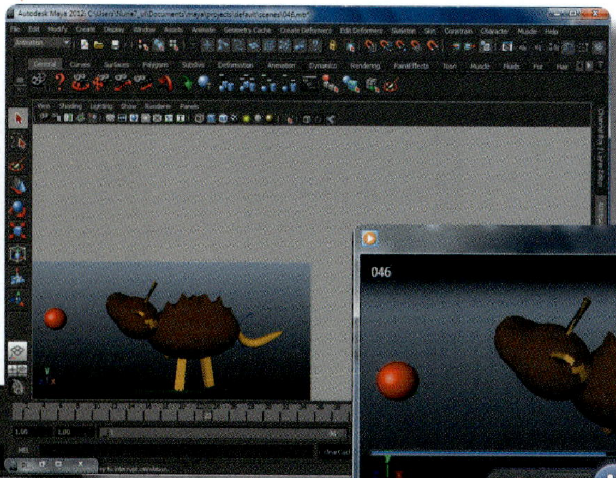

6

Compruebe por su cuenta como el archivo se habrá almacenado como película en la carpeta de proyectos actual, concretamente en un directorio denominado **movies**.

Añadir sonido a una animación

EN MUCHAS OCASIONES, PUEDE RESULTAR NECESARIO incluir sonido en las animaciones creadas con maya. El programa permite importar archivos de sonido .wav a la Línea de tiempo para poder animar escenas con sonido. El proceso es realmente sencillo puesto que únicamente necesita importar el archivo que desee mediante el comando Import del menú File y el programa se encarga de repartirlo proporcionalmente por la línea de tiempo.

1. Para llevar a cabo este ejercicio, le recomendamos que descargue desde nuestra página web el archivo denominado **sonido.wav**; en esta ocasión, guarde este material de ejemplo en la carpeta **sound** del proyecto de Maya en el que esté trabajando. [1] Sin embargo, si lo prefiere, puede utilizar otro archivo con este mismo formato que tenga usted almacenado en su equipo.
2. El proceso empieza con la importación del archivo de sonido en cuestión. Para ello, despliegue el menú **File** y haga clic sobre el comando **Import**. [2]
3. Se abre así el cuadro de diálogo del mismo nombre, mostrando el contenido de la carpeta del proyecto actual. Abra la carpeta **sound**. [3]
4. Aquí debería encontrarse el archivo **sonido.wav**. Selecciónelo y pulse el botón **Import**.

IMPORTANTE

El **Trax Editor** es una herramientas de animación no lineal. Con este editor, es posible manipular y organizar las secuencias de animación a un nivel superior que con el Graph Editor o el Dope Sheet, ambos estudiados en ejercicios anteriores.

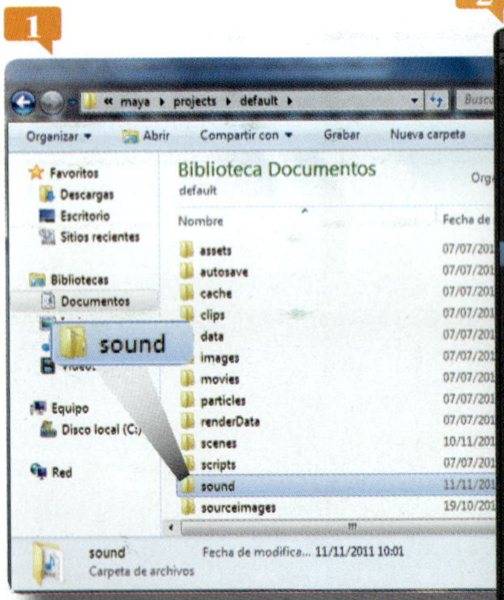

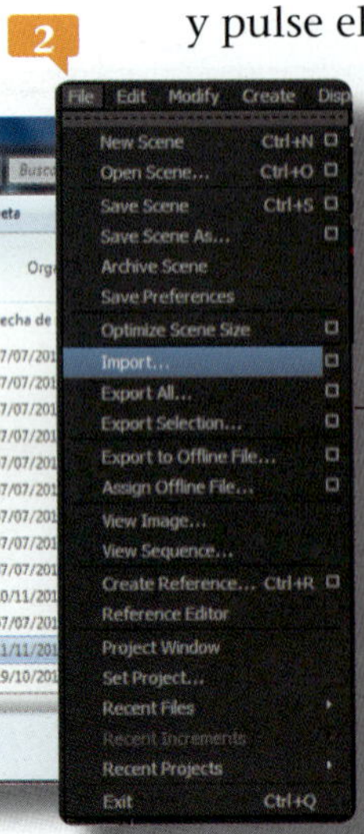

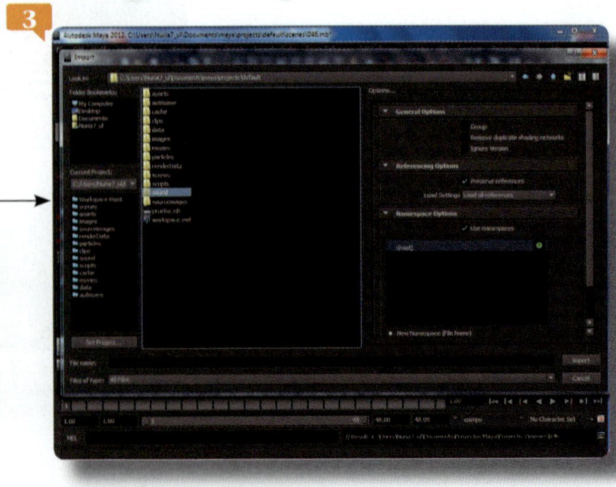

048

5. El sonido se adjunta a la línea de tiempo de nuestra escena, de color verde. Para que dicho sonido se escuche al tiempo que se reproduce la animación, debe asegurarse de que la reproducción se encuentra ajustada en tiempo real. Para ello, pulse sobre el último icono de la banda situada debajo de la línea de tiempo para acceder al cuadro de preferencias de animación. 4
6. El comando que nos interesa se encuentra en la sección **Playback**. Despliegue el campo **Playback speed**, elija de la lista la opción **Real-time (24 fps)** y pulse el botón Save para confirmar el cambio. 5
7. Asegúrese de que los altavoces de su equipo se encuentran conectados y debidamente encendidos y reproduzca la animación.
8. Una vez insertado el sonido en nuestra película, podemos editarlo desde el editor **Trax Editor**. Para acceder a él, despliegue la ventana **Window**, haga clic sobre el comando **Animation Editors** y elija de la lista el mencionado editor. 6
9. En la ventana **Trax Editor**, pulse sobre la punta de flecha del elemento **Soundtrack** 7 y compruebe que aparece nuestro sonido. 8
10. Desde aquí, puede ajustar el sonido, por ejemplo, para que empiece en un fotograma determinado. Termine este ejercicio cerrando el editor de animación y guardando los cambios realizados.

IMPORTANTE

Si desea ajustar el archivo de sonido para que empiece en un fotograma determinado de la animación, puede hacerlo desde el editor de animación **Trax Editor**. Para ello, sencillamente pulse sobre la pista de audio y arrástrela hasta el fotograma que desee.

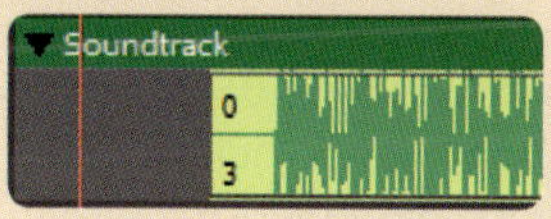

6

7

4

8

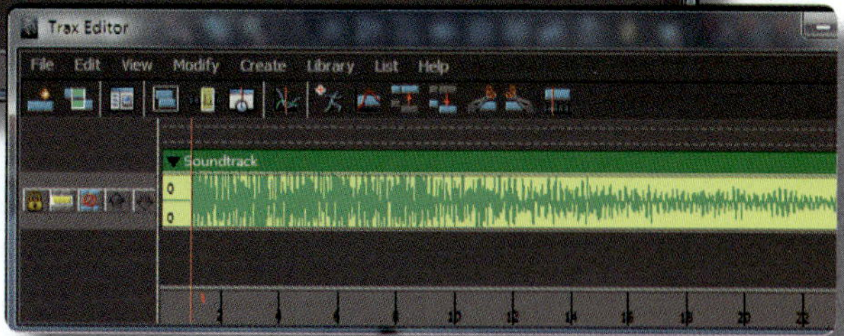

5

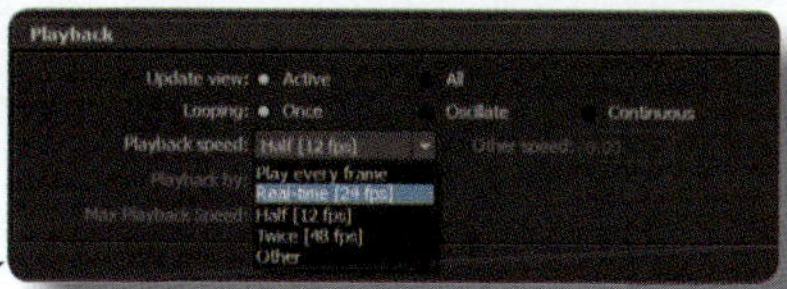

Optimizar animaciones con Geometry Cache

IMPORTANTE

Una vez creado el caché de geometría para optimizar nuestras animaciones, es posible añadir a la escena más deformadores y animación a la geometría en caché e, incluso, alterar la velocidad de reproducción. La geometría en caché es útil cuando se pretende reducir el número de cálculos que realiza Maya al reproducir o renderizar escenas que contienen múltiples objetos deformados.

AL CREAR UN CACHÉ DE GEOMETRÍA PARA OBJETOS animados de una escena, se escriben una serie de archivos en el disco duro de su equipo los cuales almacenan la posición de cada uno de los puntos de la geometría especificada en cada momento. El caché de geometría (Geometry Cache) se utiliza para optimizar el resultado de una animación.

1. En este sencillo ejercicio, aprenderá a optimizar sus animaciones gracias a la creación de un caché de geometría. Para ello, lo primero que debemos hacer es seleccionar todo el contenido de nuestra escena, incluidos los deformadores y cualquier otro elemento que, en estos momentos, se encuentre oculto. Accederemos al panel **Outliner**, por lo que despliegue el menú **Window** y elija de la lista el mencionado panel. 1
2. Con la ayuda de la tecla **Mayúsculas**, seleccione prácticamente todo el contenido, desde el elemento **group1** hasta el denominado **curve1**. 2
3. A continuación, despliegue el menú **Geometry Cache** y pulse sobre el iniciador del cuadro de opciones del comando **Create New Cache**. 3
4. Se abre así el cuadro de diálogo **Create Geometry Cache Options**. El campo **Cache Directory** refleja la ruta en la cual se

1

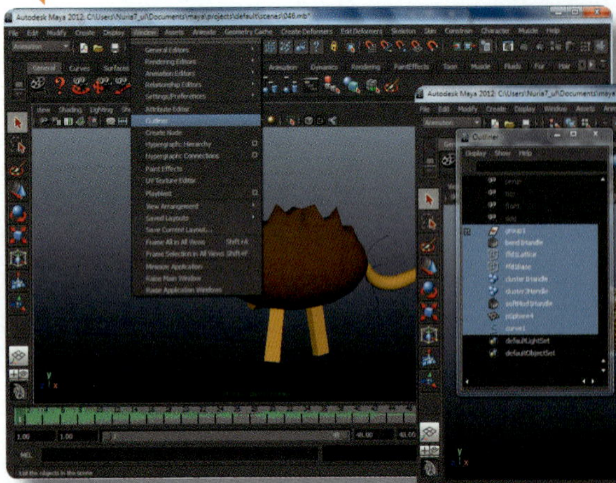

2

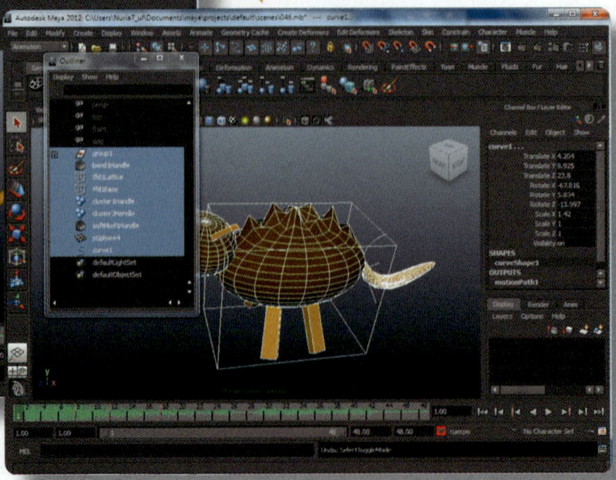

3

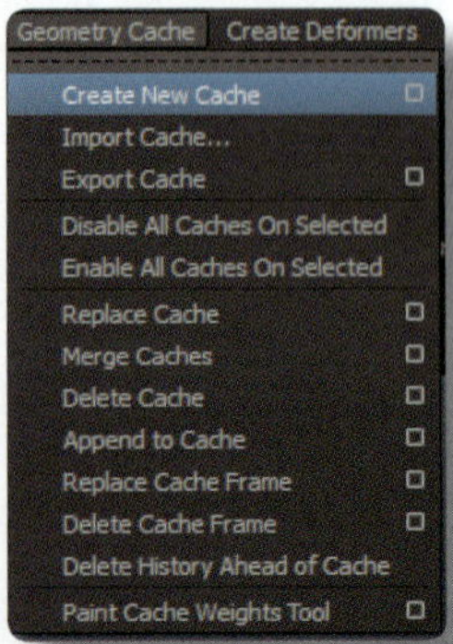

El menú **Geometry Cache** forma parte del grupo de menús **Animation**.

049

almacenará el caché de geometría, directorio que, por defecto, coincide con la carpeta del proyecto actual, en concreto, la carpeta **data**. [4] Si lo necesita, puede modificar esta ubicación pulsando el icono de carpeta situado a la derecha de este campo. En el campo **Cache name**, renombre la escena con el término **animal y pelota**. [5]

5. A continuación debemos indicar cómo queremos que se distribuyan los archivos generados con el caché de geometría; la opción predeterminada es **One file per frame**, opción que modificaremos a continuación. En este caso, marque la opción **One file** en el campo **File distribution**. [6]
6. Las opciones del campo **Store points as** determinan el tipo de serie en que la información de puntos del caché de geometría debe almacenarse. La opción **Double** es más precisa que la opción **Float** pero tiene el doble de tamaño; por su parte, la opción **Float**, activa por defecto, es menos precisa que la opción **Double** pero tiene la mitad de tamaño. Seguidamente, asegúrese de que se encuentra activa la opción **Time Slider** en el campo **Cache time range**; de esta forma nos aseguramos de que la animación se reproduzca con la misma duración de la línea de tiempo original. [7]
7. Una vez configurados los ajustes para la creación del caché de geometría, pulse el botón **Create**.
8. Puede ver en la parte inferior derecha del área de trabajo de Maya la ruta y el nombre del archivo generado. [8] Termine este ejercicio cerrando el panel **Outliner**.

4

Si la escena debe ser renderizada en una red de ordenadores, asegúrese de que la carpeta en la que crea el caché de geometría sea accesible por todos los equipos de dicha red.

6

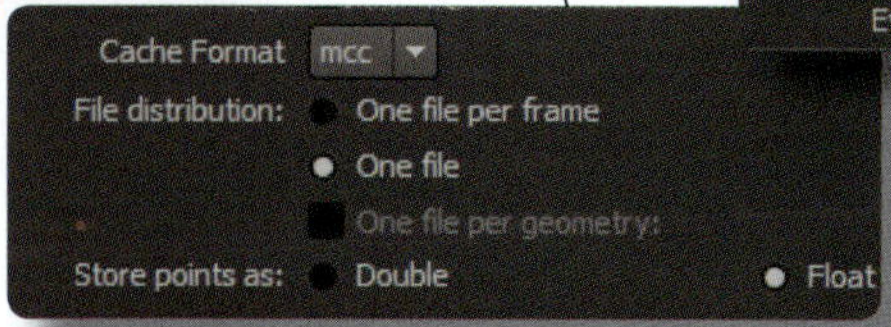

7

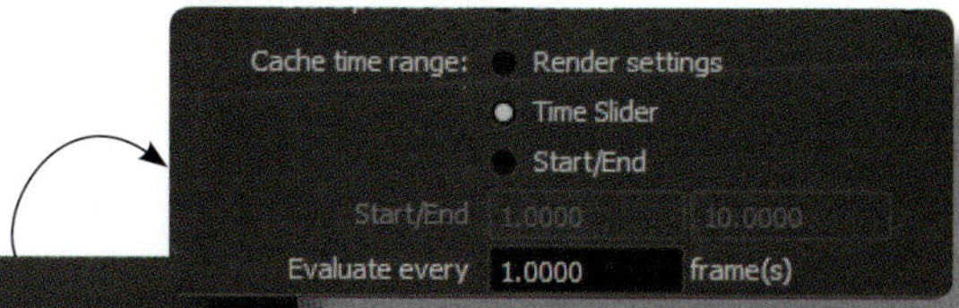

El campo **Evaluating every frame(s)** especifica con cuánta frecuencia se toman muestras durante la creación del caché de geometría.

5

Por defecto, el programa utilizará el mismo nombre que el de la escena actual.

8

Añadir pelo a personajes

IMPORTANTE

El campo **Place hairs into** permite elegir entre crear el cabello en el sistema de pelo actual o en uno nuevo.

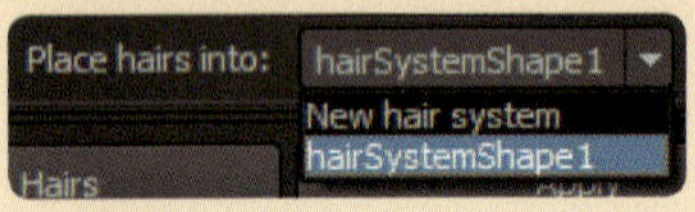

MAYA HAIR PERMITE CREAR UN SISTEMA DE PELO dinámico, generando estilos y movimientos de pelo extremadamente realistas. Con la función Hair, es posible simular movimiento natural de cabello largo, pelo movido con el viento o debajo del agua, distintos estilos de pelo, como colas de caballo o trenzas, entre otros efectos de curvas dinámicas como cuerdas, cadenas, cables, alambres, un puente colgado o criaturas marítimas.

1. En este primer ejercicio dedicado a la aplicación de efectos de pelo y ropa sobre una escena, aprenderá a añadir pelo a un personaje. Para ello, vamos a trabajar cobre una nueva escena de ejemplo, que puede descargar desde nuestra página web con el nombre **050.mb**. Cuando disponga de ella, ábrala en el área de trabajo de Maya.
2. Como puede comprobar, existen dos zonas diferenciadas en la cabeza; la parte superior representa el cuero cabelludo, que será sobre la cual trabajaremos en este ejercicio. Empiece seleccionando la parte superior de la cabeza. 1
3. El menú Hair forma parte del grupo de menús **Dynamics**, por lo que despliegue el campo que contiene los grupos de menús y seleccione el mencionado. 2
4. En la parte derecha de la Barra de menús puede ver el menú que nos interesa. Despliegue el menú **Hair** y haga clic sobre el iniciador del cuadro de opciones del comando **Create Hair**. 3

1

El pelo puede adherirse sobre una superficie poligonal o NURBS.

2

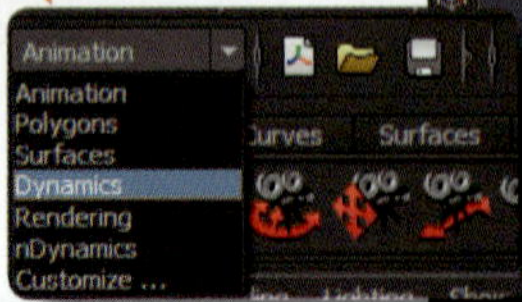

3

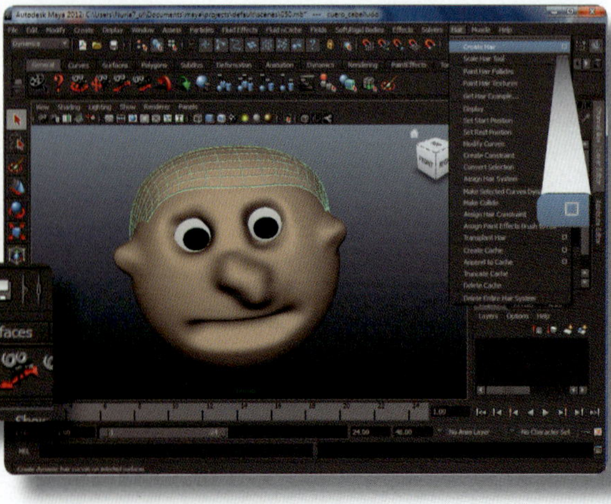

5. Se abre así el cuadro de diálogo **Create Hair Options**, en el cual debemos configurar algunas de las opciones para conseguir el tipo de pelo que andamos buscando. El campo **Output** permite indicar el tipo de elemento que se creará con el pelo, pudiendo elegir entre trazos PaintEffects, curvas NURBS o ambos. En este caso, mantendremos la opción predeterminada **PaintEffects** y nos aseguraremos de la opción **Create rest curves** se encuentran desactivada. Inserte en el campo **U count** el valor **40** y en el campo **V Count**, el valor **38.** 4
6. Estos valores indican el número de mechones que se insertarán en cada una de las direcciones indicadas. Debe tener en cuenta que si inserta un número muy elevado en estos campos el proceso de creación del pelo puede ser bastante largo. En el campo **Randomization**, aumente el valor predeterminado a 0,5.
7. El campo **Randomization** establece el grado de aleatoriedad en la colocación de los mechones a lo largo de ambas direcciones, U y V. A continuación, mantenga la opción **Edge Bounded** desactivada y active la siguiente, **Equalize**; esta opción garantiza que las curvas del pelo se distribuyan equitativamente por toda la superficie. 5
8. Seguidamente, mantenga el valor predeterminado para el campo **Point per hair**, **10**, e inserte el mismo valor en el siguiente campo, **Length**, para fijar así la longitud del pelo. 6
9. Ya podemos crear el pelo para nuestro personaje; para ello, pulse el botón **Create Hairs** y observe el resultado en la escena. 7

050

IMPORTANTE

Al crear pelo sobre una superficie, ésta se pega al cuero cabelludo perpendicular a dicha superficie. El pelo se crea en la posición denominada **Current** (actual), también conocida como "dinámica"; debe saber que cualquier cambio que realice debe llevarse a cabo en las posiciones **Start** o **Rest**, nunca en la posición **Current**.

Si activa la opción **Create Rest curves**, se creará un conjunto de cabellos en posición **Rest**, es decir, sin ninguna fuerza actuando sobre ellos.

4

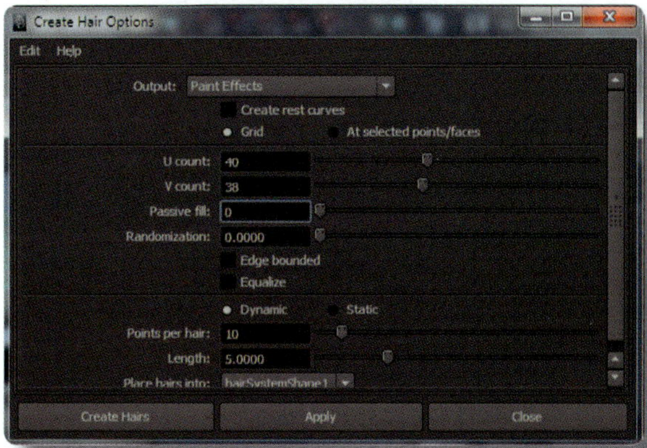

5

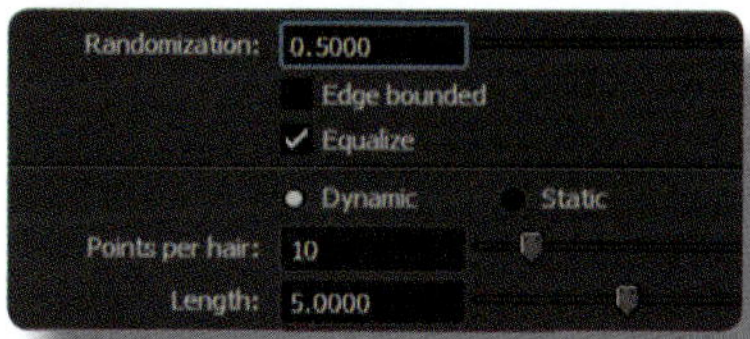

6

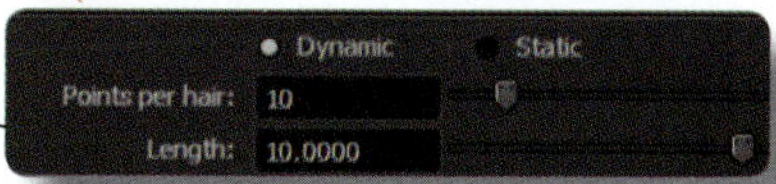

El campo **Point per hair** indica el número de segmentos en que se divide cada pelo.

7

Añadir realismo al pelo con movimiento

IMPORTANTE

Otro parámetro que puede ajustar si la simulación se visualiza demasiado lenta es el campo **Playback Speed**, el cual debe estar configurado en **Play every frame**. Esto debe hacerlo en el cuadro de preferencias de la línea de tiempo.

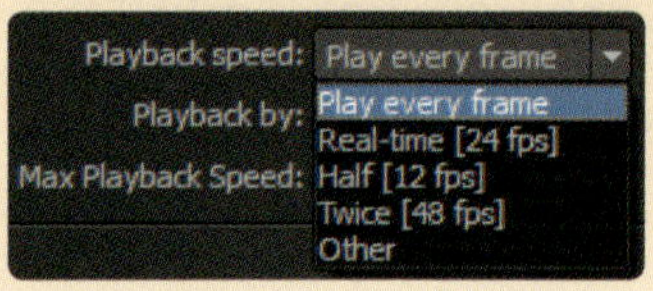

AL AÑADIR PELO SOBRE CUALQUIER SUPERFICIE, éste aparece de punta, perpendicular a la superficie. Si lleva a cabo una reproducción de la escena, podrá comprobar cómo el pelo cae debido a la gravedad. La posición final del pelo puede modificarse, así como el modo en que efectúa la caída o el movimiento.

1. En este ejercicio le mostraremos cómo se puede aportar mayor realismo al pelo de un personaje asignándole movimiento. Sin embargo, previamente al trabajo con esta simulación, aprenderá a configurar el programa para que dicha simulación sea un éxito. Empezaremos ampliando bastante el número de fotogramas en la línea de tiempo. Inserte el valor **500** en el campo que indica el número del último fotograma. [1]
2. Así nos aseguramos de que disponemos de mucho tiempo para interactuar con la simulación. A continuación, seleccione el pelo de nuestro personaje, muestre el Editor de atributos y sitúese en la pestaña **hairSystemShape1**. [2]
3. Aquí reduciremos la calidad de la visualización; gracias a esta disminución haremos que se muestren en pantalla menos pelo, sin que ello afecte a la escena una vez renderizada. Con esta disminución ganaremos velocidad en el momento de la simulación. Inserte en el campo **Display Quality** el valor **2**. [3]

1 Inserte el mismo valor en el campo que indica el número de fotogramas que se deben visualizar en la línea de tiempo.

051

4. Ya puede reproducir la animación para comprobar el movimiento que se produce sobre el pelo.
5. Efectivamente, el pelo cae debido a las fuerzas dinámicas predeterminadas, que se encuentran en los atributos del sistema del pelo. Sin embargo, puede comprobar que dicha caída se produce separada del cuero cabelludo, lo que impide un movimiento más natural. Veamos cómo podemos solucionar este aspecto. Detenga la simulación aproximadamente en el fotograma 320, cuando la caída se encuentra más o menos a la mitad. 4
6. Vuelva a seleccionar el pelo del personaje y muestre el Editor de atributos en la pestaña **hairSystemShape1**.
7. Seguidamente, muestre la sección **Dynamics** y, en el subapartado **Solve**, inserte el valor **0.07** en el campo **Stiffness**. 5
8. Este campo nos permite reducir el grado de dureza del pelo. A continuación, despliegue el menú **Solvers** de la **Barra de menús** y haga clic sobre el comando **Interactive Playback**. 6
9. Compruebe ahora que el pelo empieza a relajarse más. Con la reproducción todavía en curso, visualice la sección **Forces** en el Editor de atributos y asigne el valor **2.5** en el campo **Gravity**. 7
10. Ahora el aspecto del pelo es mucho más realista. Detenga la reproducción cuando crea conveniente 8 y guarde los cambios realizados hasta el momento.

IMPORTANTE

Como la gravedad es constante, aumentar la longitud del pelo en una escena de gran tamaño producirá la sensación de que el pelo cae más despacio. Actualmente, el campo **Gravity** para simulaciones de partículas y cuerpos rígidos para estar calculado de manera que un centímetro sea aproximadamente un metro.

6
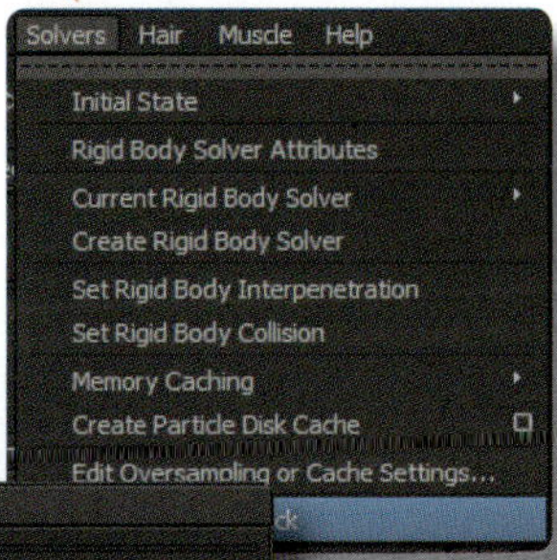

7
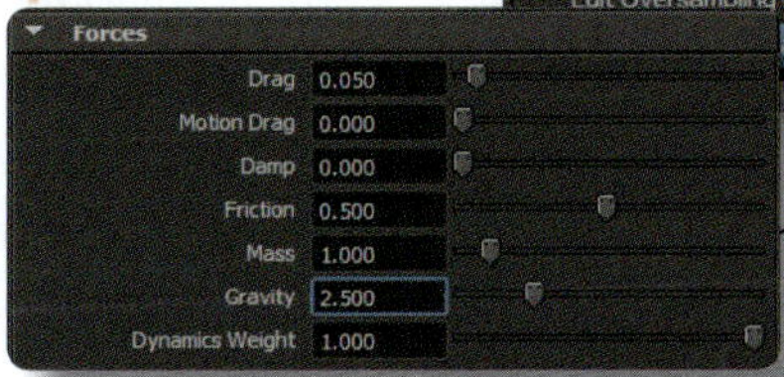

4

El valor predeterminado del campo **Stiffness** es 1.0.

5
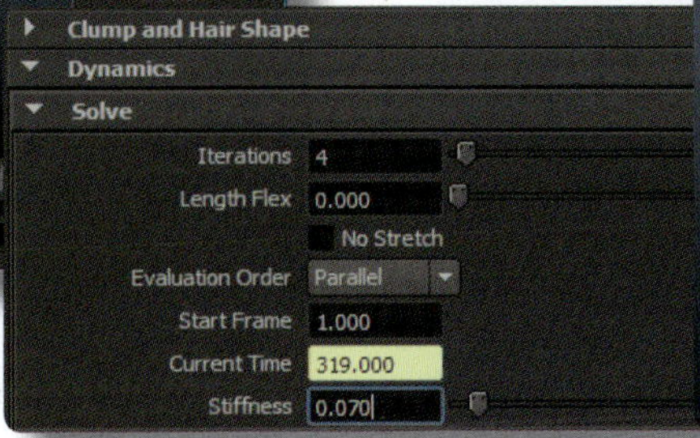

8

Trasplantar pelo

IMPORTANTE

En el cuadro de opciones **Transplanting Hair Options**, puede elegir si el pelo acoplado a la superficie se creará en el mismo sistema de pelo existente o en uno nuevo. Si mantiene la opción **Same Hair System** activada y, además, activa la opción **Copy follicles**, el sistema de pelo seleccionado se duplicará.

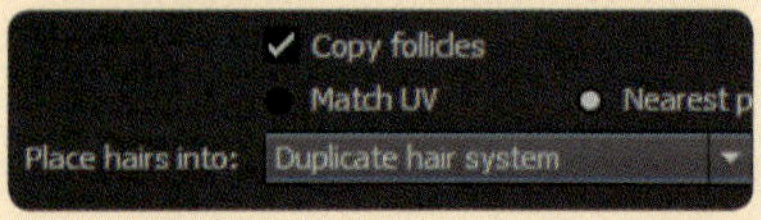

UNA EXCELENTE FORMA DE EMPEZAR A TRABAJAR con pelo en Maya es importando una de las pelucas de ejemplo que el programa pone a disposición del usuario. Estas pelucas, de lo más variadas, forman parte de la ventana Visor, con la que ya hemos trabajado a lo largo de los ejercicios anteriores, y pueden importarse normalmente a una escena existente y manipularse para que encajen con la superficie deseada. A este proceso lo denominamos trasplantar

1. En este ejercicio aprenderá a importar a una escena existente una peluca de ejemplo predeterminada y a manipularla para que encaje sobre una cabeza. Para ello, le instamos a que descargue desde nuestra página web el archivo **052.mb**, que muestra una cabeza muy parecida a la que hemos aplicado pelo en los dos ejercicios anteriores; la diferencia reside en que ésta no dispone de una forma que actúa como cuero cabelludo, puesto que no la necesitaremos en este proceso del trasplante. Cuando disponga de la mencionada escena en pantalla, despliegue el menú **Hair** y haga clic sobre el comando **Get Hair Example.** [1]
2. Se abre la ya conocida ventana Visor mostrando el contenido de la pestaña **Hair Examples**. En este ejemplo, haga clic con el botón derecho del ratón sobre el estilo **CurlyShort.ma** y pulse sobre la única opción que aparece, **Import Maya File CurlyShort.ma.** [2]

Recuerde que el menú **Hair** forma parte del grupo de menús **Dynamics**.

1

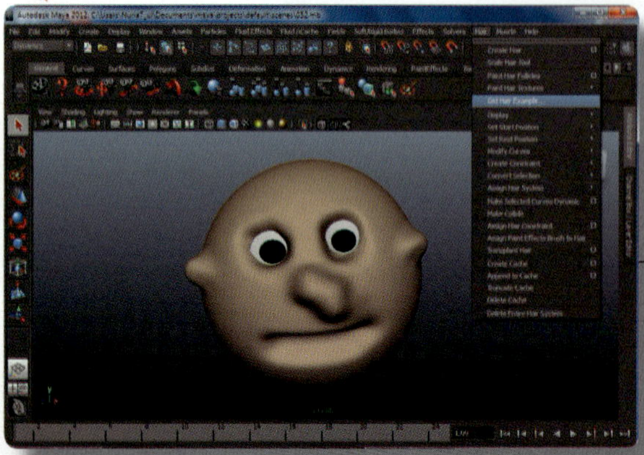

2

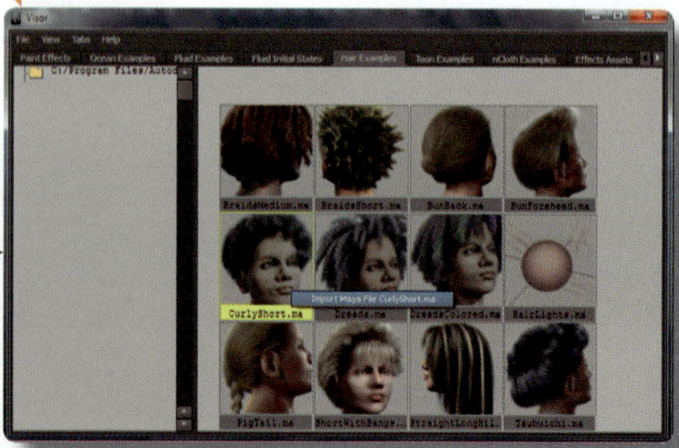

052

3. Cierre la ventana **Visor** y muestre los cuatro visores de Maya para poder visualizar el elemento importado.
4. Seleccione con la herramienta **Move** la peluca, por ejemplo, en el visor **side**, [3] vuelva al visor predeterminado y desplace dicho elemento hasta algún punto en que pueda verlo.
5. Llegados a este punto, se trata de ir escalando la peluca hasta que adquiera la forma de la cabeza. Para ello, combine las tres herramientas de transformación, **Move**, **Rotate** y **Scale**, y actúe por su cuenta hasta conseguir que la peluca se acople más o menos sobre la cabeza. [4] Le advertimos que necesitará muchos intentos y bastante paciencia hasta conseguir un acoplamiento más o menos correcto.
6. Una vez haya realizado la tarea más laboriosa del proceso, seleccione con la herramienta **Select** alguna parte de la peluca, ya sea la base o algún mechón.
7. Pulse la tecla **Mayúsculas** y ahora haga clic sobre la superficie de destino del trasplante, la cabeza.
8. A continuación, despliegue el menú **Hair** y haga clic sobre el iniciador del cuadro de opciones del comando **Transplant Hair**. [5]
9. Se abre así el cuadro de opciones **Transplanting Hair Options**. Si mantiene desactivada la opción **Copy follicles** se colocarán simplemente los mechones de pelo sobre la superficie de destino; si desea crear usted mismo nuevos mechones, active dicha opción. La opción **Match UV** permite situar el pelo en la misma posición UV que el objeto de destino; la opción **Nearest point**, seleccionada por defecto, sitúa cada mechón en el punto más cercano de la superficie de destino. Mantenga las opciones predeterminadas y pulse el botón **Transplant Hair**. [6]

IMPORTANTE

Si cree que el proceso de acoplamiento entre la peluca y la cabeza es muy costoso, siempre puede tratar de disminuir el tamaño de la cabeza; para ello, en este caso, será preciso que se dirija a la ventana **Outliner** desde el menú Windows y pulsar sobre el elemento **group2**. De esta manera conseguirá seleccionar todas las partes de la cabeza y manipularla como un todo.

6

Una vez trasplantado el pelo sobre el personaje, seleccione la base, el cuero cabelludo de la peluca, y elimínelo.

3

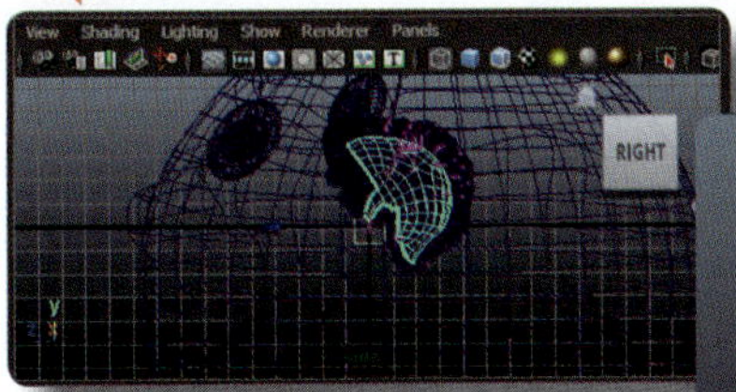

Tenga en cuenta que el sistema de pelo de Maya sólo puede ser trasplantado sobre superficies poligonales y NURBS.

4

5

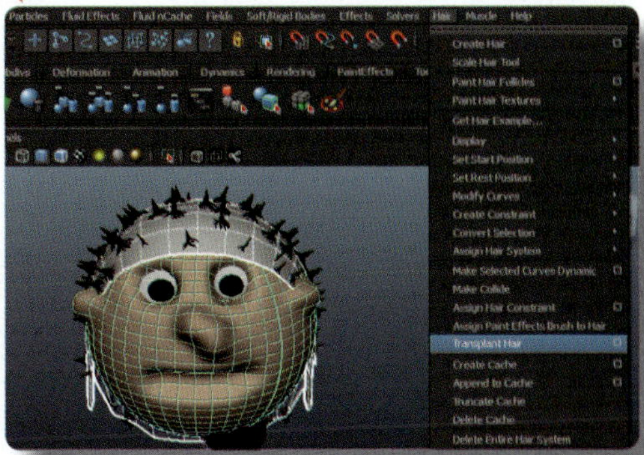

Dar forma al pelo

IMPORTANTE

El campo **Baldness Map** permite reducir la densidad del pelo utilizando un archivo de textura 2D. Al aplicar esta textura sobre el pelo, parecerá que el personaje sea calvo en la parte superior de la cabeza, mientras que en los laterales seguirá manteniendo su cabello.

UNA VEZ AÑADIDO EL PELO SOBRE UNA SUPERFICIE, usted puede modificarlo y personalizarlo hasta conseguir el aspecto deseado. Para dar forma al pelo, lo mejor es dirigirse al editor de atributos, en el cual los parámetros pertinentes se encuentran organizados según la característica que se desea manipular. Así, puede cambiar desde el aspecto (rizado o liso) hasta el color, pasando por la densidad y la variación de color.

1. Para llevar a cabo este ejercicio, vamos a recuperar la escena **050.mb**, a la que añadimos pelo en ejercicios anteriores. (Sepa que si no dispone de esta versión actualizada del archivo, puede encontrarla en nuestra página web, en este caso denominada **053.mb**.) Cuando disponga de ella, empiece seleccionando el pelo pulsando sobre cualquier mechón. 1
2. A continuación, muestre el editor de atributos y sitúese en la pestaña **hairSystemShape1**. 2
3. Como puede comprobar, son muchos los atributos que puede modificar para el pelo existente. Despliegue la sección **Clump and hair Shape**.
4. Estos atributos permiten modificar la forma tanto de cada pelo como de grupos de pelos. Aumente a **200** el valor del campo **Hairs per Clump** para fijar en esta cifra el número de cabellos que se renderizan por cada curva de pelo en la posición actual. 3

1

2

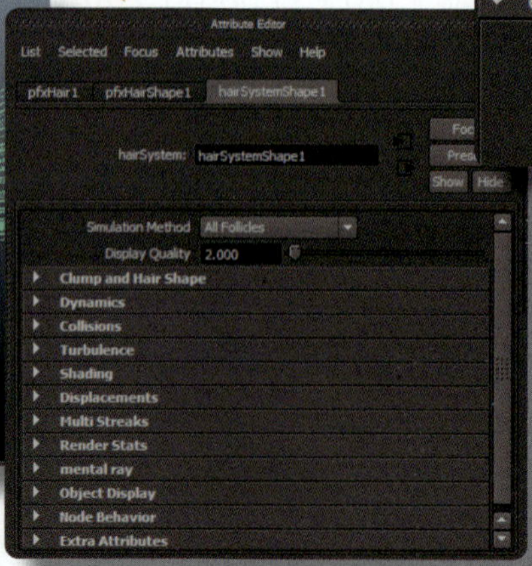

3

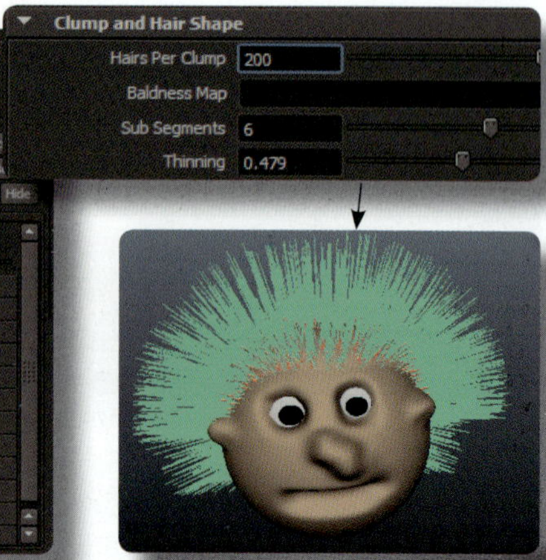

053

5. Compruebe el cambio sobre el pelo seleccionado. Aumentaremos también la anchura de cada grupo de cabellos, no sin antes comentar que la opción **Thinning** controla la proporción de la longitud de los cabellos más cortos. Inserte el valor **1**, el valor máximo, en los campos **Clump Width y Hair Width** o arrastre completamente hacia la derecha el correspondiente control deslizante.
6. A continuación, aplicaremos un nuevo color al pelo. Para ello, muestre el contenido de la sección **Shading**.
7. Desde el campo **Hair Color** de la sección principal podemos limitarnos a asignar un nuevo color homogéneo al pelo. Sin embargo, en esta ocasión iremos un poco más lejos y trataremos de aplicar dos colores de forma aleatoria. Vamos allá. Pulse sobre el icono situado a la derecha del campo **Hair Color** para acceder al panel de texturas. [4]
8. En la ventana que se abre, pulse sobre la textura denominada **Checker**. [5]
9. Esta textura nos permite elegir dos colores distintos para el pelo; de hecho, el programa asigna el blanco y el negro como colores predeterminados. [6] En este caso, dejamos a su elección la selección de dichos colores. Para ello, pulse sobre los campos **Color 1** y **Color 2** para designar dichos tonos. [7]
10. Si es necesario, disminuya el contraste entre los dos colores para conseguir el tono deseado.
11. Terminaremos esta personalización rizando el cabello. Muestre el contenido de la sección **Displacements** y desplace a la derecha el control deslizante del campo **Curl**. [8]

IMPORTANTE

Al definir el grado de rizo para el pelo en la sección **Displacements**, puede especificar el método de ruido que debe aplicarse al sistema de rizado. La opción **Random**, seleccionada por defecto, es adecuada para conseguir el aspecto de un pelo enfurruñado y muy rizado.

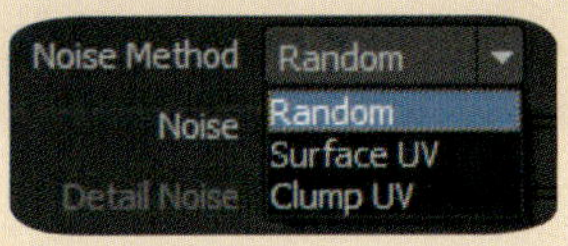

4

5

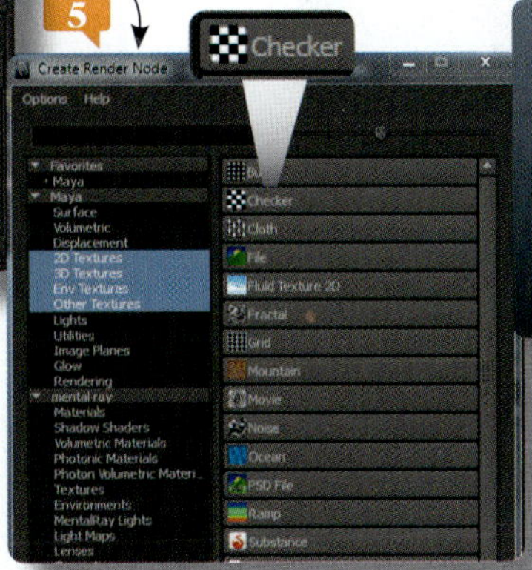

7

8

El valor del campo **Curl** está directamente relacionado con la anchura del pelo; si dicha anchura no es suficiente (valor alto), el rizado no podrá aplicarse.

6

Para volver a los atributos generales del sistema de pelo, pulse sobre el icono situado a la derecha del campo **checker**, que muestra un cuadrado abierto y una flecha que señala hacia la derecha.

Crear pelo manualmente

IMPORTANTE

Al crear nuevos mechones de pelo sobre una superficie con el comando **Paint Hair Follicles**, puede elegir tres modos de salida: **PaintEffects** (opción seleccionada por defecto), **NURBS curves** o una combinación de ambos modos.

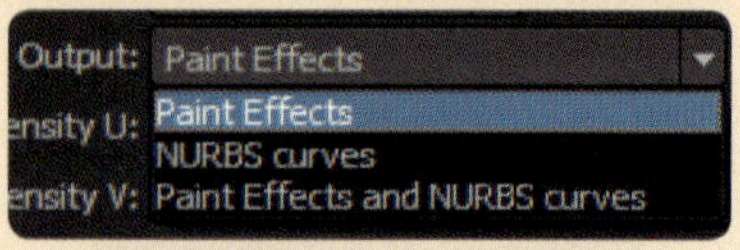

SI HASTA EL MOMENTO HEMOS APRENDIDO A AÑADIR pelo mediante el comando Create Hair y desde una de las pelucas de ejemplo que proporciona Maya, en este ejercicio veremos cómo crear pelo de forma manual. El proceso que debe seguirse es el mismo que se utilizaría para pintar con cualquier pincel algún atributo de color o textura, utilizando en este caso el comando oportuno.

1. Vamos a recuperar para esta práctica otra de las escenas que hemos ido configurando a lo largo de múltiples ejercicios de este libro. Se trata del archivo **035.mb**, el cual hemos actualizado, por si no dispone de él, con el nombre **054.mb** y guardado en nuestra página web. Si lo desea, puede descargarlo y utilizarlo. Para empezar, seleccione la cola del animal.
2. A continuación, despliegue el menú **Hair** y haga clic sobre el iniciador de cuadro de opciones del comando **Paint Hair Follicles**. 1
3. Se abre, por lado, el panel **Paint Scripts Tool**, con todos los atributos relacionados con la herramienta de pintura, y por otro, el cuadro **Paint Hair Follicles Settings**, desde el cual podemos indicar el tipo de acción que deseamos realizar sobre la superficie seleccionada. 2 Como sobre esta superficie no hemos aplicado todavía pelo, la única acción que podemos realizar es crearlo. Para ello, y manteniendo de momento todas las opciones predeterminadas, vaya haciendo clic sobre la

Si lo desea, una vez abiertos el cuadro de ajustes y el panel de la herramienta de pintura, realice un zoom sobre la cola para trabajar con mayor comodidad.

1

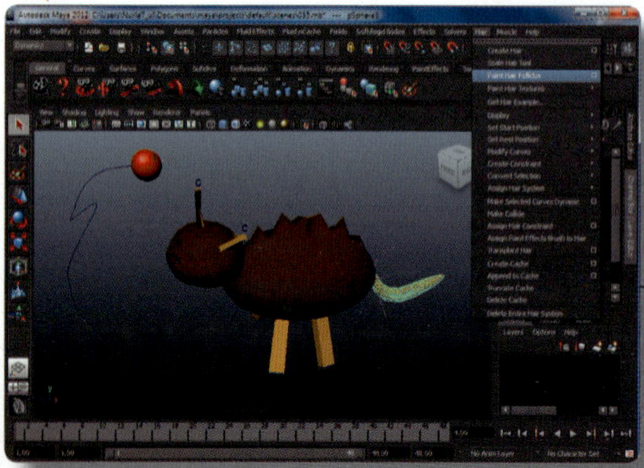

2

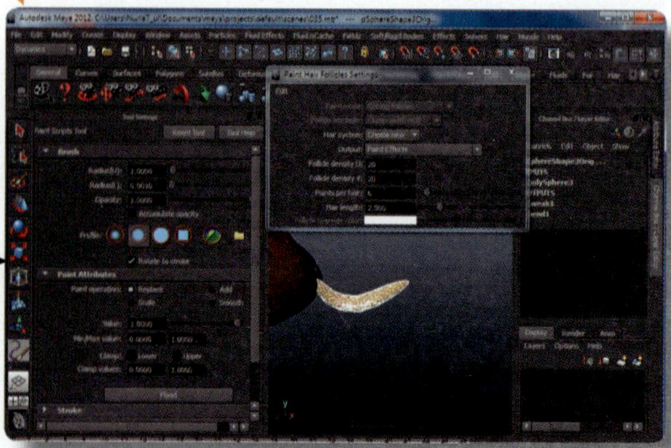

cola del animal y compruebe que van apareciendo mechones de pelo.

054

4. Al contar ahora con varios mechones de pelo insertados, el cuadro de ajustes activa ahora una serie de opciones de edición antes inactivas. Vamos a utilizar estas opciones para modificar algunos de estos mechones. En concreto, y como ejemplo, eliminaremos los mechones añadidos en la punta de cola y los cambiaremos por otros nuevos más largos. Vamos allá. Despliegue el campo **Paint mode** y elija la opción **Delete follicles.**
5. Ahora se trata de ir pulsando sobre aquellos mechones que deseamos eliminar. Hágalo sobre los tres o cuatro que ocupan la punta de la cola.
6. Bien, ahora insertaremos nuevos mechones en este espacio, no sin antes aumentar la longitud de los mismo. Para ello, despliegue de nuevo el campo **Paint mode** y elija la opción **Create follicles**.
7. Una vez activadas las opciones de edición del cuadro de ajustes, inserte el valor **4.5** en el campo **Hair length** o bien arrastre el control deslizante hacia la derecha.
8. Aplique el pincel en la parte vacía de la cola y compruebe cómo, efectivamente, los nuevos mechones son más largos.
9. Por último, uniremos por la raíz todos los mechones. Para ello, despliegue de nuevo el campo **Paint mode** y elija esta vez la opción **Edit follicle attributes**.
10. Despliegue ahora el campo **Follicle attributes**, elija la opción **Braid** y vaya pulsando sobre las raíces de los mechones.

8

7

3

4

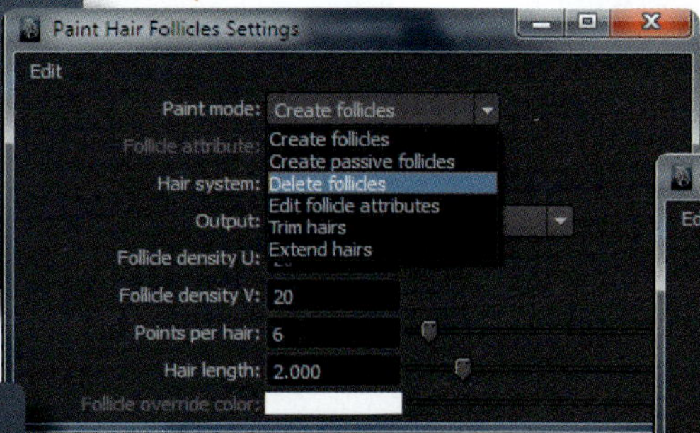

5

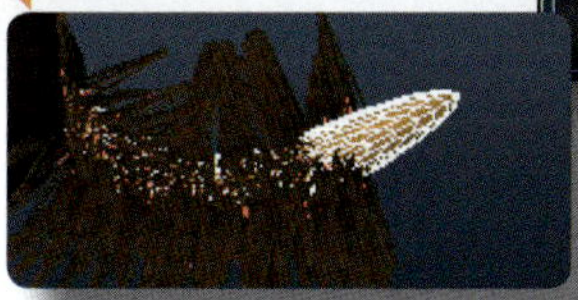

El campo **Follicle attributes** se activa al seleccionar la opción **Edit follicle attributes** en el campo **Paint mode**.

6

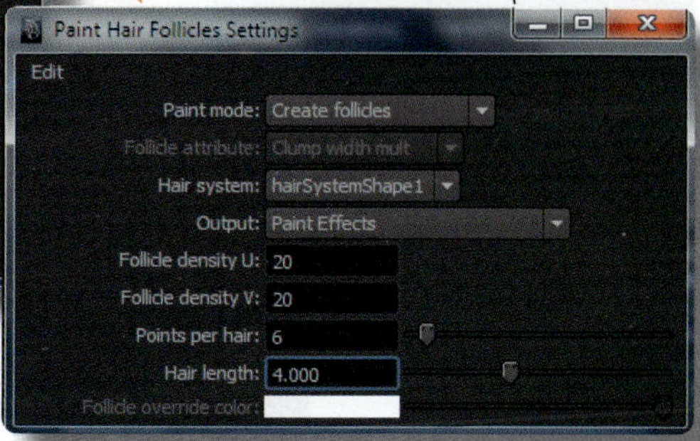

Asignar dinamismo a una curva

IMPORTANTE

Si desea que la curva dinámica creada se adhiera a alguna superficie existente, deberá mantener activa la opción **Attach Curves To Selected Surfaces** en el cuadro de opciones del comando **Make Curves Dynamic**. Al hacer esto, el mechón resultante de la curva dinámica se adhiere al punto más cercano de la superficie desde el punto de control inicial de la curva.

MAYA PERMITE CONVERTIR UNA CURVA NURBS EN PELO dinámico o en una curva dinámica; esta conversión implica la posibilidad de aplicar los mismos atributos propios de la función cabello a una curva con distintos fines: crear cadenas, líneas de alambre, el hilo de una caña de pescar, un pulpo, un puente colgante, entre otras. Al crear curvas dinámicas tenga en cuenta que la rigidez del pelo se mantiene para cada curva de control y depende del número de curvas de control en la simulación del cabello.

1. En este ejercicio vamos a convertir una sencilla línea curva en una curva dinámica. Para ello, empezaremos dibujando esta línea, por lo que despliegue el menú **Create** y haga clic sobre el comando **CV Curve Tool**. 1
2. Sitúese en el visor **side** y trace una línea curva, como usted desee. 2
3. De vuelta al visor **perspective**, pulse la tecla **mayúsculas** y seleccione la pelota de la escena, puesto que de este modo el pelo o la curva dinámica quedará adherida a esta superficie. 3 (Esta acción no es imprescindible para llevar a cabo el ejercicio, por lo que si lo prefiere, no seleccione la esfera.)

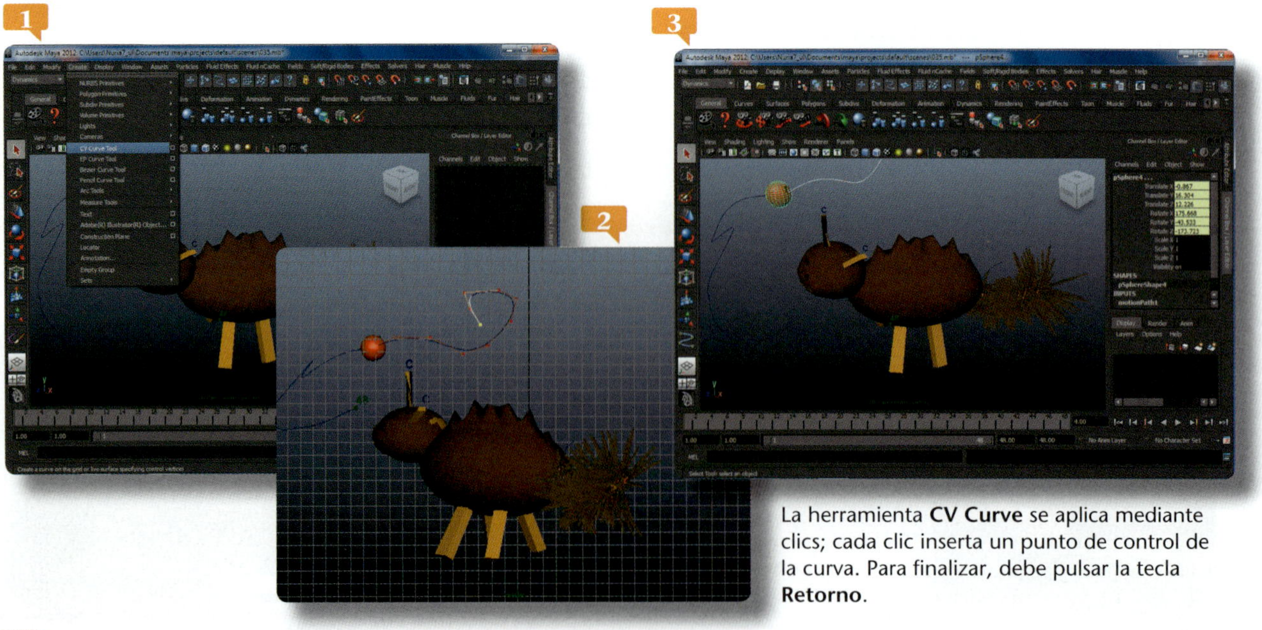

La herramienta **CV Curve** se aplica mediante clics; cada clic inserta un punto de control de la curva. Para finalizar, debe pulsar la tecla **Retorno**.

4. A continuación, despliegue el menú **Hair** y haga clic sobre el iniciador de cuadro de opciones del comando **Make Selected Curves Dynamic**. 4

5. Así se abre el cuadro de diálogo **Make Curves Dynamic Options**, desde el cual podemos establecer tres opciones. La primera, seleccionada por defecto, permite adherir la curva a la superficie seleccionada; la opción **Snap Curve Base to Surface**, cuando se activa, hace que las curvas de control iniciales de las curvas seleccionadas colisionen con la superficie seleccionada cuando las curvas se adhieren a esta superficie. Por esta característica, esta opción sólo está disponible cuando la anterior se encuentra activada. La tercera de las opciones, **Exact shape match**, también activa por defecto, permite que la nueva curva coincida en forma y posición con la original. Mantenga las tres opciones en su estado predeterminado y pulse el botón **Make Curves Dynamic** para convertir la curva en dinámica. 5

6. La curva se muestra ahora de color rosa adherida a la esfera. 6 Si la **Channel Box** se encuentra abierta puede comprobar como, efectivamente, la curva seleccionada es ahora un sistema de pelo (**hairSystemShape**). 7 Acceda al editor de atributos.

7. Desde la pestaña **hairSystemShape** puede modificar cualquiera de los atributos propios del cabello que hemos visto en ejercicios anteriores. 8 Termine esta práctica eliminando la selección actual.

055

IMPORTANTE

Una vez convertida la curva en una curva dinámica con los atributos propios del cabello, puede personalizarla desde la pestaña **follicleshape** creada en el editor de atributos. Recuerde que esta pestaña está a un nivel por encima de la denominada **hairSystemShape**.

8

4
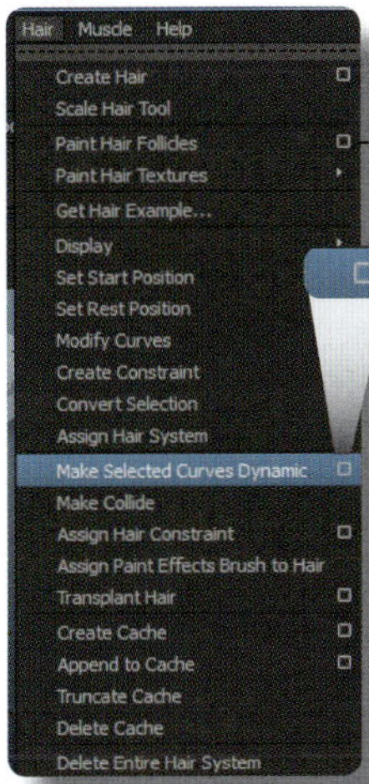

5
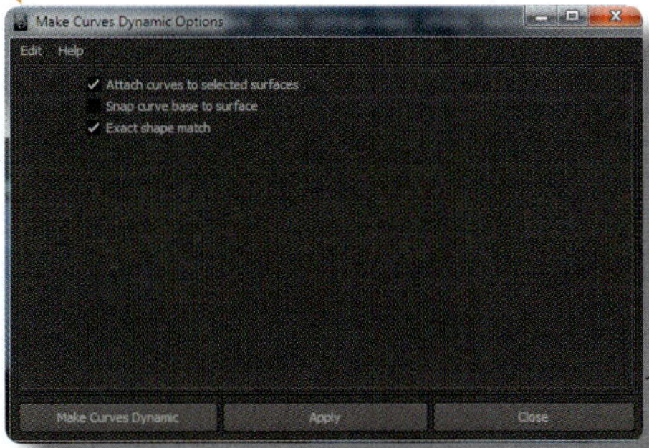

En este caso, puede aplicar directamente el comando sobre la curva sin pasar por el cuadro de opciones.

6
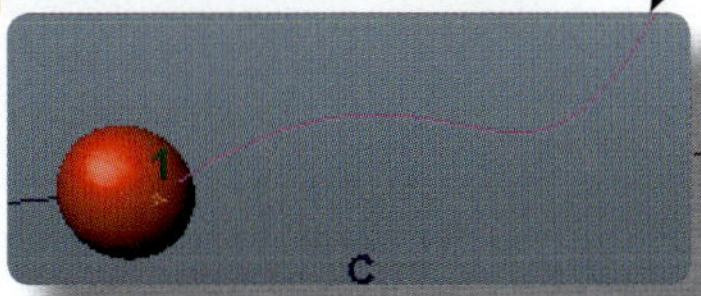

7
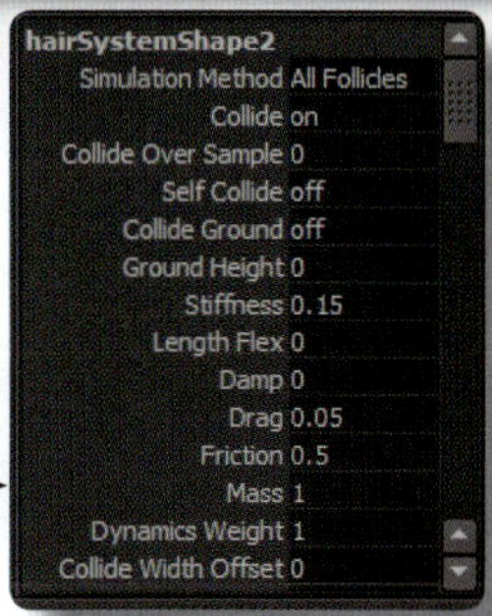

Renderizar escenas con pelo

IMPORTANTE

Si el cabello aplicado a una escena utiliza PaintEffects, puede ser renderizado directamente con el renderizador Maya software. Si convierte los efectos PaintEffects en polígonos, entonces podrá utilizar los renderizadores mental ray y Maya hardware.

EL ÚLTIMO PASO EN EL PROCESO DE AÑADIR PELO a una escena es su renderización. Es posible llevar a cabo la renderización de las escenas con pelo con el renderizador Maya Software o con Mental Ray para Maya. Aunque el resultado es totalmente realista en ambos casos, hay que advertir que existen distintas diferencias en cuanto al aspecto final: como ejemplo, diremos que el color del pelo con Maya software es más brillante, mientras que con mental ray el resultado es un poco más oscuro.

1. En este ejercicio renderizaremos una de las escenas que hemos manipulado en los últimos ejercicios, la **050.mb**, con los dos renderizadores principales de Maya: Maya software y mental ray. Además, veremos cómo renderizar un único fotograma y toda la animación. Antes de empezar, nos aseguraremos de que nos encontramos en la posición actual (Current position). despliegue el menú **Hair**, haga clic sobre el comando **Display** y elija la opción **Current Position.** 1
2. Nos quedaremos en el primer fotograma. Pulse sobre el comando **Render Settings** de la **Status Line**, el cuarto de los que muestran una claqueta. 2
3. En el cuadro de diálogo **Render Settings**, despliegue el campo **Render Using**, elija el renderizador **Maya software** y pulse el botón **Close** para confirmar el cambio. 3

1

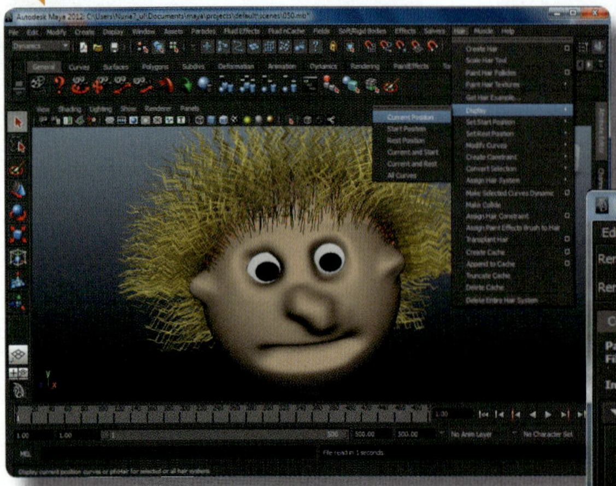

2

3

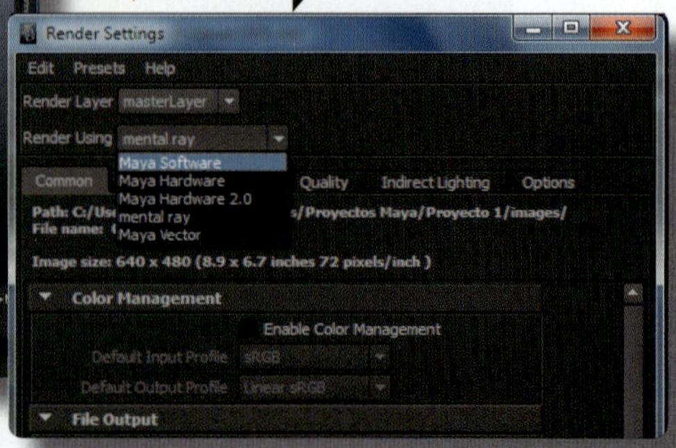

Maya Software es el renderizador predeterminado en el programa, por lo que si es la primera vez que renderiza o no ha modificado estas opciones aparecerá en el campo **Render Using**.

056

4. A partir de este momento, la renderización de cualquier escena se realizará con el renderizador elegido. Pulse el comando **Render the current frame** de la **Status Line**, el segundo de los que muestran el dibujo de una claqueta. [4]
5. Es normal que el proceso de renderización tarde varios minutos, por lo que no se preocupe y tenga paciencia. [5] Una vez terminada la representación puede comprobar el excelente y realista resultado. Cierre la ventana de renderización pulsando sobre el botón de aspa de su Barra de título.
6. Si lo que desea es renderizar una animación, debe iniciar el proceso del mismo modo que acabamos de ver para un único fotograma, es decir, asegurándose de mostrar la posición actual del sistema de pelo y accediendo al cuadro de opciones de renderización. En dicho cuadro, en la pestaña **Common**, despliegue el campo **Frame/Animation ext** y elija la opción **name.ext.#**. [6]
7. Si no cambia la opción predeterminada de este campo, los campos de la sección **Frame Range** no se activan. Inserte, en los campos **Start Frame** y **End Frame**, el número de fotograma inicial y final de la secuencia (1-15) que desea renderizar y pulse el botón **Close**. [7]
8. A continuación, cambie el grupo de menús a **Rendering**, despliegue el menú **Render** y haga clic sobre el comando **Batch render**. [8]

Para visualizar la animación renderizada, inicie fCheck y ejecute el archivo .iff generado en su carpeta de proyectos.

IMPORTANTE

Si ha utilizado efectos PaintEffects para el pelo y ha elegido Maya software como renderizador, es recomendable activar las opciones **Oversample** y **Oversample post filter** en la sección **PaintEffects Rendering Options** del cuadro de opciones de renderización. De esta manera se consigue un aspecto para el pelo mucho más realista.

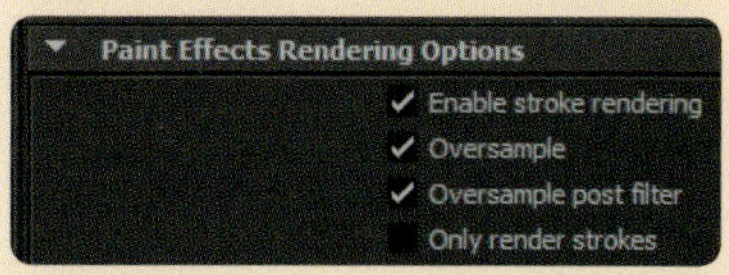

8

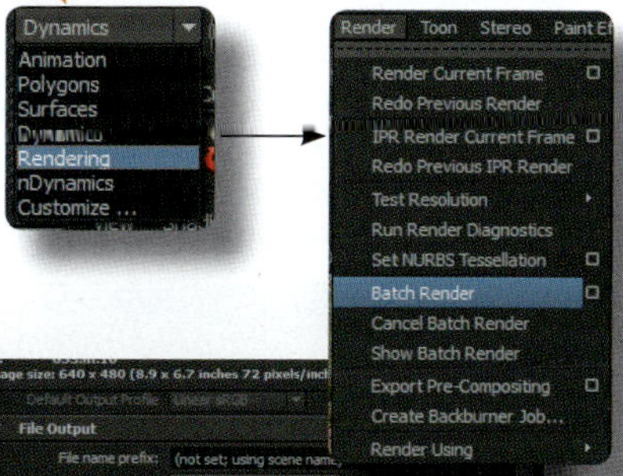

4

5

Mientras se lleva a cabo el renderizado, la barra de estado del programa muestra la correspondiente información.

6

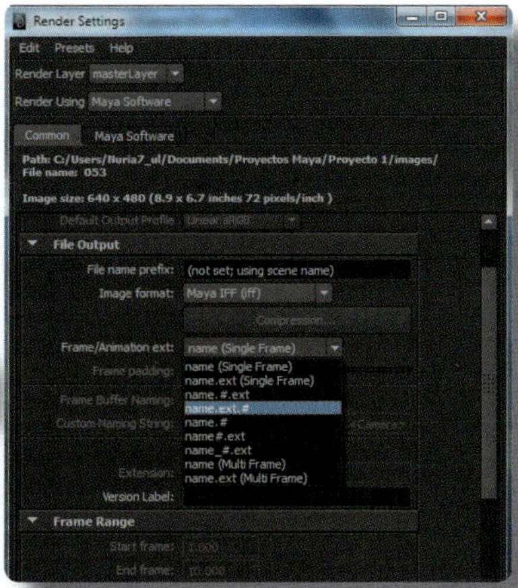

7

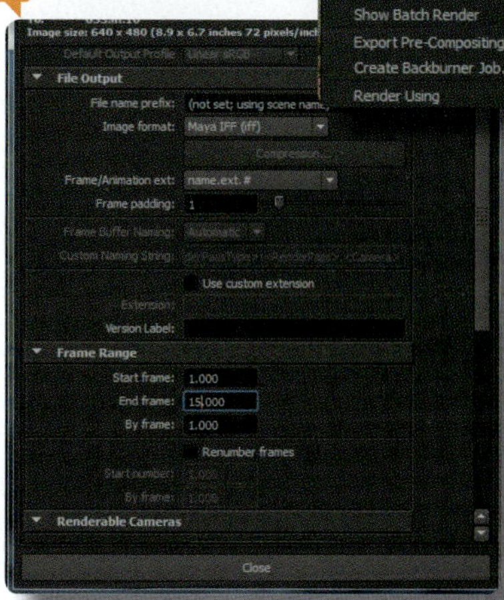

Añadir piel o pelaje

IMPORTANTE

Si desea que el plug-in Fur se cargue automáticamente cada vez que inicia Maya, marque la opción **Auto-load** en el cuadro **Plug-In Manager**.

GRACIAS AL SISTEMA MAYA FUR (PIEL DE MAYA), es posible crear piel o pelaje de un realismo extremo sobre modelos de superficies NURBS, poligonales o de subdivisión de múltiples caras. Una vez creada la piel o el pelaje, el programa permite ajustar distintos atributos, como el color, la anchura, la longitud, nivel de calvicie u opacidad, entre otros. El comando Fur forma parte del grupo de menús Rendering.

1. En este ejercicio recuperaremos de nuevo el archivo **035.mb** (o **54.mb**, si desea tener una de las últimas versiones de esta escena) para practicar con la aplicación de pelaje sobre un modelo. Lo primero que debemos hacer es cargar el correspondiente plug-in para trabajar con piel. Para ello, acceda al cuadro **Plug-In Manager** desde el menú **Window** y marque como **Loaded** el archivo **Fur.mll**. [1]
2. Tras cerrar el administrador de plug-ins de Maya, despliegue el campo que contiene el grupo de menús actual y elija el denominado **Rendering**. [2]
3. Una vez preparada la interfaz del programa para poder trabajar con piel y pelaje de animales y objetos, seleccione en este caso sólo el cuerpo de nuestro personaje. [3]
4. Para crear piel sobre una superficie, es preciso crear lo que en Maya se denominan descripciones de piel; una descripción

1

Si trabaja sobre Linux, este plug-in se denomina **Fur.so**.

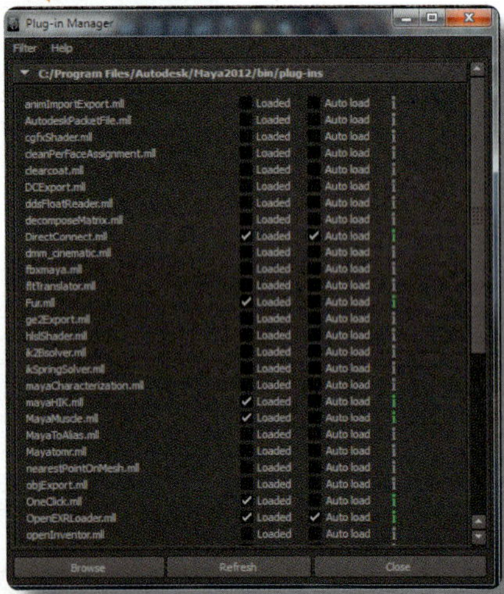

2

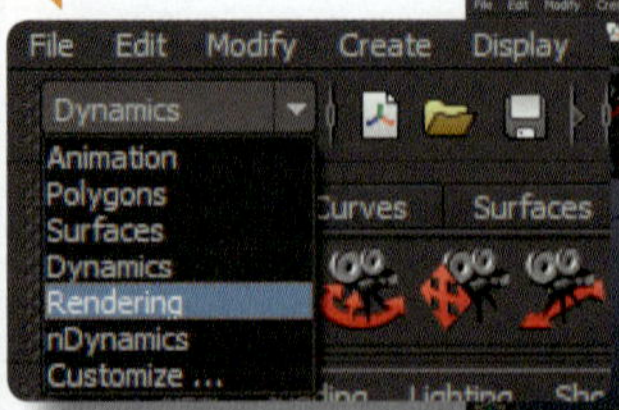

Si en el grupo de menús **Rendering** no aparece el menú **Fur** es que el correspondiente plug-in no está cargado en el programa.

3

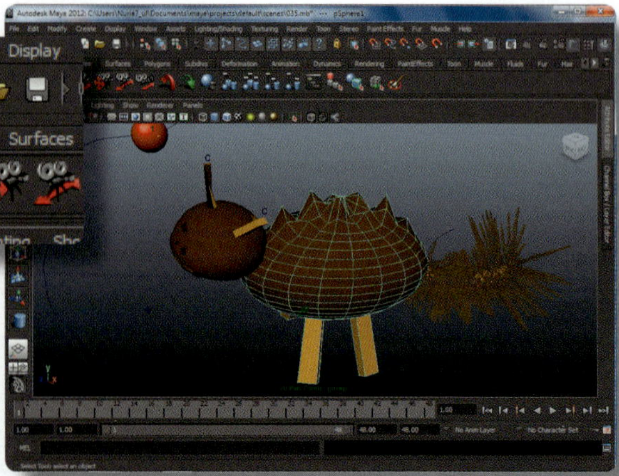

057

de piel define todos los atributos para un tipo de piel determinado, incluyendo color, anchura, longitud, opacidad, rizo, densidad, etc. Para crear una descripción de piel, despliegue el menú **Fur**, haga clic sobre el comando **Attach Fur Description** y elija la única opción que se despliega, **New**. [4]

5. Automáticamente, Maya Fur crea un pelaje que envuelve toda la superficie seleccionada. [5] Una vez insertado este pelaje, podemos editarlo para aplicarle las características que más nos interese. Muestre el editor de atributos y localice la pestaña **furDescription1**.
6. En el campo **FurDescription**, asigne al pelaje un nombre más descriptivo, como **pelaje_cuerpo**. [6]
7. En el apartado **Assigned surfaces** puede consultar el objeto sobre el cual se ha aplicado el pelaje. Si desplaza la barra de desplazamiento hacia abajo podrá comprobar la larga lista de atributos editables y configurables disponibles. [7] Una de las mejores maneras de empezar a trabajar con la piel o el pelaje de animales es utilizando algunos de los atributos predefinidos en el programa. Para ello, pulse sobre el botón **Presets**, situado a la derecha del campo **FurDescription** del editor de atributos.
8. Aparece una larga lista de pelajes y pieles predeterminados. Le recomendamos que compruebe el aspecto de cada uno de estos modelos puesto que el resultado es siempre espectacular. A modo de ejemplo, elija la opción **Bear** y, en el submenú que se despliega, haga clic en **Replace**. [8]
9. Renderice la escena para comprobar el espectacular resultado. [9]

IMPORTANTE

Para aplicar uno de los pelajes predeterminados de Maya no es necesario que haya asignado previamente una descripción de piel al objeto de destino. Seleccione dicho objeto y, desde el shelf **Fur**, aplique el modelo de piel que desee.

8

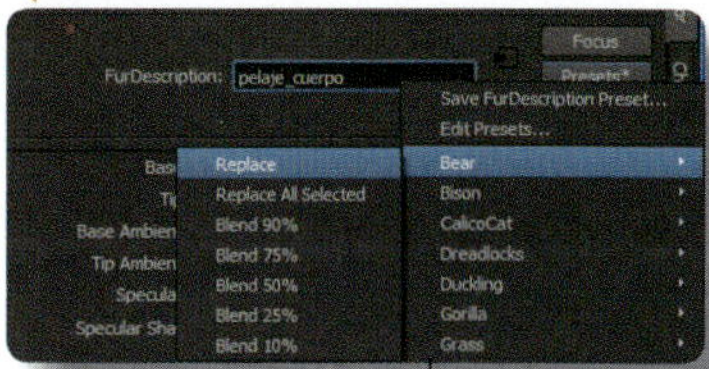

9

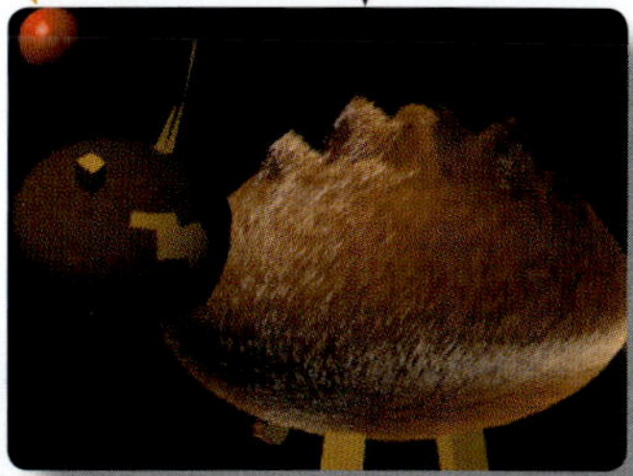

4

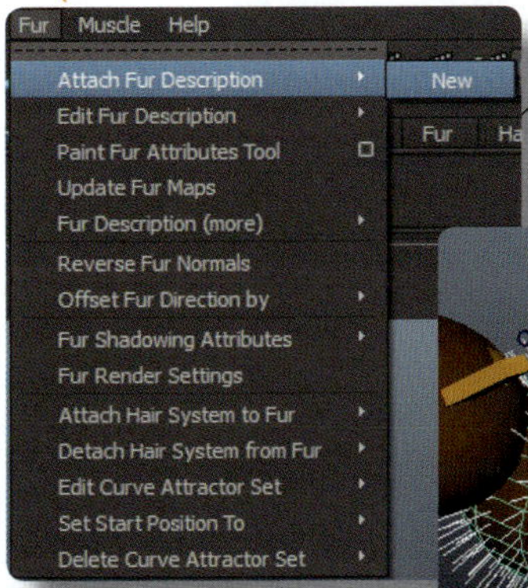

5

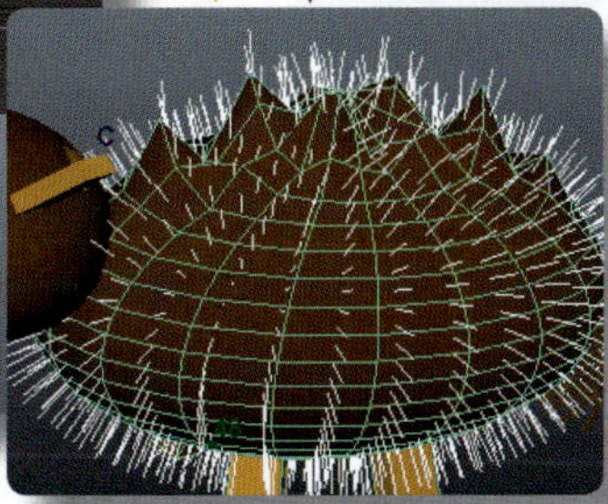

6

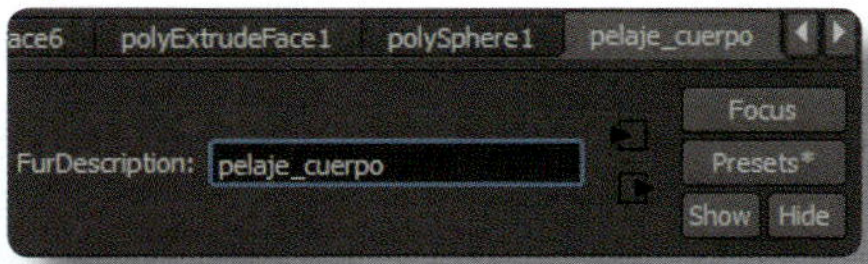

Al cambiar el nombre predeterminado de la descripción de piel, el nuevo nombre se actualiza en la correspondiente pestaña del editor de atributos.

7

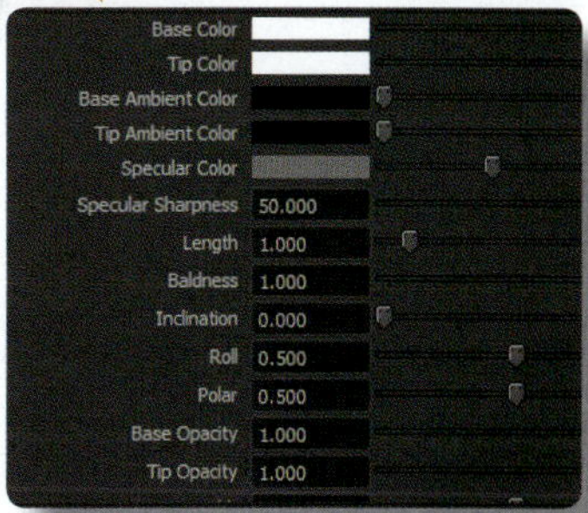

Compartir piel o pelaje entre escenas

IMPORTANTE

Una vez guardada una descripción de piel como predeterminada, Maya permite eliminarla de modo muy sencillo. Con la descripción afectada seleccionada, pulse sobre el botón **Presets** del editor de atributos y elija el comando **Edit presets**. En el cuadro de diálogo **Edit FurDescription Presets**, seleccione el nombre de la descripción que desea eliminar y pulse el botón **Delete**.

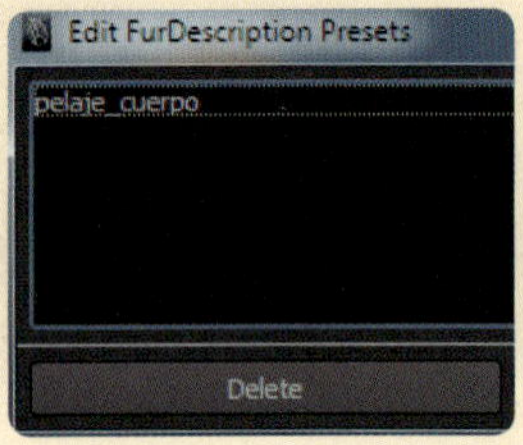

UNA VEZ CREADA LA DESCRIPCIÓN DE PIEL, USTED puede copiarla sobre objetos de otras escenas. Para ello, es preciso previamente almacenar la descripción como predeterminada en un sencillo proceso y aplicarla como tal en la nueva escena. El mismo procedimiento puede ser realizado con el fin de aplicar una misma textura de piel sobre distintos objetos dentro de una misma escena.

1. En este ejercicio veremos cómo guardar como predeterminada una descripción de piel y cómo aplicarla sobre otra escena. Para empezar, seleccione el cuerpo de nuestro personaje y, en el editor de atributos, visualice el contenido de la pestaña **pelaje_cuerpo**. [1]
2. Vamos a modificar un par de atributos del pelaje para, seguidamente, guardarlo como predeterminado. En el editor de atributos, cambie el color base del pelaje por el tono que usted prefiera. [2]
3. A continuación, aumente ligeramente la longitud del pelo insertando el valor **3** en el campo **Length**. [3]
4. Estos dos cambios bastarán para nuestro objetivo, aunque si lo desea puede personalizar el ejercicio modificando algún otro atributo a su gusto. Ahora guardaremos la descripción del

1

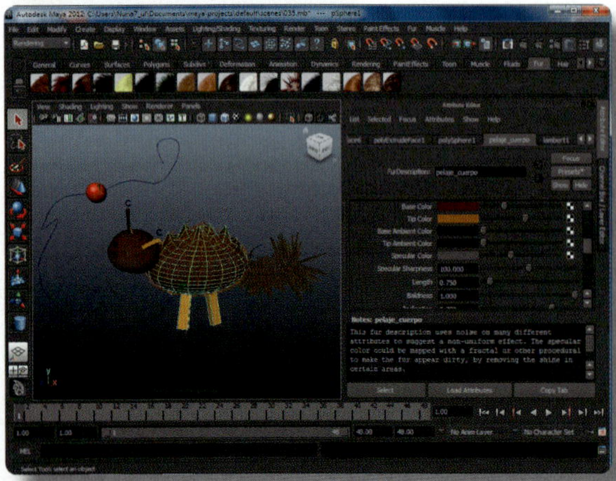

2

3

No es imprescindible que utilice el mismo valor para la longitud del pelaje.

pelaje como predeterminado. Para ello, despliegue el menú **Fur**, haga clic sobre el comando **Edit FurDescription** y elija el nombre de nuestro pelaje, **pelaje_cuerpo**. 4

5. De esta forma editamos la descripción del pelaje. A continuación, pulse sobre el botón **Presets** del editor de atributos y elija de la lista que se despliega el comando **Save FurDescription Preset...** 5

6. Se abre así el cuadro de diálogo **Save Attribute Preset**, en el cual sencillamente debemos asignar un nombre al nuevo atributo predeterminado. Mantenga el nombre del pelaje original y pulse sobre el botón **Save Attribute Preset**. 6

7. Nuestro pelaje forma parte ahora de los predeterminados del programa. Lo que haremos a continuación será acceder a otra de nuestras escenas de ejemplo para aplicar sobre el objeto contenido en ella el pelaje que acabamos de guardar. Recupere la escena **033.mb** guardando los cambios realizados en la actual. 7 (Si no dispone de esta escena, cree una nueva escena en blanco y dibuje en ella una esfera.)

8. Con el único objeto que aparece en la escena seleccionado, despliegue el menú **Fur**, haga clic sobre el comando **Attach Fur Description** y pulse sobre la opción **New**. 8

9. Una descripción de piel básica se aplica sobre el objeto. 9 Desde la pestaña **furDescription1** del editor de atributos, pulse sobre el botón **Presets** y de la lista de predeterminados elija el denominado **pelaje_cuerpo** y pulse sobre la opción **Replace**. 10

058

10

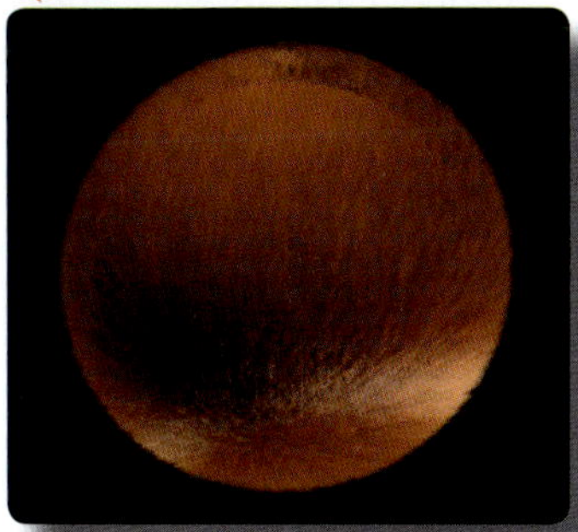

9

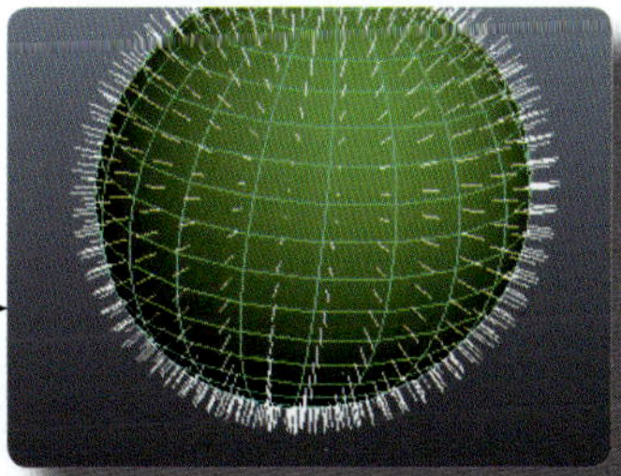

4

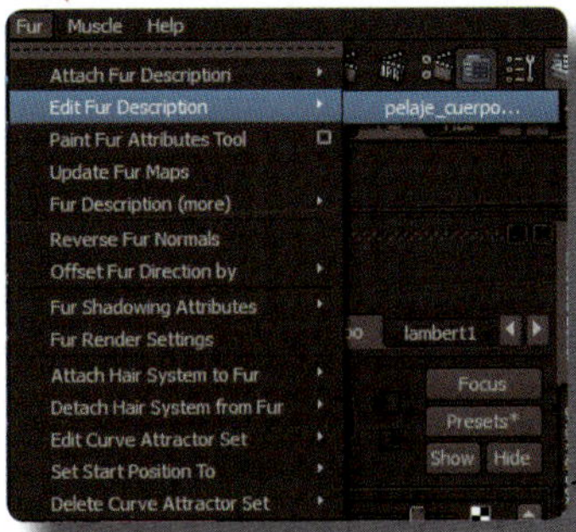

8

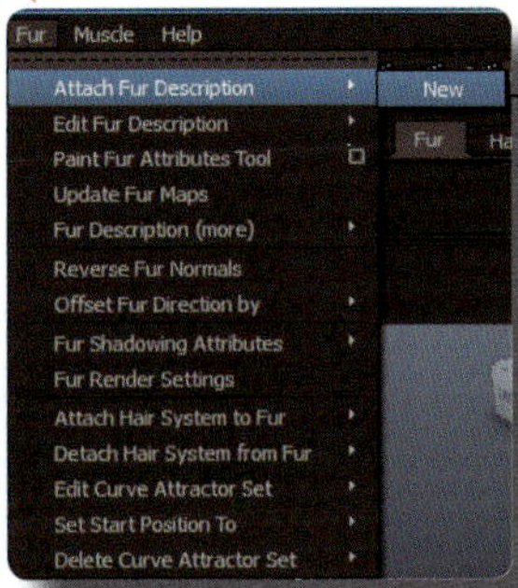

6

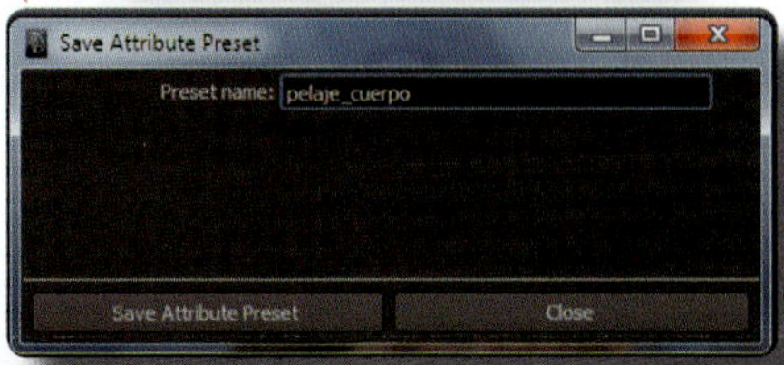

5

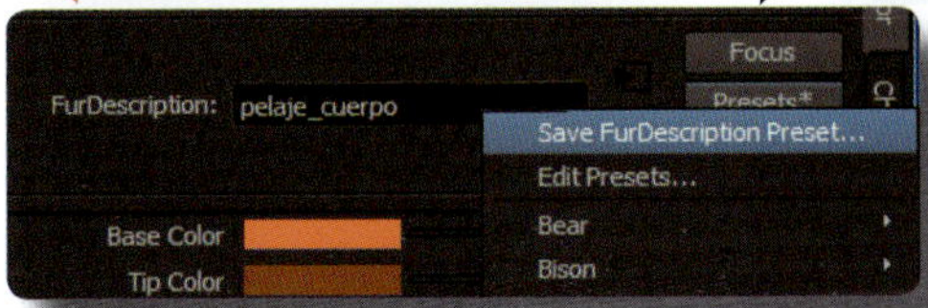

7

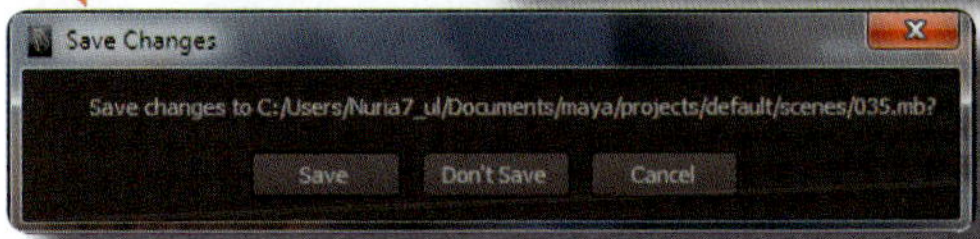

Crear un objeto nCloth

IMPORTANTE

Un objeto nCloth está compuesto por una red de varias partículas conectadas mediante distintos vínculos, que juntos forman una malla dinámica. Dentro de esta red, existen también vínculos cruzados que conectan a su vez las partículas. Los vínculos mantienen la distancia entre partículas y los vínculos cruzados mantienen los ángulos entre vínculos, estabilizando el objeto nCloth y evitando comportamientos del tejido, como una rasgadura.

NCLOTH ES UNA SOLUCIÓN DE TEJIDO DINÁMICA estable y rápida que utiliza un sistema de partículas vinculadas para estimular una amplia variedad de superficies poligonales dinámicas: ropa, globos, superficies rotas, objetos deformables, etc. nCloth se genera a partir de mallas poligonales modeladas; es posible crear y modelar cualquier tipo de malla poligonal y convertirla después en un objeto nCloth, lo cual es ideal para conseguir posiciones específicas y mantener control direccional.

1. Para llevar a cabo este ejercicio, puede descargar desde nuestra página web la escena denominada 059.mb y abrirla en el área de trabajo de Maya. La escena muestra una bandera sobre una superficie de hierba; será sobre la parte que simula el tejido de la bandera que trabajaremos en este ejercicio. Empecemos. Seleccione en primer lugar la parte que representa el tejido de la bandera. 1
2. Maya cuenta con un grupo de menús denominado **nDynamics**. Despliegue el campo que muestra los grupos de menús y elija el mencionado grupo. 2
3. Aunque crearemos el objeto nCloth con las opciones predeterminadas, accederemos al correspondiente cuadro de opciones del comando para comprobar cuáles son estas opciones. Para ello, despliegue el menú **nMesh** y pulse sobre el iniciador del cuadro de opciones del comando **Create nCloth**. 3

1

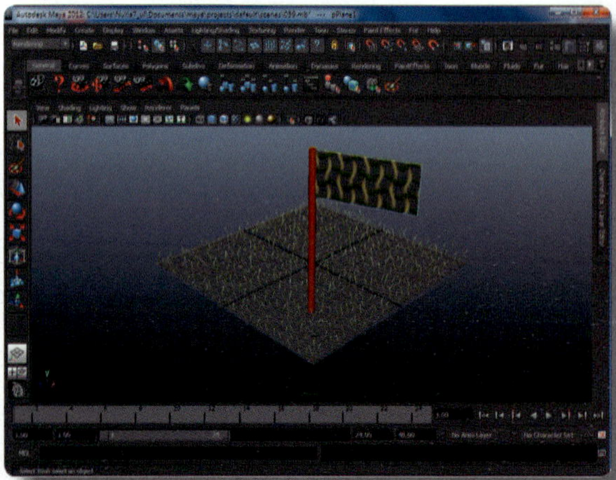

2

No confunda el grupo **nDynamics** con el denominado **Dynamics**, puesto que los menús que contiene no son los mismos.

3

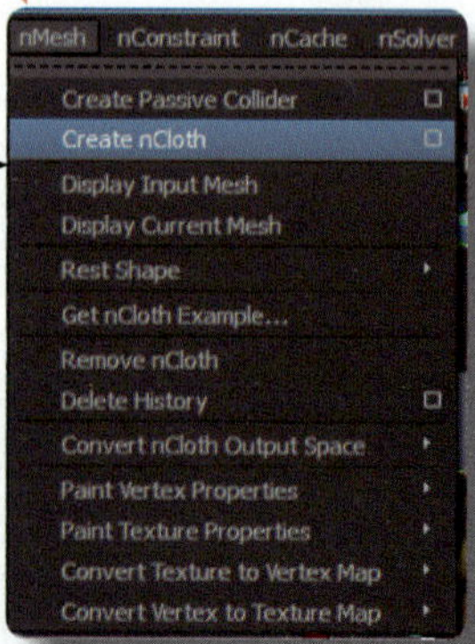

059

4. Todo objeto nCloth está formado por una malla denominada de entrada (**pMeshShape**) y otra de salida (outputCloth); la primera proporciona el estado inicial en la simulación del objeto, mientras que la segunda es propiamente el objeto nCloth que se visualiza al reproducir la animación. Las opciones **Local Space Output** y **World Space Output** se refiere a cómo ambas mallas se ven afectadas por el solucionador de Maya Nucleus. Mantenga en este caso la primera opción seleccionada para que tanto la malla de entrada como la de salida se vean afectadas por este solucionador.
5. La opción **Local Space Output** es la más indicada para producir un comportamiento más predecible de un objeto nCloth. Mantenga también la única opción disponible en el campo **Solver** y pulse el botón **Create nCloth.** 4
6. Aunque parezca que no ha ocurrido nada, el programa ha creado el objeto nCloth y el solucionador Maya Nucleus correspondiente. 5 El objeto nCloth es un duplicado teselado (internamente) de la malla poligonal seleccionada dirigida por el solucionador del núcleo de Maya. Para ver en qué consiste el dinamismo de un objeto nCloth, reproduzca la escena desde los controles de animación.
7. El objeto se desplaza hacia abajo. Debe saber que puede modelar la malla de entrada para cambiar la topología del objeto nCloth. Para ello, debe acceder al editor de atributos. Muestre dicho panel.

Efectivamente, el objeto nCloth está formado por un componente denominado **nClothShape1** (la malla de entrada) y el núcleo solucionador. 6

IMPORTANTE

Tras crear el objeto nCloth a partir de una malla poligonal, el objeto que se visualiza en la escena es la malla de entrada nCloth. Si desea animar el objeto (no dinámicamente), deberá crear los fotogramas clave para la malla de salida.

6

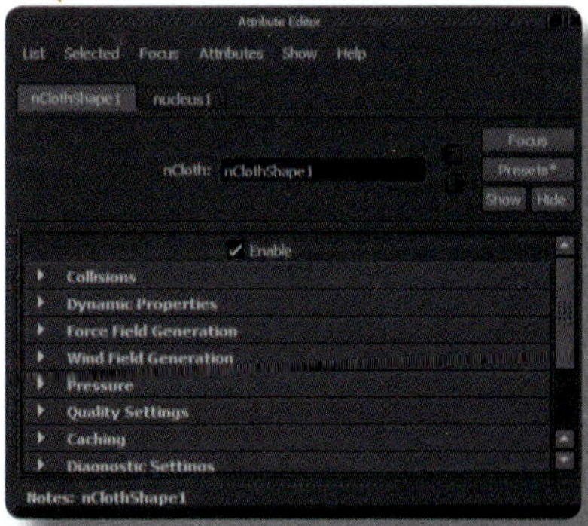

4

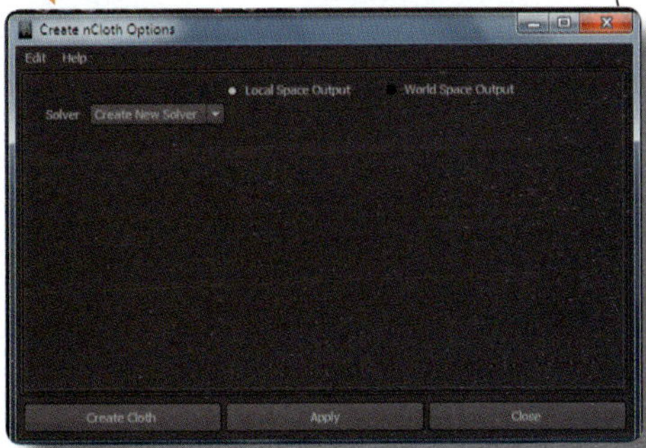

La opción **World Space Output** proporciona mejores resultados para exportar el caché nCloth, puesto que sólo la malla de salida del objeto se ve afectada por el solucionador del núcleo de Maya.

5

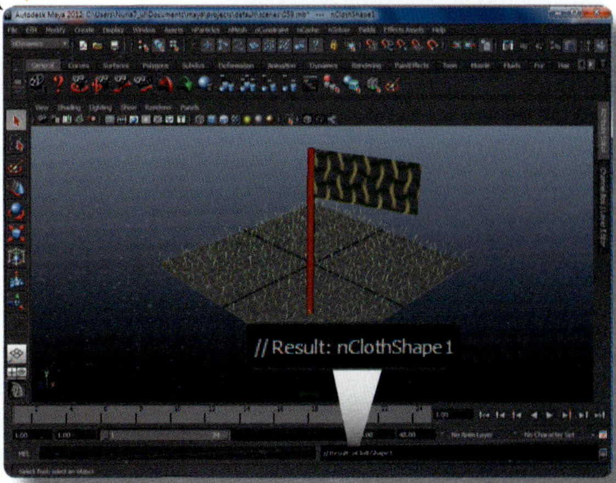

Aplicar propiedades predefinidas de nCloth

IMPORTANTE

Si no le interesa aplicar por completo todas las características del objeto nCloth predefinido sobre el objeto seleccionado, puede optar por mezclarlas con las propiedades existentes. Para ello, puede elegir entre mezclar un 10%, 25%, 50%, 75% y 90%.

DEBIDO A LA DIFICULTAD QUE PUEDE PRESENTAR la edición y modificación de propiedades nCloth para aquellos que se inician en la creación y manipulación de este tipo de objetos, Maya permite aplicar las características propias de una serie de objetos predeterminadas en el programa. Según el objeto nCloth de destino, usted podrá elegir entre propiedades tan diversas como las de la seda, de una gasa, de una pelota de playa, de la lava escupida por un volcán, del airBag de un coche, entre muchas otras.

1. En este ejercicio, veremos cómo aplicar la propiedades predeterminadas de un objeto sobre el objeto nCloth creado en el ejercicio anterior. Para ello, empiece seleccionando la parte del tejido de la bandera. [1]
2. Igual que hicimos en el ejercicio 57 con la aplicación de piel o pelaje sobre un objeto, en el caso de los objetos nCloth también es posible visualizar la lista de objetos predefinidos. Muestre el editor de atributos y sitúese en la pestaña **nClothShape1**. [2]
3. A continuación, pulse sobre el botón **Presets** y compruebe la larga lista de materiales u objetos nCloth entre los cuales puede elegir. [3]

1

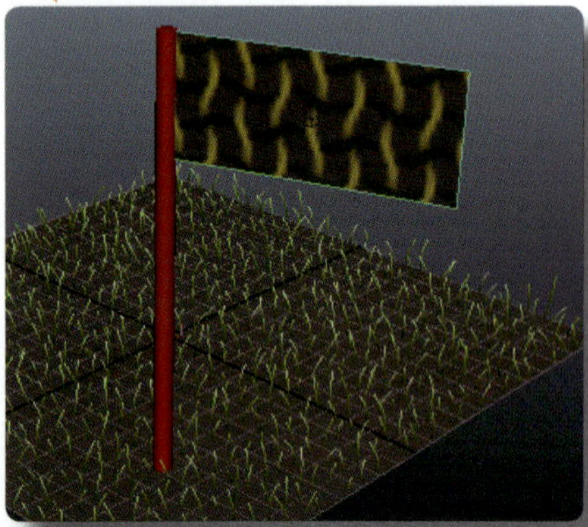

En el ejercicio anterior convertimos esta forma en un objeto nCloth. Sepa que esta conversión también puede llevarse desde el shelf **nCloth**, concretamente utilizando el primer comando de este elemento.

2

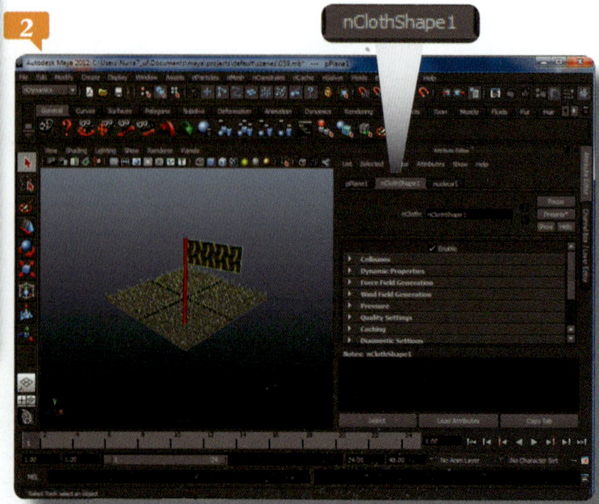

3

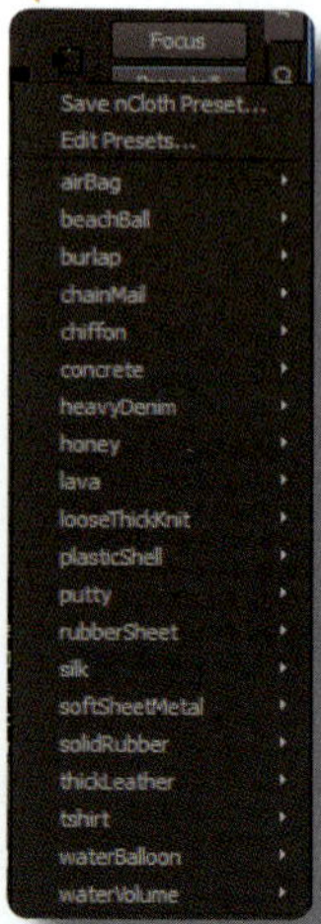

060

4. En este caso, haga clic sobre el objeto **silk** (seda) y, en el submenú que se despliega, elija la opción **Replace**. [4]

5. Al aplicar las propiedades predefinidas sobre nuestro objeto, la sección **Notes** del editor de atributos muestra una descripción de la opción elegida; [5] esta descripción puede ayudarle, sin lugar a dudas, a entender mejor cómo afectan los ajustes predefinidos al objeto nCloth sobre el cual se aplican. Guardaremos estas propiedades con un nombre descriptivo. Para ello, vuelva a pulsar sobre el botón **Presets** y elija esta vez el comando **Save nCloth Preset...**

6. En el cuadro de diálogo **Save Attribute Preset**, inserte en el campo **Preset name** el término **bandera_seda** y pulse el botón **Save Attribute Preset**. [6]

7. Lo que haremos a continuación será restringir el movimiento de la bandera por la parte que está en contacto con el mástil. Para ello, seleccione el objeto nCloth con la herramienta **Move** y sepárelo ligeramente del otro objeto.

8. De esta forma veremos los vértices que nos interesan y podremos manipularlos sin problemas. Seguidamente, desde el menú quad, [7] edite los vértices del objeto nCloth y seleccione los dos izquierdos. [8]

9. A continuación, despliegue el menú **nConstraint** y haga clic sobre el comando **Transform**. [9]

10. Devuelva el objeto nCloth a su posición original y reproduzca la simulación para comprobar que, efectivamente, ahora sólo se desvanece la parte derecha de la bandera. [10]

7

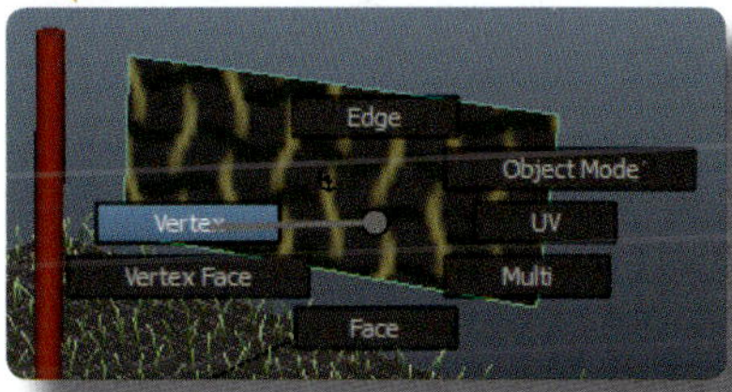

8

9

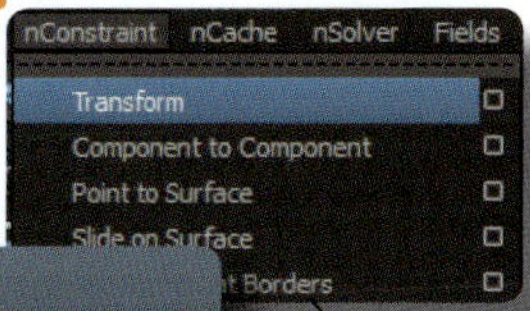

10

Al guardar un nuevo material nCloth, el nombre asignado se añade a la lista de predefinidos, lo que significa que puede aplicarlos sobre otros objetos nCloth.

4

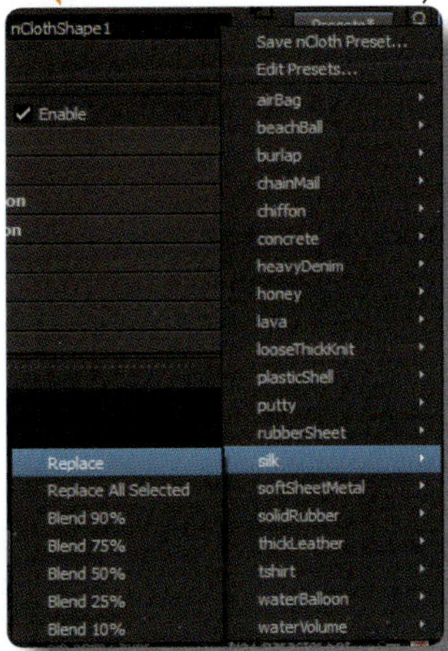

5

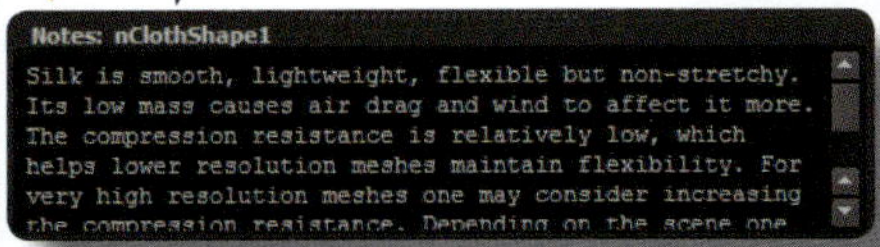

Si deseara aplicar las propiedades predefinidas seleccionadas a más de un objeto nCloth en la escena, pulse sobre la opción **Replace All Selected**.

6

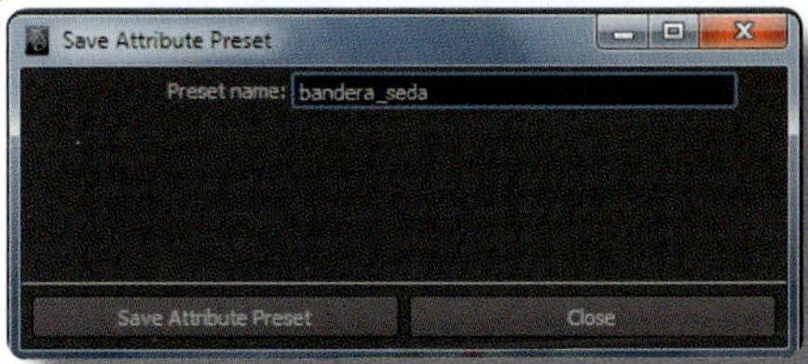

Modificar las propiedades nCloth

LAS PROPIEDADES INCLUIDAS EN UN OBJETO NCLOTH pueden ser modificadas según el objetivo que se quiera conseguir. Para ello, es preciso acceder al editor de atributos; desde allí, podrá cambiar tanto las características del objeto como del núcleo. Las propiedades del núcleo, en concreto, controlan fuerzas internas que afectan a todos los nodos que son miembros de un sistema particular de solucionadores. En concreto, es posible manipular las fuerzas de gravedad y del viento sobre objetos nCloth para aumentar su comportamiento y su movimiento.

1. Seguimos trabajando con nuestra escena de la bandera, en este caso para manipular algunas de las propiedades nCloth conseguidas tras la aplicación de un material nCloth predefinido. Para empezar, seleccione el objeto en cuestión y muestre el editor de atributos. 1
2. Como son muchas las propiedades de cualquier objeto nCloth, vamos a modificar sólo algunas de ellas teniendo en cuenta de qué objeto se trata en este caso. Muestre el contenido de la sección **Dynamic Properties** y cambie el valor del campo **Stretch Resistance** a **20**. 2
3. Mediante este campo se especifica la resistencia que impone el objeto cuando se estira bajo presión. Inserte ahora el valor **0.100** en el campo **Bend resistance** para aumentar la resistencia del objeto cuando se dobla. 3

IMPORTANTE

Los atributos **Local Force** y **Local Wind** son nuevos en esta versión de Maya. El primero proporciona una fuerza sobre el objeto nCloth similar a la gravedad del núcleo según la cantidad y la dirección especificadas. Por su parte, el atributo **Local Wind** aplica una fuerza similar a la fuerza del viento propia del núcleo. Si determina estos valores puede indicar que se ignoren los correspondientes del núcleo.

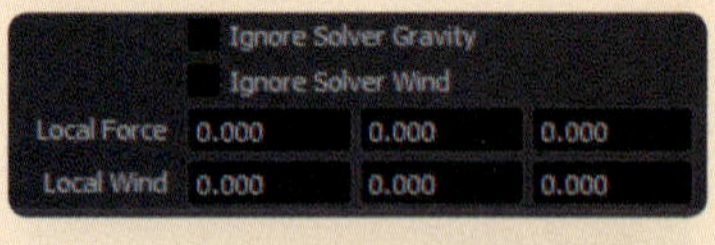

1

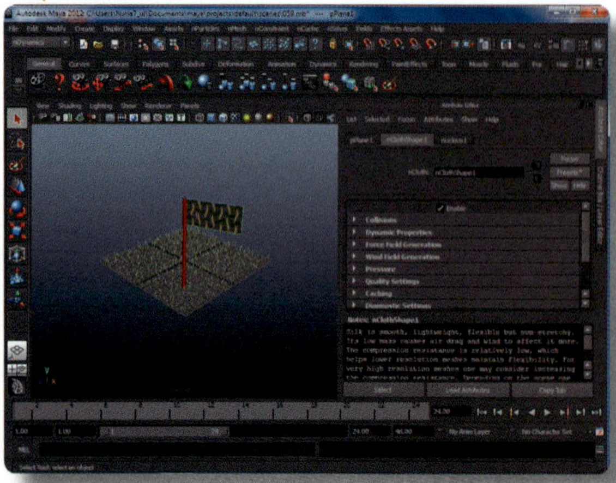

2

3

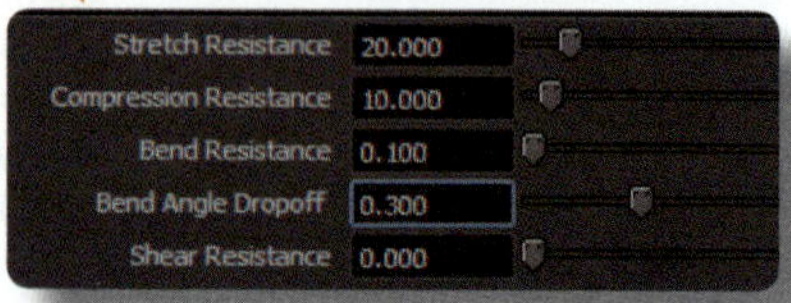

El campo **Shear Resistance** es similar al denominado **Bend Resistance**, aunque aplicada al corte del objeto.

061

4. Con la ayuda de la barra de desplazamiento del editor de atributos, visualice la serie de campos que empiezan por el denominado **Mass**. 4

5. La masa (**Mass**) especifica la densidad del objeto nCloh o su peso cuando la gravedad del núcleo solucionador es mayor que 0. Aumente el valor de este campo a 1. 5

6. El campo **Lift** por su parte indica la cantidad de elevación aplicada al objeto nCloth, mientras que el campo **Drag** especifica la resistencia que realiza el objeto al ser arrastrado. Sitúese ahora en la pestaña **nucleus1** del editor de atributos. 6

7. Nos vamos a dedicar ahora a los atributos del núcleo solucionador. Este nodo contiene los ajustes para controlar las fuerzas de gravedad y del viento, los atributos del plano de tierra, así como atributos de escala y de tiempo. En la sección **Gravity and Wind**, inserte el valor **1** en el campo **Gravity**. 7

8. Debe saber que el valor que aparece por defecto en el campo **Gravity** es **9.8**, que simula la gravedad de la tierra. El campo **Air Density** (densidad del aire) afecta a los atributos **Lift** y **Drag** del objeto nCloth. Debe saber que una densidad del aire de 0 esencialmente desactiva dichos atributos para el objeto. A continuación, escriba el valor **0.098** en el campo **Wind Speed**.

9. De esta forma especificamos la fuerza y la intensidad del viento sobre el objeto. Un valor más alto significa una velocidad rápida, lo que produce un efecto más pronunciado. Terminaremos aquí este proceso, aunque sepa que puede personalizar la práctica con otros valores. Reproduzca la simulación para comprobar el efecto conseguido. 8

IMPORTANTE

La opción **Use Polygon Shells** es una novedad en esta versión del programa. Al activarse, los campos **Rigidity** y **Deform Resistance** se aplican a cada capa poligonal de forma individual de la malla nCloth.

7

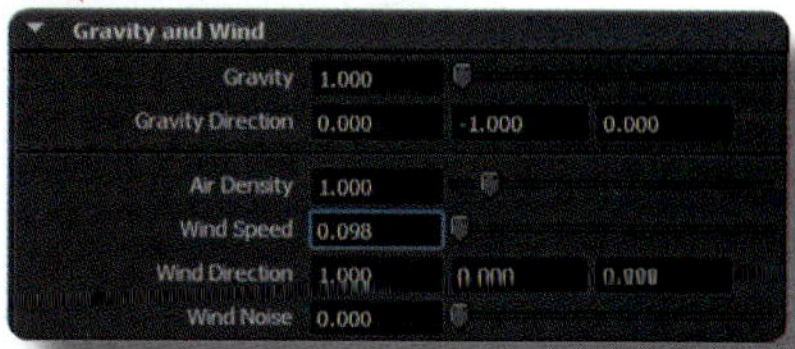

8

4

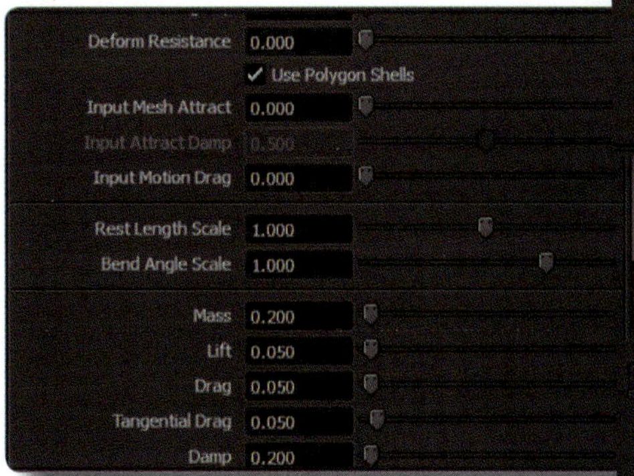

5

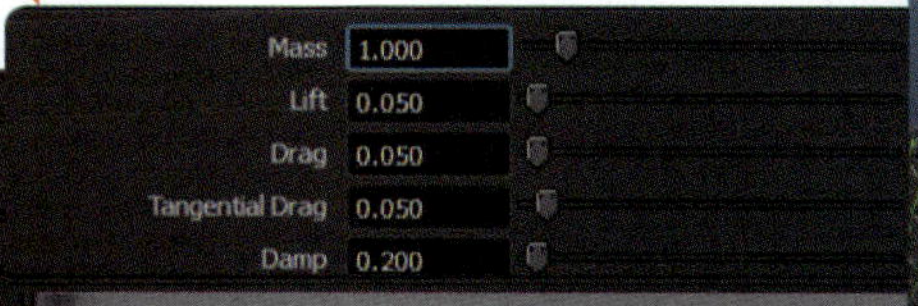

Con los valores insertados, la bandera se desvanece en menor grado.

6

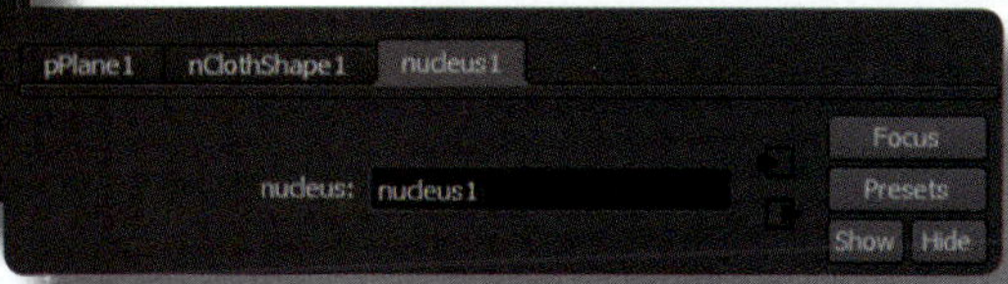

La opción **Visibility** de los atributos del núcleo permite mostrar como flechas en la escena la situación y la dirección de la gravedad y el viento.

Importar un objeto nCloth de ejemplo

COMO HEMOS VISTO EN MÁS DE UNA OCASIÓN, una forma óptima de conocer el uso y funcionamiento de algunas de las funciones más complejas de Maya es utilizando alguno de los archivos de ejemplo que el programa pone a disposición del usuario. Desde el menú nMesh podrá acceder al visor de ejemplos, en el cual encontrará una pestaña con distintos objetos que pueden crearse utilizando la función nCloth.

1. En este ejercicio le mostraremos cómo importar en una escena vacía uno de los archivos de ejemplo de objetos nCloth. De esta forma podrá comprobar en qué consisten estos objetos visualizando su simulación completa. Empecemos. Cree una nueva escena en blanco desde el menú **File** y guarde los cambios realizados en la escena **059.mb**. 1
2. Desde el grupo de menús **nDynamics**, despliegue el menú **nMesh** y haga clic sobre el comando **Get nCloth Example**. 2
3. Se abre la ventana **Visor** mostrando precisamente el contenido de la pestaña **nCloth Examples**. 3 Como puede comprobar, puede elegir entre ropa para personajes, una bandera ondeando con el viento, un sistema de confeti o, incluso, una cremallera. En este caso, y aunque le recomendamos que visualice todos y cada uno de estos ejemplos para comprender las enormes posibilidades que brinda el programa, seleccione

2

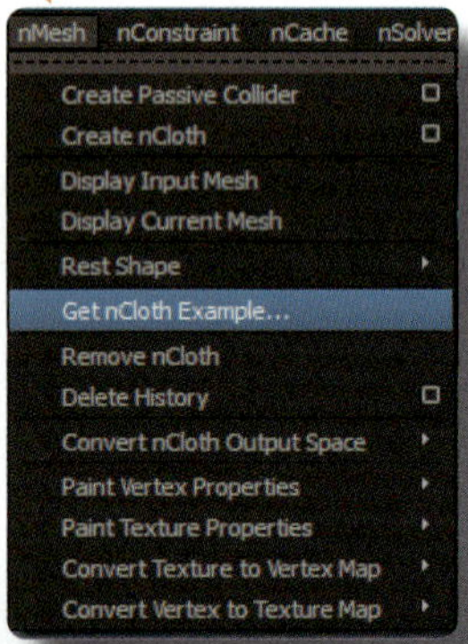

1

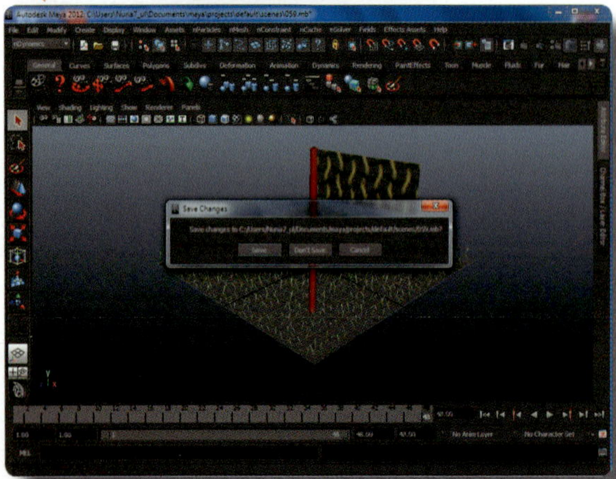

3

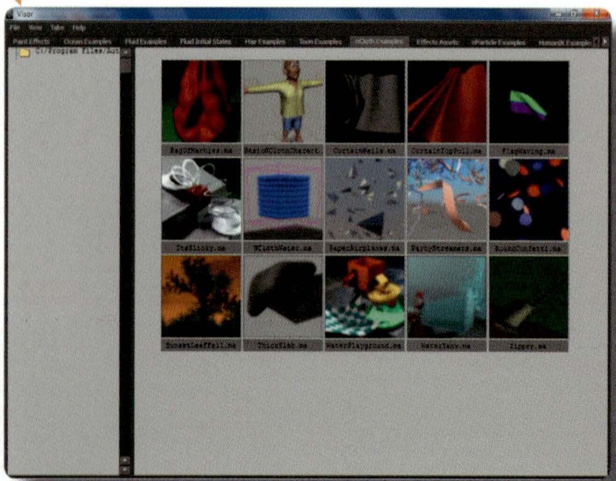

062

el segundo ejemplo, **BasicNClothCharacter**, haga clic con el botón derecho del ratón sobre él y pulse sobre la opción **Import Maya File BasicNClothCharacter.ma.**

4. Debido a la complejidad de estos objetos, el programa proporciona un tutorial en el cual puede seguir los pasos para conseguir crear este objeto en concreto y animarlo. Además, le informa de que en el editor de atributos aparecerá una serie de notas descriptivas del objeto, concretamente en la pestaña **nClothShape1**. En este caso, cierre el cuadro **Tutorial Info** pulsando sobre el botón de aspa de su cabecera y cierre del mismo modo la ventana **Visor.**
5. Las dimensiones de la escena son extremadamente grandes, por lo que reduzca el zoom con la ayuda de la rueda del ratón hasta que vea por completo el contenido y pulse la tecla **5** para aplicar un sombreado a los objetos nCloth.
6. Vamos a reproducir la escena para comprobar cómo se comporta la ropa sobre el personaje. Para ello, adapte la línea de tiempo para que se vean los 48 fotogramas y pulse el control adecuado para que se inicie la simulación.
7. En este caso, los ajustes del objeto nCloth han conseguido que la camisa del personaje se abroche y desabroche en un movimiento animado. Le instamos a que consulte por su cuenta los atributos de los objetos y los correspondientes núcleos para tratar de comprender el funcionamiento conseguido.

7

4

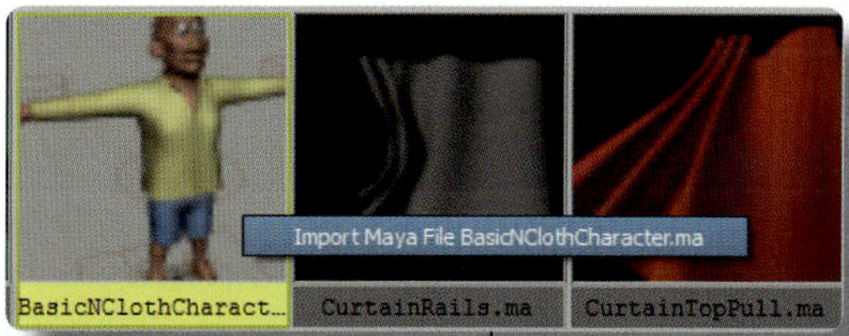

5

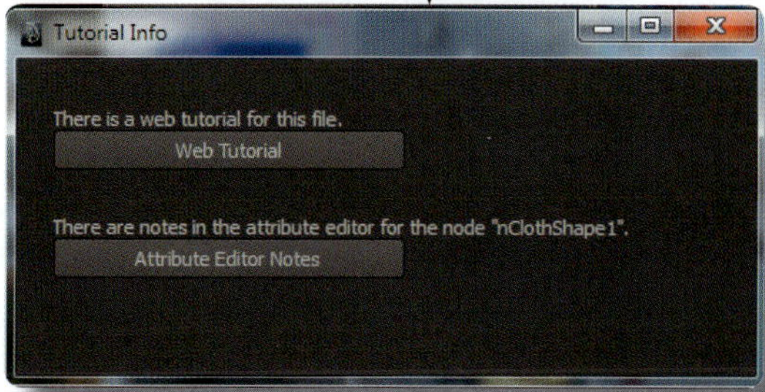

6

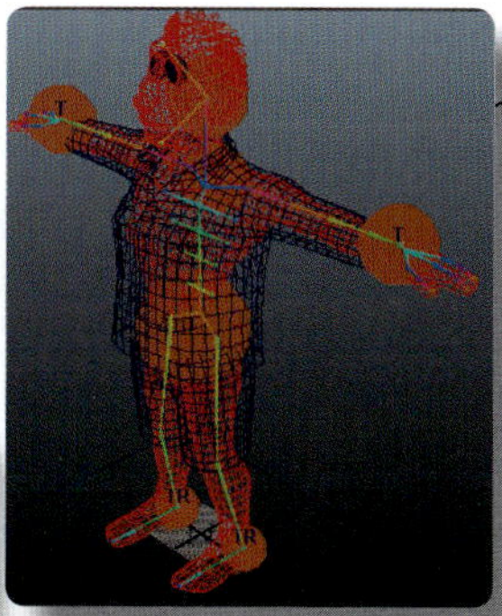

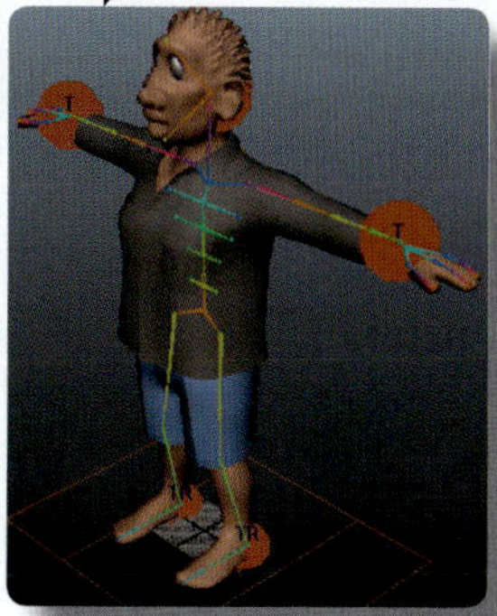

Desactive también la visualización con rayos X para no ver los huesos y junturas.

Empezar a trabajar con fluidos

IMPORTANTE

Los efectos de fluido dinámicos (explosiones, llamas, humo y lava) se comportan según las leyes de la naturaleza de la dinámica de fluidos, una rama de la física que utiliza ecuaciones matemáticas para calcular cómo fluyen las cosas. Los efectos de fluido no dinámicos son fluidos en 3D que inherentemente requieren información extraordinaria para definirlos, información que puede ralentizar la simulación dinámica exponencialmente debido a que necesita más cálculos en cada paso de la simulación.

LOS EFECTOS DE FLUIDO DE MAYA (MAYA FLUID EFFECTS) son una tecnología para la simulación y la renderización realista de movimiento de fluidos. Fluid Effects permite crear una amplia variedad de efectos atmosféricos, pirotécnicos, espaciales y líquidos tanto en 2D como en 3D. Una vez más, el mejor modo de empezar a trabajar con este tipo de efectos es accediendo a los distintos ejemplos disponibles en el programa para experimentar su funcionamiento sobre un efecto ya creado.

1. En este primer ejercicio obtendrá un primer contacto con los efectos de fluido de Maya. Para ello, empiece en una nueva escena desde la cual muestre la barra de menús del grupo denominado **Dynamics**. 1
2. Despliegue el menú **Fluid Effects** y haga clic sobre el comando **Get Fluid Example...** 2
3. Se abre la ventana Visor mostrando el contenido de la pestaña **Fluid Examples**. Como puede ver, el programa organiza los efectos de fluido por tipos: nubes y niebla, explosiones, fuego, líquidos, humo, espacio, técnicas y varios. Estos tipos podrían etiquetarse en dos grupos: dinámicos y no dinámicos, según su comportamiento. En este caso, veremos un ejemplo de un efecto de nubes, por lo que pulse sobre la carpeta **CloudsAndFog**. 3

1

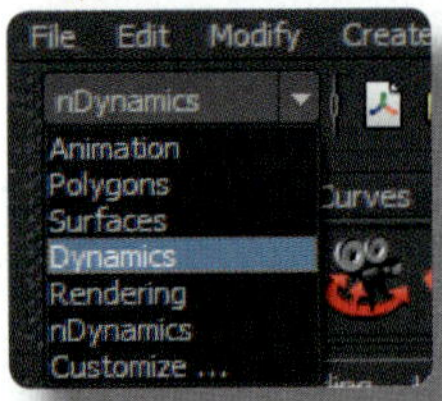

No confunda el grupo de menús **Dynamics** con el denominado **nDynamics**.

2

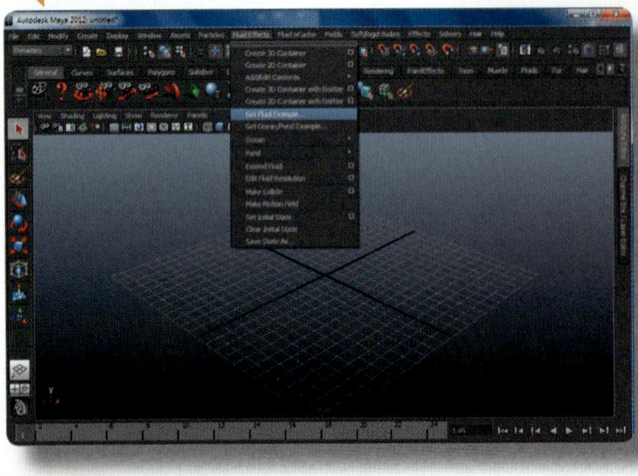

3

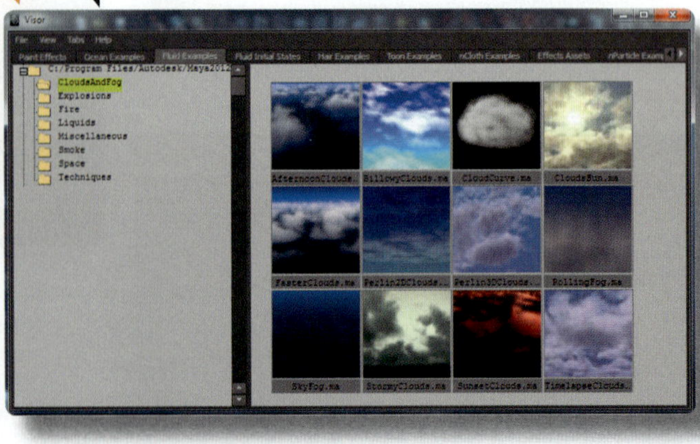

063

4. Como puede ver, dispone de archivos con nubes y archivos con niebla. Como ejemplo, veremos cómo se crea una nube sencilla, por lo que seleccione el archivo denominado **CloudCurve.ma**, pulse sobre él con el botón derecho del ratón y haga clic en **Import Maya File CloudCurve.ma**. [4] Cierre la ventana **Visor** para comprobar el aspecto del fluido en la escena actual. [5]
5. Seleccione el contenedor rectangular que envuelve la forma y muestre el editor de atributos. [6]
6. Como puede comprobar por las pestañas existentes, el efecto de fluido está formado al menos por cinco componentes: el fluido en sí, la forma del fluido, el tiempo y el estado inicial de la forma. En este caso, resulta muy interesante consultar el contenido de la sección Notes del editor, puesto que en ella se describe paso a paso el proceso seguido para conseguirlo. Léalo por su cuenta.
7. En ocasiones, como en el ejemplo que nos ocupa, las escenas incluyen cámaras personalizadas para visualizar el efecto. Para ver la escena a través de dicha cámara, despliegue el menú **Panels** del visor, pulse sobre el comando **perspective** y elija la cámara **cloudCurveCam**. [7]
8. Compruebe cómo cambia el punto de vista y cómo podemos ver la nube desde su misma altura. [8] Cada ejemplo de efectos de fluido contiene el fluido, la geometría, los sombreadores, las luces, los archivos en caché y los entornos requeridos por cada efecto. Consulte todas estas características en el editor de atributos y dé por terminado este ejercicio.

IMPORTANTE

Los archivos de ejemplo proporcionados por Maya pueden utilizarse con distintos fines: puede modificarlos para personalizar los efectos, puede consultarlos para aprender a crear personalmente estos efectos o bien sencillamente puede visualizarlos para obtener nuevas ideas para sus creaciones.

7

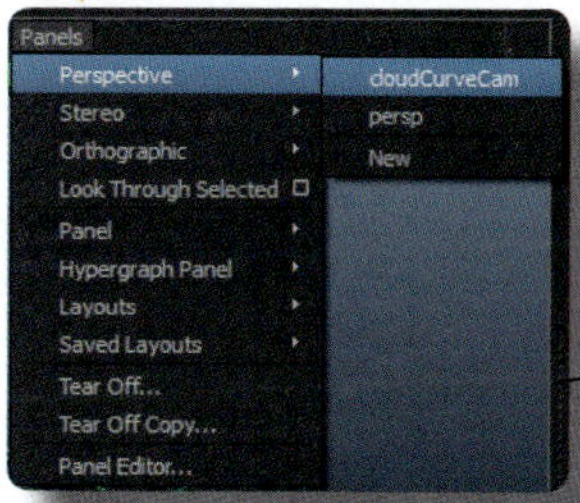

8

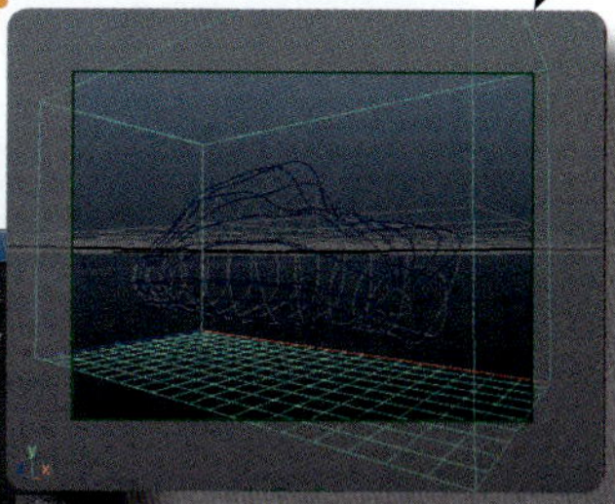

4

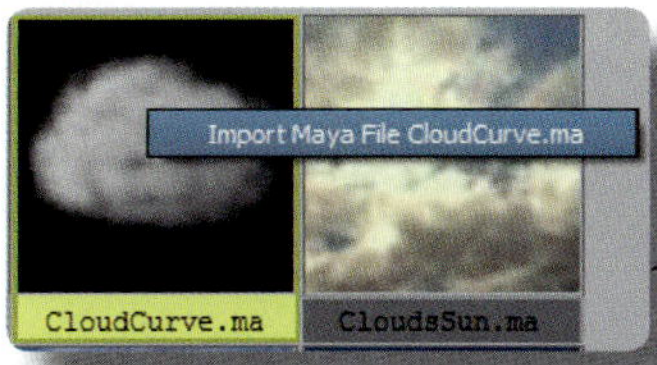

6

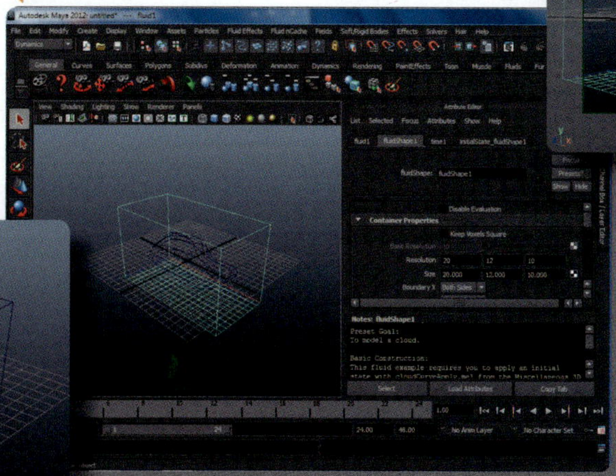

5

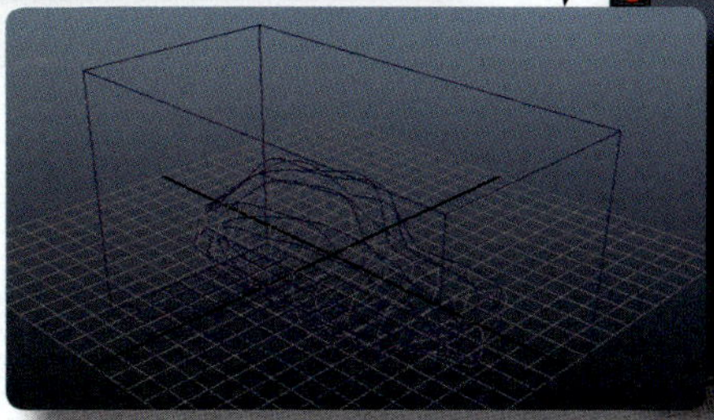

Crear un contenedor de fluidos

UN CONTENEDOR DE FLUIDOS ES COMO UNA MINI escena dentro de una escena en maya que se utiliza para efectos gaseosos y de plasma, como nubes, llamas y explosiones. De hecho, el efecto en sí mismo sólo puede existir dentro de un contenedor. Los fluidos pueden ser generados dentro del contenedor mediante un emisor o bien pintando el efecto en su interior. Después, las fuerzas dinámicas actuarán sobre el fluido dentro del contenedor para crear el efecto buscado.

IMPORTANTE

Existen en Maya dos tipos de contenedores, aunque ambos funcionan del mismo modo: 2D y 3D. Los contenedores 2D son planos sin volumen que generalmente calculan más rápido que los contenedores 3D, los cuales tienen volumen cúbico. Si no necesita que ningún objeto vuele a través del efecto de fluido o si el ángulo de la cámara no cambia con relación al fluido, es suficiente trabajar con contenedores en 2D.

1. En este ejercicio trabajaremos con los fluidos básicos para crear efecto básico utilizando para ello un contenedor en 2D. En una nueva escena, despliegue el menú **Fluid Effects** y haga clic sobre el comando **Create 2D Container.** [1]
2. Aparece en la escena un simple plano situado en orientación vertical. Este plano es el contenedor y queda representado con dos nodos: **fluid1**, el nodo de transformación, y **fluidShape1**, el nodo de forma. Despliegue de nuevo el menú **Fluid Effects**, haga clic sobre el comando **Add/Edit Contents** y pulse sobre el iniciador del cuadro de opciones de la opción **Paint Fluids Tool.** [2]
3. Otra forma de activar la interfaz de Artisan Brush es desde el shelf **Fluids**, concretamente, mediante el tercer comando de

1

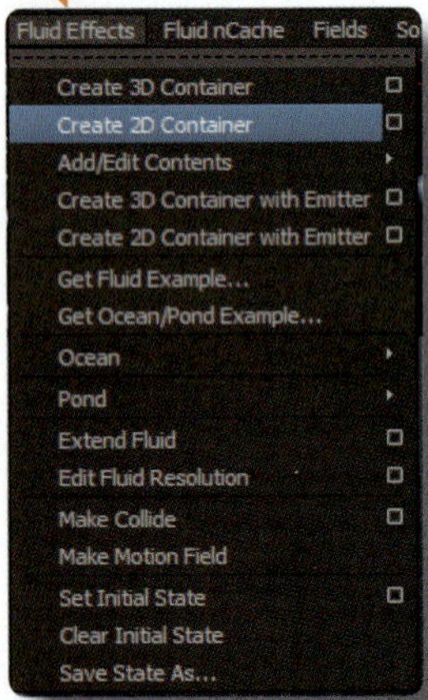

Recuerde que el menú **Fluid Effects** forma parte del grupo de menús **Dynamics**.

2

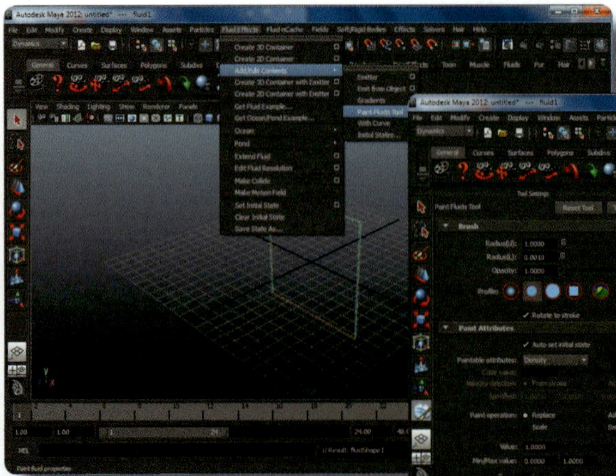

3

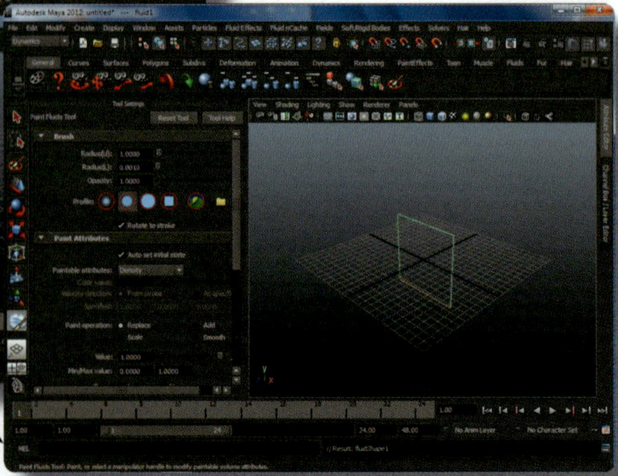

este elemento. En la parte izquierda de la pantalla se abre el panel de la herramienta de pintura Artisan Brush. A continuación, en la sección **Paint Attributes**, asegúrese de que en el campo **Paintable attributes** aparece la opción **Density**, y que el campo **Value** se encuentra configurado en 1. [4]

4. Antes de crear un ejemplo básico de fluidos dentro del contenedor, realice un zoom sobre la escena y rótela ligeramente con la ayuda de la tecla **Alt** y el ratón.
5. Seguidamente, realice algunos trazos dentro del contenedor [5] y pulse la tecla **5** para que dichos trazos aparezcan en modo sombreado. [6]
6. Como puede comprobar, los trazos se muestran como manchas suaves y desenfocadas. Lo que haremos a continuación, y con el fin de poder comprobar con claridad una simulación del sencillo efecto que hemos creado, será alargar la duración de la línea de tiempo hasta los 200 fotogramas. Hágalo insertando este valor en los dos campos de la parte inferior de la línea de tiempo. [7]
7. Ha llegado el momento de reproducir la simulación. Para ello, rebobine la escena si es preciso y reprodúzcala desde los controles de animación del programa.
8. ¡Efecto conseguido! Los trazos se retuercen y cambian de forma como si fueran nubes, siempre dentro de los límites marcados por el contenedor. [8] Termine este ejercicio guardando la nueva escena con el nombre **fluido**.

064

IMPORTANTE

Al configurar un contenedor de fluidos, puede elegir entre añadir un emisor que genere el fluido dentro del contenedor o bien puede situar directamente el fluido dentro de dicho contenedor mediante la interfaz de Artisan Brush, como hemos visto en este ejercicio.

8

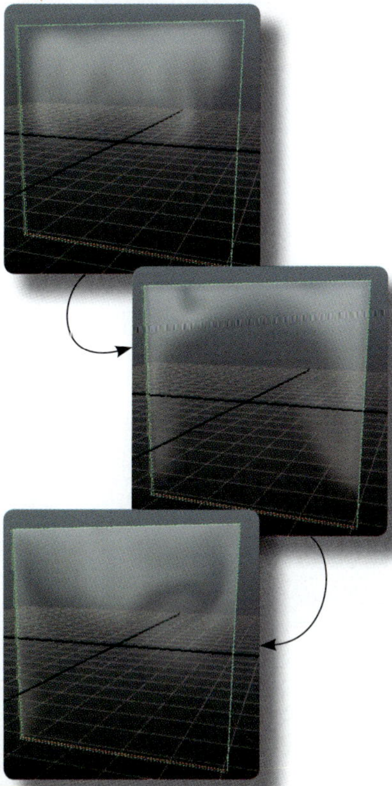

4

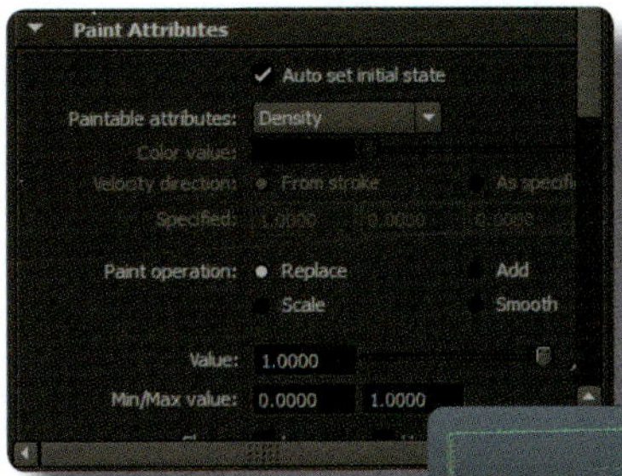

Los atributos que pueden pintarse en un contenedor son, además de la densidad, el color, la velocidad, la temperatura, entre otros.

7

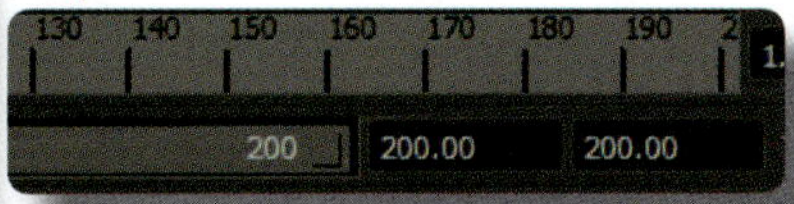

5

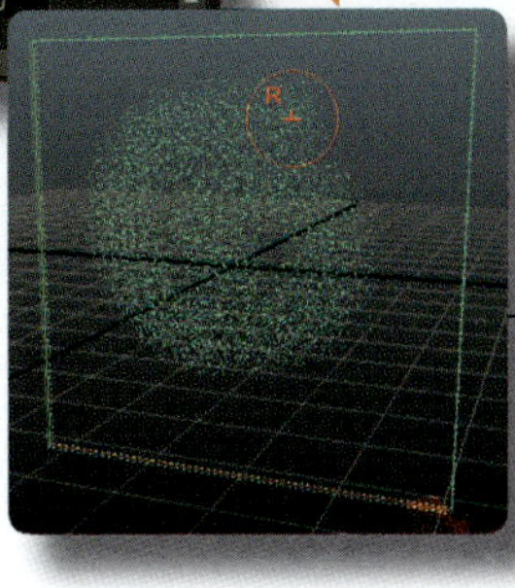

6

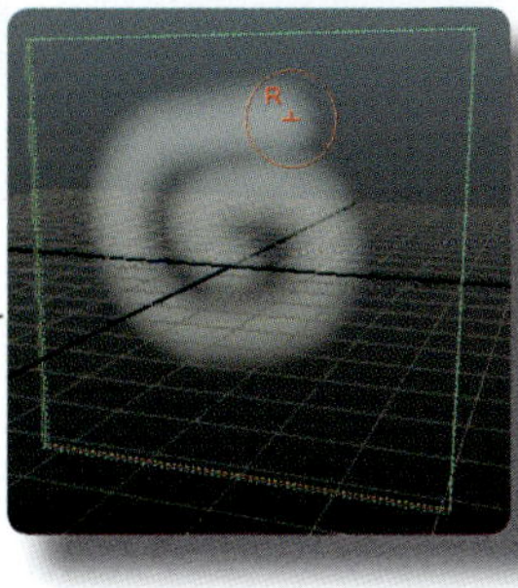

Por defecto, los trazos se crean en modo alámbrico, por lo que se visualizan como una serie de puntos de color verde.

Crear un emisor de fluidos

IMPORTANTE

Para desplazar el contenedor de fluidos creado en el ejercicio anterior en el visor actual, deberá seleccionarlo por completo. Para ello, lo mejor es seleccionar el nodo **fluid1** en el panel **Outliner**. Recuerde que dicho panel es accesible desde el menú **Window**.

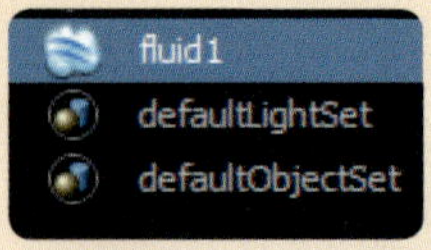

OTRA FORMA DE GENERAR UN FLUIDO DENTRO de un contenedor de fluidos es mediante el uso de un emisor de fluidos. Estos emisores consisten en un punto o una área en un espacio 3D que generan fluidos en una tasa controlable. Es posible crear por separado el contenedor y el emisor o bien utilizar el correspondiente comando del shelf Fluids para crear ambos componentes de forma automática.

1. En este ejercicio le mostraremos cómo crear un nuevo contenedor de fluidos con un emisor para conseguir un nuevo fluido con forma de nube. Aprovecharemos esta práctica para mostrarle cómo hacer que dicha nube adquiera una forma determinada. Empecemos. Siguiendo los pasos de la práctica anterior, cree un nuevo contenedor 2D y, en su interior, dibuje un plano NURBS. 1
2. A continuación, seleccione el plano y el contenedor (utilice si lo desea el panel **Outliner**). 2
3. Despliegue el menú **Fluid Effects**, haga clic sobre el comando **Add/Edit Contents** y acceda al cuadro de opciones de la opción **Emit from Object**. 3
4. En el cuadro **Emit from Object Options**, asegúrese de que se encuentra seleccionada la opción **Surface** en el campo **Emitter Type** y pulse el botón **Apply and Close**. 4

1

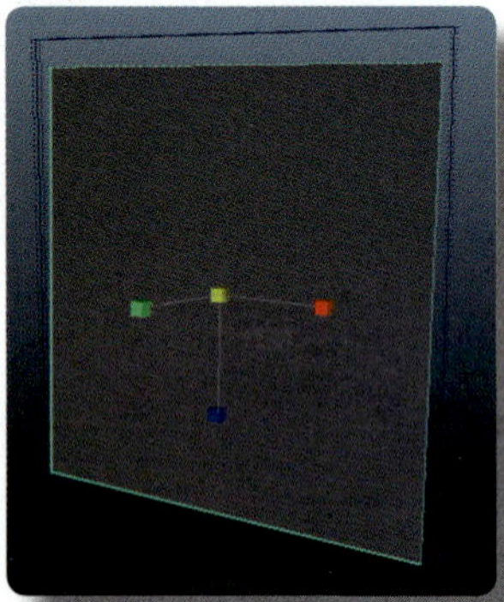

Utilice las herramientas de transformación (**Move**, **Rotate** y **Scale**) para redimensionar y colocar el plano dentro del contenedor.

2

En el panel **Outliner**, deberá seleccionar en este caso el nodo **fluid2**.

3

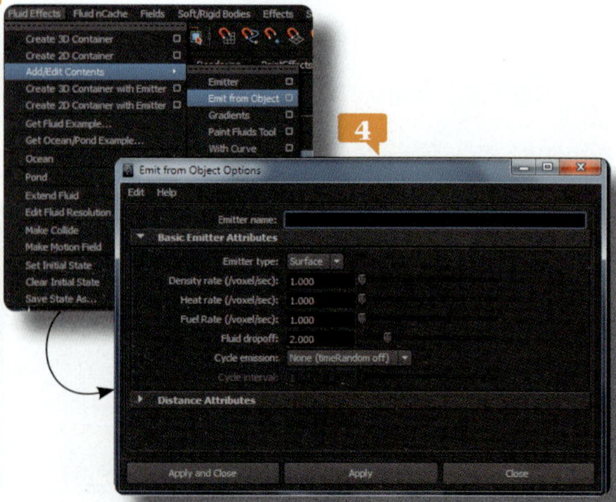

065

5. El emisor de fluidos aparece en el centro del contenedor y del plano. Reproduzca la animación desde los controles de reproducción y compruebe cómo se va formando una nube desde el centro. 5

6. A continuación, asignaremos a esta nube una forma procedente de un archivo que hemos preparado previamente y que puede descargar desde nuestra página web con el nombre **cara.tiff** y guardar en la carpeta **sourceimages** del proyecto actual. Cuando disponga de este archivo, seleccione el emisor de fluidos y acceda al editor de atributos. 6

7. En la pestaña **FluidEmitter1**, muestre la sección **Fluid Attributes** y pulse sobre el icono situado a la derecha del campo **Density Emission Map**. 7

8. Se abre la ventana **Create Render Node**, en el cual debemos elegir el tipo de textura que se utilizará en este caso. Como lo que queremos es utilizar un archivo existente, pulse sobre la opción **File**. 8

9. En el editor de atributos aparece seleccionada ahora una nueva pestaña, denominada **file1**. El siguiente paso lógico consiste en elegir el archivo en cuestión, por lo que pulse sobre el icono de carpeta situado a la derecha del campo **Image Name** 9 y seleccione con un doble clic el archivo **cara.tiff** en su carpeta de archivos.

10. Ya hemos asignado la forma deseada al fluido. Reproduzca la simulación y compruebe cómo, en un momento determinado, la nube muestra el dibujo seleccionado. 10

IMPORTANTE

Para comprobar mejor el resultado de la generación del fluido, puede ocultar la forma NURBS, sin que para ello se vea afectada la simulación conseguida. Para ello, despliegue el menú **Show** del visor y desactive la opción **NURBS Surface**.

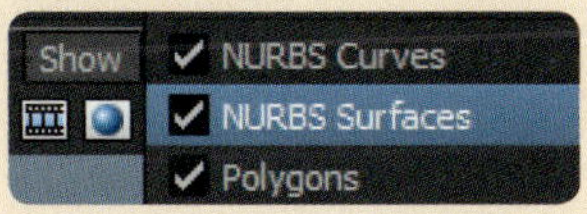

8

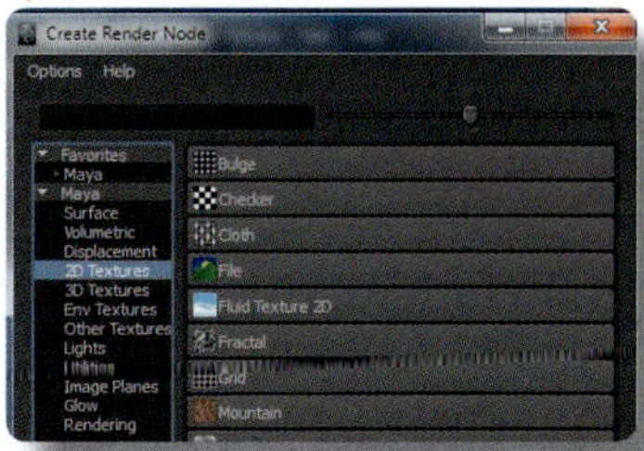

9

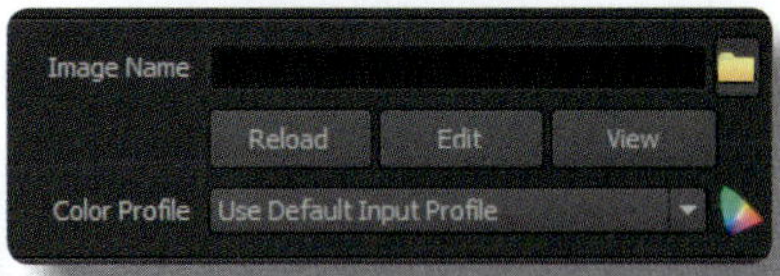

Para mejorar el aspecto de la nube, puede aumentar el valor del campo **Base Resolution** del contenedor del fluido.

5

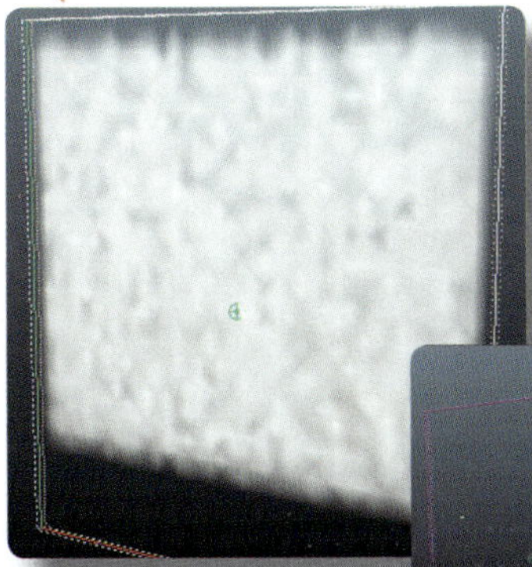

6

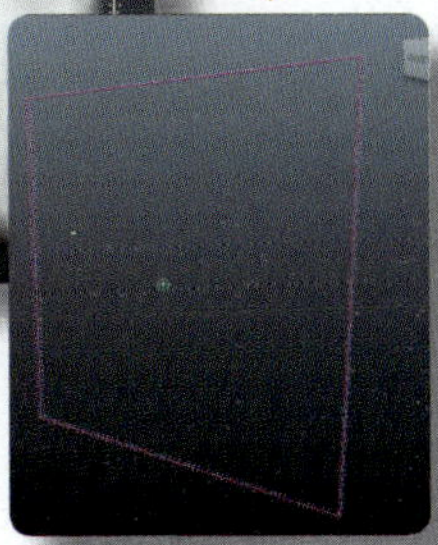

Para seleccionar el emisor de fluidos, seleccione en el panel **Outliner** el nodo **fluidEmitter1**.

10

7

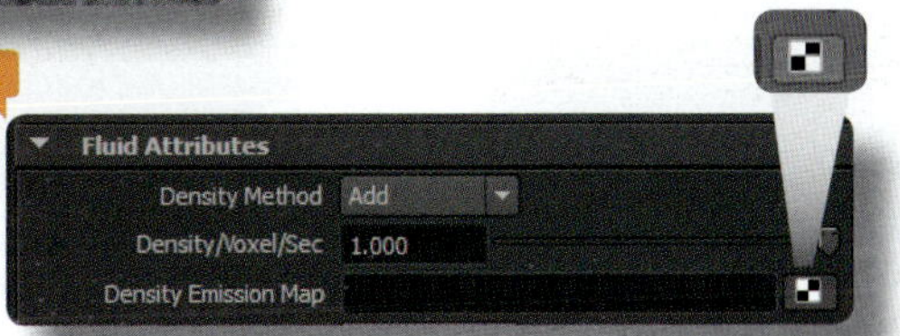

Utilizar campos con los fluidos (I)

LOS FLUIDOS PUEDEN SER CONTROLADOS POR LO QUE en Maya se denomina campos dinámicos. Los campos dinámicos son fuerzas naturales como las turbulencias, el volumen de eje, la resistencia o los remolinos. Todos estos componentes se utilizan sobre todo para distorsionar los fluidos generados. Debe saber que los campos dinámicos no son exclusivos de los fluidos, sino que se utilizan también para animar el movimiento de partículas, nCloth, cuerpos rígidos e, incluso, pelo.

1. En este ejercicio continuamos trabajando con el fluido generado en la práctica anterior, que dibuja la cara de un niño. En este caso, intentaremos que esta forma aparezca al inicio de la simulación sin movimiento hasta que un campo dinámico sea aplicado al fluido. Empecemos. Como necesitamos seleccionar la forma del fluido, acceda al panel **Outliner** y en él seleccione el nodo denominado **fluid2.** 1
2. Muestre el editor de atributos, asegúrese de que se encuentra activa la pestaña **fluidShape3**, correspondiente a la forma del fluido, y muestre la sección **Contents Details.** 2
3. Para llevar a cabo nuestro objetivo, debemos modificar en este caso la propiedad de flotabilidad del fluido, representado en el campo **Buoyancy**. En este campo, inserte el valor 0. 3

1

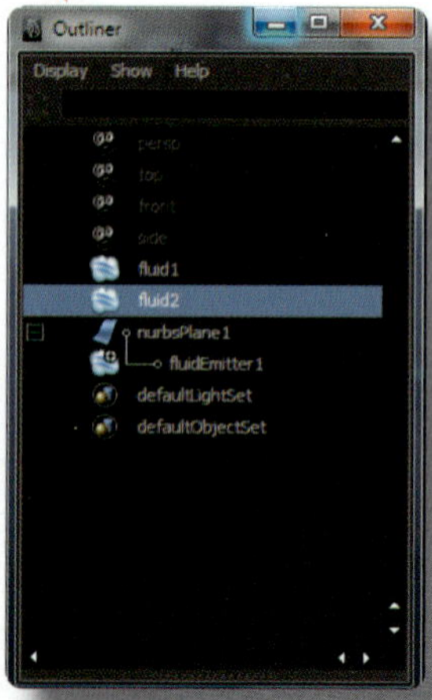

Recuerde que el nodo **fluid1** contiene el fluido generado en el ejercicio 64.

2

3

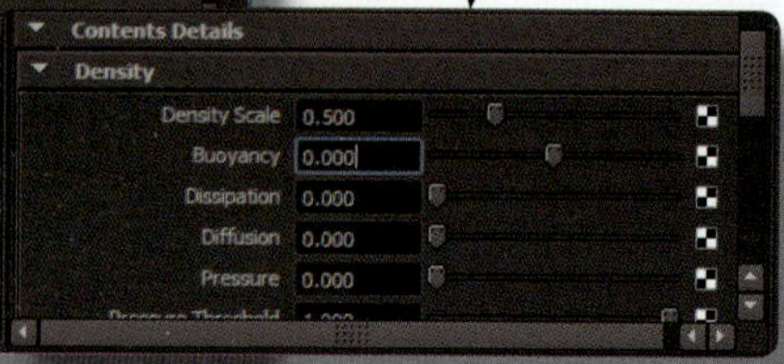

066

4. Seguidamente, con el fin de crear una imagen más limpia a través del humo sin necesidad de aumentar la resolución del fluido, inserte el valor **2** en el campo **Density Scale**.
5. Llegados a este punto, rebobine y reproduzca la animación y compruebe como la imagen de la cara se mantiene inmóvil mientras se forma desde el principio.
6. Ahora vamos a fijar el fotograma 30 como estado inicial. La razón por la que elegimos este fotograma es que es en el cual se visualiza con mayor claridad el dibujo. Sitúese en el mencionado fotograma y, en el panel **Outliner**, seleccione el nodo **fluid2**.
7. A continuación, despliegue el menú **Fluid Effects** y haga clic sobre el comando **Set Initial State**.
8. Ya estamos terminando. En el editor de atributos, muestre las propiedades de la pestaña **fluidEmitter1**.
9. Lo que pretendemos ahora es evitar que el emisor de fluidos deje de emitir gases dentro del contenedor a partir del fotograma indicado. Para ello, muestre el contenido de la sección **Basic Emitter Attributes** e inserte el valor **0** en el campo **Rate (percent)**.
10. Para terminar esta primera parte del proceso, rebobine y reproduzca la simulación y compruebe como, efectivamente, la imagen de la cara se visualiza claramente al inicio de la reproducción y así se mantiene mientras la animación se reproduce.

IMPORTANTE

Si ajusta el estado inicial del fluido y, más adelante, decide cambiar las propiedades dinámicas de la simulación, deberá anular previamente este estado inicial. Para ello, despliegue el menú **Fluid Effects** y haga clic sobre el comando **Clear Initial State**.

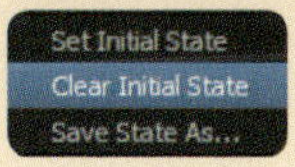

7

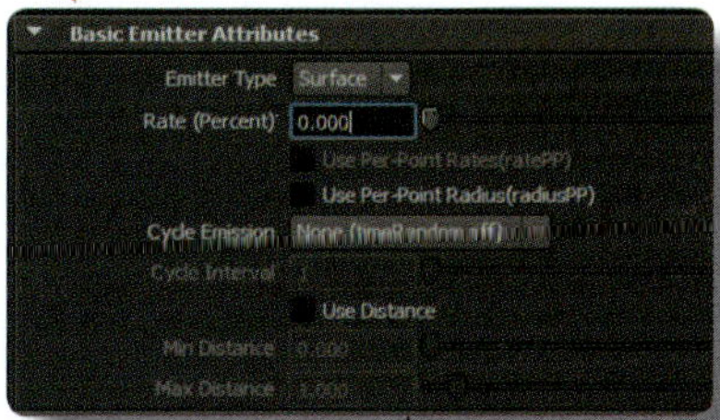

4

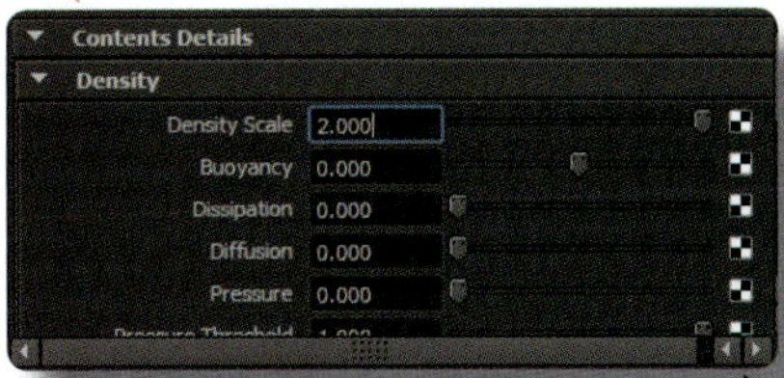

5

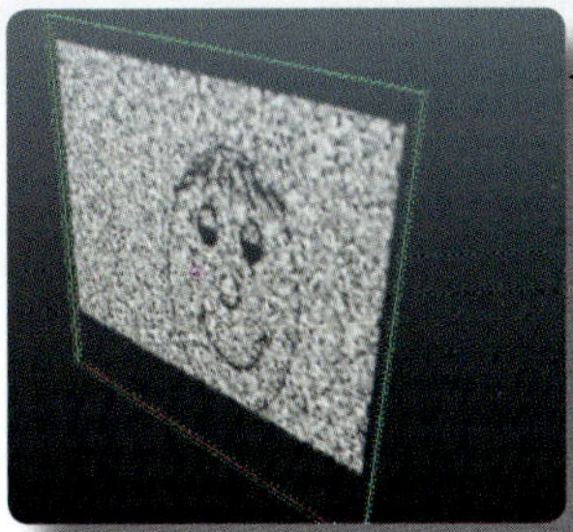

6

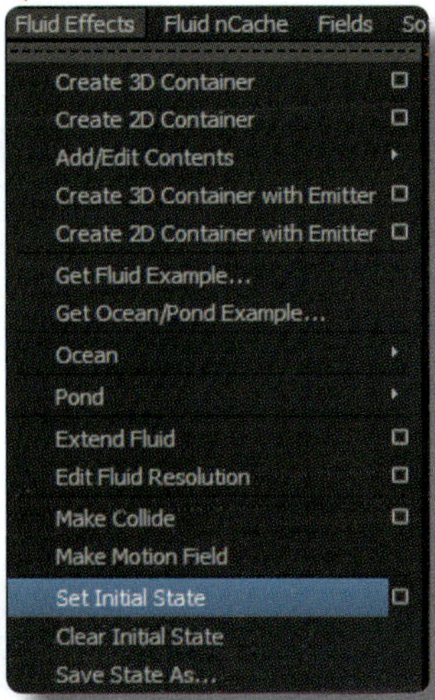

8

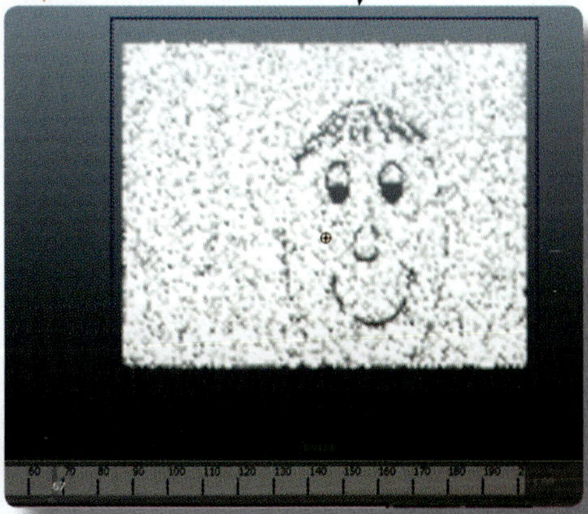

Utilizar campos con los fluidos (II)

IMPORTANTE

Algunas de las aplicaciones del campo **Volume Axis** son la creación de efectos como partículas flotando alrededor de obstáculos, rayos solares, crecimiento de nubes, explosiones, tornados o el lanzamiento de un cohete.

EN ESTA SEGUNDA PARTE DEL EJERCICIO ANTERIOR, en el cual iniciamos el proceso de asignación de un campo dinámico a un fluido, veremos propiamente cómo se aplica el campo, en este caso, del tipo volumen (Volume Axis). Este tipo de campo permite mover objetos en distintas direcciones sobre un volumen, teniendo en cuenta que el movimiento aplicado al objeto es relativo al eje de dicho volumen.

1. Iniciamos este ejercicio en el punto en que finalizamos el anterior. Desde el panel **Outliner**, seleccione el nodo **fluid2** para activar el fluido completo.
2. Al seleccionar previamente este nodo ante de crear el campo, el campo y el fluid estarán automáticamente conectados. A continuación, para elegir el tipo de campo que queremos aplicar, despliegue el menú **Fields** y haga clic sobre el comando **Volume Axis**. [1]
3. En el centro del contenedor y del fluido aparece el elemento que representa el campo elegido, con la forma predeterminada de un cubo. [2] Cambiaremos esta forma por la de una esfera y aprovecharemos para ajustar una serie de propiedades que nos servirán para conseguir nuestro objetivo. Muestre el editor de atributos y, en la pestaña **volumeAxisField1**, muestre el contenido de la sección **Volume Axis Field Attributes**. [3]

1

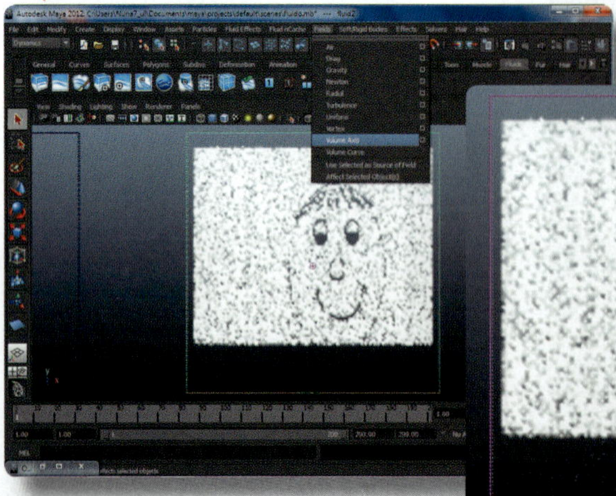

2

3

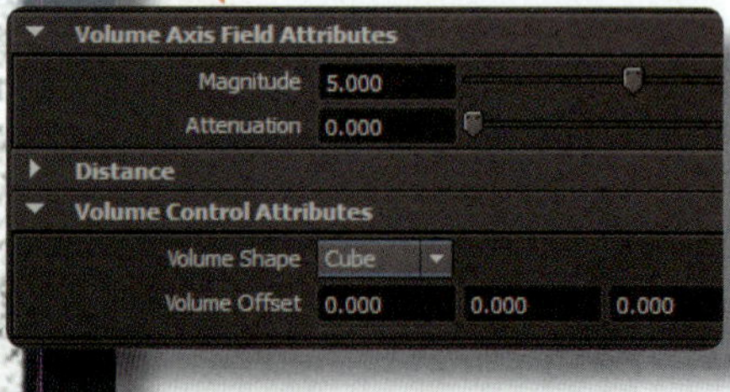

Por defecto, la forma que adquiere el campo **Volume Axis** es la de un cubo.

067

4. Aumente el valor del campo **Magnitude** insertando la cifra **100** y mantenga el valor **0** en el campo **Attenuation**.
5. A continuación, muestre el contenido de la sección **Distance**, active la opción **Use Max Distance** y fije el valor del campo **Max Distance** en **0.5**.
6. Muestre el contenido de la sección **Volume Control Attributes**, despliegue el campo **Volume Shape** y elija la opción **Sphere**.
7. Como última configuración de atributos, en la sección **Volume Speed Attributes**, inserte el valor **10** en el campo **Away From Center**.
8. Llegados a este punto, vamos a fijar los fotogramas clave en los que se llevará a cabo la aplicación del campo sobre el fluido. En el primer fotograma, y desde la sección **Transform Attributes** del campo **Volume Axis**, cambie el valor del campo **Translate Z** a 5 y cree un fotograma clave.
9. Ahora, sitúese en el fotograma 50, fije el valor del campo **Translate Z** en **-5** y cree un nuevo fotograma clave.
10. A continuación, inserte el valor **1.3** en el campo **Translate X** y el valor **2** en el campo **Translate Y**.
11. Ha llegado el momento de comprobar el efecto conseguido. Para ello, rebobine la animación y reprodúzcala.

Si desea que el efecto sea más marcado, cree dos campos más del mismo tipo con los mismos ajustes y situándolos en distintas posiciones.

9

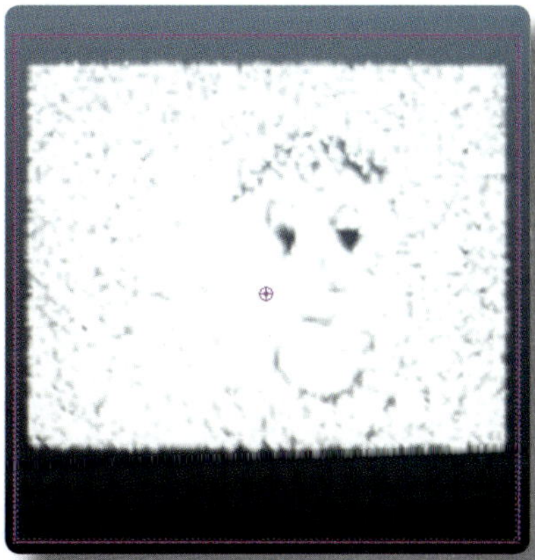

4

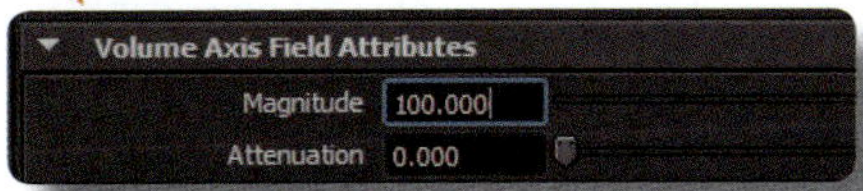

5

6

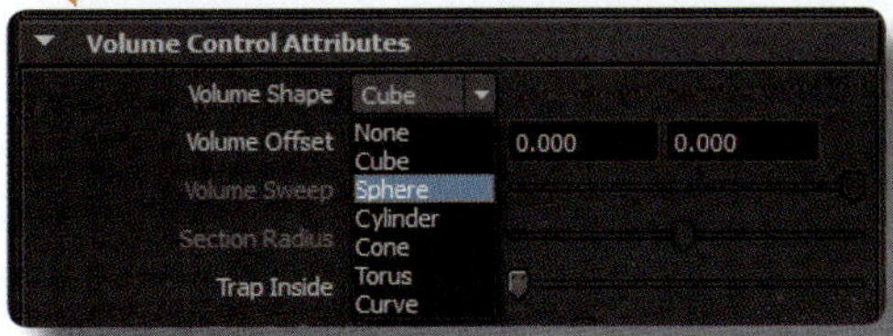

7

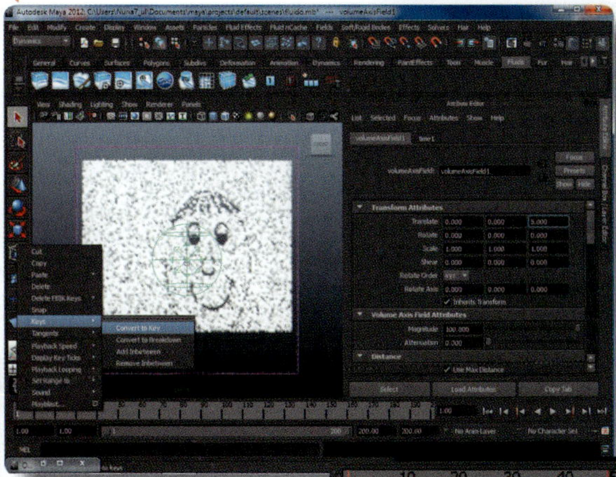

8

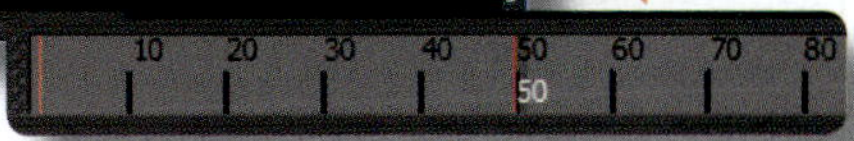

Crear un océano

IMPORTANTE

Las superficies acuáticas, ya sean océanos o estanques, pueden requerir bastante tiempo en el proceso de renderizado, por lo que es conveniente tenerlo en cuenta cuando planifique sus escenas.

MAYA CUENTA CON UN ESPECTACULAR EFECTO de fluido que permite crear rápida y fácilmente un océano. Este efecto utiliza una superficie y un sombreador especial para conseguir una superficie acuática que se comporta dinámicamente. Este sombreador, denominado Ocean, utiliza un mapa de desplazamiento animado para crear la mencionada superficie.

1. En este último ejercicio dedicado a los efectos de fluido aprenderá a crear un océano. Para ello, puede trabajar, si lo desea, con la misma escena de fluidos o bien utilizar una escena en blanco. En cualquier caso, despliegue el menú **Fluid Effects**, haga clic sobre el comando **Ocean** y elija la opción **Create Ocean**. [1]
2. Aparece en la escena una amplia superficie NURBS, la cual representa la superficie del océano. [2] La malla del centro de la escena, resaltada de color verde, es lo que se denomina Preview Plane, o plano de previsualización; este elemento proporciona una idea de cómo se comportará cuando la escena se reproduzca. Para obtener una primera imagen del océano con los atributos predeterminados, renderice la escena. [3]
3. Espectacular, ¿verdad? Tras cerrar la ventana **Render View**, reproduzca la animación y compruebe cómo se mueve el agua por defecto.

1

Asegúrese de que se encuentra en el grupo de menús **Dynamics**.

2

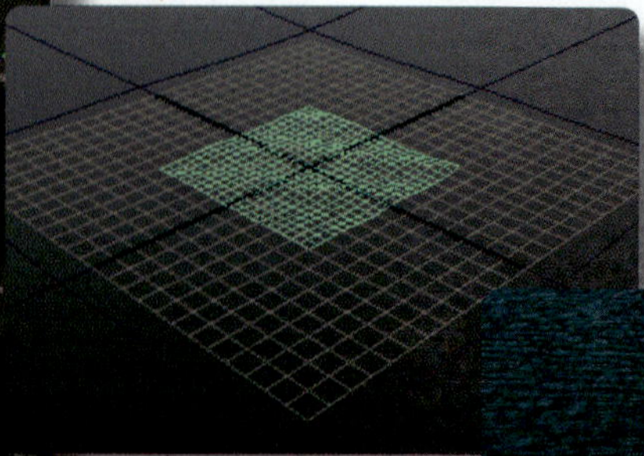

3

Al crear un océano, el programa crea automáticamente un nodo denominado **Ocean shader**, que incluye los controles necesarios para configurarlo y editarlo.

4. Lo que haremos a continuación será modificar algunos de los atributos predeterminados del agua. Para ello, en la pestaña **oceanShader1** del editor de atributos, muestre el contenido de la sección **Ocean Attributes**.
5. Por ejemplo, para disminuir la velocidad en que se mueven las olas, inserte el valor **0.6** en el campo **Wave Speed.** 4
6. El campo **Observer Speed** se utiliza para simular el efecto de movimiento del agua cuando pasa la cámara sin tener que animar ni el océano ni la cámara. Seguidamente cambiaremos la longitud de las olas. Teniendo en cuenta que esta longitud se mide en metros, inserte el valor **8** en el campo **Wave Length Max.** 5
7. A continuación, en la sección **Wave Turbulence**, arrastre el controlador redondo de la curva de edición hasta el extremo derecho y ligeramente hacia abajo. 6
8. Así, las olas más largas tendrán una frecuencia de turbulencias más alta. Al modificar este valor, podemos crear también crestas en la parte superior de aquellas olas que cuentan con más turbulencias. Le instamos a que modifique por su cuenta este valor hasta conseguir el aspecto que desee para las aguas del océano. Si el plano de previsualización se muestra en la escena en modo alámbrico, pulse la tecla **5** para sombrearlo.
9. Oculte la rejilla y vuelva a reproducir la simulación para comprobar el resultado conseguido. 7

068

IMPORTANTE

Para conseguir que el agua del mar tenga un aspecto más rugoso, puede manipular la curva de edición de la sección Wave Height; esta curva cambia el peso de las olas respecto a su longitud. Si edita la curva de manera que la ola rompe hacia la derecha, las olas con una longitud más larga serán proporcionalmente más altas que las olas con la longitud más corta.

4

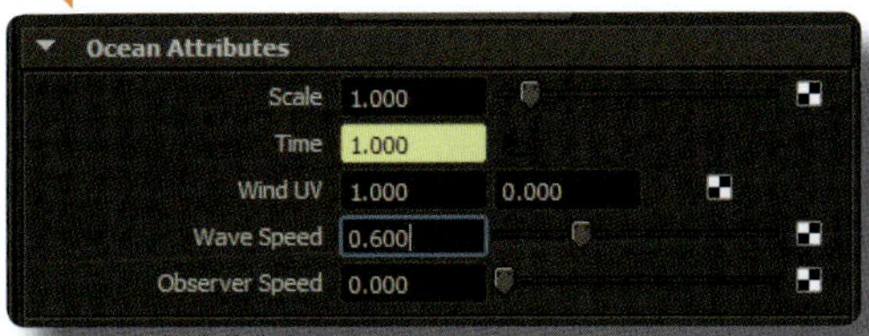

5

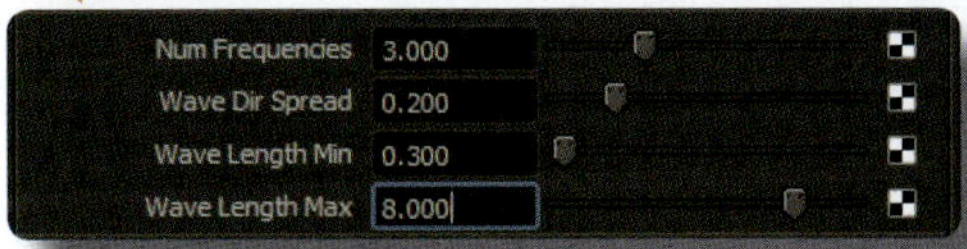

6

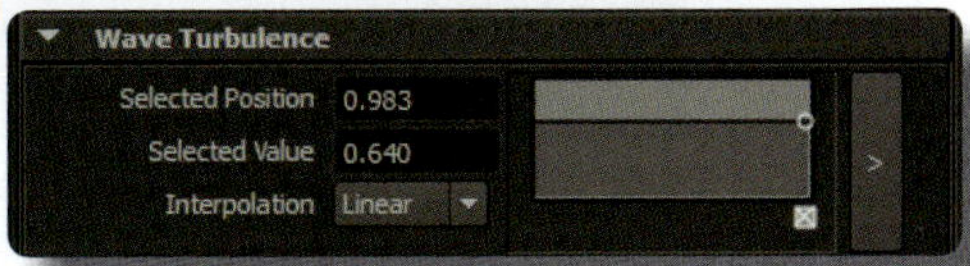

7

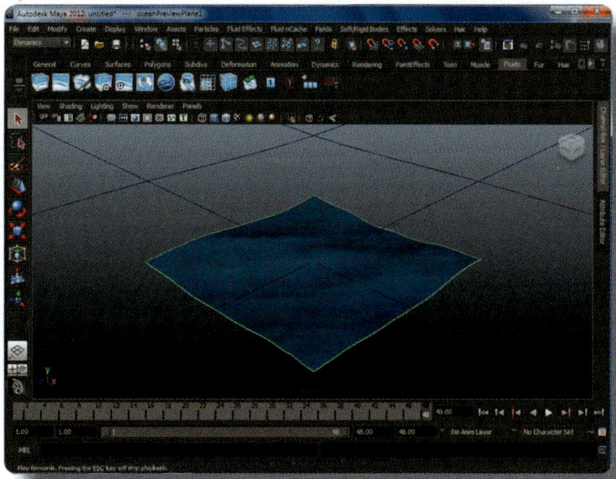

A medida que va introduciendo los cambios en el editor de atributos, el plano de previsualización del océano se va actualizando.

Hacer flotar objetos sobre el agua

MAYA PERMITE HACER FLOTAR OBJETOS SOBRE EL AGUA mediante el uso de los denominados locators. Es posible añadir estos elementos sobre los objetos individualmente o utilizando los comandos pertinentes del menú Ocean. Si opta por este proceso, podrá crear de forma muy fácil una boya, un objeto flotando o un bote sobre el agua.

1. En este ejercicio crearemos una esfera que haremos flotar sobre las aguas del océano creadas en el ejercicio anterior. El proceso para conseguir la flotación de cualquier objeto sobre el agua es realmente sencillo. Empezaremos dibujando nuestra esfera. Para ello, despliegue el menú **Create**, haga clic sobre el comando **Polygons Primitives** y elija la opción **Sphere**. 1
2. Ya sabe que el modo de creación de cualquier figura geométrica es el arrastre, por lo que trace la esfera aproximadamente en el centro del visor, sobre el agua. 2
3. Ahora, sencillamente tenemos que hacer que flote, así que, con la esfera seleccionada, despliegue el menú **Fluid Effects**, haga clic sobre el comando **Ocean** y elija la opción **Float Selected Objects**. 3

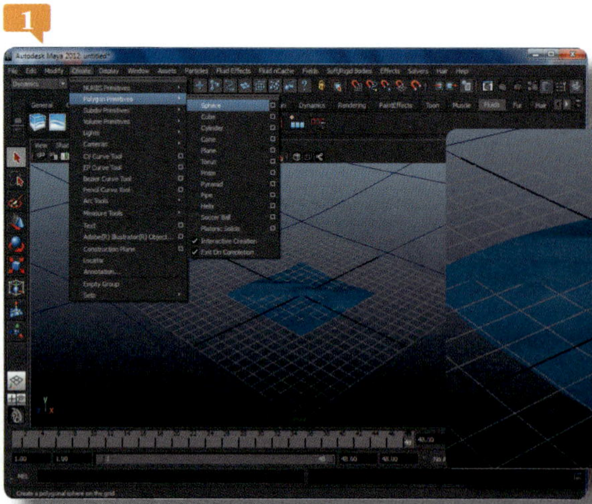

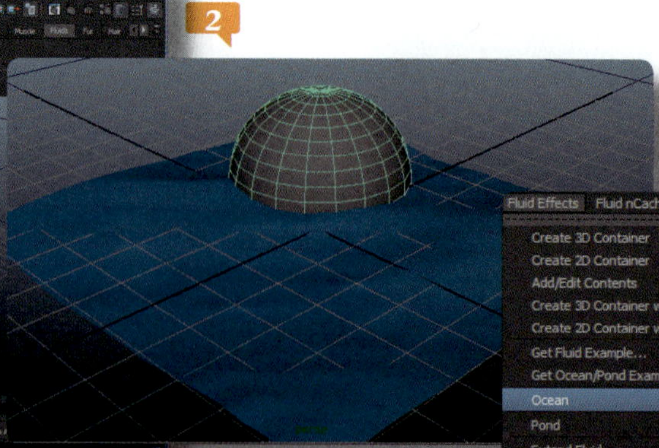

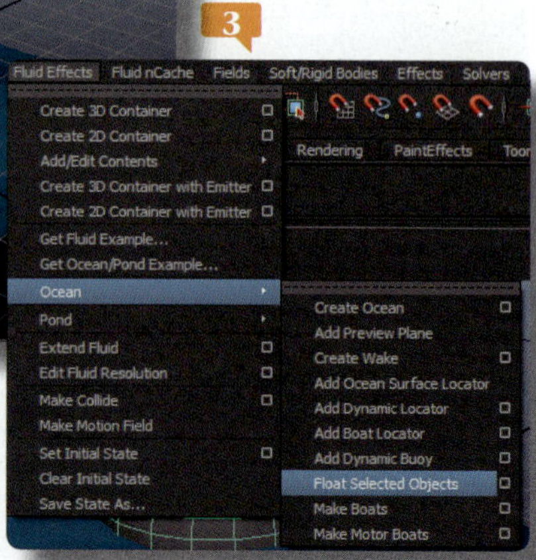

Si existiera más de un océano en la escena, deberá seleccionar, junto con el objeto, las aguas sobre las que desea que flote.

069

4. Aparentemente no ha ocurrido nada, aunque Maya ha conectado la esfera a un localizador dinámico. Muestre el editor de atributos y compruebe que, efectivamente, aparece una pestaña denominada **locatorShape1**. [4]

5. Como se indica en la sección de notas del editor de atributos, el nodo **locatorShape1** utiliza la expresión **expression1** para simular los efectos de flotabilidad. [5] Vamos a modificar algunos de los atributos predeterminados para conseguir un efecto concreto. Muestre la sección **Extra Attributes** del editor de atributos y fije la cantidad de flotabilidad en **0.4** insertando este valor en el campo **Buoyancy**. [6]

6. A continuación, seleccione la esfera con la herramienta **Rotate** y gírela ligeramente sobre el eje X. [7]

7. Seguidamente, cambiaremos un aspecto del color del océano para que nos permita ver parte de la esfera sumergida a través del agua. Para ello, sitúese en la pestaña **oceanShader1** del editor de atributos y muestre el contenido de la sección **Common Material Attributes**.

8. A continuación, desplace ligeramente el control deslizante del campo **Transparency** hasta conseguir un color gris oscuro. [8]

9. Por último, en la sección **Wave Peaking**, inserte el valor **0.355** en el campo **Foam Emission** para conseguir sobre las crestas de las olas un sombreado ligero. [9]

10. Termine este ejercicio reproduciendo la animación y guardando la escena con el nombre **océano**.

IMPORTANTE

El sombreador del océano tiene un índice de refracción por defecto de 1.3, por lo que se creará una refracción ligera sobre el agua.

8

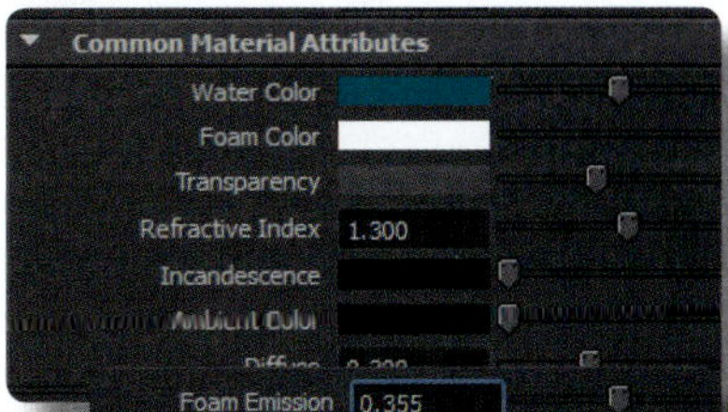

9

4

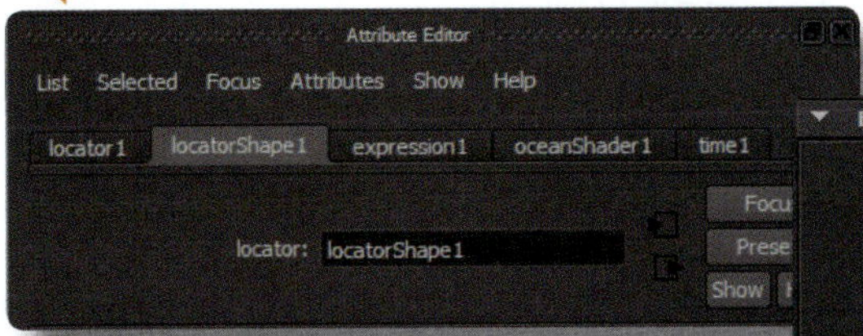

6

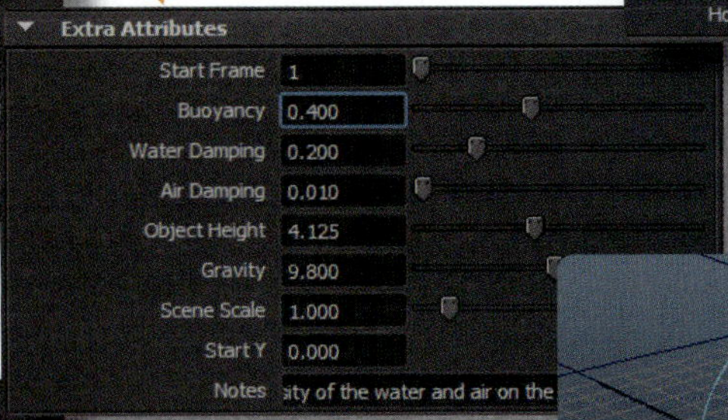

5

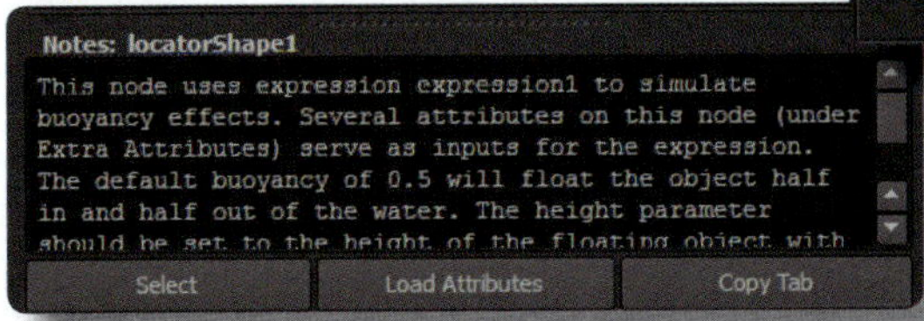

Si lo prefiere, puede arrastrar el control deslizante del campo para alcanzar el valor indicado.

7

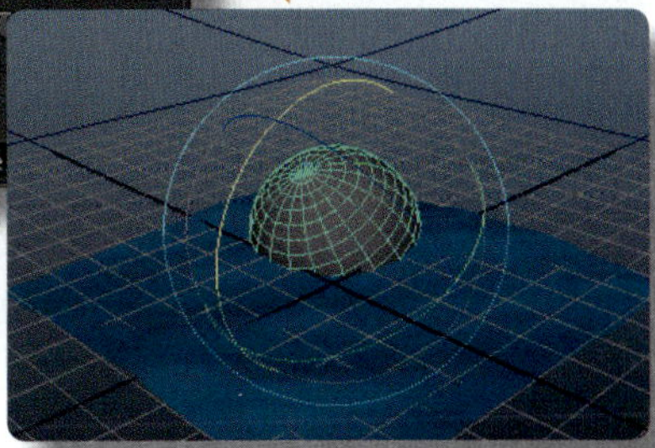

Crear efectos 3D

IMPORTANTE

Maya 2012 presenta como novedad una serie de efectos preestablecidos incluidos en el menú denominado **Effects Assets. Effects Assets** incluyen efectos de fluidos en 3D, nParticles, emisores de nParticles y campos dinámicos, y proporciona efectos como explosiones, fuego, humo, lluvia y fuegos artificiales. Es preciso tener en cuenta que Effects Assets se consideran activos avanzados, lo que les permite estar relacionados con otros objetos fuera del mismo activo.

LOS EFECTOS DE MAYA SON PROGRAMAS PRECONCEBIDOS que ayuda en gran medida en los procesos de creación de efectos de animación complejos, como serían humo y fuego. Cada uno de los efectos de Maya proporciona distintas opciones y atributos para personalizar los resultados. También puede utilizar los denominados Effects Assets, o efectos de activos, nuevos en esta versión 2012 del programa.

1. En este ejercicio le mostraremos cómo crear un efecto dinámico concreto en 3D. Intentaremos conseguir un efecto de fuegos artificiales. Para ello, empezamos en una nueva escena en blanco.
2. El efecto denominado **Fireworks** crea un número de cohetes que se elevan, dejan una estela a su paso y explotan. Antes de empezar con este proceso, es preciso tener clara la terminología que se utiliza en este efecto. Hablamos de **Launch Position** (posición inicial) para designar el punto en que empieza la elevación del cohete; de **Trail** (trazo) para designar la estela o el trazo que dejan los cohetes cuando se elevan, y de **Bursts** o **sparks** (explosión) para designar el momento de la explosión del cohete. Dicho esto, despliegue el menú **Effects** y haga clic sobre el comando **Create Fireworks**.
3. Un grupo formado por dos cohetes se inserta en el centro del visor en su estado inicial. Inicie la simulación del efecto para comprobar en qué consiste.

1

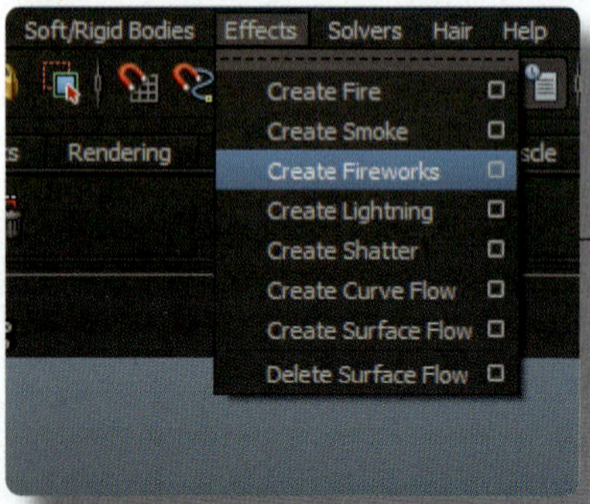

El menú **Effects** forma parte del grupo de menús **Dynamics**.

2

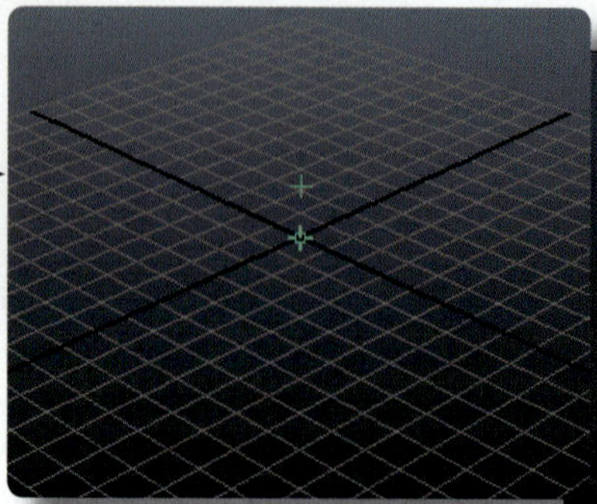

3

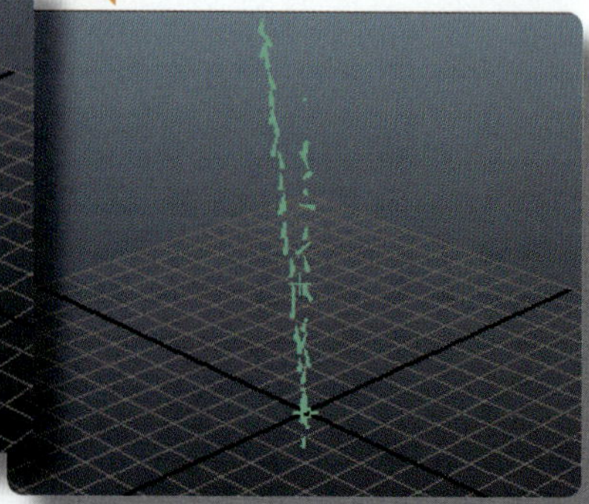

070

4. Efectivamente, desde la posición inicial, el cohete se eleva hacia arriba. Renderice la escena y compruebe el aspecto real de los fuegos artificiales. [4]
5. El programa utiliza colores aleatorios, es decir, si ahora insertará nuevos fuegos, estos se visualizarían de un color distinto. Vamos a llevar a cabo este proceso, aunque esta vez desde el cuadro de opciones del efecto en cuestión. Para ello, despliegue de nuevo el menú **Effects** y haga clic sobre el iniciador del cuadro de opciones del comando **Create Fireworks**.
6. Se abre el cuadro de diálogo **Create Fireworks Effect Options**. Compruebe que en la sección **Rocket Attributes**, los atributos se encuentran organizados según las tres partes del cohete comentadas anteriormente. Disminuya a **8** el número de cohetes para los nuevos fuegos artificiales asignando este valor al campo **Num. rockets**. [5]
7. A continuación, modificaremos la posición inicial del nuevo cohete. Inserte en el campo **Launch Position X** el valor **6**.
8. Mantendremos el resto de atributos relativos a la posición con sus valores por defecto y únicamente modificaremos una opción más, la que indica el fotograma en el cual se llevará a cabo el lanzamiento de este cohete en concreto. Para ello, localice el campo **First launch frame**, inserte el valor **10** y pulse el botón **Create** para insertar en la escena los nuevos fuegos artificiales. [6]
9. El nuevo elemento se sitúa en el punto indicado. Reproduzca la simulación y compruebe que no se inicia el lanzamiento del segundo cohete hasta el fotograma indicado, el 10. [7]

IMPORTANTE

Una vez insertados los fuegos artificiales en la escena, es posible editarlos para modificar la posición de la explosión y el lanzamiento, los fotogramas en los cuales se efectúa el lanzamiento y la explosión y los colores de los trazos y de la misma explosión. Todo ello, puede llevarse a cabo desde las correspondientes pestañas del editor de atributos.

7

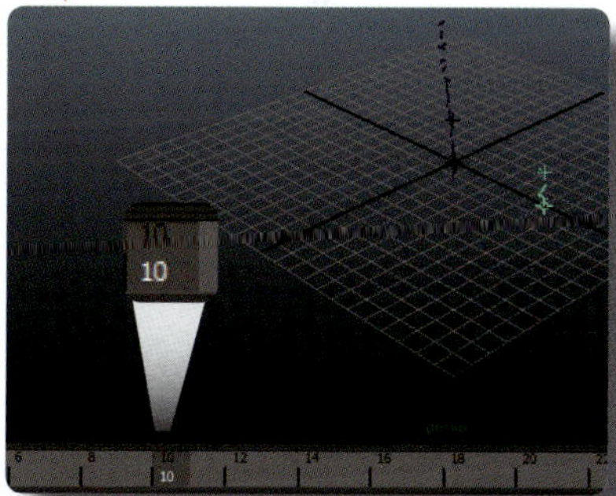

4

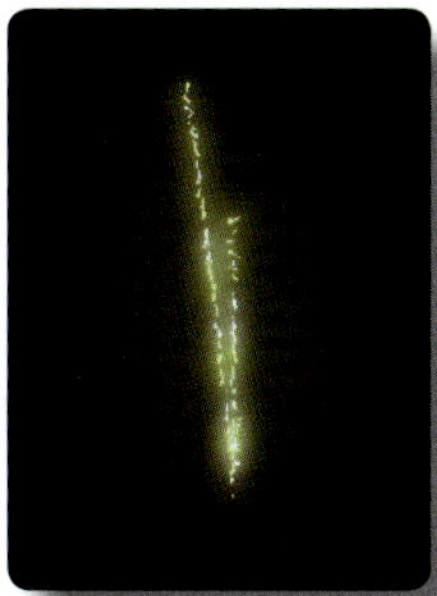

5

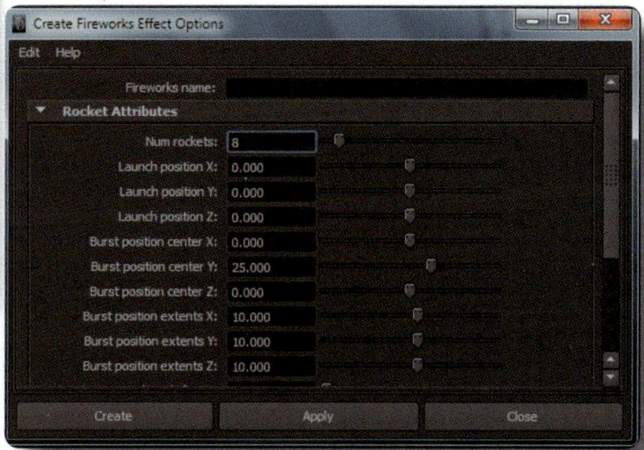

6

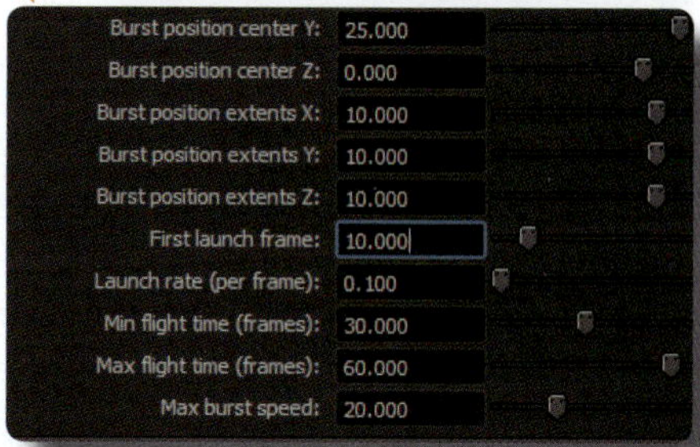

Tenga en cuenta que cualquiera de los atributos configurados en el cuadro de opciones puede ser modificado en el editor de atributos.

Crear un sistema de partículas

IMPORTANTE

Una partícula es un punto en el espacio que puede reaccionar ante las fuerzas dinámicas simuladas generadas en Maya. Dichas fuerzas permiten crear efectos dinámicos que, de otro modo, sería muy difícil o incluso imposible de crear mediante el sistema de animación mediante fotogramas.

NPARTICLES ES UN SISTEMA DE GENERACIÓN DE PARTÍCULAS que utiliza Maya Nucleus, el mismo sistema de simulación dinámica que genera las simulaciones nCloth. Un objeto nParticle puede colisionar e interactuar con otros objetos nParticles, así como con nCloth y objetos de colisión pasivos. La creación de un sistema de partículas implica seleccionar un estilo nParticle y después elegir un método para crear el objeto nParticle.

1. En este primer ejercicio dedicado al componente de Maya nParticle aprenderá a crear un sistema de partículas. Antes de crear un objeto nParticle, es posible especificar la apariencia general y las características de comportamiento de las partículas eligiendo un estilo nParticle. Empecemos en una escena en blanco en la cual cambie el grupo de menús actual por el denominado **nDynamics**. 1
2. A continuación, despliegue el menú **nParticles**, haga clic sobre el comando **Create nParticles** y elija de la lista de estilos el denominado **Balls**. 2
3. Una vez elegido el estilo, podemos proceder de distintas formas para generar el sistema de partículas. En este primer ejercicio, utilizaremos la herramienta **nParticle** para crearlas de forma individual. Para ello, despliegue de nuevo el menú **nParticles** y elija esta vez la opción **nParticle Tool** del menú Create nParticles. 3

1

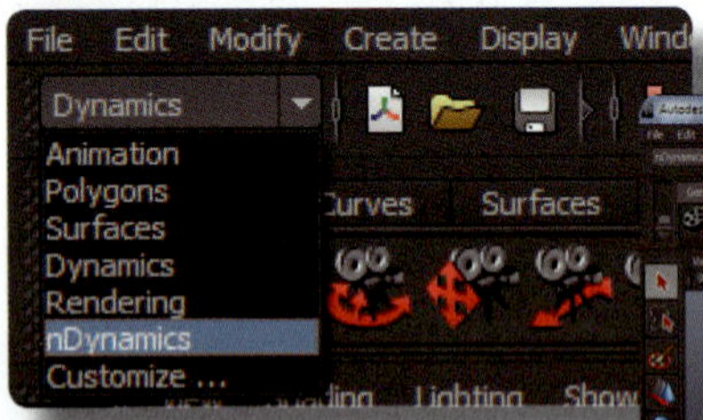

2

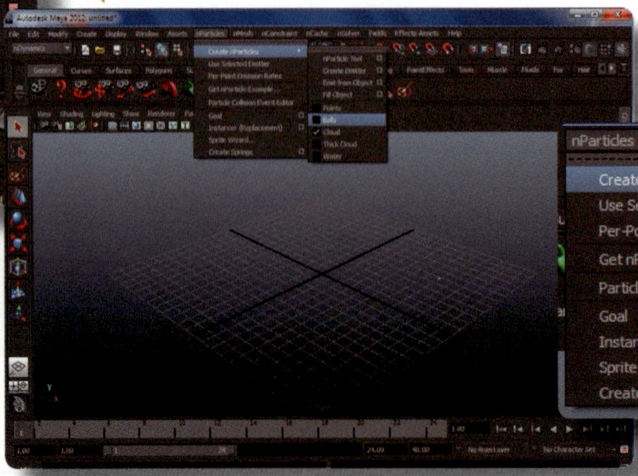

3

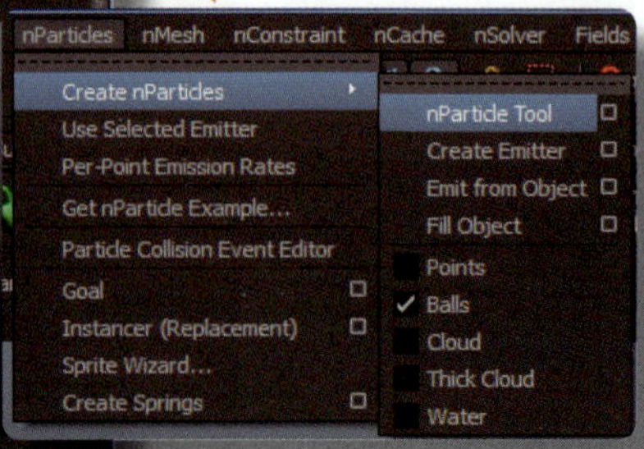

Puede crear sistemas de partículas dibujándolas en la rejilla, utilizando un emisor como aspersor para las partículas y también utilizando una superficie existente como emisor.

071

4. Ahora se trata de ir pulsando en aquellos puntos en los cuales desea generar cada partícula. Hágalo. Pulse unas diez veces sobre uno de los cuadrantes de la rejilla, pulse la tecla **Intro** del teclado numérico y compruebe cómo van apareciendo las partículas en forma de bolas. 4
5. El estilo elegido crea automáticamente partículas de superficie flotantes. Reproduzca la simulación desde los controles de reproducción y compruebe como las partículas se desvanecen en el espacio.
6. Para controlar el comportamiento del entorno para todos los nodos nDynamic conectados, es preciso acceder a los atributos del núcleo solucionador del sistema de partículas. Para ello, muestre el editor de atributos y sitúese en la pestaña **nucleus1**. 5
7. Por defecto, el núcleo del sistema tiene la gravedad habilitada. Lo que haremos a continuación será generar un plano sobre el cual puedan reposar las partículas cuando choquen con él, evitando así una caída casi infinita. Para ello, en la sección **Ground Plane**, active la opción **Use Plane**. 6
8. Inserte el valor -2 en el campo **Plane Origin** correspondiente al eje Y (la segunda celda). 7
9. El plano se sitúa en el centro de la rejilla. 8 Reproduzca una vez más la animación y compruebe cómo las partículas se detienen y quedan suspendidas a la altura indicada del plano, realizando incluso un pequeño rebote.

IMPORTANTE

Los estilos nParticle son como plantillas que proporcionan ajustes de atributos predeterminados para la apariencia, el tamaño, el tipo de renderización, el radio, la masa y las propiedades de colisión relacionadas del objeto nParticle.

Uno de los atributos configurables del núcleo solucionador es el viento. Ajustando las propiedades en la sección **Gravity and wind**, las partículas se moverán empujadas por el viento.

8

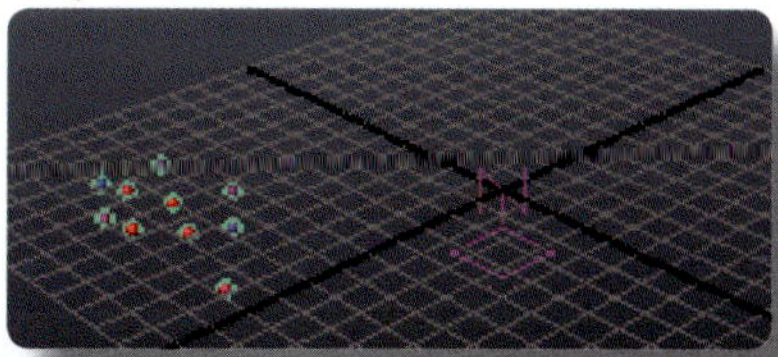

Aunque el plano se encuentre en el centro de la rejilla y no coincida con la posición de las partículas, este elemento realiza su función igualmente.

4

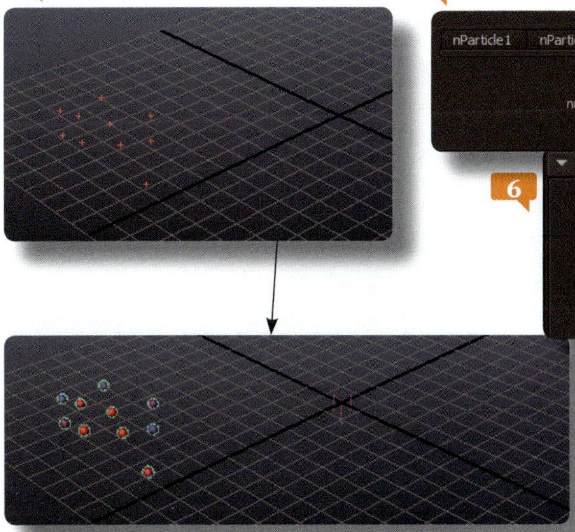

Si está trabajando en modo alámbrico, pulse la tecla 5 para sombrear las partículas.

5

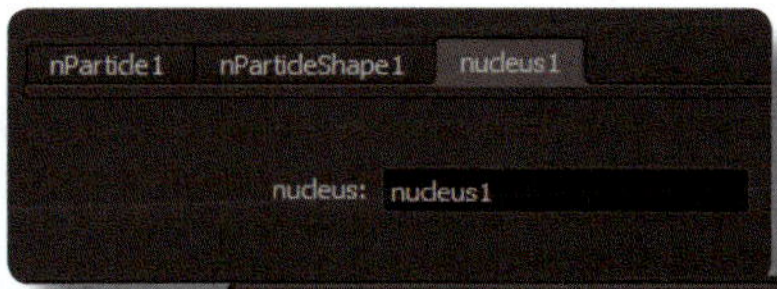

6

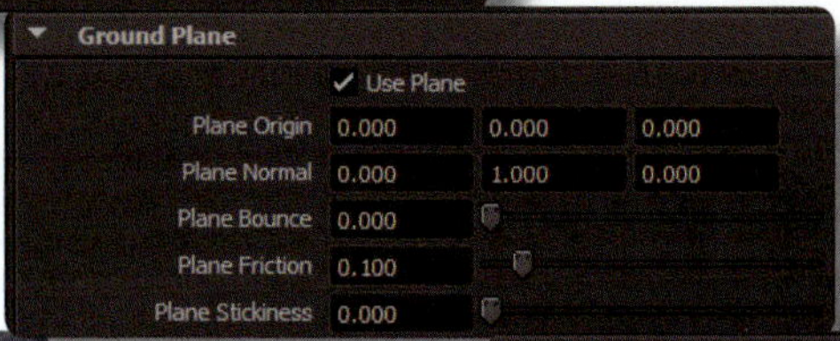

7

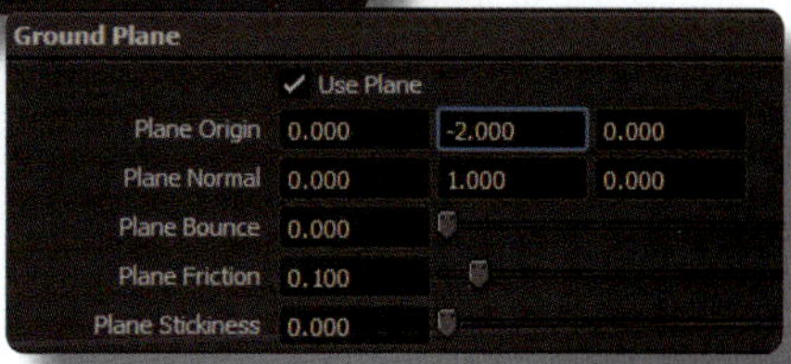

Crear sistemas de partículas desde un emisor

MAYA PERMITE CREAR SISTEMAS DE PARTÍCULAS MEDIANTE la inserción de un emisor en la escena, el cual las "esparce" por la escena. Cuando esto ocurre, el emisor genera las partículas y el contador de partículas del objeto nParticle conectado aumenta. Los sistemas de partículas emitidas pueden colisionar con objetos nCloth, objetos pasivos y otros objetos nParticles. También es interesante tener en cuenta que la energía y la velocidad de las partículas emitidas pueden ser transferidas mediante colisiones para deformar objetos nCloth u otros sistemas de partículas.

1. En este ejercicio crearemos una nuevo sistema de partículas utilizando en esta ocasión un emisor. Para ello, continuamos trabajando sobre la misma escena, en la cual, para empezar, generaremos el emisor en cuestión. Despliegue el menú **nParticles**, haga clic sobre el comando **Create nParticles** y elija del submenú la opción **Create Emitter**. [1]
2. El emisor se sitúa en el centro de la rejilla. [2] Lo que haremos a continuación será indicar el número de partículas que queremos que emita este elemento. Muestre el editor de atributos y, en la pestaña **emitter1**, concretamente en la sección **Basic Emitter Attributes**, inserte el valor **20** en el campo **Rate (Particle/Sec)**. [3]

1

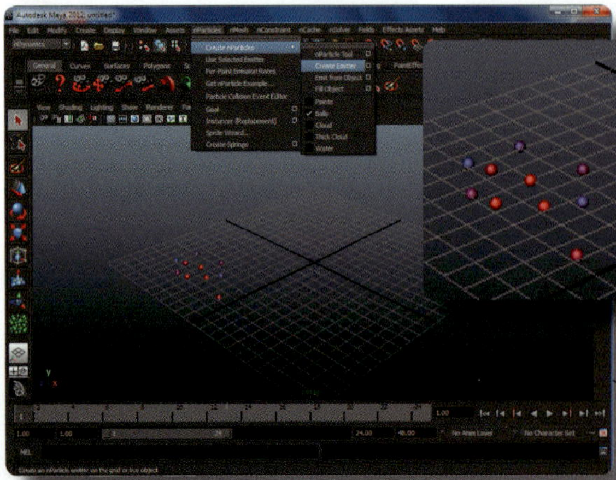

2

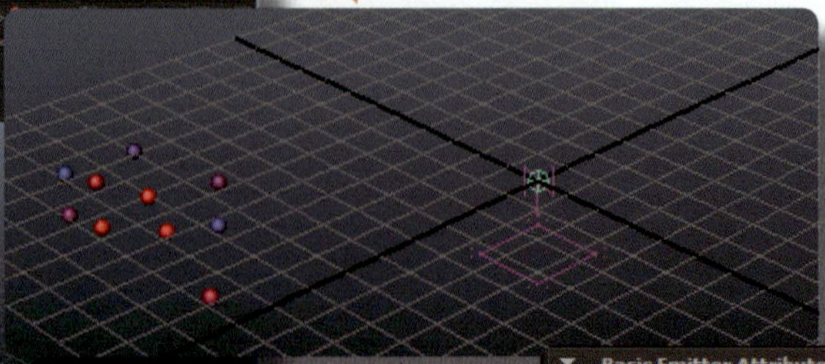

En nuestra escena, el emisor genera un nuevo nodo denominado **nParticleShape2**, como puede comprobar en la barra informativa de la parte inferior de la interfaz del programa.

3

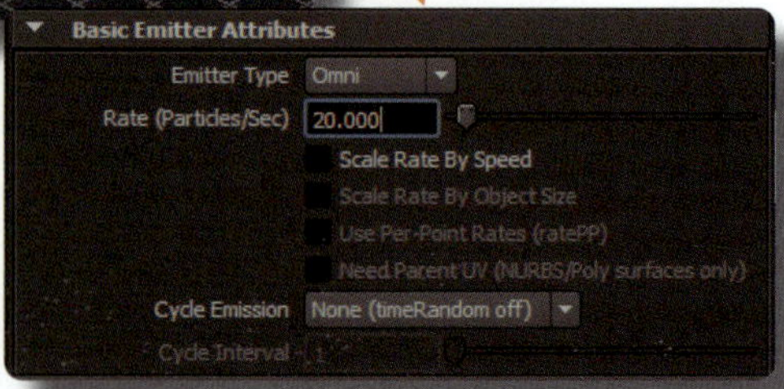

3. Por defecto, el tipo de emisor está establecido en **Omni**, lo que supone que el emisor esparcirá las partículas desde un punto del centro de la rejilla. Para comprobarlo, reproduzca la animación completa. 4
4. Efectivamente, las partículas salen del emisor ligeramente hacia arriba para caer sobre el plano (ground plane) y salir rebotadas en distintas direcciones. En estos momentos, los dos sistemas de partículas comparten el mismo núcleo solucionador, lo que supone que ambos se comporten del mismo modo en cuanto a dinámica se refiere. Para poder modificar las propiedades del segundo sistema por separado, le asignaremos un nuevo solucionador. Para ello, pulse sobre una de las partículas de este segundo sistema para seleccionarlo por completo. 5
5. A continuación, despliegue el menú **nSolver**, haga clic sobre el comando **Assign Solver** y elija la opción **New Solver**. 6
6. Muestre ahora el editor de atributos y compruebe como, efectivamente, ahora el sistema de partículas seleccionado depende de un nuevo núcleo solucionador, denominado **nucleus2**. 7
7. Rebobine la animación, reprodúzcala y vea como los dos sistemas de partículas se comportan de forma distinta; en concreto, las partículas emitidas caen sin ser detenidas por el plano. 8

072

IMPORTANTE

El nuevo sistema de partículas se encuentra conectado al mismo núcleo solucionador. Para comprobarlo, puede acceder al editor de atributos y ver cómo para el segundo sistema de partículas aparece la pestaña **nucleus1**, así como para el primer sistema de partículas.

7

4

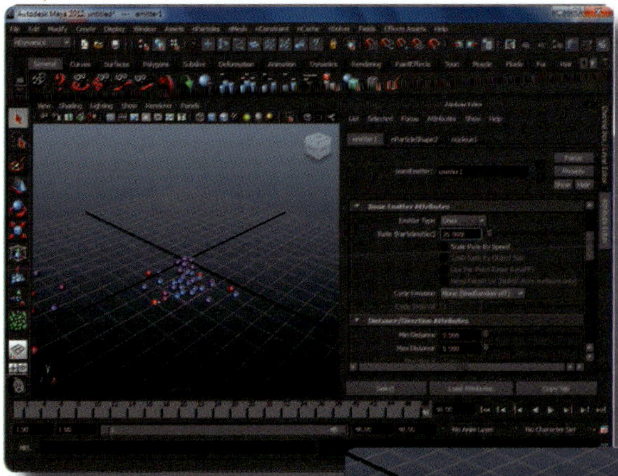

6

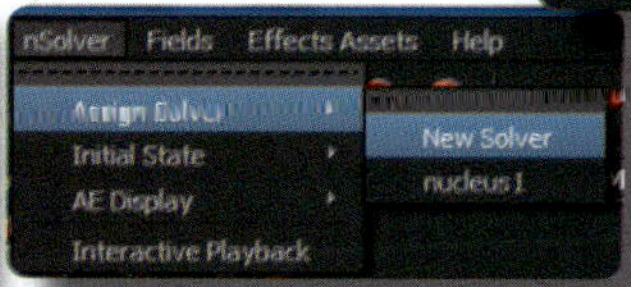

Al desplegar el comando **Assign Solver**, puede ver que aparece el nombre del solucionador actual, **nucleus1**.

8

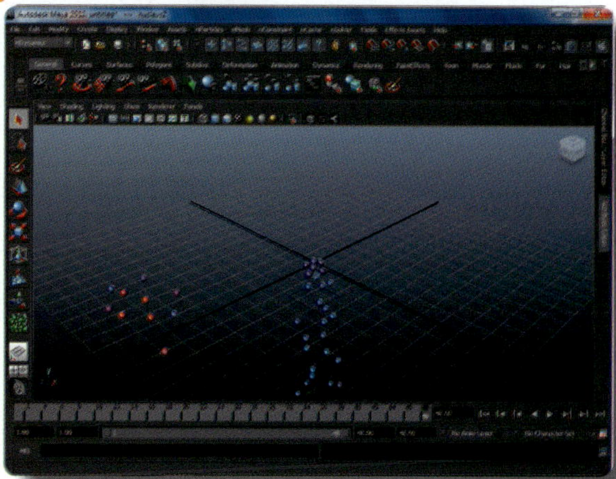

5

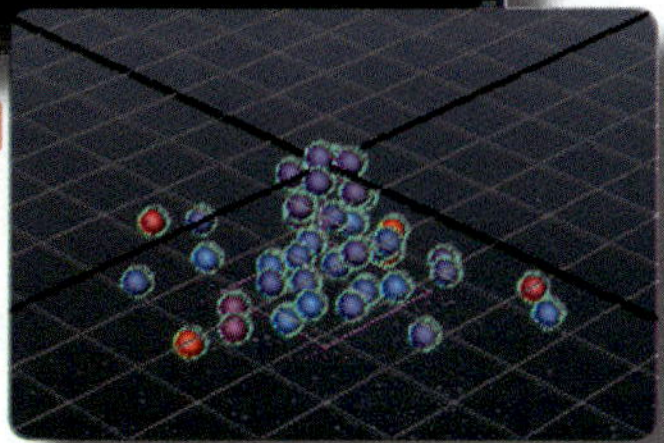

Si trabaja desde el panel **Outliner**, pulse sobre el nodo **nParticle2** para seleccionar todo el segundo sistema de partículas.

Rellenar un objeto con partículas

LOS SISTEMAS DE PARTÍCULAS CREADOS EN MAYA pueden ser utilizados con distintos fines. Uno de estos propósitos es el relleno de objetos. La única condición que debe cumplir el objeto rellenado es que debe ser una forma cóncava, es decir, que tenga capacidad para albergar, en este caso, las partículas; en otras palabras, un plano no podrá nunca ser rellenado.

1. En este ejercicio le mostraremos cómo rellenar un objeto con un sistema de partículas. Para ello, le instamos a que descargue desde nuestra página web la escena denominada **partículas.mb** y la abra en el área de trabajo de Maya. La escena consiste sencillamente en un cono invertido al cual hemos eliminado la tapa. Empecemos. Seleccione el objeto de nuestra escena como destino del relleno. 1
2. A continuación, despliegue el menú **nParticles**, haga clic sobre el comando **Create nParticles** y, manteniendo el estilo **Balls** como sistema de partículas, elija de la lista el iniciador de cuadro de opciones de la opción **Fill object**. 2
3. Aparece así el cuadro **Particle Fill Options**. En este cuadro, mantenga activada la opción **Close Packing** y pulse el botón **Particle Fill**. 3
4. El objeto queda rellenado. Para comprobarlo formalmente, pulse el botón **Close** del cuadro de opciones.

1

Tenga en cuenta que las formas utilizadas como recipiente para las partículas deben ser polígonos, no formas NURBS.

2

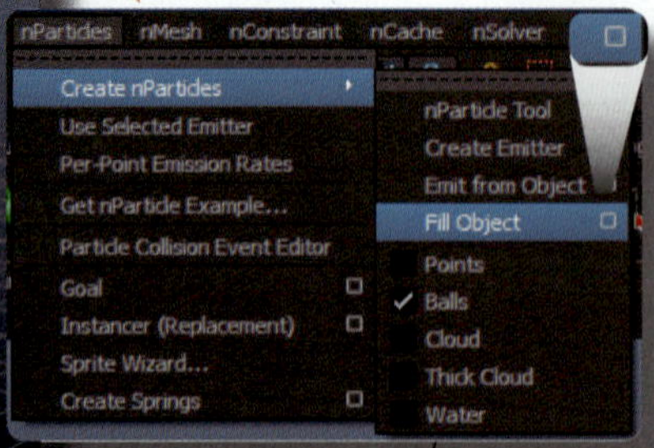

3

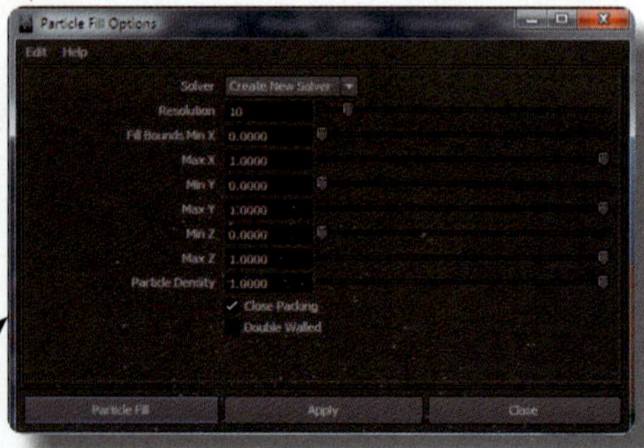

073

5. La opción **Closed Packing**, que hemos mantenido activada en el cuadro de opciones del comando de relleno, permite que las partículas se sitúen dentro de la forma tan cerca como sea posible unas de otras siguiendo una organización hexagonal. [4] Visualice lateralmente la escena y muestre el objeto en modo de rayos X o en modo alámbrico para poder ver su interior. [5]
6. Desde el editor de atributos podemos ajustar las propiedades del sistema de partículas. Por ejemplo, podemos especificar el límite superior e inferior al cual pueden llegar las partículas. Estos límites son relativos a los ejes X, Y y Z de la geometría de destino. Seleccione una de las partículas para seleccionar el sistema completo y muestre el editor de atributos. [6]
7. En este caso, y a modo de ejemplo, vamos a disminuir el tamaño de las bolas. Para ello, en la pestaña **nParticleShape1**, muestre el contenido de la sección **Particle Size**.
8. En el campo **Radius**, inserte el valor **0.300** y compruebe el cambio sobre las partículas. [7]
9. Seguidamente, modificaremos los valores de la gravedad para que las partículas se desplacen hacia arriba en lugar de caer. Para ello, sitúese en la pestaña **nucleus1** y, en la sección **Gravity y wind**, inserte el valor **6** en el campo **Gravity** y el valor **2** en la segunda de las celdas del campo **Gravity Direction**. [8]
10. Reproduzca la animación y compruebe el resultado. [9]

En la sección **Count** puede indicar el número exacto de partículas que debe contener el sistema.

7

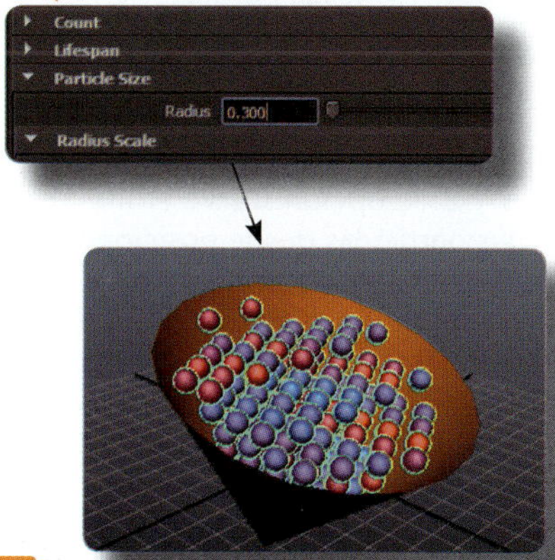

4

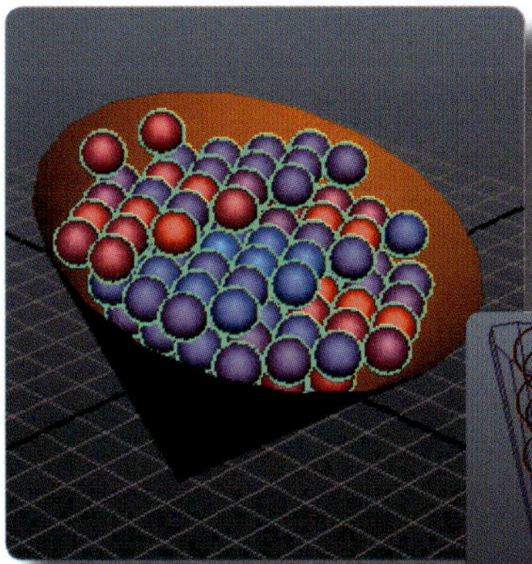

6

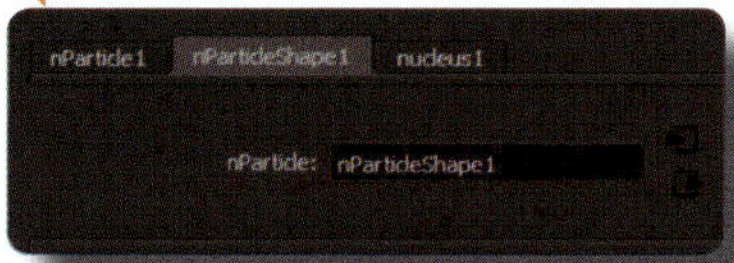

8

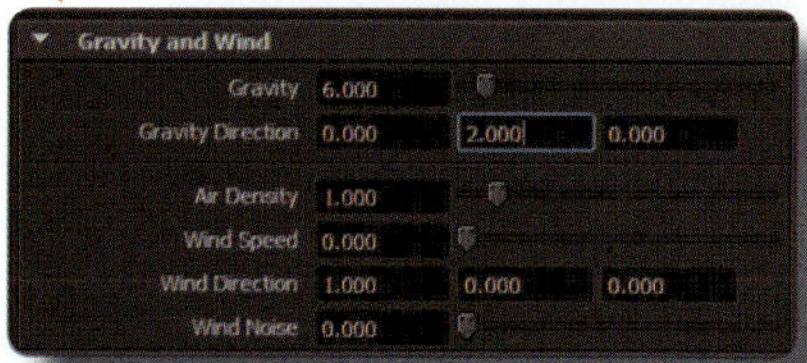

5

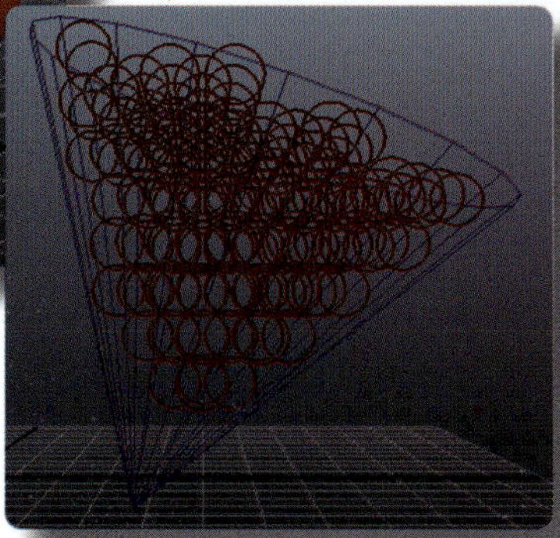

Recuerde que puede utilizar el cubo de vistas para visualizar lateralmente la escena.

9

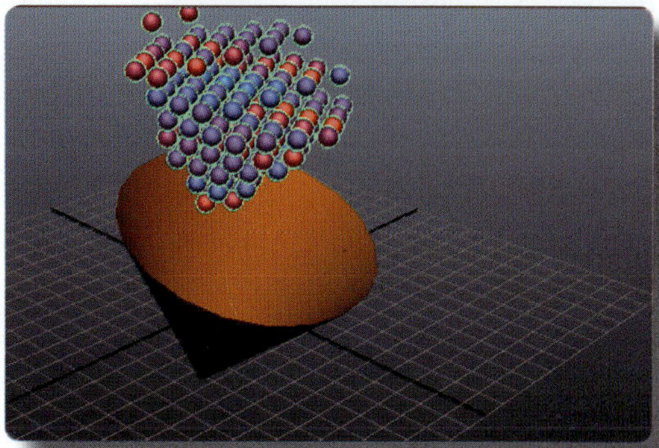

Utilizar un objeto como emisor de partículas

EN UN EJERCICIO ANTERIOR APRENDIMOS A CREAR UN sistemas de partículas a partir de un emisor. Maya permite que este emisor sea un objeto o una superficie previamente creada en la escena. Al crear un emisor de superficie, el nodo emisor está directamente relacionado con la geometría de emisión en el panel Outliner.

1. En este ejercicio le mostraremos cómo crear un emisor de partículas a partir de una superficie. Para ello, empezaremos en una nueva escena en la cual trazaremos la superficie que utilizaremos como emisor. Despliegue el menú **Create**, haga clic sobre el comando **Polygon Primitives** y elija la opción **Torus** para dibujar un toroide. 1
2. Dibuje en el centro de la rejilla la figura elegida y escálela en sus tres ejes con un valor aproximado de **2.5** desde el editor de atributos. 2
3. Ahora vamos a elegir el estilo de sistema de partículas. Para ello, despliegue el menú **nParticles**, haga clic sobre el comando **Create nParticles** y active la opción **Water**. 3
4. Con este sistema de partículas conseguiremos gotas de agua sobre la superficie. A continuación, despliegue de nuevo el

IMPORTANTE

Las opciones del campo **Emitter type** del cuadro de opciones del emisor se encuentran relacionadas directamente con el tipo de emisor que se esté creando en la escena. Así, la opción **Omni** fija el emisor en un punto omnidireccional, es decir, emite las partículas en todas direcciones; la opción **Directional** permite dirigir las partículas hacia una dirección especificada para los ejes X, Y y Z; la opción **Curve** emite las partículas desde posiciones distribuidas aleatoriamente sobre o cerca de una curva, y la opción **Volume** emite las partículas desde un volumen cerrado.

1

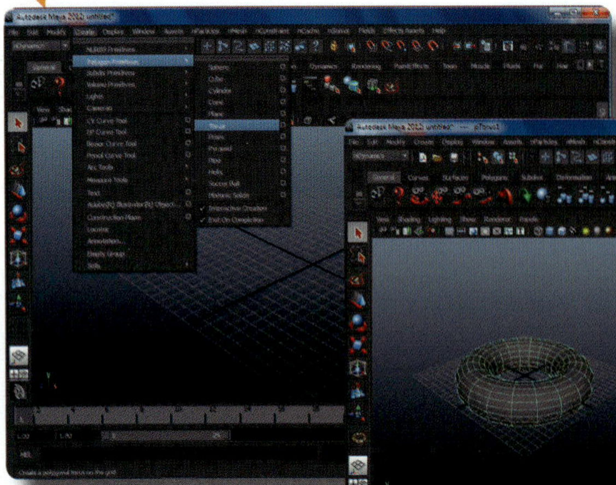

2

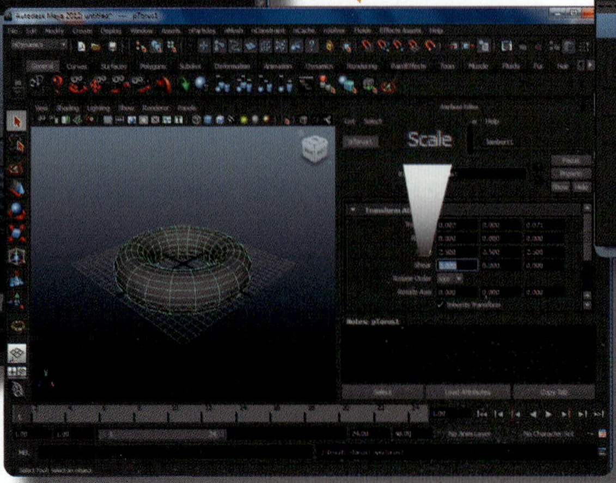

3

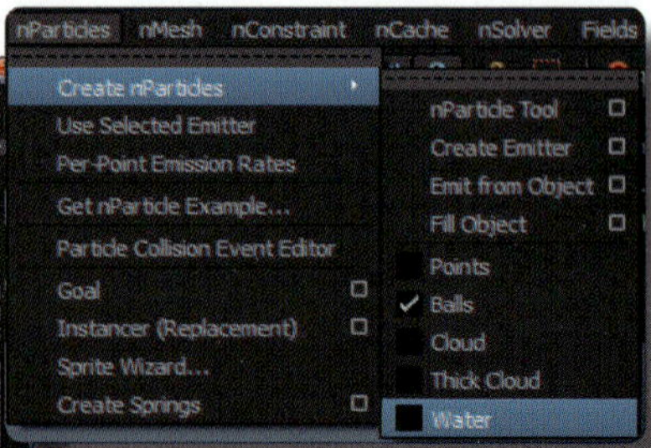

Si no elige previamente a la creación del emisor el estilo de partículas, el programa utilizará el último estilo utilizado.

074

menú **nParticles** y pulse esta vez sobre el iniciador de cuadro de diálogo de la opción **Emit from Object**, dentro del comando **Create nParticles**. [4]

5. Se abre así el cuadro de diálogo **Emitter Options (Emit from Object)**, el cual muestra las mismas opciones que las de la opción **Create Emitter**. En este caso, despliegue el campo **Emitter type**, en la sección **Basic Emitter Attribute**, y elija la opción **Surface**. [5]
6. La opción **Surface** emite las partículas desde posiciones distribuidas aleatoriamente sobre o cerca de una superficie poligonal o NURBS. Vamos a mantener en 100 la velocidad por segundo en que aparecen las partículas sobre la superficie (campo **Rate**) aunque anularemos el valor del campo **Speed**. Este campo ajusta un multiplicador de la velocidad para la velocidad original de emisión de las partículas emitidas. En la sección **Basic Emission Speed Attributes**, inserte en este campo el valor **0** [6] y, manteniendo el resto de opciones tal y como aparecen por defecto, pulse el botón **Create** para insertar el nuevo emisor.
7. El emisor se ubica en el centro de la escena relacionado con la superficie seleccionada. [7] En el editor de atributos, acceda a la pestaña **nucleus1** y fije la gravedad en 0. [8]
8. Termine este ejercicio reproduciendo la simulación para comprobar cómo se comporta la figura como emisor del sistema de partículas elegido. [9]

IMPORTANTE

Los valores del campo **Speed** del cuadro de opciones del emisor permiten un rango de 0 a 2. El valor 1 mantiene la velocidad inalterable; el valor 0.5 reduce la velocidad a la mitad, mientras que el valor 2 dobla esta velocidad.

7

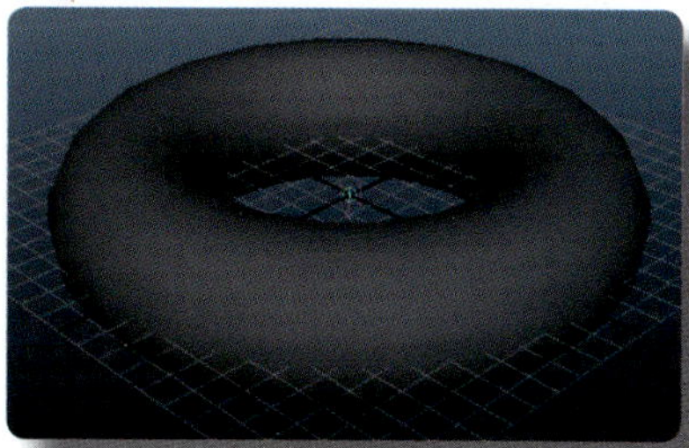

8

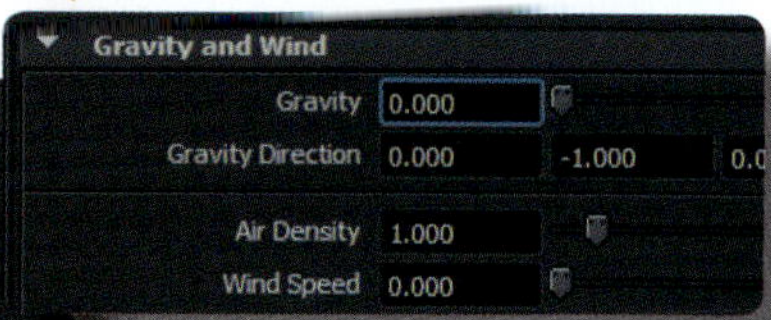

4

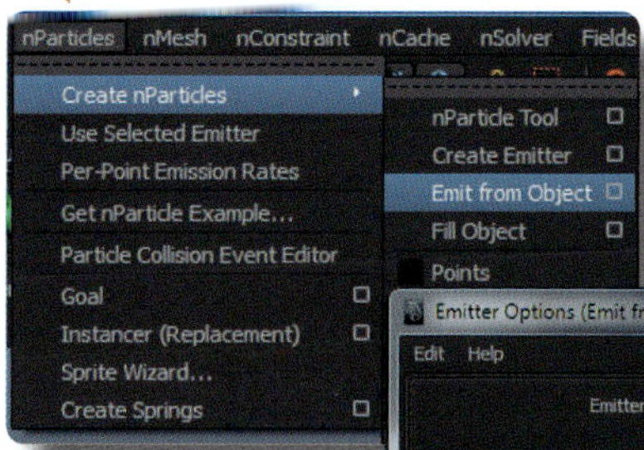

En el campo **Emitter name** podemos insertar un nombre descriptivo para el emisor que le ayudará a distinguirlo rápidamente tanto en el editor de atributos como en el panel **Outliner**.

6

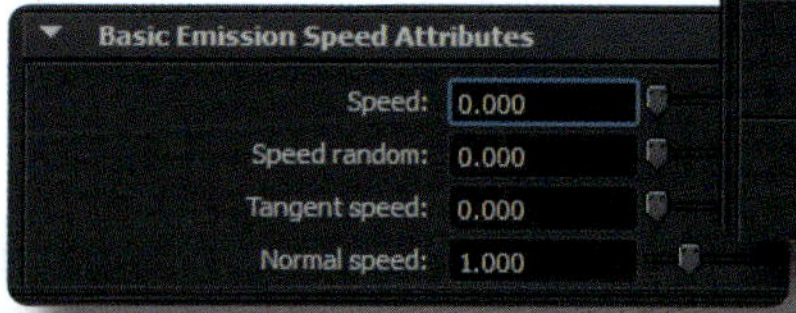

5

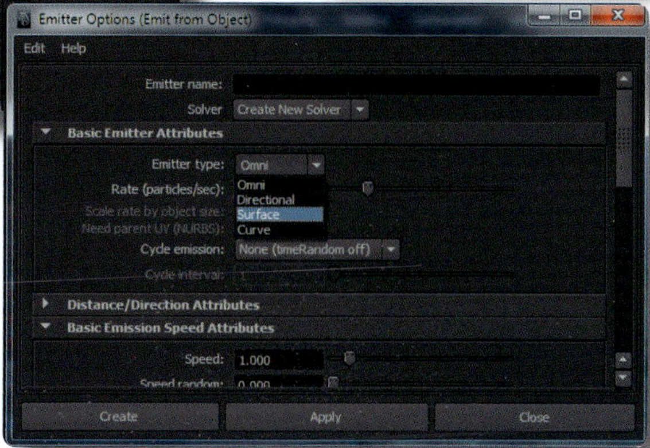

9

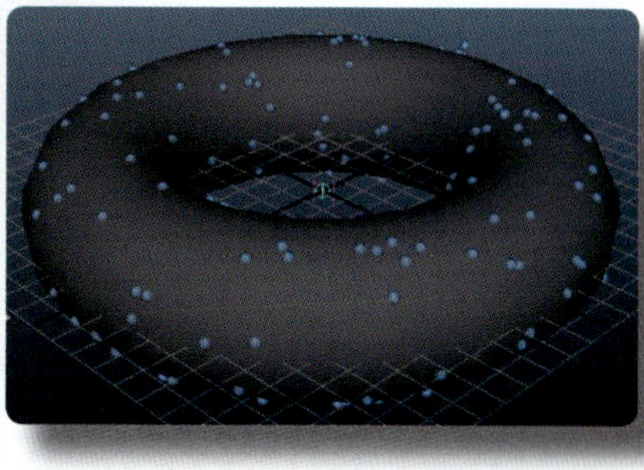

Fije en la línea de tiempo la visualización total de los fotogramas existentes.

Crear partículas de diferentes tamaños

IMPORTANTE

La opción **Collide** de la sección **Collisions** del editor de atributos se encuentra siempre activa por defecto y permite la colisión entre el sistema de partículas actual y objetos nCloth, objetos pasivos y otros sistemas de partículas que comparten el mismo núcleo solucionador.

POR DEFECTO, LOS SISTEMAS DE PARTÍCULAS SE CREAN utilizando un único tamaño para cada una de las partículas que intervienen. Maya permite configurar el sistema para que las partículas, cuando aparecen y se mueven, lo hagan de distintos tamaños y, por tanto, colisionen, si es preciso, entre ellas.

1. En este ejercicio modificaremos el sistema de partículas de agua creado en la práctica anterior para conseguir que las gotas aparezcan sobre la superficie de distintos tamaños. Empiece pulsando sobre una de las partículas para seleccionar el sistema completo. [1] (Si no visualiza las partículas sobre la superficie, reproduzca la simulación o utilice el panel Outliner para llevar a cabo la selección.)
2. A continuación, muestre el editor de atributos y sitúese en la pestaña **nParticleShape1**. [2]
3. Seguidamente, muestre el contenido de la sección **Particle Size** e inserte en el campo **Radius** el valor **0.8**. [3]
4. Como puede ver sobre la superficie de la escena, las gotas de agua han aumentado considerablemente su tamaño. [4] Lo que haremos a continuación será modificar la escala del radio para conseguir nuestro objetivo: que las gotas de agua aparezcan de diferentes tamaños sobre esta superficie. Tenga en cuenta que

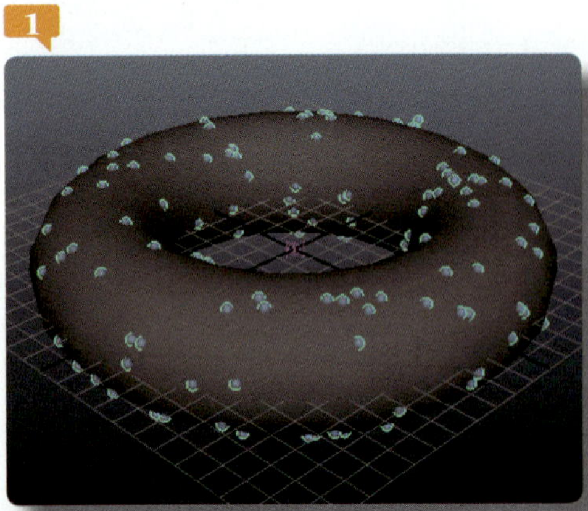

En el panel **Outliner**, puede seleccionar el nodo **nParticle1** que representa el sistema de partículas.

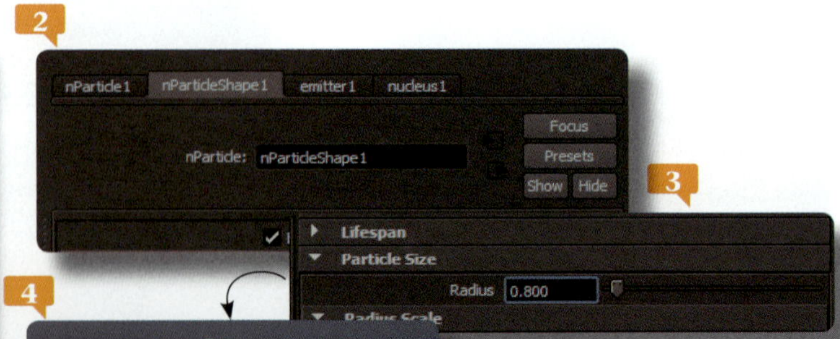

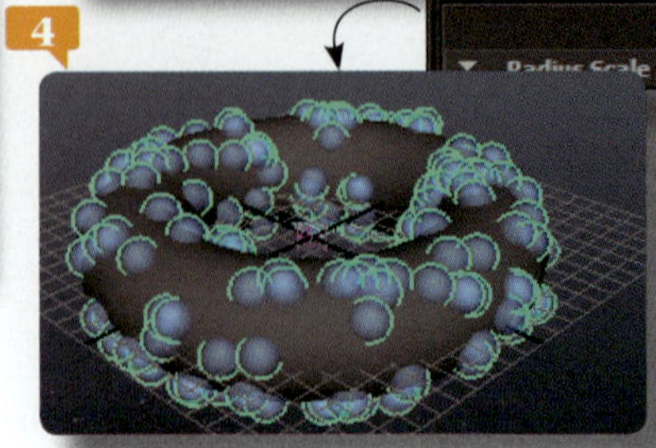

La sección **Lifespan** del editor de atributos proporciona distintas opciones que permiten ajustar el modo en que se determina la duración de la vida de las partículas.

075

el valor del radio insertado en el campo **Radius** proporciona el valor de entrada para la curva de la sección **Radius Scale**. Vamos allá con la configuración. En la mencionada sección, haga clic en la parte derecha del campo de color gris que alberga la curva de escalado. 5

5. De esta forma añadimos un nuevo punto en la curva de escalado. Ajuste la posición del nuevo punto de manera que el extremo izquierdo se encuentre en el vértice inferior izquierdo del cuadro y el extremo derecho, en el vértice superior derecho. 6
6. Rebobine la animación y reprodúzcala para comprobar el efecto conseguido hasta el momento. 7
7. Hasta el momento, nuestro objeto emite las gotas de agua, que ahora, por su tamaño, parecen burbujas, y las dispersa fuera de la superficie. Para que eso no ocurra y las partículas permanezcan pegadas sobre el objeto, despliegue el campo **Radius Scale Input** de la sección **Radius Scale** del editor de atributos y elija la opción **Age**. 8
8. Vuelva a reproducir la animación y compruebe el cambio. 9
9. Ahora las burbujas se adhieren sobre la superficie. Vamos a hacer más evidente el cambio de tamaño de las burbujas y activaremos la opción mediante la cual el programa permite la colisión entre las partículas del mismo sistema. Inserte en el campo **Radius Scale Randomize** el valor **0.5**, muestre el campo **Collisions** y active la opción **Self Collide**.
10. Rebobine una vez más la simulación y reprodúzcala para comprobar el genial efecto conseguido. 10

IMPORTANTE

La opción **Self Collide** de la sección **Collisions** del editor de atributos permite la colisión entre las partículas de un mismo sistema cuando éstas entran en contacto. Esta colisión implica un desplazamiento de las partículas.

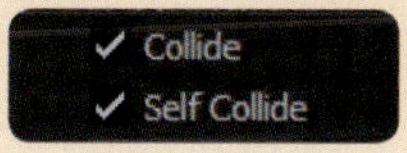

5

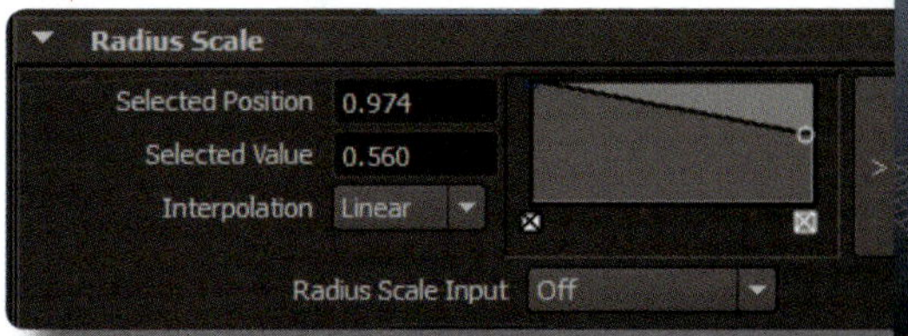

7

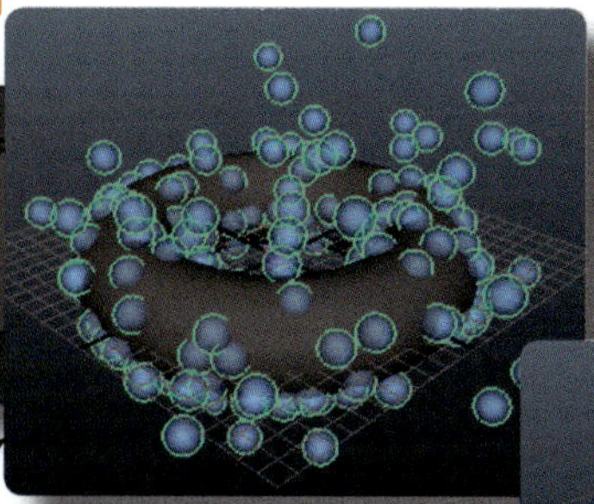

6

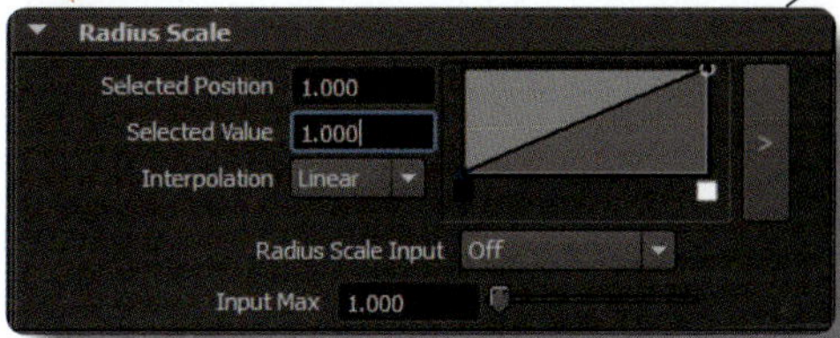

Al ajustar la posición de la curva de escalado del radio, puede establecer en 1 el valor de los campos **Selected Position** y **Selected Value**.

8

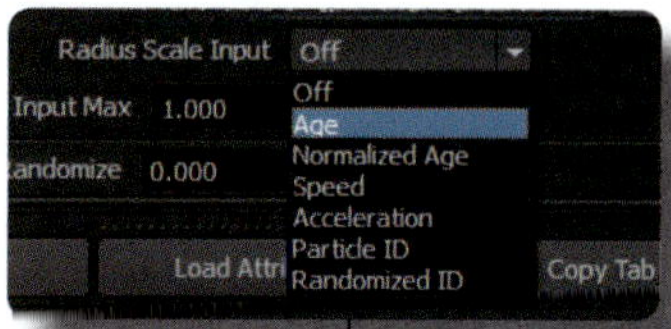

9

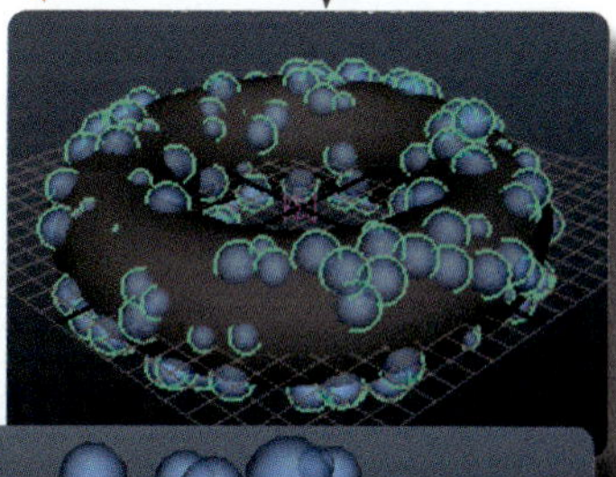

10

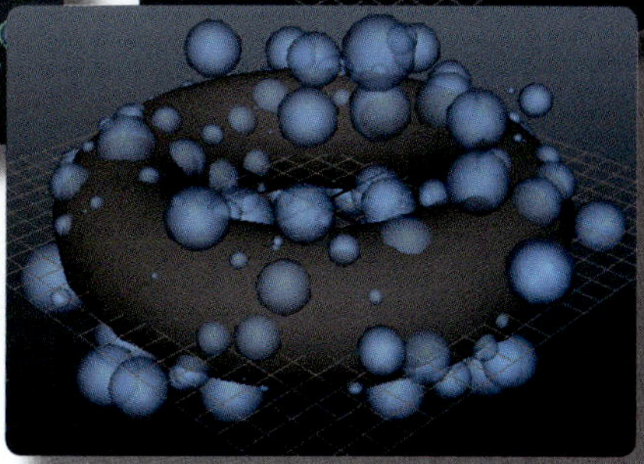

Convertir partículas en polígonos

> **IMPORTANTE**
>
> Tenga en cuenta que un valor de umbral (**Threshold**) más alto crea una malla más suave pero más fina. Por otra parte, el aumento del valor del campo **Blobby Radius Scale** no afecta al radio original de las partículas.

CON EL FIN DE CONSEGUIR QUE LAS PARTÍCULAS creadas adquieran una apariencia de líquido suave o viscoso, genial para renderizar fluidos en sus escenas, usted puede convertir el sistema de partículas nParticles en polígonos. Este proceso crea una malla poligonal que se actualiza con el movimiento de las partículas existente.

1. En este ejercicio le mostraremos cómo convertir el sistema de partículas generado en los dos ejercicios anteriores, el cual simula la aparición de burbujas sobre una superficie, en una malla poligonal para conseguir un aspecto de líquido viscoso sobre esta misma superficie. (Si no dispone de la mencionada escena, sepa que puede encontrarla en nuestra página web con el nombre **burbujas.mb**.) [1] Para empezar, seleccione el sistema de partículas.
2. Despliegue el menú **Modify**, haga clic sobre el comando **Convert** y elija de la larga lista de opciones la denominada **nParticles to Polygons**. [2]
3. Las partículas desaparecen al tiempo que se añaden a la escena una serie de mallas poligonales. [3] Como puede comprobar, la malla es mucho más pequeña que las burbujas generadas por partículas. Vamos a ajustar las propiedades oportunas para solventar esta circunstancia. Muestre el editor de atributos y,

1

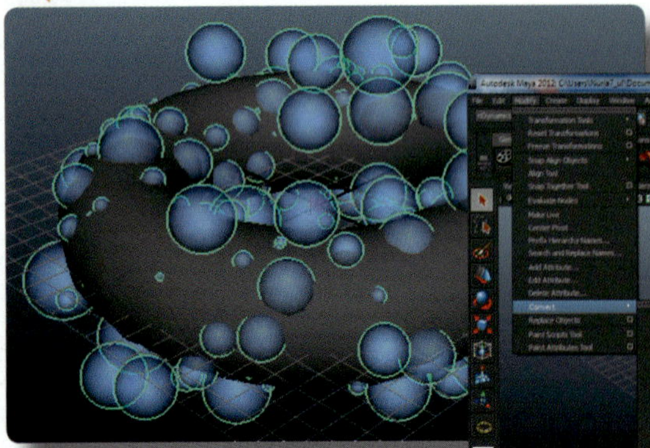

Tenga en cuenta que puede llevar a cabo este proceso sobre cualquier estilo de sistema de partículas.

2

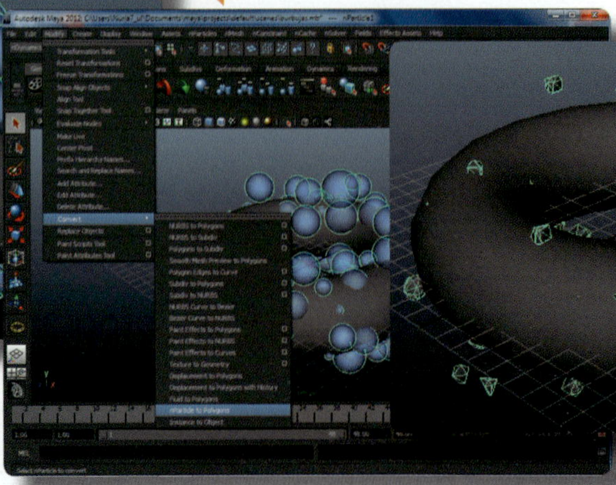

3

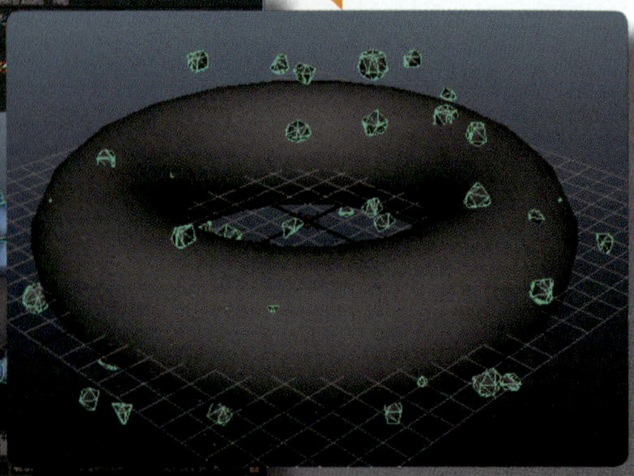

076

en la pestaña **nParticleShape1** muestre el contenido de la sección **Output Mesh**.

4. En esta sección modificaremos el valor del umbral y del escalado del radio de viscosidad para suavizar así la malla convertida. Para ello, inserte el valor **0.8** en el campo **Threshold** y el valor **3** en el campo **Blobby Radius Scale**. 4
5. A continuación, inserte el valor **0.5** en el campo **Motion Strake** para ajustar las áreas de movimiento de la malla en la misma dirección del movimiento para conseguir una mejor apariencia de líquido.
6. Ahora asignaremos un nuevo material a la malla. Para ello, haga clic con el botón derecho sobre la malla en la escena y elija del menú quad el comando **Assign New Material**. 5
7. En el cuadro de diálogo del mismo nombre, pulse sobre el material **Ramp Shader**. 6
8. El editor de atributos cambia para mostrar las características del nuevo material. En el apartado **Color** de la sección general **Common material Attributes**, despliegue el campo **Color Input** y elija la opción **Facing Angle**. 7
9. Seguidamente, cree un degradado entre dos tonos azules en este mismo apartado, asignando el primer tono en el campo **Selected Color** y el segundo, sobre la curva de color, tras añadir un segundo punto. 8
10. Si lo desea, añada un ligero destello en la sección **Special Effects** y reproduzca la simulación. 9

IMPORTANTE

La opción **Mesh Triangle Size** ajusta la resolución de la malla. Si inserta un valor más bajo aumentará la suavidad de la malla al tiempo que ralentizará la simulación.

7

8

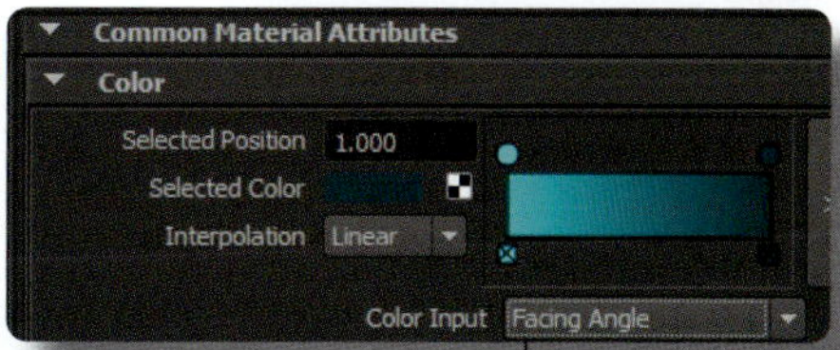

4

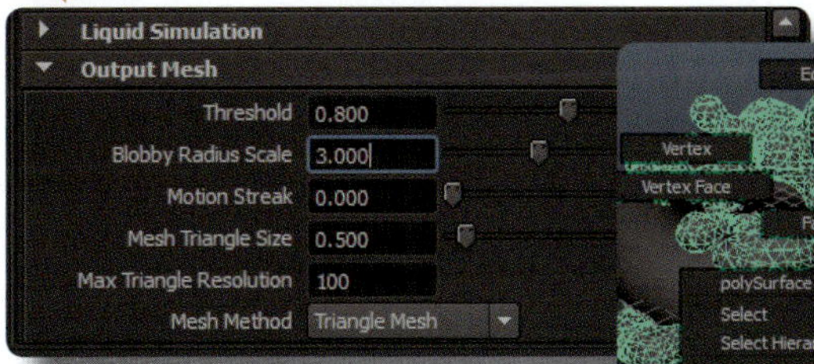

Una buena combinación de los valores **Threshold** y **Blobby Radius Scale** generará un aspecto de la malla óptimo.

5

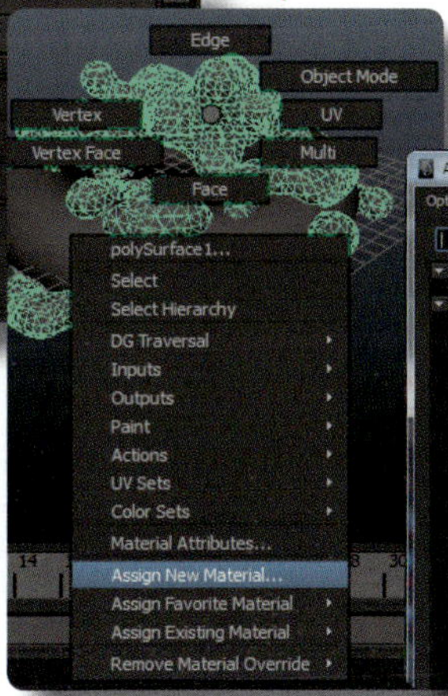

6

9

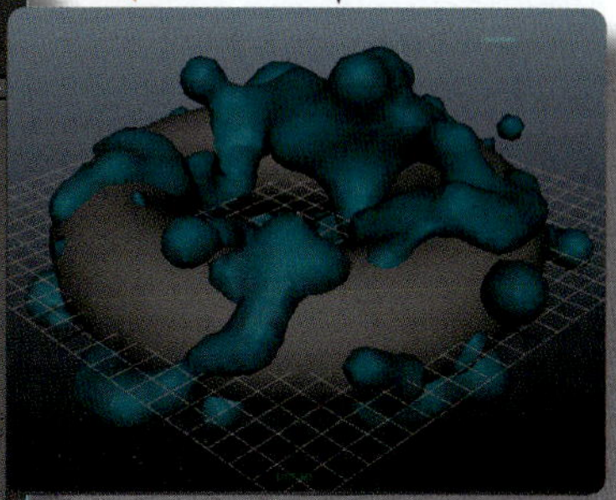

Ajustar el viento en un sistema de partículas

EL NÚCLEO SOLUCIONADOR DE UN SISTEMA DE PARTÍCULAS contiene los ajustes para crear viento y turbulencias. Las propiedades Wind pueden ser utilizadas para conseguir efectos de nieve cayendo, agua creciendo o llamas emergiendo de cualquier superficie. La configuración de estos ajustes sobre el núcleo solucionador aplica viento sobre todos los nodos dinámicos (nDynamics), ya sean del tipo nCloth, cuerpos rígidos o sistemas de partículas.

1. Para llevar a cabo este ejercicio recuperaremos la escena denominada **partículas.mb** con la que practicamos en un ejercicio anterior. Si no dispone de esta escena, sepa que puede encontrarla en nuestra página web, renombrada como **077.mb.** [1] Para empezar, reproduzca la animación completa para comprobar el comportamiento inicial de las partículas. [2]
2. En este caso, las partículas se elevan unidas verticalmente hacia arriba. Seleccione el sistema de partículas, muestre el editor de atributos y muestre la sección **Dynamic Properties.** [3]
3. Por defecto, cualquier sistema de partículas nParticles tienen la propiedad **Drag**, que designa la resistencia al avance, establecida en 0.010. Debe saber que para que los ajustes relativos al viento tengan su efecto sobre el núcleo solucionador de

IMPORTANTE

Cuanto mayor es el valor de resistencia al avance, incluido en el campo **Drag**, más podrá el viento agarrar las partículas y empujarlas lejos, lo que indica que realmente tirará más fuerte de las partículas.

1

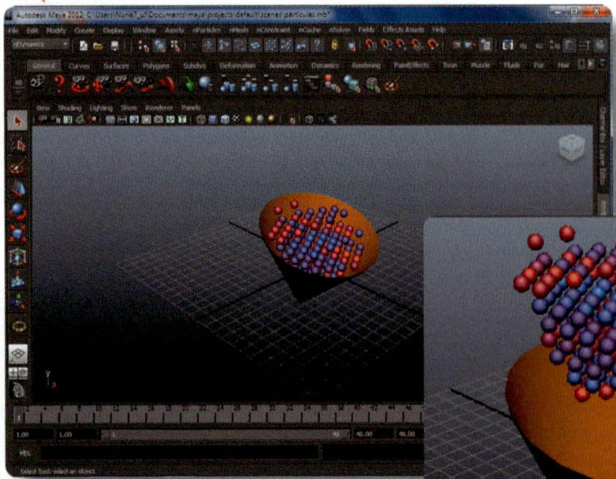

Para comprobar mejor la simulación, le recomendamos que visualice todos los fotogramas en la línea de tiempo.

2

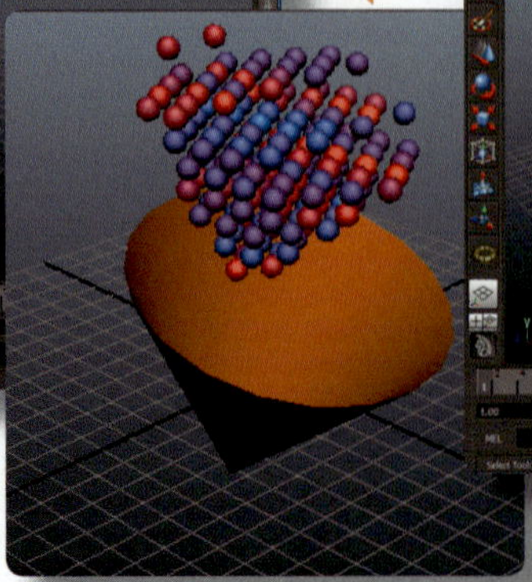

3

077

cualquier sistema de partículas, excepto Water, esta resistencia debe contar con algún valor, por pequeño que sea. Realizada esta comprobación, sitúese en la pestaña **nucleus1** y muestre el contenido de la sección **Gravity and wind.** 4

4. En su momento establecimos la gravedad en 6 e indicamos una variación en la dirección sobre el eje Y de 2. En esta ocasión, para conseguir el efecto deseado, cambiaremos la densidad del aire y la velocidad del viento. Para ello, inserte el valor **5** en el campo **Air Density**. 5
5. La densidad del aire se refiere a la masa de la atmósfera en la escena, que afecta la resistencia al avance relativa del objeto. Resulta interesante saber que un valor elevado de este atributo es apropiado cuando se simula el movimiento de un objeto debajo del agua. A continuación, inserte el valor **25** en el campo **Wind Speed**.
6. Por su parte, el campo **Wind Speed** determina la fuerza y la intensidad del viento; cuanto mayor es el valor insertado en este campo, más rápida es la velocidad del viento. Por último, el campo **Wind Noise** especifica el nivel de aleatoriedad para la dinámica del viento del sistema del núcleo actual. Inserte el valor **10** en este campo. 6
7. Tenga en cuenta que según el sistema de partículas generado y por tanto el efecto que se desea conseguir deberá configurar estos atributos de un modo u otro y perfectamente combinados. Termine este ejercicio reproduciendo la simulación. 7

4

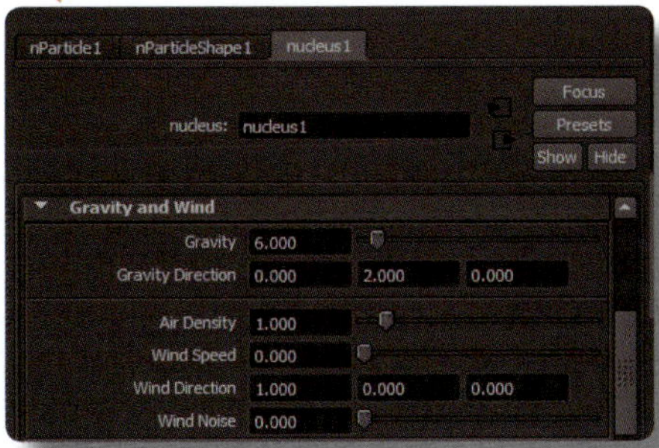

5

6

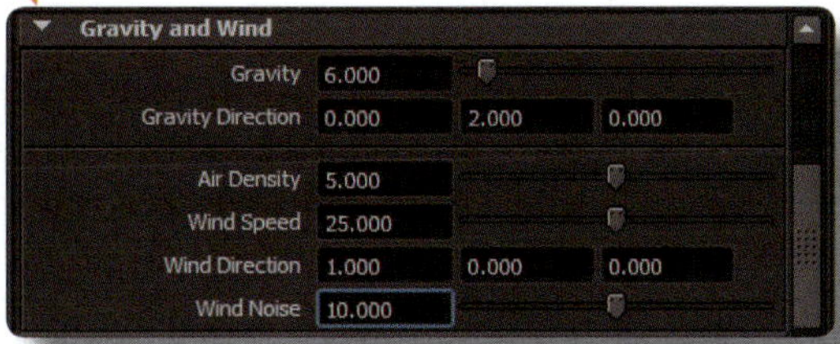

El valor predeterminado para la densidad del aire es de 1. Si fija este valor a 0, el programa desactiva los atributos **Drag** y **Lift**, los cuales dependen directamente de él.

7

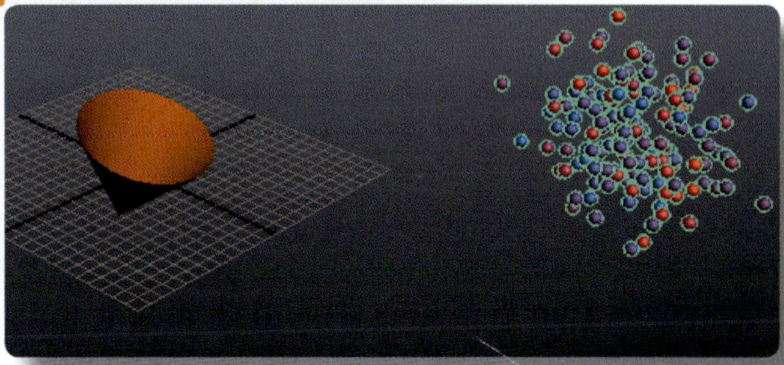

Crear un ncaché

UNA VEZ CREADO EL SISTEMA DE PARTÍCULAS, PUEDE optar por crear lo que en Maya se denomina nCache, con el fin de asegurarse de que la renderización d e la escena se lleve a cabo correctamente. Este proceso almacena los datos de la simulación en un servidor o en disco duro local. Los nCaches son archivos de Maya especiales que almacenan los datos de puntos simulados de las simulaciones generadas con el programa.

1. En este sencillo ejercicio almacenaremos en caché la escena **burbujas.mb**, con la cual hemos practicado en ejercicios anteriores. Como recordará, esta escena cuenta con una superficie emisora que desprende, durante la simulación, partículas que fueron convertidas en mallas poligonales, lo que proporcionó el aspecto de un líquido viscoso. Empezaremos modificando un aspecto del sistema de partículas. Para ello, cuando disponga de la mencionada escena abierta en el área de trabajo, muestre el panel **Outliner** desde el menú **Window**.
2. Desde este panel podremos seleccionar sin problemas el objeto emisor. Pulse sobre el signo + que precede al nodo **pTorus1** y seleccione el nodo denominado **emitter1**.
3. Una vez seleccionada el emisor de partículas, minimice el panel **Outliner** y abra el editor de atributos.

4. El editor de atributos se abre mostrando el contenido del elemento seleccionado, en este caso, el emisor. Fije en **80** el valor del campo **Rate (Particle/Sec)**. 4
5. De esta forma disminuimos la velocidad por segundo en la que aparecen las partículas sobre el objeto. Muestre de nuevo el panel **Outliner** y seleccione en él el elemento **polySurface1**. 5
6. Ahora empezamos el proceso de creación del almacenamiento en caché. Para ello, despliegue el menú **nCache** y haga clic sobre el iniciador del cuadro de opciones del comando **Create New Cache**. 6
7. En el cuadro de opciones que se abre, podemos especificar un nombre y una ubicación para el archivo que se generará; si mantiene el valor predeterminado, sepa que este archivo se denominará con el mismo nombre que la escena actual, en este caso, burbujas, y se guardará en la carpeta **data** del directorio de proyectos actual. Mantenga esta denominación, así como la opción **One file per Frame** en el campo **File Distribution** y la opción **Time Slider** en el campo **Cache time range** y pulse sobre el botón **Create** para crear el archivo de almacenamiento en caché. 7

La simulación se reproduce más o menos rápido al tiempo que va generando el archivo en caché oportuno. 8 Al finalizar puede comprobar como, en la parte inferior del área de trabajo, se muestra la ruta y el nombre de dicho archivo.

6

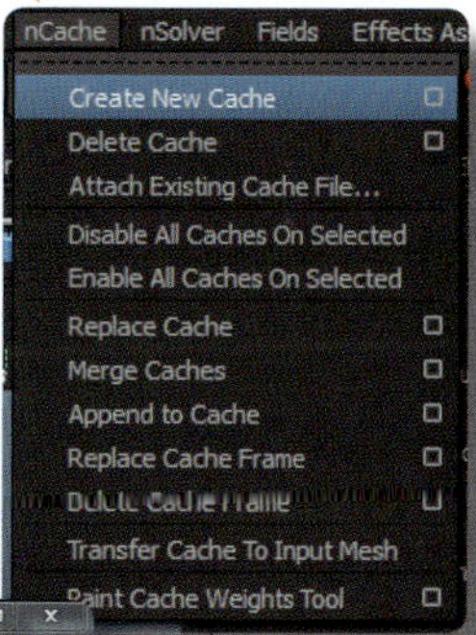

7

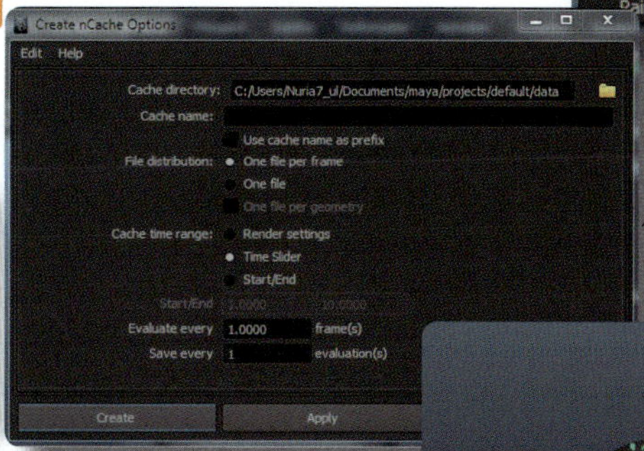

4

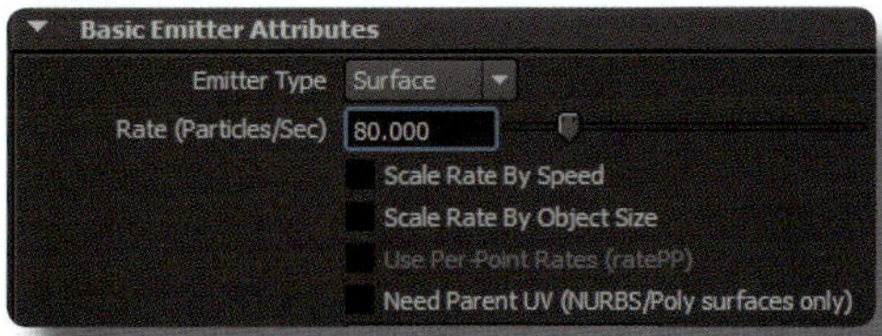

8

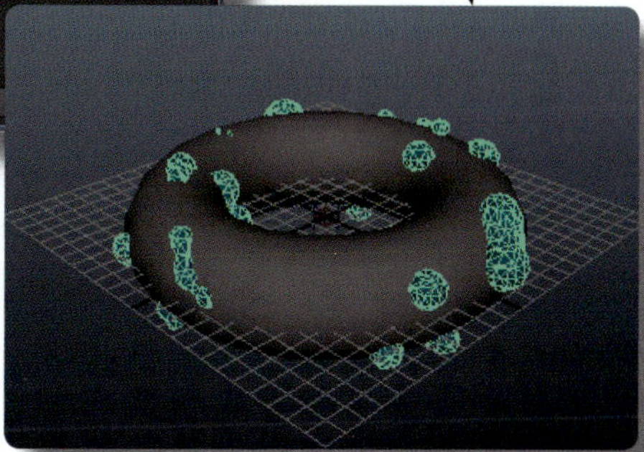

5

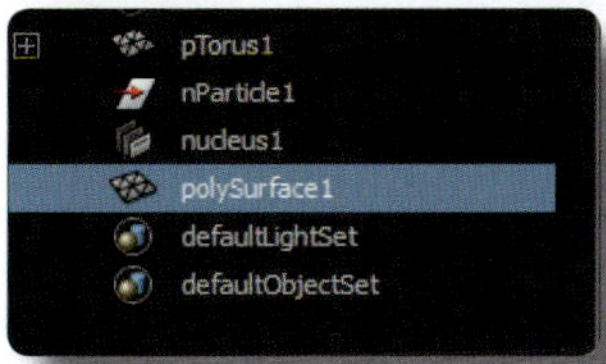

Si está trabajando con otro sistema de partículas, tenga en cuenta que el nodo que deberá seleccionará será el denominado **nParticle1** o similar.

Aplicar luces y sombras en una escena

MENTAL RAY ES UN COMPLEJO RENDERIZADOR QUE SE incorpora en la interfaz de Maya. Gracias a este renderizador, conseguirá resultados extremadamente realistas y profesionales. Existen múltiples opciones para conseguir con Mental Ray estos resultados, una de las cuales pasa por la iluminación de la escena y un correcto uso de las sombras.

1. Empezamos con esta práctica una serie de ejercicios dedicados a la iluminación y la renderización de escenas en Maya. Concretamente, y dado que en el volumen básico de este libro ya se trataron estas acciones, nos centraremos en el uso del renderizador Mental Ray. Para empezar, le recomendamos que descargue desde nuestra página web una nueva escena de ejemplo, denominada **079.mb** y la abra en el área de trabajo de Maya. 1
2. Vamos a crear sobre esta escena un punto de luz básico para, a continuación, configurar la proyección de sombras. Vamos allá. Despliegue el menú **Create**, haga clic sobre el comando **Ligths** y elija en este caso la opción **Spot Light**. 2
3. El punto de luz se sitúa siempre, por defecto, en el centro de la escena. Utilice las herramientas **Move** y **Rotate** para desplazarla hasta el punto que le parezca conveniente. 3

IMPORTANTE

Existen dos tipos de sombras que pueden ser creadas con Mental Ray: las sombras proyectadas y las de oclusión ambiental. Las proyecciones de sombras se generan cuando un objeto bloquea los rayos de luz procedentes de una fuente de luz. Este tipo de sombras son las más comunes y familiares y son una buena indicación del tipo, la ubicación y la orientación de la fuente de luz que proyecta la sombra. Por su parte, las sombras de oclusión ambiental se generan cuando los rayos de luces indirectas no pueden alcanzar una superficie.

Esta escena fue creada íntegramente como práctica, excepto su animación, en el libro *Aprender Maya 2012 con 100 ejercicios prácticos*.

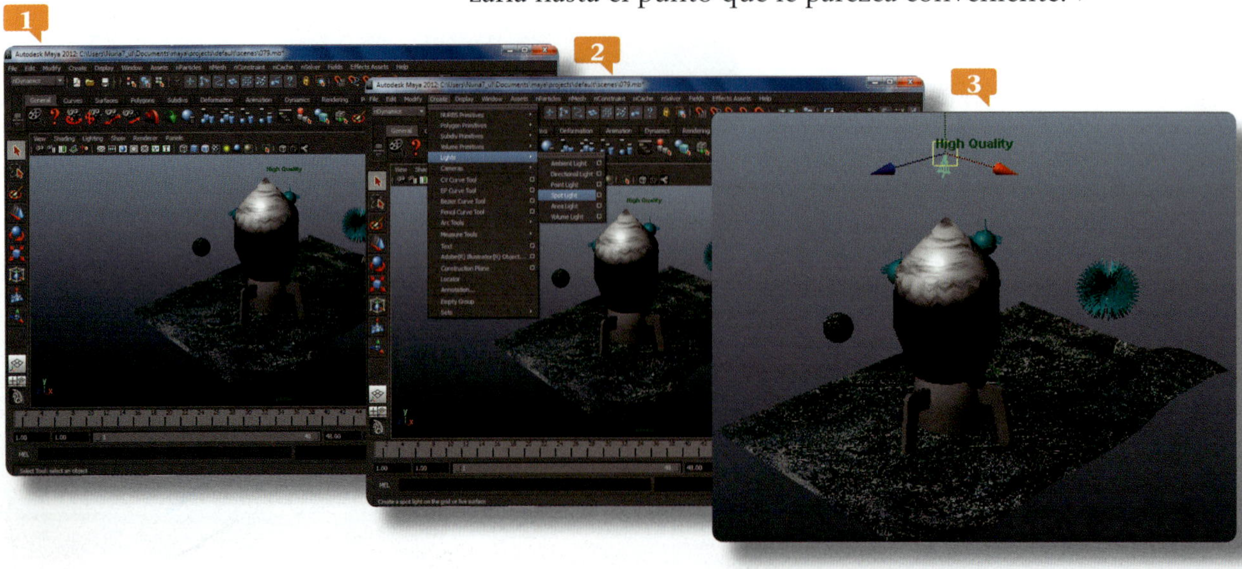

079

4. Como ya sabe, el programa utiliza por defecto unas luces predeterminadas para visualizar la escena en el visor pero que no sirven cuando se renderiza la escena. Para ver la escena iluminada, despliegue el menú **Lighting** del visor y haga clic sobre el comando **Use All Lights**. 4

5. Ahora puede comprobar el alcance del punto de luz sobre la escena. 5 Con la luz seleccionada, muestre el editor de atributos.

6. Desde la pestaña **SpotLightShape1** puede cambiar el color y la intensidad de la luz, entre otros atributos. En este caso, inserte el valor **90** en el campo **Cone Angle** para ampliar el ángulo de luz proyectado por el foco. 6

7. A continuación, activaremos el uso de sombras, por defecto desactivadas. Para ello, despliegue el menú **Lighting** del visor y marque la opción **Shadows**.

8. Debe saber que la opción **Shadows** sólo puede activarse si se está utilizando la opción **Use All Lights**. A pesar de haber marcado esta opción, continúan sin aparecer las sombras en la escena. Esto es así porque es necesario activarlas también las correspondientes a la iluminación actual. Para ello, en el editor de atributos, muestre el contenido de la sección **Shadows** y, en el apartado **Depth Map Shadow Attributes**, active la opción **Use Depth Map Shadows**. 7

Ahora sí, sobre el plano que actúa como suelo en la escena se previsualizan las sombras generadas por el foco de luz. 8

IMPORTANTE

Una posibilidad para situar la luz en el punto justo que nos interesa es visualizar la escena a través de la luz, como si fuera una cámara. Para ello, despliegue el menú **Panels** del visor y elija la opción Look **Through Selected Camera**.

8

7

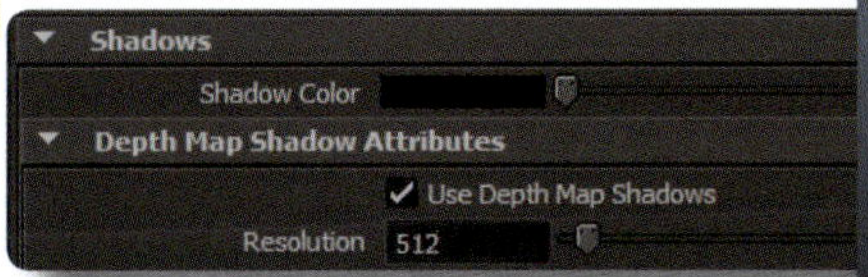

4

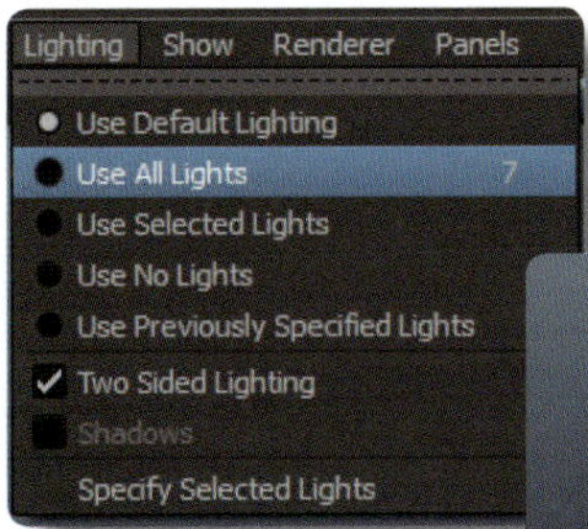

Aproveche, si es necesario, para dirigir el foco de luz correctamente sobre la escena, de manera que cubra todo su contenido.

5

6

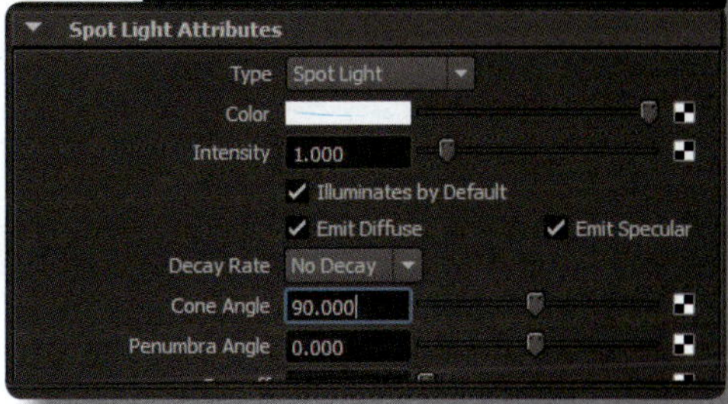

Renderizar escenas con sombras de profundidad

> **IMPORTANTE**
>
> Normalmente, los mapas de profundidad necesitan menos tiempo para renderizar que las sombras del tipo ray trace, y producen excelentes resultados en diferentes situaciones.

LAS SOMBRAS DE PROFUNDIDAD (*DEPTH MAP SHADOWS*) son creadas a partir de datos almacenados en un archivo que se genera en el momento de la renderización. Este archivo guarda información acerca de la distancia entre las sombras proyectadas y los objetos de la escena desde un punto de vista de la luz. Al utilizar Mental Ray como renderizador, es posible elegir entre utilizar las sombras de profundidad nativas de Maya o las del formato del renderizador.

1. En este ejercicio comprobaremos las diferencias en cuanto a resultados se refiere entre distintos ajustes sobre la sombra de profundidad aplicada en el ejercicio anterior. Empezaremos modificando la posición del foco de luz. Para ello, seleccione dicho foco con la herramienta **Move**, desplácelo hacia la derecha y diríjalo, con la ayuda de la herramienta de rotación, hacia el cuerpo del cohete, de manera que quede perfectamente iluminado desde el lateral derecho. 1
2. En primer lugar comprobaremos si Mental Ray es el renderizador actual en el programa. Para ello, despliegue el menú **Window**, haga clic sobre el comando **Rendering Editors** y elija la opción **Render Settings**. 2
3. En el campo **Render Using** debe aparecer la opción **mental ray**. (De no ser así, selecciónela antes de continuar.) 3 Sitúese en la pestaña **Quality** de este cuadro, despliegue el campo

1

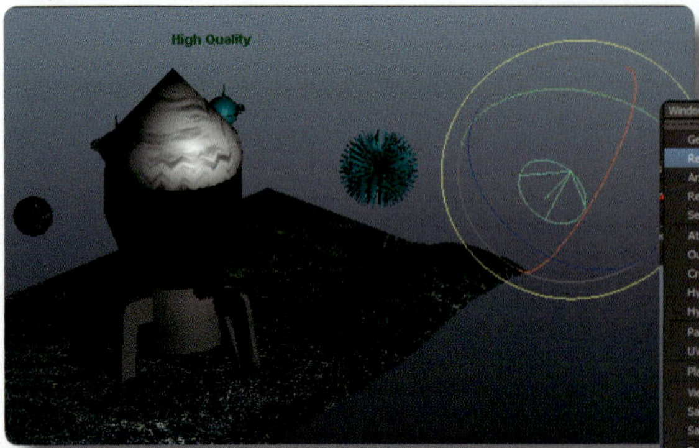

Puede activar las herramientas de transformación desde el panel de herramientas o mediante el teclado.

2

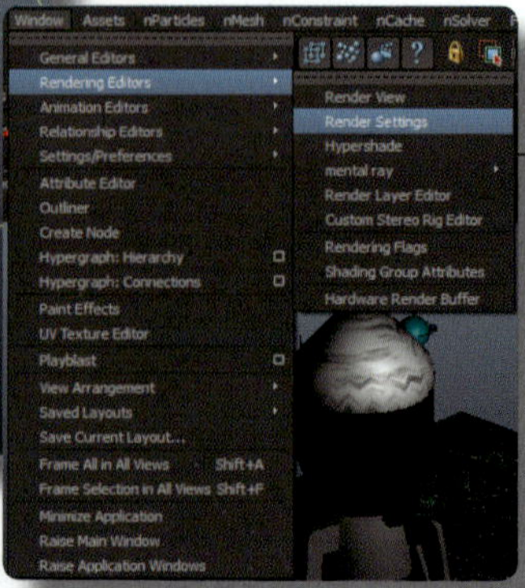

3

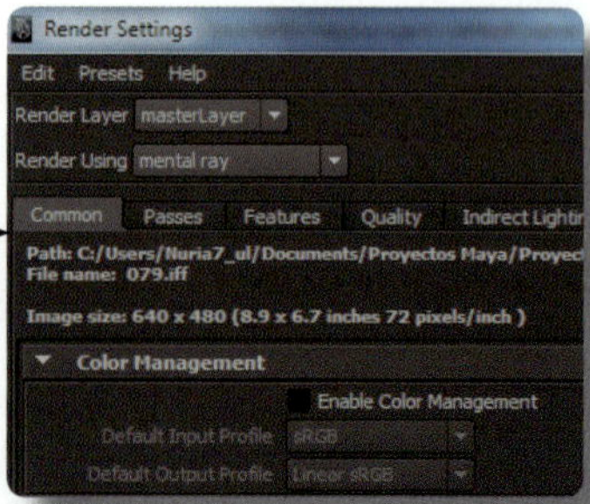

El renderizador que utiliza el programa por defecto es Maya software.

080

Quality Presets, el cual por defecto, se encuentra establecido en borrador (**Draft**), elija la opción **Production** y pulse el botón **Close** para salir del cuadro de ajustes de renderización.

4. De esta manera hemos configurado el renderizador mental ray para que efectúe las representaciones con la calidad de producción, es decir, óptima. Llegados a este punto, y tras asegurarse que las sombras de profundidad se encuentran activadas, renderice la escena desde el pertinente comando de la **Status Line**, el que muestra una claqueta.
5. Tras un breve proceso, aparece en la ventana **Render View** la escena con su aspecto final, incluyendo materiales, luces y sombras. Por defecto, la calidad de las sombras de profundidad es un poco pobre; sin embargo, dicha apariencia puede ser mejorada tras unos pequeños retoques. Tras cerrar la ventana de renderización, y desde el editor de atributos, asigne una resolución para la sombra de profundidad de **2048**, insertando este valor en el campo **Resolution** del apartado **Depth map Shadow Attributes**, en la sección **Shadows**.
6. Seguidamente, ajuste a **0** el campo **Filter Size**.
7. Ahora renderizaremos la escena de nuevo. Para ello, pulse sobre el correspondiente comando de la **Status Line**.

El proceso de renderización es un poco más largo pero el resultado es visiblemente mejor. Si lo desea, puede comparar las dos imágenes resultantes con los distintos valores de resolución y de tamaño de filtro. Para ello, cree una imagen en cada ventana de renderización mediante el comando **Keep Image in Render View** del menú **File**.

IMPORTANTE

Las sombras de profundidad se generan utilizando un archivo de profundidad especial, el cual es una imagen. Como tal, esta imagen cuenta con una resolución que puede ser controlada desde el editor de atributos. Debe saber que, si la resolución es baja, la sombra aparece levemente granulada.

También puede acceder a la ventana **Render View** desde el comando **Rendering Editors** del menú **Window**.

4

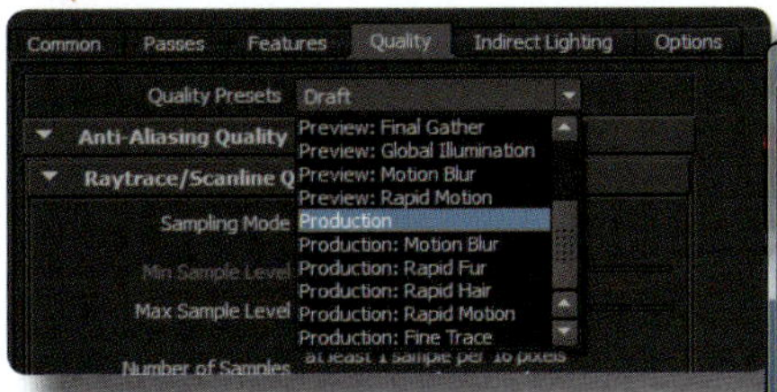

Si mental ray no aparece en el campo **Render Using**, significa que no se encuentra correctamente instalado. para hacerlo, deberá acceder al cuadro **Plug-in manager** desde el comando **Settings/Preferences** del menú **Window** y marcar la opción **mental ray**.

5

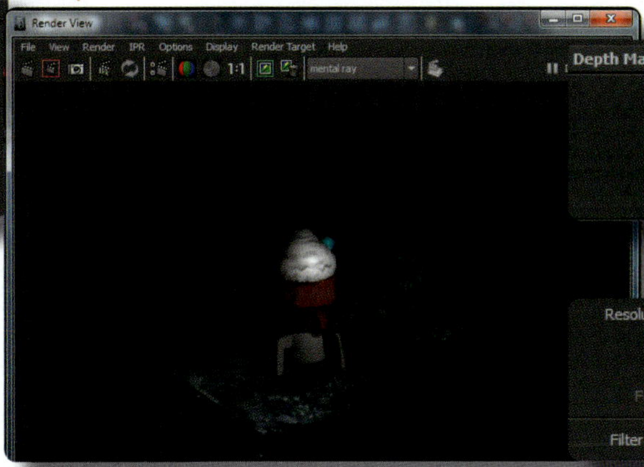

6

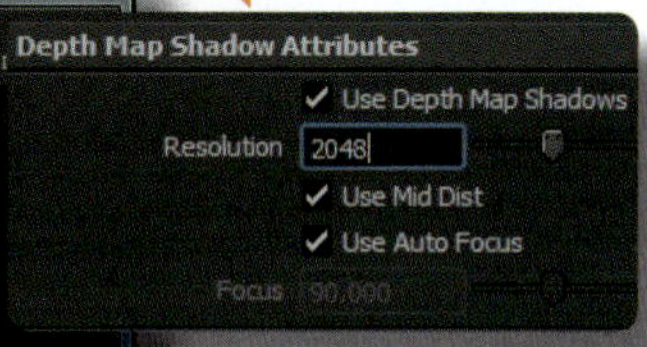

7

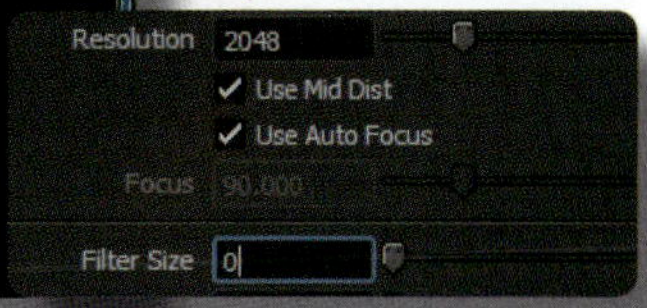

Crear reflexiones y refracciones

IMPORTANTE

IMPORTANTE

El uso de sombras Ray trace produce resultados más precisos, con el inconveniente de que necesita más tiempo y más recursos para calcular. Sin embargo, gracias a las mejoras y los avances en la fabricación de los procesadores, ahora mucho más rápidos, esto ya no supone un gran problema para los usuarios.

LAS SOMBRAS DENOMINADAS RAY TRACE, O DE TRAZADO de rayos, se generan trazando el camino de los rayos de luz desde la fuente de luz hasta la cámara de renderización. La principal ventaja que presentan las sombras ray trace frente a los mapas de sombras es que pueden proyectarse desde objetos transparentes , refractivos y de color.

1. En este nuevo ejercicio dedicado a las sombras en Maya le mostraremos cómo activar y utilizar las sombras del tipo ray trace. Para ello, le recomendamos que descargue desde nuestra página la escena **081.mb**, una actualización de una escena creada en prácticas anteriores de este libro. Cuando disponga de ella, ábrala en el área de trabajo del programa. 1
2. La escena cuenta con un foco de luz ubicado en la parte derecha que enfoca directamente hacia el personaje del escenario. Además, hemos activado previamente las luces desde el menú **Lighting** del visor (**Use All Lights**), así como las sombras (**Shadows**). 2 Lo que haremos a continuación será activar las sombras ray trace. Para ello, acceda al cuadro de ajustes de renderización para el renderizador mental ray y sitúese en la pestaña **Quality**. 3
3. Despliegue el campo **Quality Presets** y elija, como en el ejercicio anterior, la opción **Production**. 4

1

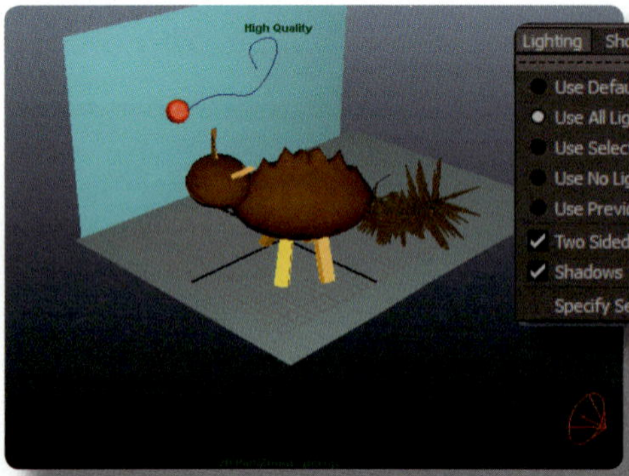

2

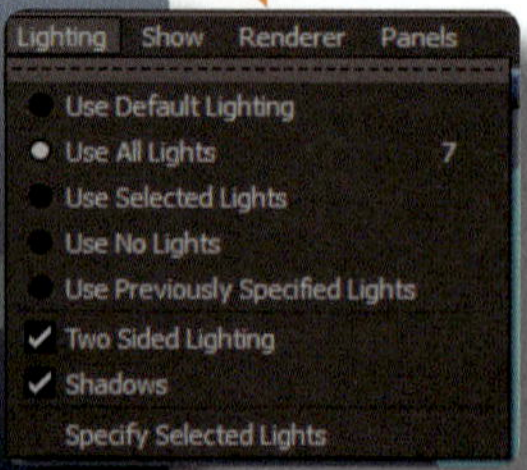

Recuerde que la opción **Shadows** sólo se activa si se han activado previamente las luces de la escena.

3

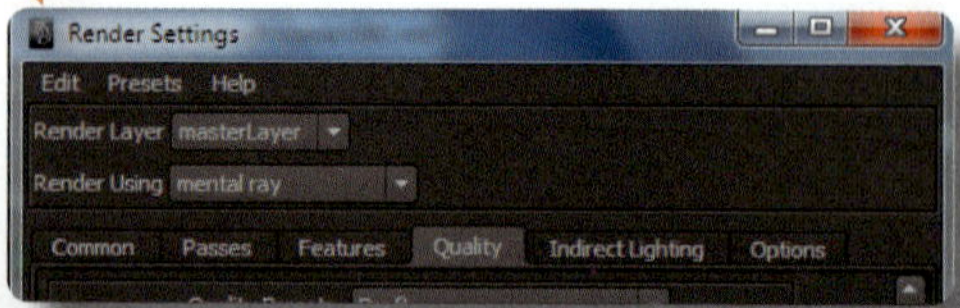

4

081

4. Al elegir la opción **Production** como calidad predeterminada del renderizado, la opción **Raytracing** de la sección del mismo nombre se activa automáticamente. Compruébelo. [5]
5. Desde esta sección puede ajustar los valores para la reflexión y la refracción. Cierre por el momento la ventana de ajustes pulsando el botón **Close**.
6. Para mostrar las sombras en la escena, seleccione el foco de luz y muestre el editor de atributos.
7. Muestre el contenido de la sección **Shadows** y active la opción **Use Ray Trace Shadows** del apartado **Raytrace Shadow Attributes.** [6]
8. Compruebe el efecto conseguido. [7] Por defecto, las sombras raytrace aparecen muy definidas e incluso punzantes. Para suavizar este aspecto podemos ajustar algunos de los valores referentes a la sombra. Aumente ligeramente el valor del campo **Shadow Rays**, por ejemplo, hasta **30** y aumente también el valor del campo **Light Radius** hasta **1**. [8]
9. Para comprobar el cambio sobre las sombras, renderice la escena.
10. Cuando termine la renderización comprobará cómo, además del suavizado de las sombras, el animal se refleja sobre las dos superficies de la escena. [9] Para conseguir que también la sombra se refleje en esta superficie, vuelva al editor de atributos, asigne el valor 2 en el campo **Ray Depth Limit** y renderice por última vez la escena. [10]

IMPORTANTE

Dos conceptos que resulta interesante tener en cuenta y distinguir son umbría y penumbra. La umbría de una sombra es el área que se encuentra completamente bloqueada desde la fuente de luz, mientras que la penumbra es la transición desde el área iluminada y la umbría. Las sombras punzantes, por ejemplo, tienen una penumbra muy pequeña, y en cambio las sombras suaves tienen una penumbra muy amplia.

10

9

5

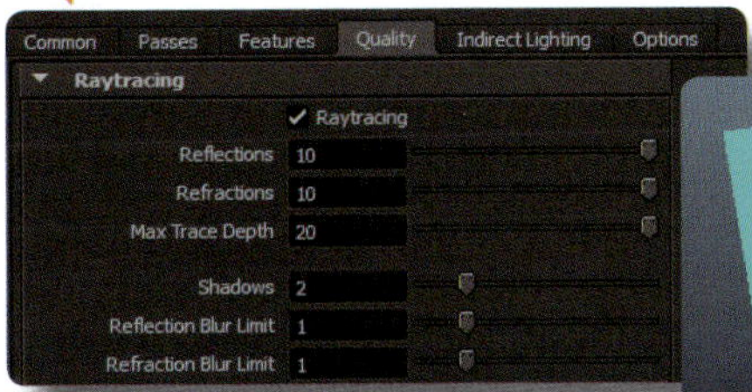

7

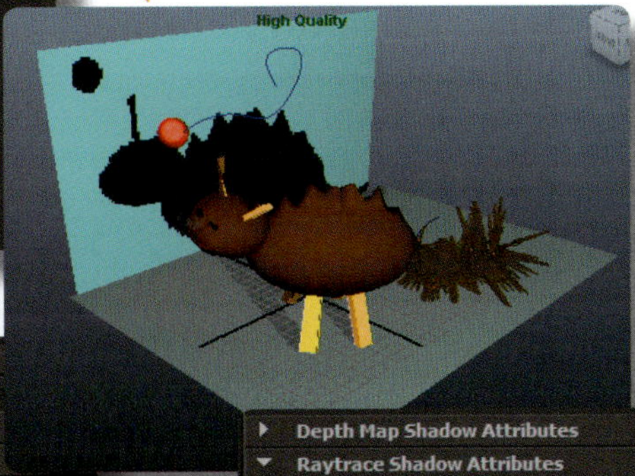

6

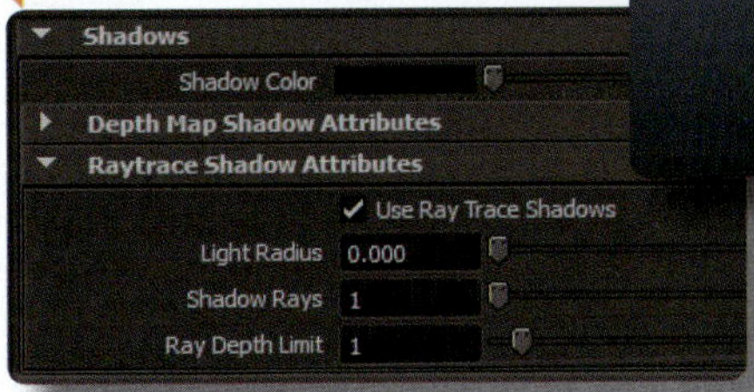

8

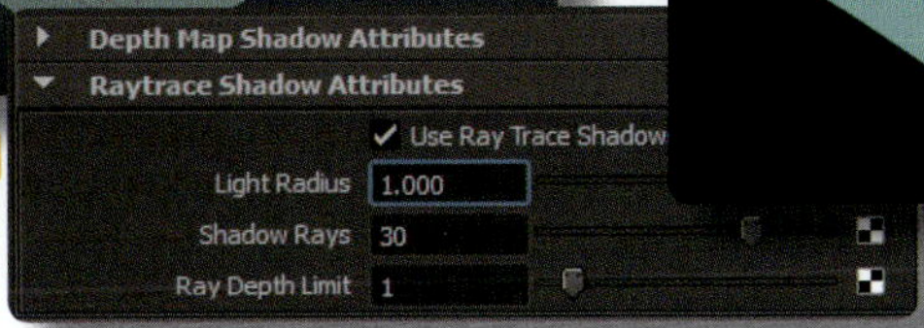

Crear iluminación global

IMPORTANTE

El renderizador mental ray dispone de tres métodos distintos para simular la iluminación indirecta: la iluminación global (tratada en este ejercicio), el proceso denominado Final Gathering y la oclusión ambiental. Estos tres métodos pueden ser utilizados por separado o juntos, según el resultado que se intente conseguir con la simulación.

CUANDO UN RAYO DE LUZ GOLPEA SOBRE UNA SUPERFICIE OPACA, ÉSTE PUEDE SER ABSORBIDO O REFLEJADO. Si la luz se refleja, vuelve a entrar en el entorno y continúa rebotando sobre otras superficies hasta que alguna la absorba. Aquellos objetos iluminados por esta luz reflejada se dicen que lo están indirectamente. Una de las formas que tiene el renderizador mental ray para simular la iluminación indirecta es la iluminación global.

1. En este ejercicio trataremos una de las formas que mental ray tiene para simular la iluminación indirecta: la iluminación global. Este tipo de iluminación simula fotones de luz que rebotan sobre los objetos de una escena. Continuamos trabajando sobre la escena **081.mb**, para la cual empezaremos eliminando el foco de luz insertado en la práctica anterior. Para ello, seleccione el foco y pulse la tecla **Suprimir** o **Delete**. [1]
2. La escena queda ahora sin iluminación alguna. A continuación, crearemos una luz del tipo direccional que nos servirá para conseguir la iluminación global de la escena. Para ello, despliegue el menú **Create**, haga clic sobre el comando **Lights** y pulse sobre la opción **Directional Light**. [2]
3. La luz se sitúa, como es habitual, en el centro de la escena. [3] Vamos a reubicarla en un punto preciso de la escena y a orientarla tal y como nos interesa. Para ello, acceda a la **Channel**

1

Si debido al zoom aplicado en la escena no llega a visualizar el foco, utilice el panel **Outliner** para seleccionarlo (nodo **spotlight1**).

2

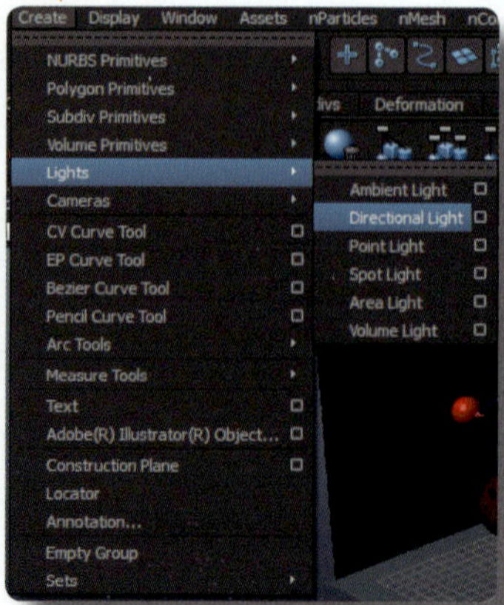

3

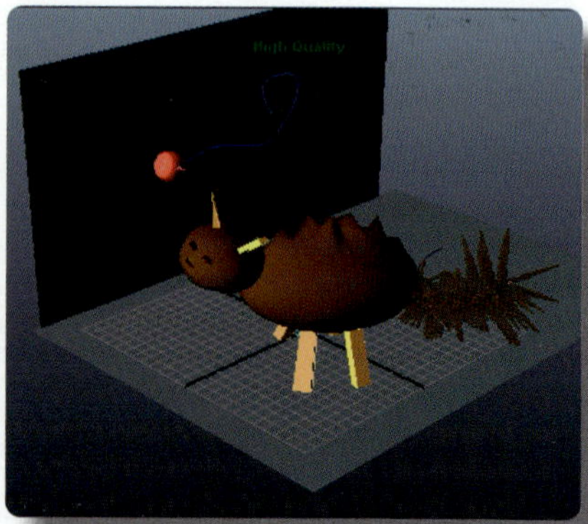

Box e inserte en los campos **Translate X**, **Translate Y** y **Translate Z** los valores **41.844**, **24.513** y **21.866** respectivamente. 4

4. La idea es que la luz se sitúe fuera del plano de la escena frente a la superficie vertical. Seguidamente, indique los valores **-28.398** y **65.681** en los campos **Rotate X** y **Rotate Y** respectivamente. 5
5. Ahora la escena queda iluminada según la posición y la orientación especificadas. 6 Acceda ahora al editor de atributos y sitúese, si no lo está en la pestaña **directionalLightShape1**.
6. Muestre el contenido de la sección **Shadows** y active la opción **Use Ray Trace Shadows** del apartado **Raytrace Shadows Attributes**. 7
7. Una vez insertada la luz direccional y activadas las sombras, activaremos la iluminación indirecta que nos interesa. Para ello, abra el cuadro **Render Settings** y sitúese en la pestaña **Indirect Lighting**.
8. En la sección **Global Illumination**, active la opción del mismo nombre y, manteniendo las opciones predeterminadas para este tipo de iluminación, pulse el botón **Close**. 8
9. Ya hemos terminado. Para comprobar el resultado final, renderice la escena. 9

El uso de luces direccionales es una opción más que razonable para simular la luz que entra a través de una ventana, por ejemplo, debido a que los rayos proyectados son paralelos, lo que simula la luz generada por una fuente distante.

082

IMPORTANTE

La iluminación global consta de dos pasos: la emisión de la luz de los fotones dentro de la escena crea un mapa de fotones que graba la posición de estos fotones y sus intensidades en el espacio tridimensional. Después el área busca las superficies que intersectan con los fotones, las superficies se iluminan basándose en la intensidad de estos fotones y el valor difuso del sombreador se aplica a la superficie.

9

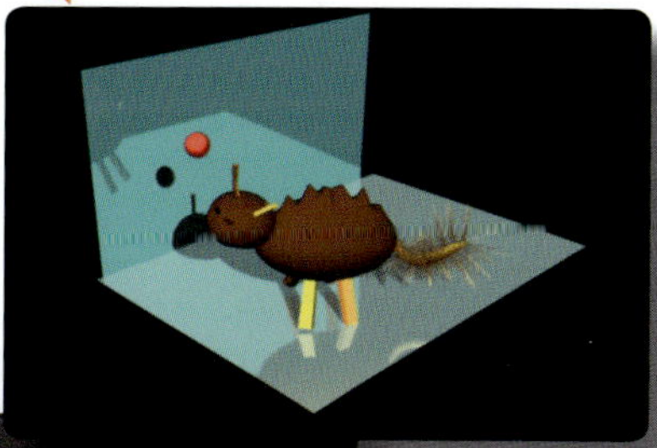

4

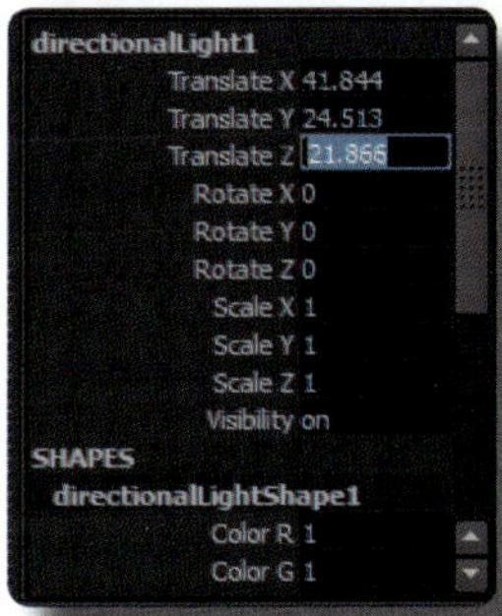

Recuerde que para visualizar la imagen como textura sobre el objeto debe tener activo el tipo de sombreado **Hardware texturing**.

5

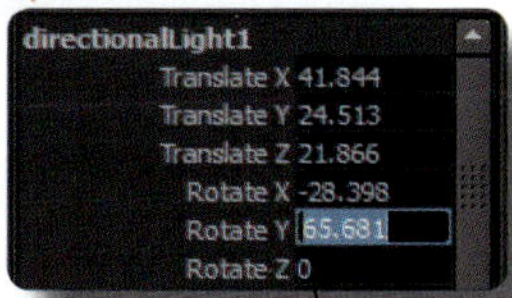

6

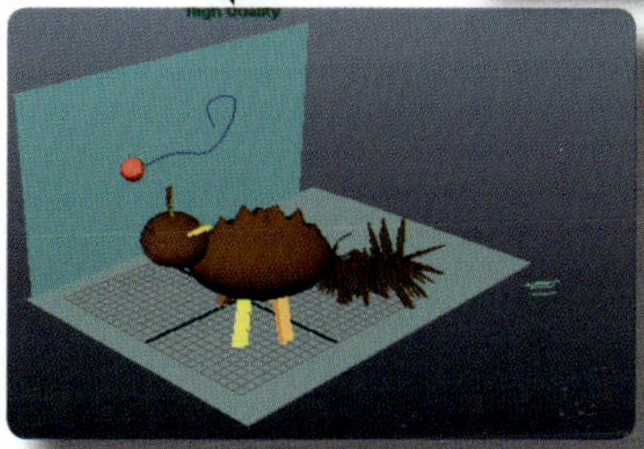

7

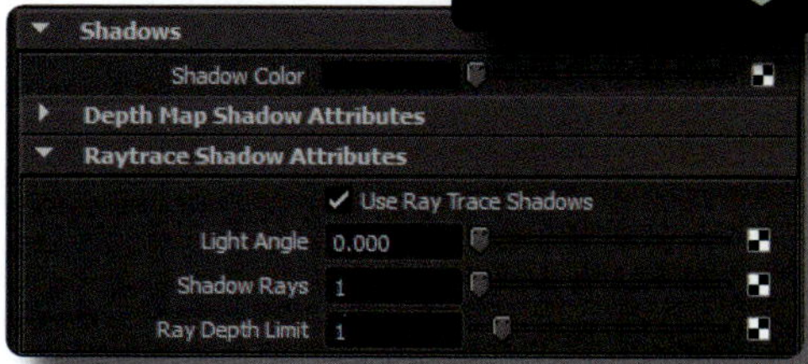

8

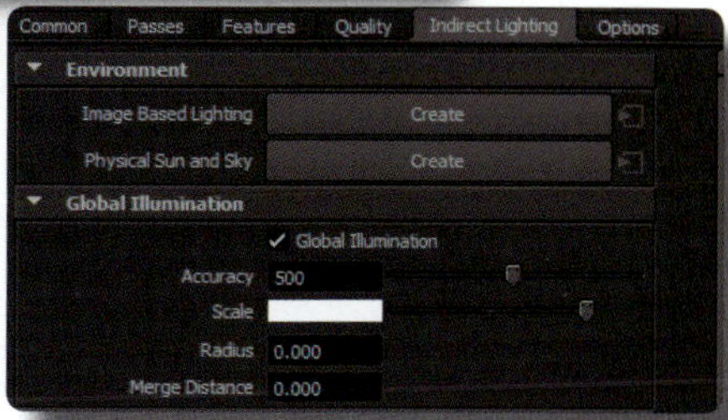

Crear luces de área para la emisión de fotones

IMPORTANTE

Las propiedades de proyección o emisión de fotones de una luz se encuentran completamente separadas y desvinculadas de la intensidad de la luz.
En la práctica, a menudo es recomendable utilizar una luz para proyectar luces directas y sombras y otra para crear luces indirectas.

CUANDO SE ACTIVA LA EMISIÓN DE FOTONES EN la iluminación indirecta, las luces direccionales tienden a generar una sobreexposición generada por las luces con proyección de fotones. Esto se produce porque los fotones proyectados a partir de una luz con emisión de fotones necesitan contar tanto con una dirección como con una posición. Las luces de área suelen ser las mejores para solventar este problema puesto que proyectan la luz desde un área considerable en comparación con un punto en el espacio.

1. En este ejercicio mantendremos la luz direccional creada en el ejercicio anterior para nuestra escena y activaremos la emisión de fotones para poder comprobar la sobreexposición que genera. Posteriormente, trataremos de solventar el problema de la sobreexposición creando una luz de área. Vamos allá. Seleccione en la escena el punto de luz direccional (recuerde que puede acceder al panel **Outliner** si no localiza el objeto de luz en la escena). 1
2. A continuación, muestre el editor de atributos, expanda la persiana mental ray y, en el apartado **Caustic and Global Illumination**, marque la opción **Emit Photons.** 2
3. Sobre la escena no se produce ningún cambio; debemos renderizar la escena para comprobar el resultado. Hágalo. 3

1

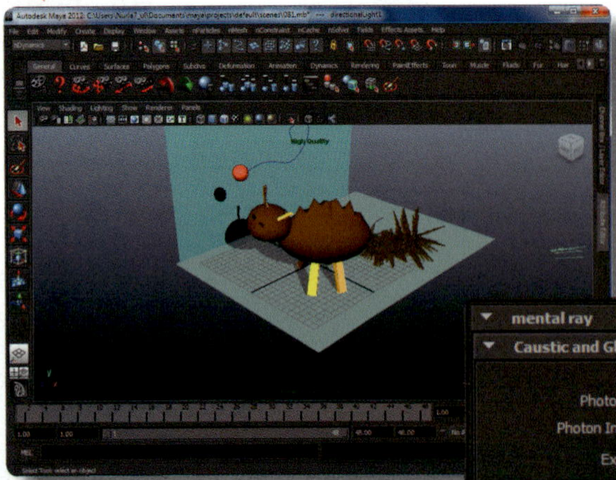

2

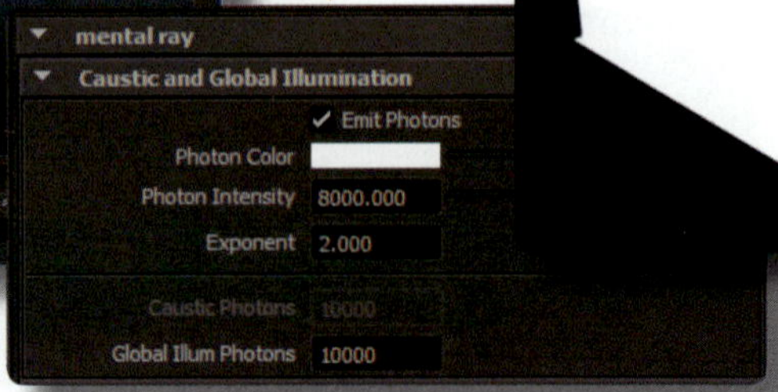

3

Al activar la emisión de fotones la sobreexposición es evidente.

083

4. El resultado es horrible, ¿verdad? Para solventar esta situación, utilizaremos dos luces situadas una junto a la otra, una con la emisión de fotones activada y la otra desactivada. Cierre la ventana de renderización y, en el editor de atributos, desactive la emisión de fotones para la luz actual.
5. A continuación, cree una nueva luz direccional, sitúela en el punto opuesto a la existente y aplíquele los valores de posición X, Y y Z **-27.957**, **16.112** y **-6.903** y de rotación Y **57.841** desde la **Channel Box.** [4]
6. Lo que haremos con esta nueva luz direccional será activar la emisión de fotones. Para ello, desde el apartado **Caustic and Global Illumination** de la sección **mental ray** del editor de atributos, active la opción **Emit Photons.** [5]
7. Con la emisión de fotones para la nueva luz, debemos configurar algunos atributos para que el resultado sea el esperado. Ajuste el tono del campo **Photons Color** a completamente negro, disminuya la intensidad de los fotones hasta **5.000** y aumente el valor del campo **Global Illum Photons** hasta **25.000.** [6]
8. Ahora, en la sección **Directional Light Attributes**, desactive las opciones **Emit Diffuse** y **Emit Especular** y, por último, fije en **0** la intensidad de la nueva luz insertando este valor en el campo **Intensity** de esta misma sección. [7]
9. Ha llegado el momento de comprobar el resultado conseguido. Para ello, renderice la escena. [8]

4

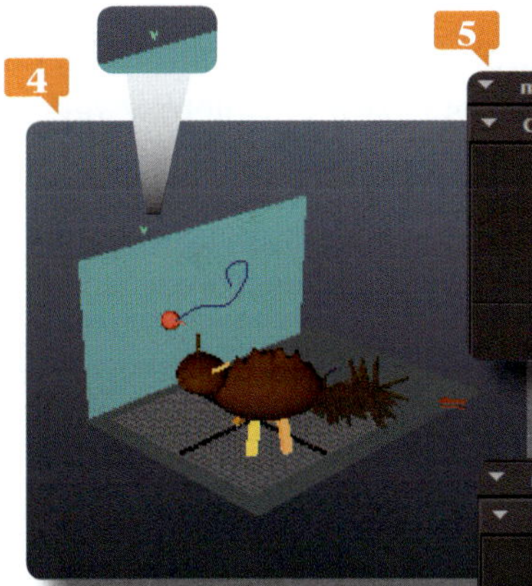

5

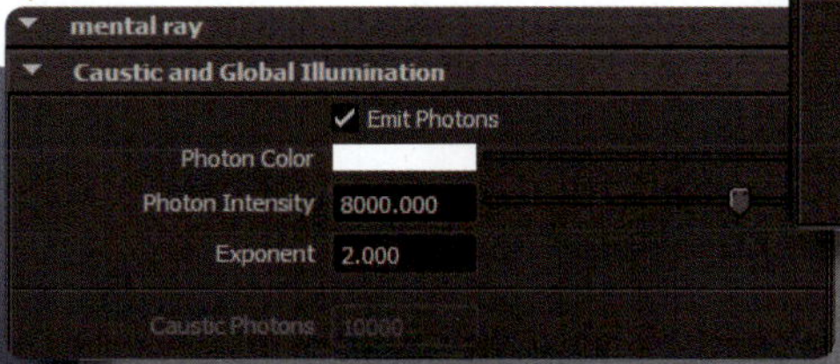

7

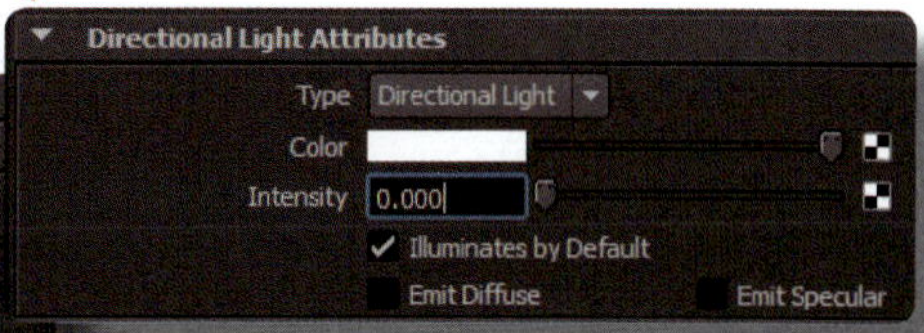

6

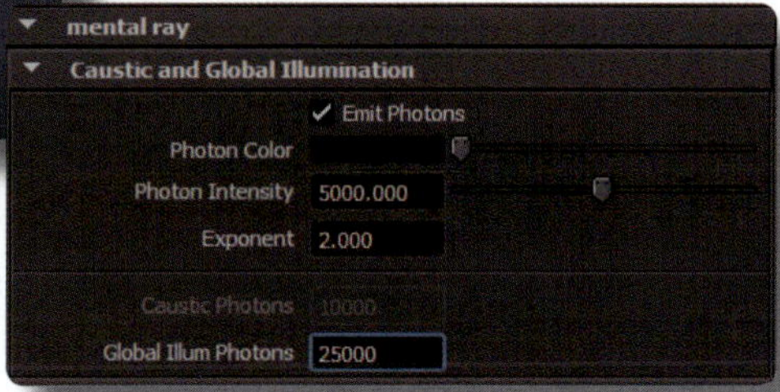

8

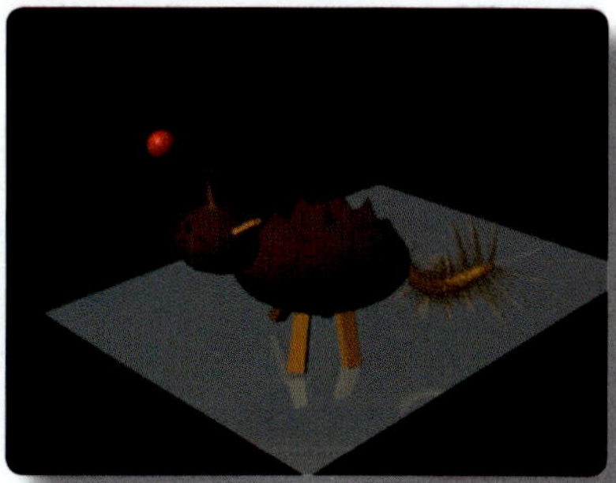

Cáustica: preparar materiales transparentes

IMPORTANTE

Los mapas de desplazamiento (*Displacement maps*) son texturas en escala de grises que proporcionan al objeto una superficie de relieve real. Las elevaciones y las depresiones generadas con estos mapas cambian la geometría del objeto, a diferencia de los mapas de relieve.

COMO YA HEMOS INDICADO, LA ILUMINACIÓN GLOBAL simula la luz reflejada por una superficie difusa. Hablamos de cáustica para describir concretamente aquella luz reflejada por superficies brillantes y reflectantes, así como aquella que pasa a través de materiales transparentes reflectantes. Aunque la cáustica se calcula independientemente de la iluminación global, el modo de creación es muy similar.

1. Con este ejercicio aprenderá a preparar materiales transparentes con los que posteriormente ajustar el paso y la reflexión de la luz sobre ellos. Para llevar a cabo esta práctica, le recomendamos que descargue desde nuestra página web una sencilla escena denominada **084.mb**, formada por un cilindro y una esfera. Cuando disponga de ella, verá que por el momento ambos objetos tienen aplicado el material predeterminado Lambert. Empezaremos cambiando el material de la esfera para irlo convirtiendo en transparente. Con este objeto seleccionado, sitúese en el grupo de menús **Rendering**, despliegue el menú **Lighting/Shading**, haga clic sobre el comando **Assign Favorite Material** y elija con un clic el denominado **Blinn**. 1
2. En el editor de atributos, sitúese en la pestaña del material blinn y renómbrelo como **cristal**. 2
3. Ahora, configuraremos los atributos para el nuevo material. En el campo **Color**, elija un tono violeta para el objeto y regule

1

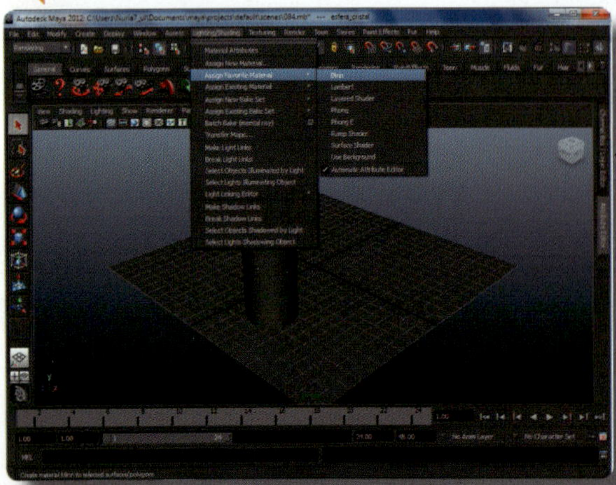

2

3

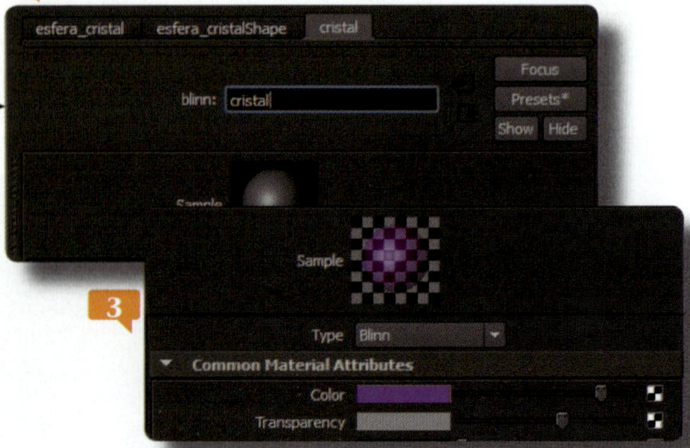

084

la transparencia hasta obtener un color gris muy claro, casi blanco.

4. A continuación, muestre la sección **Specular Shading** y en ella cambie el valor del campo **Eccentricity** a **0.05** y el del campo **Specular Roll Off** a **1**.
5. A medida que vaya insertando los valores en el editor de atributos, vaya comprobando el resultado tanto sobre el objeto de la escena como sobre la muestra del mismo editor. Sitúe el control deslizante del campo **Specular Color** completamente a la derecha para ajustarlo a blanco y asigne una reflectividad de **0.25**.
6. Llegados a este punto, activaremos las refracciones sobre el objeto. Para ello, muestre el contenido de la sección **Raytrace Options**, active la opción **Refractions** y fije el índice de refracción a **1.2**.
7. Una vez configurados los valores para el material del objeto, cree un foco de luz, del tipo spotlight y cambie el punto de vista de la cámara desde el nuevo punto de luz.
8. Sitúe, rote y redimensione el ángulo de luz de manera que rodee la esfera y el cilindro.
9. De nuevo en el editor de atributos para el punto de luz, muestre la sección **Shadows** y active la opción **Use Ray Trace Shadows**.
10. Por último, y tras ajustar los valores de renderización para mental ray con una calidad de producción, renderice la escena y compruebe el efecto de la luz sobre el material transparente.

8

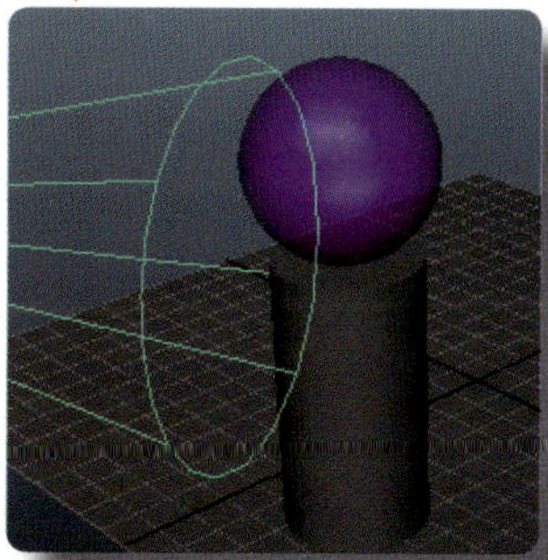

4

5

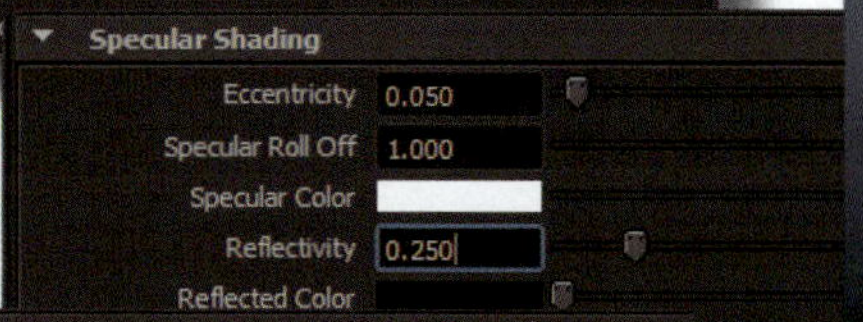

6

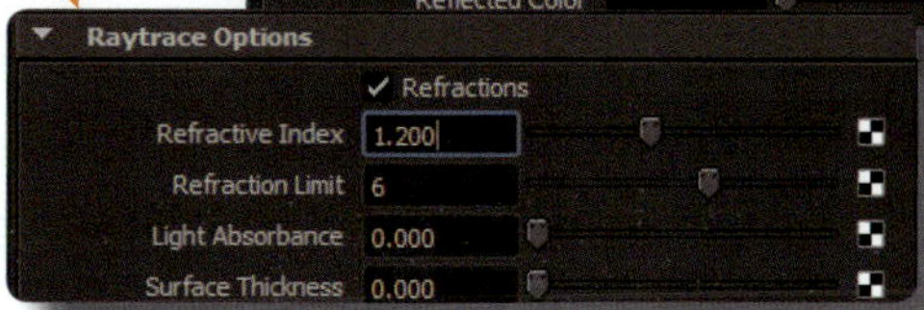

7

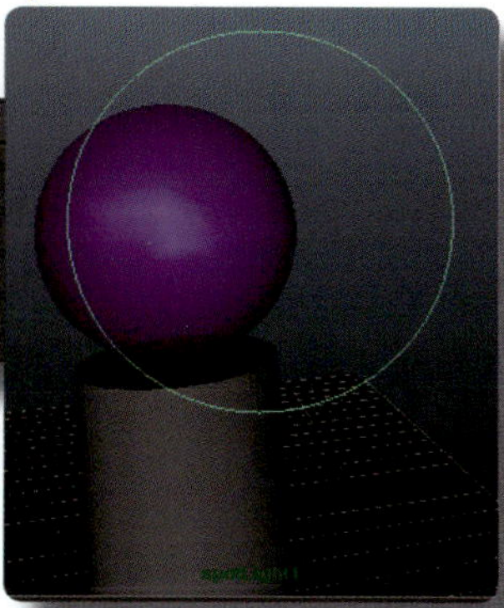

9

Para cambiar el punto de vista de la cámara desde el punto de luz seleccionado debe utilizar el comando **Look Through Selected Camera** del menú **Panels** del visor.

Cáustica: simular la luz reflejada

IMPORTANTE

Como los mapas de desplazamiento generan superficies reales, pueden propagar o recibir sombras, se visualizan si se silueta el objeto y necesitan más tiempo en el proceso de renderización que los mapas de relieve.

UNA VEZ PREPARADOS LOS MATERIALES TRANSPARENTES con las propiedades relativas a la luz adecuadas, es preciso activar y configurar los atributos relacionados con la cáustica para que, al renderizar la escena, la luz reflejada tenga en cuenta estos atributos.

1. En este segundo ejercicio dedicado a la cáustica aplicada a la iluminación de las escenas en Maya, completaremos la escena de la práctica anterior, en la cual preparamos el material transparente sobre la esfera. Para empezar, acceda al cuadro de preferencias de renderización y sitúese en la pestaña **Indirect Lighting.** 1
2. A continuación, muestre el contenido de la sección **Global Illumination** y, en el apartado **Caustics**, active la opción del mismo nombre y pulse el botón **Close.** 2
3. Ahora accederemos a las opciones relacionadas con la cáustica en el editor de atributos del foco de luz por lo que seleccione dicho punto de luz y, en la pestaña **spotLightShape1**, muestre el contenido de la sección **mental ray.** 3
4. En el apartado **Caustics and Global Illumination**, active la opción **Emit Photons.** 4

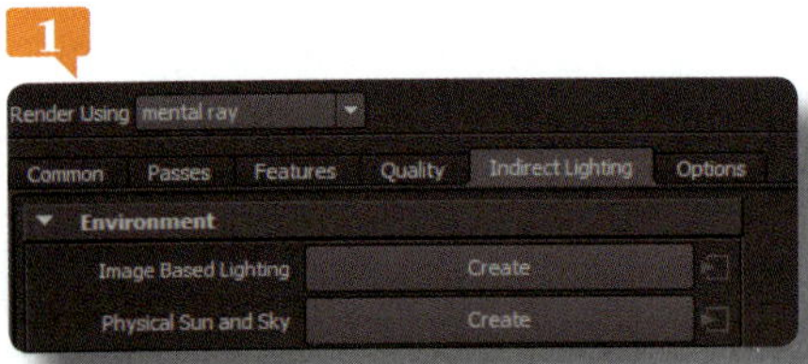

Es muy importante que esté utilizando el renderizador mental ray y que la calidad esté definida en **Production**.

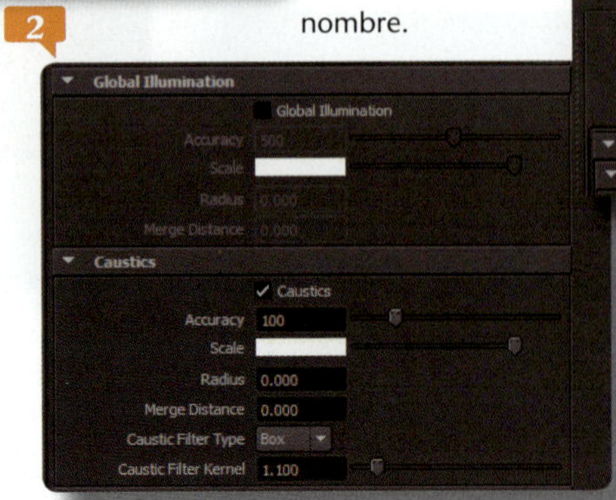

Mantenga desactivada la opción **Global Illumination** en la sección del mismo nombre.

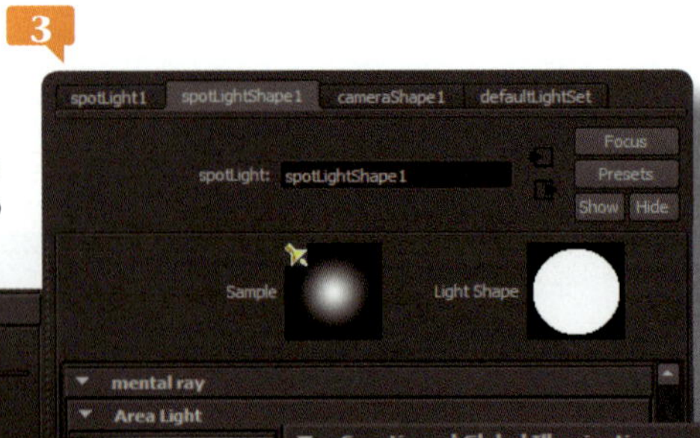

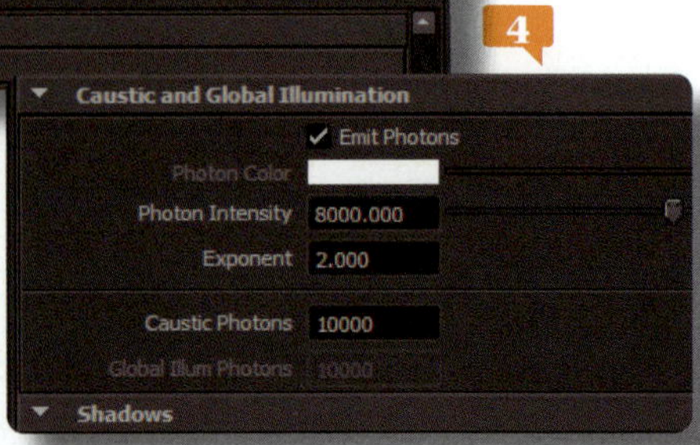

085

5. Renderice la escena y vea los reflejos conseguidos sobre la esfera de color transparente, así como levemente en la sombra de dicho objeto.
6. Los ajustes relativos a la iluminación cáustica son muy parecidos a los de la iluminación global. Regrese a la escena y, con el foco de luz seleccionado, reduzca la intensidad de los fotones a **3000**.
7. A continuación aumente la cantidad de fotones cáusticos hasta **8000**.
8. Antes de renderizar de nuevo la escena para comprobar los cambios realizados, cambiaremos levemente el color del material transparente aplicado a la esfera. Para ello, seleccione este objeto y sitúese en la pestaña del material (**cristal**).
9. En la sección **Common Material Attributes**, pulse en el campo de color **Transparency** y elija un tono violeta más pálido.
10. Una vez ajustado este color para la transparencia, acceda una vez más al cuadro de preferencias de renderización y, en la pestaña **Indirect Light**, especifique el valor **32** en el campo **Accuracy**, dentro del apartado **Caustics**.
11. Ahora sí, renderice la escena y vea el maravilloso resultado.

IMPORTANTE

Debido a que el desplazamiento cambia la geometría de un objeto, los objetos a los que se ha aplicado un mapa de desplazamiento requieren más triangulación, es decir, más triángulos que el renderizador utiliza para aproximarse a la suavidad de la superficie. Por defecto, Maya utiliza la función denominada **Feature-based displacement** para añadir automáticamente más triángulos cuando sea preciso.

5

7
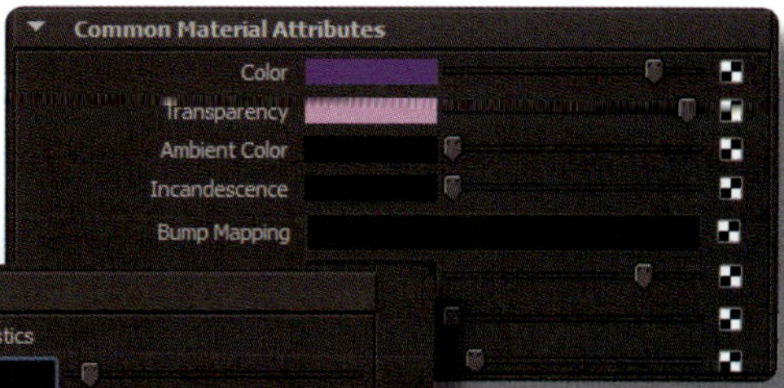

8
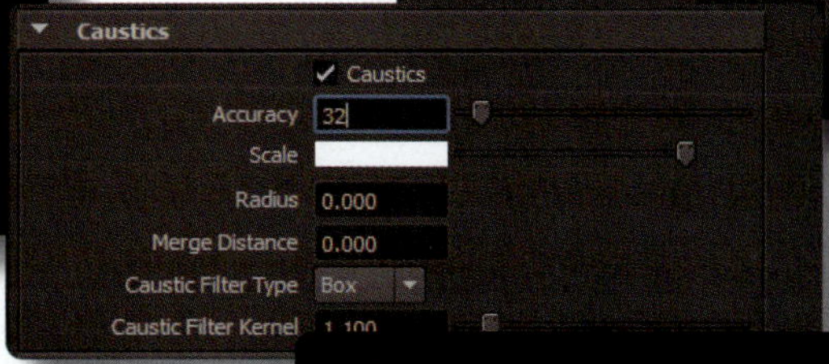

6
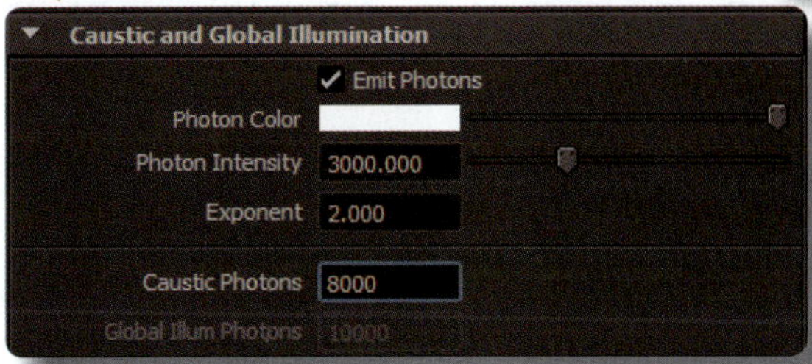

9

Ajustar la iluminación cáustica

EN LA PRÁCTICA, EL USO DE FOCOS DE LUZ (SPOTLIGHT) son la mejor opción para crear iluminación cáustica. Está comprobado que las luces de área no funcionan tan bien. Como el ángulo del cono de los focos es reducido, los fotones se aprovechan todos, es decir, se concentran en la esfera y en el cilindro. Sin embargo, puede ocurrir que no desee visualizar el borde de dicho cono sobre el suelo. Para solventar este aspecto, es posible utilizar dos focos de luz.

1. En este ejercicio, continuamos modificando la escena 084.mb. En este caso, lo que haremos será intentar eliminar los bordes del foco de luz del suelo de la escena. Para ello, empezaremos duplicando el punto de luz existente. Selecciónelo y pulse la combinación de teclas **Ctrl + D.**
2. El nuevo foco se sitúa justo encima del original; como necesitamos modificar las características de ambos focos, accederemos al panel **Outliner** para poder seleccionarlos sin problemas. Despliegue el menú **Window** y pulse sobre el comando **Outliner.**
3. Efectivamente, en estos momentos contamos con dos focos de luz. Haga clic sobre el primero de ellos, **spotlight1**, y acceda al editor de atributos.

1

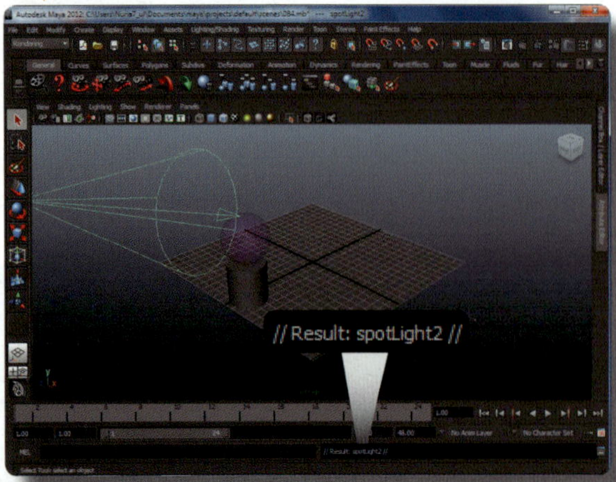

En la barra de información de la parte inferior del área de trabajo puede comprobar el resultado.

2

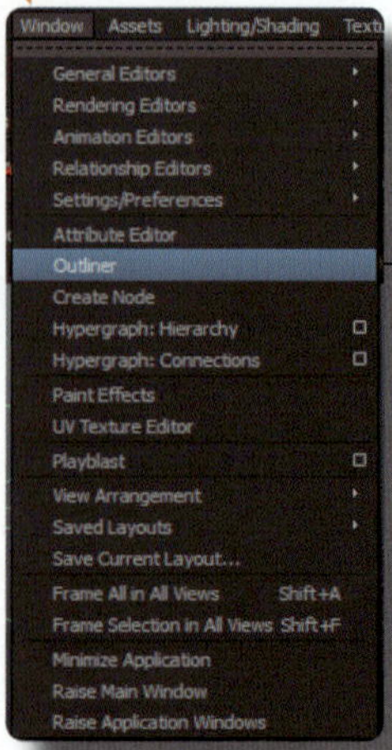

3

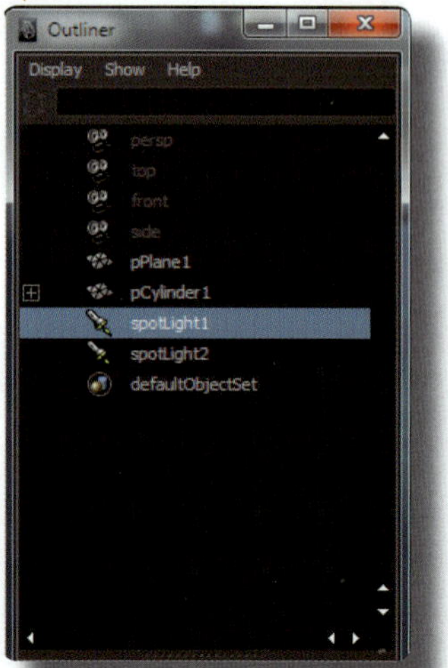

086

4. La idea es configurar los dos focos de manera totalmente opuesta. Para empezar, en la sección **Spot Light Attributes**, desactive la opción **Emit Diffuse**. 4

5. Seguidamente, localice la sección **Shadows** y desactive también la opción **Use Ray Trace Shadows** en el apartado **Raytrace Shadows Attributes**. 5

6. Pasemos a ajustar las preferencias para el segundo foco de luz. Para ello, selecciónelo en el panel **Outliner**.

7. Compruebe como el editor de atributos muestra ahora las características del foco seleccionado. En este caso, y a diferencia del primer foco, desactive la opción **Emit Specular** en la sección **Spot Light Attributes**. 6

8. A continuación aumentaremos el ángulo del cono del foco de luz. Inserte en concreto un valor de **90** en el campo **Cone Angle**. 7

9. Como último ajuste, desactivaremos la emisión de fotones para este segundo foco. Para ello, localice la sección **mental ray**, ábrala y en el apartado **Caustic and Global Illumination**, desactive la opción **Emit Photons**. 8

10. Hemos terminado con el proceso de ajuste. Cierre el panel **Outliner** y elimine cualquier selección existente en la escena.

11. Termine este ejercicio renderizando la escena y comprobando como, a diferencia del resultado obtenido en la práctica anterior, en este caso no se visualiza el cono del foco de luz. 9

8

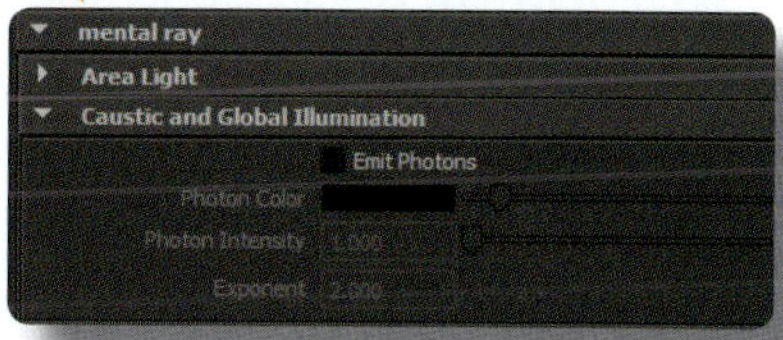

9

4

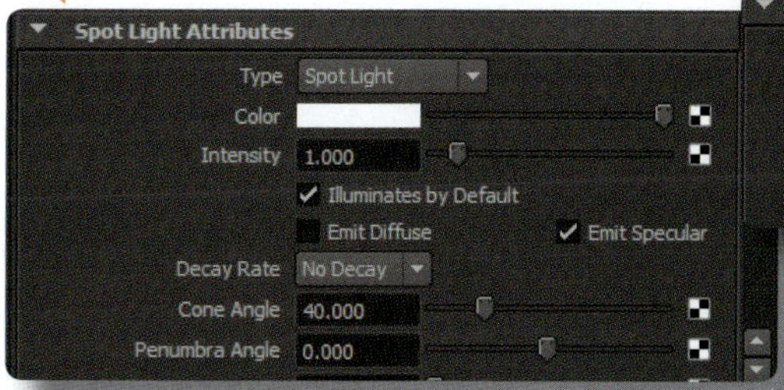

6

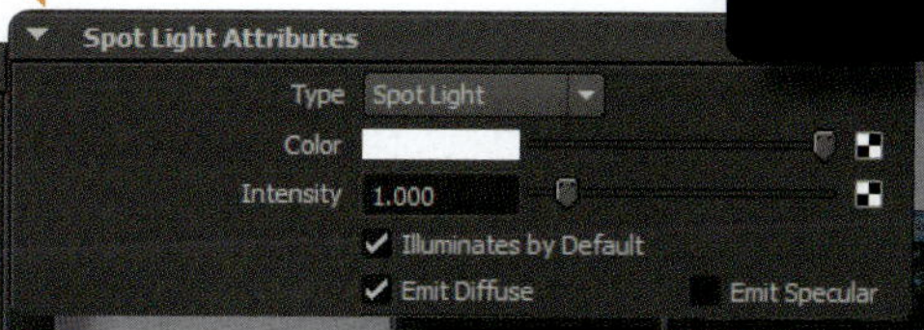

5

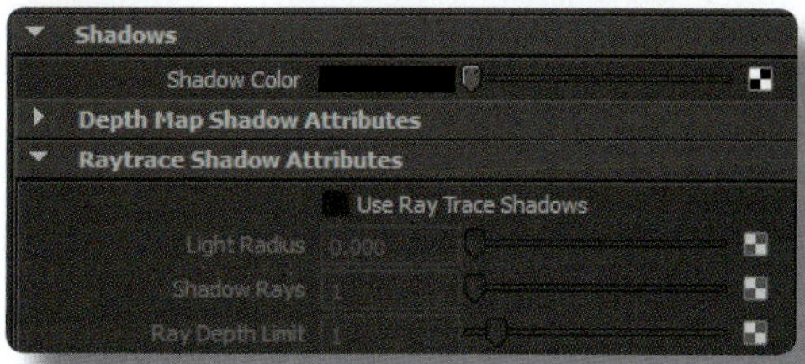

7

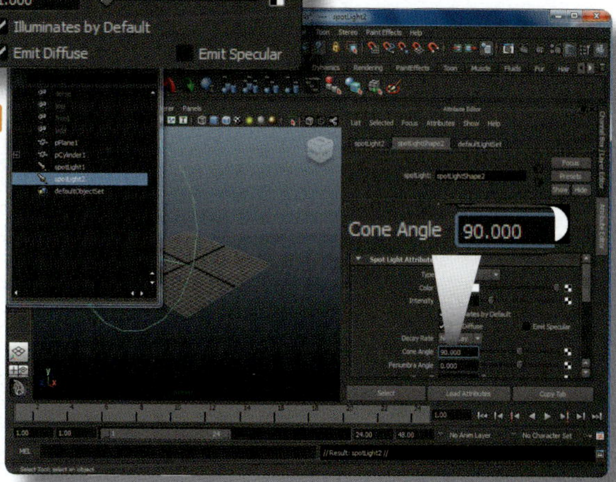

Utilizar Final Gather

IMPORTANTE

La opción **Enable Default Lights** del cuadro de preferencias de renderización se encuentra por defecto activada para que, cuando se renderiza una escena sin luces, sea posible visualizar el contenido sin problemas. La iluminación predeterminada deja de actuar en el instante en que se colocan luces en la escena.

FINAL GATHER ES OTRO MÉTODO PARA CALCULAR la iluminación indirecta. Final Gather utiliza irradiación de muestreo y colusión ambiental para generar un entorno de iluminación indirecta y ambiental. Al activar este método, los rayos de luz se proyectan desde la cámara hasta la escena; cuando un rayo intersecta con esta superficie, se crea un punto de Final Gathering que muestrea el valor de irradiación de la superficie y cómo es afectado por otros elementos de la escena, como objetos cercanos, luces o superficies luminosas.

1. En esta práctica conocerá un modo de conseguir la iluminación global en una escena sin utilizar luces físicas. Continuamos trabajando con la escena **084.mb**, sobre la cual, para empezar, crearemos y colocaremos una cámara desde la cual se llevará a cabo el final gathering. Cree la cámara desde el menú Create y sitúela en los puntos **3.494**, **22.393** y **26.016** para X, Y y Z; gire la cámara concretamente con los valores **-44.928**, **2.515** y **-3.21**. 1
2. Una vez colocada la cámara, el siguiente e imprescindible paso es desactivar las luces existentes. Para ello, seleccione por separado los focos de luz de la esquina y en el editor de atributos de cada uno desactive la opción **Illuminates by Default**. 2
3. Además de anular las luces físicas, también debemos desactivar la iluminación predeterminada del programa. Para ello,

Ya sabe que puede crear la cámara desde el menú **Create** / **Cameras** o bien mediante el séptimo comando del shelf **Rendering**.

1

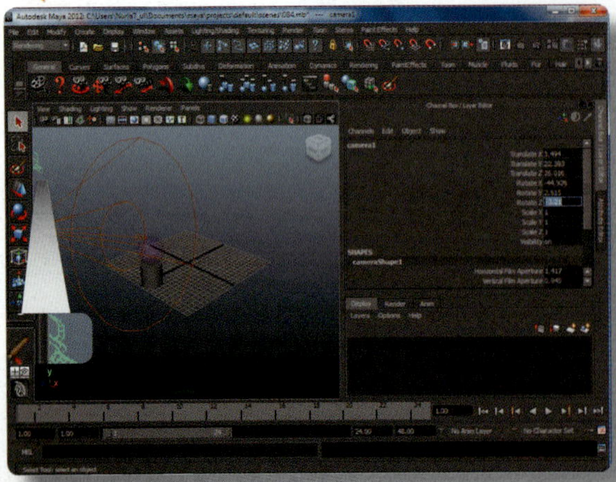

2

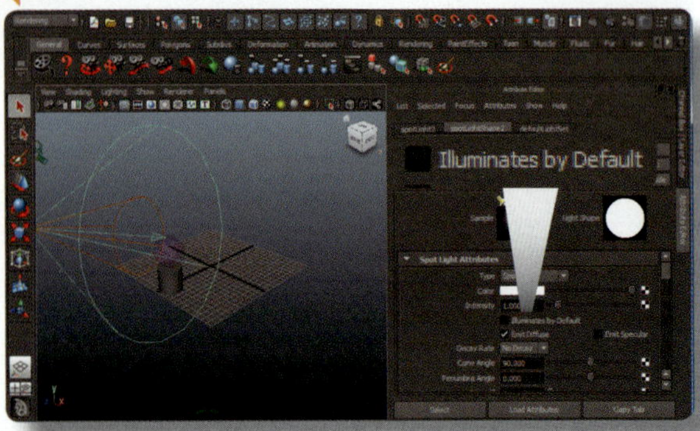

Realice los cambios de posición y de rotación en la **Channel Box** con la cámara seleccionada.

087

acceda al cuadro de ajustes de renderización y, en la sección **Render Options** de la pestaña **Common**, desactive la opción **Enable Default Light**. [3]

4. Si ahora renderizáramos la escena, ésta aparecería totalmente negra. Vamos a activar el método del final gather para la iluminación indirecta, aunque todavía deberemos ajustar algunas características referentes a la cámara de nuestra escena. En la pestaña **Indirect Lighting**, muestre el contenido de la sección **Final Gathering** y marque la opción del mismo nombre. [4]
5. A continuación, tras cerrar la ventana de ajustes de la renderización, seleccione la cámara de la escena y muestre el editor de atributos.
6. Localice la sección **Environment** y desplace hacia la derecha completamente el control deslizante del campo **Background color** para fijar en blanco el color del entorno. [5]
7. Lo que haremos a continuación es visualizar la escena desde el punto de vista de la cámara y renderizarla para comprobar el aspecto de la misma tras la configuración del final gathering. Para ello, despliegue el menú **Panels** del visor, haga clic sobre el comando **Perspective** y pulse sobre la opción **camera1**. [6]
8. Vea cómo ahora el visor muestra la escena como si la estuviera mirando a través de la cámara. [7] Renderice la escena.

Efectivamente, sin ninguna luz activada en la escena, ésta se muestra iluminada, aunque con un tono muy blanco. En el siguiente ejercicio veremos cómo solventar esta situación asignando luz al plano de la escena. [8]

7

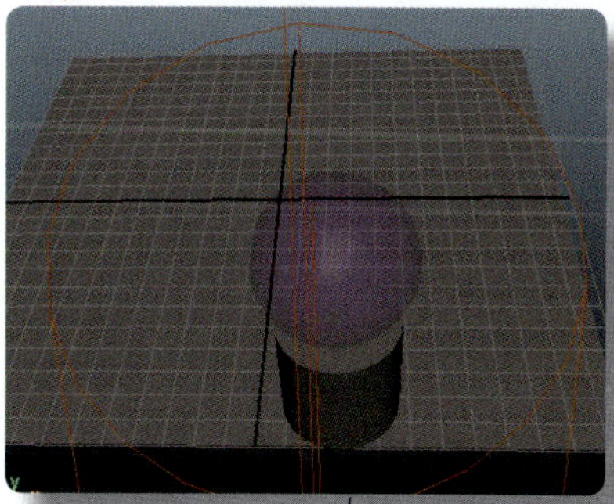

8

3

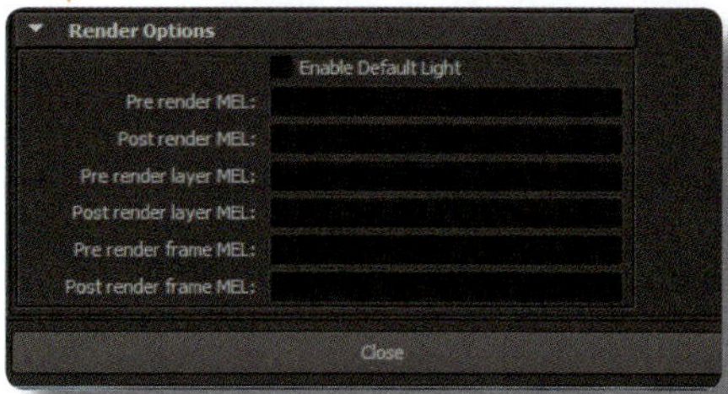

6

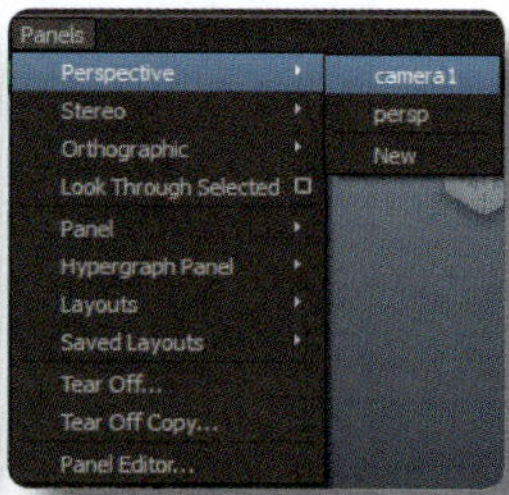

5

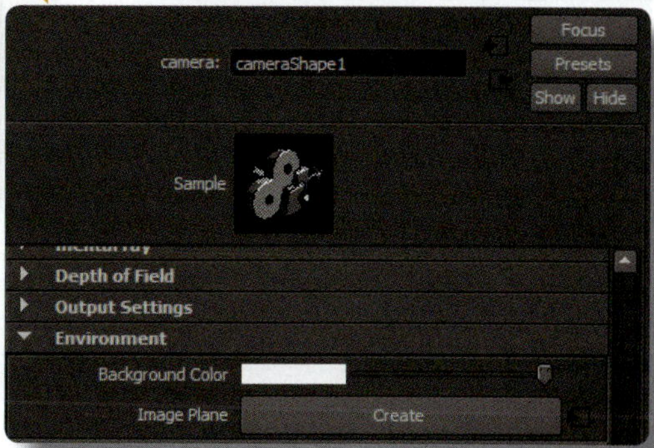

4

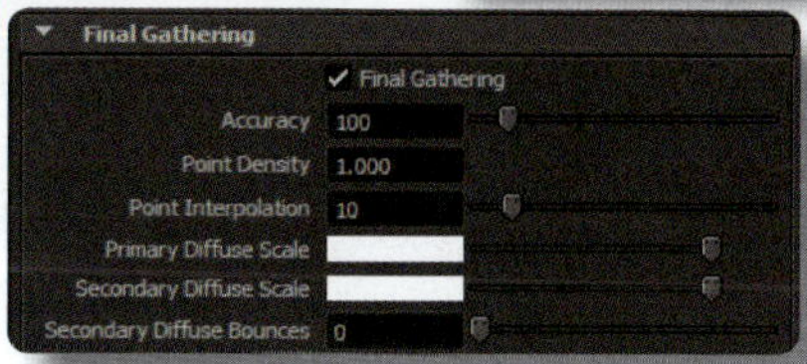

Compruebe que la calidad de renderización está establecida en **Production**.

Convertir un objeto en luminoso

IMPORTANTE

El proceso de renderizado con final gathering consta de dos pasos: en el primero Final gathering proyecta los rayos desde la cámara a través de una rejilla hexagonal que actúa como versión en baja resolución de la imagen; en el segundo paso, los puntos de Final gathering calculan los valores de irradiación. La imagen se renderiza realmente y se muestra con la calidad propia.

EN EL EJERCICIO ANTERIOR HEMOS ESTADO PREPARANDO la escena para que el renderizador mental ray utilice final gather para simular una iluminación indirecta sin tener las luces activadas. Al terminar la práctica comprobamos que la escena, efectivamente, aparece iluminada, aunque con un tono quizás demasiado blanco. Para solventar este problema, convertiremos en luminoso el plano que actúa como suelo en nuestra escena.

1. Empieza aquí la segunda parte de la práctica con final gather. En primer lugar, con la cámara de la escena seleccionada, devuelva el valor negro como color de fondo del entorno. [1]
2. Si en el ejercicio anterior ajustamos los atributos de la cámara colocada en la escena, en este caso debemos configurar las preferencias para el objeto que queremos convertir el luminoso. Seleccione el plano situado bajo los objetos en la escena.
3. Desde el shelf **Rendering** o desde el menú quad del objeto, asigne al plano el material **Lambert**. [2]
4. Compruebe como el editor de atributos muestra automáticamente las características para el nuevo material , denominado

1

Para seleccionar la cámara, es recomendable acceder al panel **Outliner**.

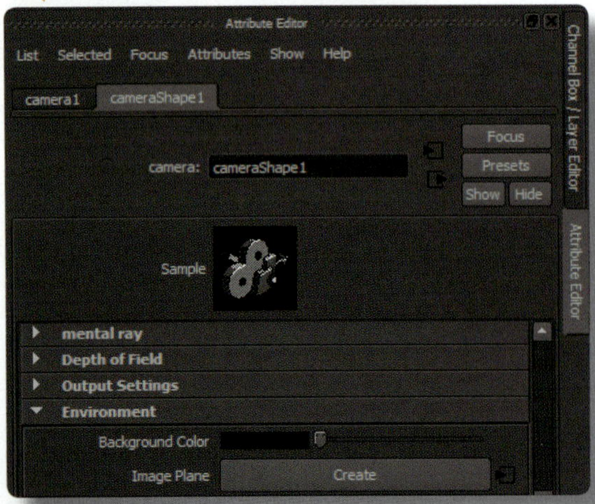

2

3

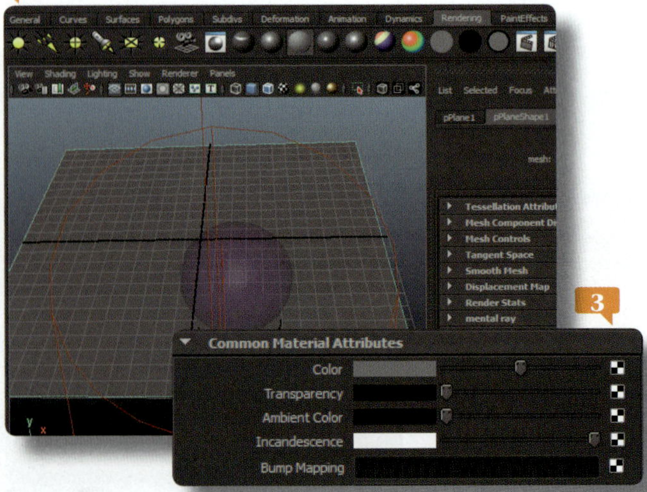

088

lambert2. Desplace el control deslizante del campo **Incandescence** hacia la derecha para fijar el color a blanco. [3]

5. Muestre en el editor de atributos las características globales del plano pulsando de nuevo sobre él en la escena y abra la sección **Render Stats**.
6. Lo que nos interesa en estos momentos es que el plano no se visualice en la escena pero que tenga influencia sobre la iluminación existente, así como que muestre reflexiones y refracciones, si es que existen. Para ello, en dicha sección del editor de atributos, desactive la opción **Primary Visibility**. [4]
7. Llegados a este punto, renderice la escena, siempre desde la cámara, para comprobar el resultado conseguido. [5]
8. Por el momento, el suelo no se visualiza, ni tampoco el cilindro que sostiene la esfera. Vamos a ajustar unos parámetros en concreto para solventar este aspecto. Cierre la ventana de renderización, muestre los atributos del material **lambert2** y pulse sobre la muestra de color del campo **Incandescence**. [6]
9. Le proporcionaremos un valor exacto para que el resultado sea el esperado. En el campo **V** del panel **Color History**, inserte el valor **0.252** para obtener un tono gris entre claro y oscuro. [7]
10. Renderice una vez más la escena y compruebe como ahora, tras este sencillo ajuste de color para el material aplicado sobre el plano, los objetos se visualizan mucho mejor. [8]

IMPORTANTE

Utilizar Final Gather es una buena manera de simular la iluminación típica generada en un estudio fotográfico, colocando estratégicamente planos alrededor de la escena e iluminándolos como hemos hecho en esta práctica.

8

4

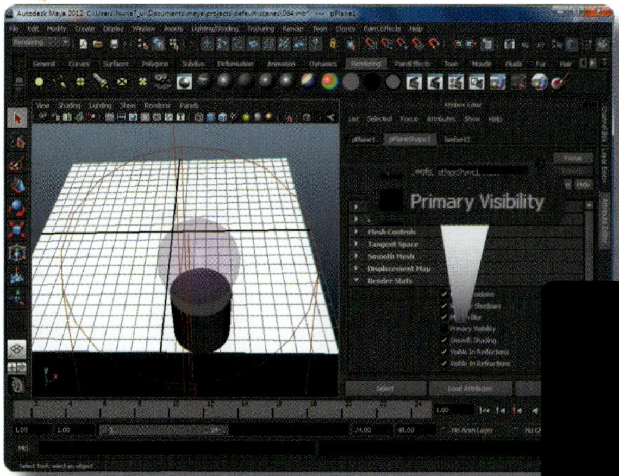

7

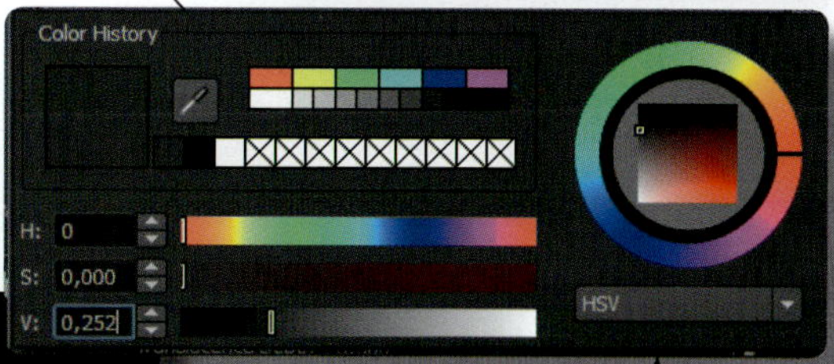

5

Como hemos anulado la visibilidad física del plano, sólo visualiza la esfera y la parte superior del cilindro.

6

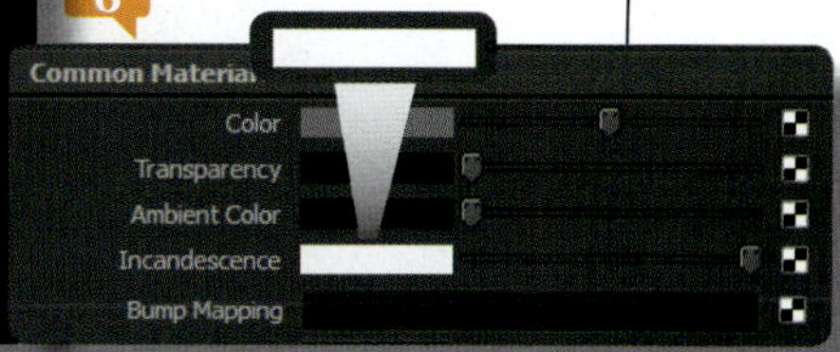

Crear luces de neón con Final gathering

MAYA PERMITE CREAR, A PARTIR DE UNO SENCILLOS trazos de pincel y los ajustes oportunos, luces que simulan las de neón, propias de carteles luminosos. Añadiendo un efecto de resplandor o brillo a un material incandescente previamente aplicado al objeto y renderizando la escena con Final Gathering, las luces de neón pueden mostrar un realismo espectacular.

1. Para llevar a cabo esta nueva práctica dedicada a las aplicaciones de final gathering para la iluminación de escenas, empezaremos con una nueva escena en blanco en la que dibujaremos una serie de curvas a las que aplicaremos un pincel en concreto. Empecemos. Con la herramienta de curvas que desee, cree los trazos que servirán de geometría para las luces de neón. [1]
2. Seguidamente, asignaremos el pincel predeterminado al trazo realizado. Para ello, tras cambiar al grupo de menús **Rendering**, despliegue el menú **PaintEffects**, pulse sobre el comando **Curve Utilities** y elija de la lista la opción **Attach Brush to Curves**. [2]
3. Ahora, las curvas adquieren el trazo del pincel predeterminado en el programa. A continuación, despliegue el menú **Modify**, haga clic sobre el comando **Convert** y elija la opción **PaintEffects To Polygons**. [3]

Si necesita recordar cualquier aspecto relacionado con los efectos de pintura PaintEffects, recupere los primeros ejercicios de este libro.

1

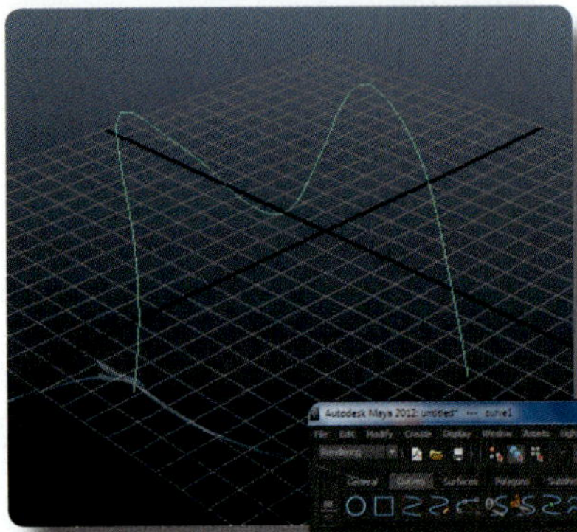

Para dibujar las curvas, puede utilizar la herramienta **CV Curve** o, si desea crear trazos más libres, la herramienta **Pencil Curve**.

2

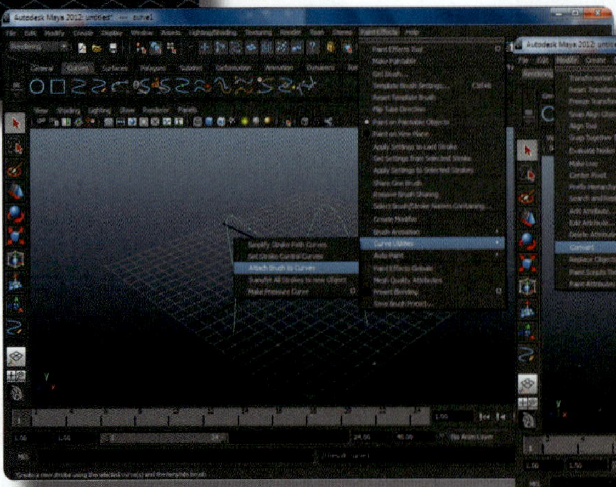

3

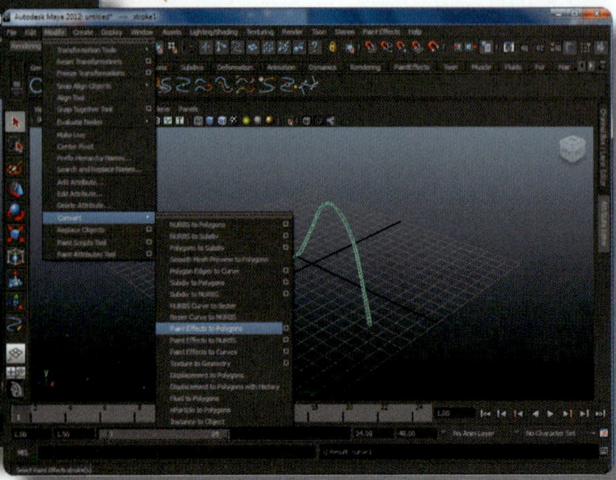

089

4. Ya hemos preparado el objeto que convertiremos a continuación en luces de neón. Lo primero que debemos hacer es aplicarle un material en concreto y al canal incandescente de dicho material, una textura también concreta. Con la forma seleccionada, aplique el material **Blinn**. 4

5. Seguidamente, sitúese en la pestaña del material en el editor de atributos, haga clic sobre el icono situado en el extremo derecho del campo **Incandescence** 5 y, en la ventana **Create Render Node**, haga clic sobre la textura denominada **Ramp**. 6

6. Desde el editor de atributos, puede personalizar, si lo desea, los colores que se utilizarán para la textura. Por defecto, estos colores se encuentran establecidos en un degradado que va del azul al verde. Vuelva hacia atrás en el editor de atributos para visualizar las características del material **blinn1**, muestre la sección **Special Effects** y, en el campo **Glow Intensity**, inserte el valor **0.2** para incrementar ligeramente la intensidad del resplandor que producirán las luces. 7

7. Antes de renderizar la escena, acceda al cuadro de ajustes de renderización y, tras asegurarse de que se encuentra activado mental ray como renderizador, marque la opción **Final Gathering** en la pestaña **Indirect Lighting**. 8

8. Pulse sobre la muestra de color del campo **Primary Diffuse Scale** y, en el panel **Color History**, fije el valor del campo **V** en **3**.

9. Renderice la escena y compruebe el efecto conseguido con la forma construida con luces de neón. 9

IMPORTANTE

Si tiene la intención de animar la escena que contiene las luces de neón, es recomendable que desactive la opción **AutoExposure** de los atributos del nodo correspondiente al resplandor (**shaderGlow**). Para llegar hasta estos atributos, será preciso que acceda al panel **Hypershade** y allí lo seleccione. Este panel forma parte de los editores de renderización del programa.

4

5

6

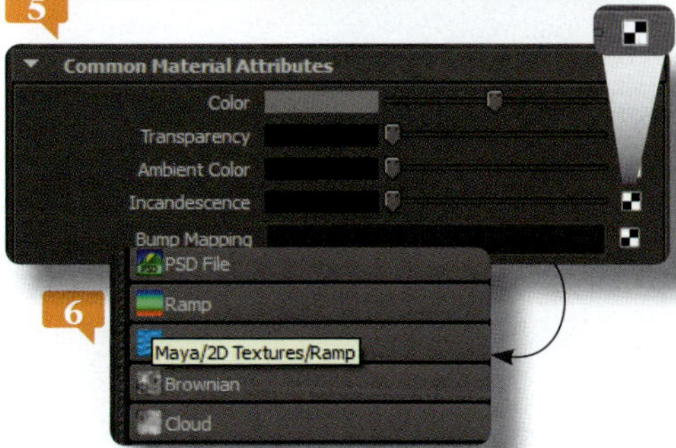

7

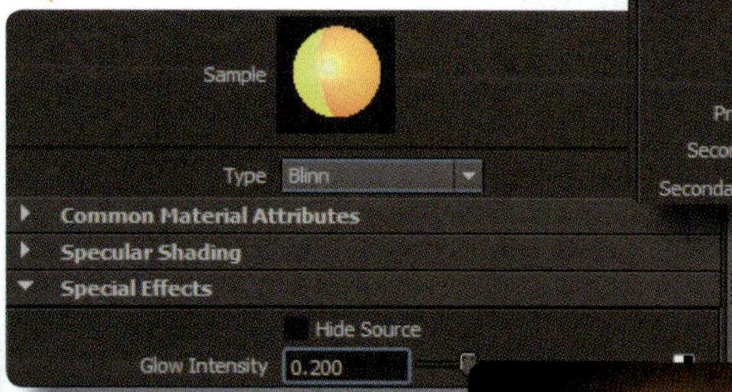

8

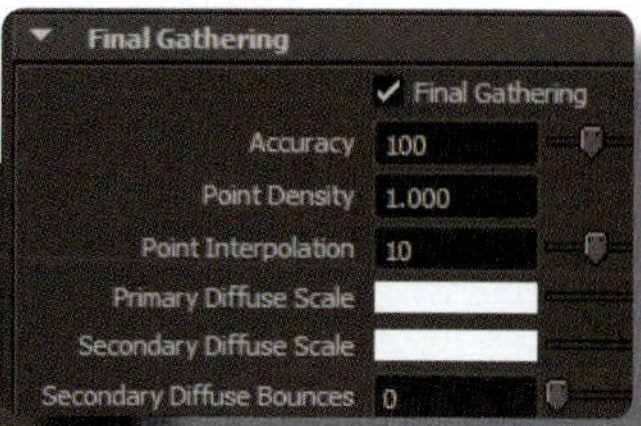

9

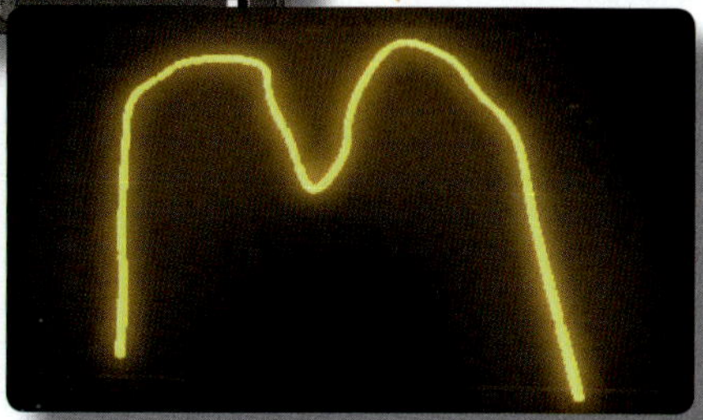

Si hubiera algún objeto junto a las luces de neón, éste sería convenientemente iluminado por dichas luces.

Utilizar el material mia_

EL RENDERIZADOR MENTAL RAY CUENTA CON UNA SERIE de materiales espectaculares, entre los cuales se encuentra el denominado mia_. Este material se utiliza para simular materiales propios de la arquitectura y producir así representaciones de diseño. Se recomienda utilizar este tipo de material cuando se pretende conseguir representaciones de materiales de superficie dura precisas físicamente, como el metal, la madera o el cristal.

1. En este ejercicio le mostraremos cómo se aplica el material _mia de mental ray y qué posibilidades ofrece en cuanto a la renderización de objetos. Para ello, utilizaremos las escena **090.mb**, que puede descargar desde nuestra página web y abrir en el área de trabajo de Maya. Se trata de una sencilla escena que nos servirá para practicar con estos espectaculares materiales. Lo primero que haremos será renderizar la escena tal y como está para poder comprobar, al final del ejercicio, la diferencia tras la aplicación de un material mia_. Renderice la escena con mental ray. 1
2. Una vez comprobada la representación actual, cierre la ventana **Render View**, seleccione el vaso que aparece en la escena y muestre el editor de atributos. 2
3. En el editor de atributos, sitúese en la pestaña **lambert1**, correspondiente al material aplicado al objeto. 3

Recuerde que puede fijar mental ray como su renderizador predeterminado desde el cuadro de preferencias de renderización.

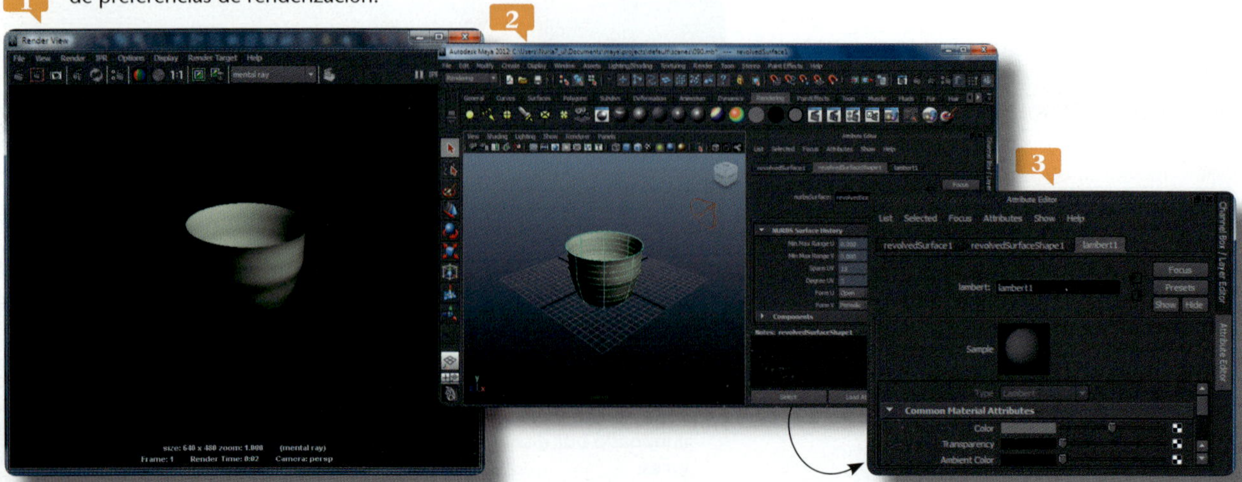

4. El proceso continúa igual que lo haría si tuviera que aplicar cualquier textura sobre el material actual. Para ello, pulse sobre el icono situado a la derecha del campo **Color**, en la sección **Common Material Attributes**. 4

5. Se abre la ventana **Create Render Node**, con la cual ya hemos trabajado en múltiples ocasiones. Es importante que observe esta vez el panel de la izquierda; este panel muestra una sección denominada **mental ray**, la cual sólo aparece cuando se ha seleccionado este renderizador. Pulse sobre el primer elemento de la lista en esta sección, la opción **Materials**. 5

6. El panel de la derecha se actualiza para mostrar los materiales propios de mental ray. Los materiales de mental ray incluyen todos alguna característica relacionada con la luz y sus propiedades (brillo, reflejos, refracciones, etc.). En este caso, haga clic sobre el material que nos ocupa, denominado **mia_material**. 6

7. El nuevo material se aplica sobre el objeto. Ahora es cuestión de ir configurándolo hasta conseguir el aspecto deseado. Desde el editor de atributos, pulse sobre la muestra de color del campo **Color** y elija un tono que a usted le guste. 7

8. Visualice y configure personalmente el resto de los atributos según las reflexiones y las refracciones que desee obtener y, cuando termine, renderice la escena para comprobar el aspecto conseguido y, por tanto, una de las posibilidades que ofrece el material mia. 8

090

IMPORTANTE

El material **mia_material_x** es una extensión del original **mia_material** con la misma funcionalidad pero con algunas características más. Por su parte, el material **mia_material_x_passes** es el mismo pero indicado para la característica de renderización de múltiples pases.

5

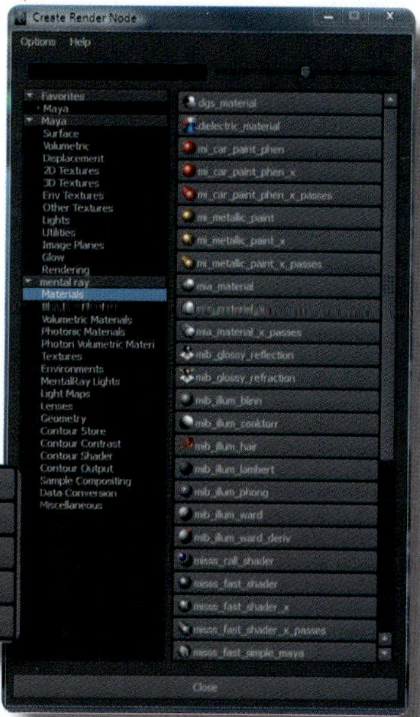

4

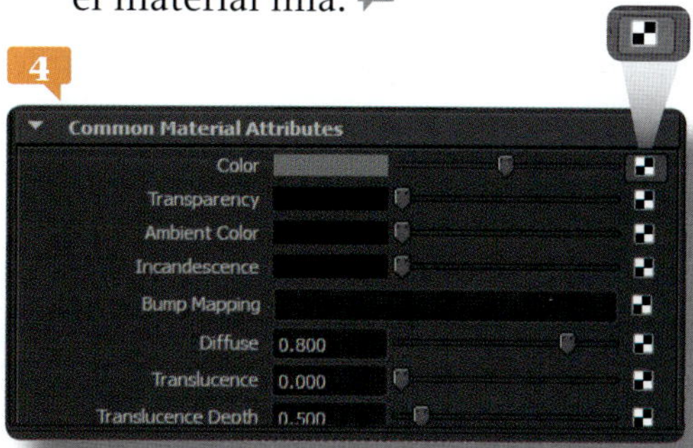

6

7

8

Controlar la exposición con Tone Mapping

IMPORTANTE

El sombreador de lente mia_exposure_simple cuenta con una serie de opciones configurables. Entre ellas, la opción **Pedestal** añade luz a las zonas más oscuras de la imagen; la opción **Gain** aumenta el brillo de las zonas más iluminadas, y la opción **Knee** ajusta los puntos en los cuales los valores que muestran demasiado brillo son modificados en el rango normal.

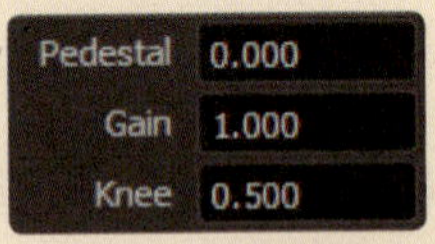

LA RENDERIZACIÓN DE ESCENAS QUE UTILIZAN LUCES físicas a menudo proporciona como resultado imágenes bastante apagadas. Esto es así porque los monitores de los equipos informáticos son incapaces de mostrar el rango completo de valores de luminancia creadas por estas luces físicas. Para solucionar este aspecto, puede aplicar un sombreador de lente tone-mapping sobre la cámara de renderización.

1. Continuamos practicando en este ejercicio con la escena 090. mb; en esta ocasión, empezaremos insertando en ella una cámara que será la que utilizaremos cuando llevemos a cabo la renderización, y será sobre esta cámara que aplicaremos un tipo de material exclusivo para obtener el aspecto verdadero de luminancia. Cree la cámara y sitúela en los siguientes puntos: **X-34.883**, **Y-20.049** y **Z-6.67**. [1]
2. Con estas coordenadas, la cámara no se visualiza en el visor; puede realizar un zoom de alejamiento si lo desea para verla. Asigne también una orientación determinada con los siguientes valores: **X- -16.299**, **Y-87.208** y **Z-11.251**. [2]
3. Una vez situada y orientada la cámara, visualice la escena desde el punto de vista de la cámara desplegando el menú **panels** del visor, pulsando sobre el comando **perspective** y eligiendo la opción **camera1**. [3]

Inserte los valores de movimiento y rotación en los correspondientes campos de la Channel Box.

4. A continuación, con la cámara físicamente seleccionada, muestre el editor de atributos, localice la sección **mental ray** y despliéguela. 4
5. En esta sección puede configurar los sombreadores para el entorno, para el volumen y para lentes. En este caso, pulse sobre el icono situado en el extremo derecho del campo **Lens Shader**.
6. Se abre así la ventana **Create Render Node**, con la que trabajamos en el ejercicio anterior para aplicar el material mia. En este caso, se trata de elegir un tipo de modo concreto, relativo esta vez a la lente de la cámara. Para ello, pulse sobre la opción **Lenses**, en la sección **mental ray**. 5
7. Para aplicar el sombreador de lentes a nuestra cámara, seleccione con un clic la opción **mia_exposure_simple**. 6
8. Tanto éste como el sombreador denominado **mia_exposure_photographic** se utilizan para corregir los niveles de exposición al renderizar con luces y sombreadores basados físicamente. Renderice la escena utilizando como punto de vista nuestra cámara y compruebe el resultado. 7
9. Si recupera la prueba realizada en el ejercicio anterior verá que, efectivamente, hemos solucionado la exposición exagerada existente en ese caso. Debe saber que también adjuntar este sombreador de lente a todas las luces existentes en la escena para conseguir una visualización del resultado lo más próximo a la realidad posible en cuanto a iluminación se refiere. Cierre el cuadro de renderización y termine aquí este ejercicio.

091

IMPORTANTE

Recuerde que la sección **mental ray** sólo aparece en el cuadro **Create Render Node** cuando se encuentra seleccionado este renderizador en el cuadro de preferencias de renderización.

7

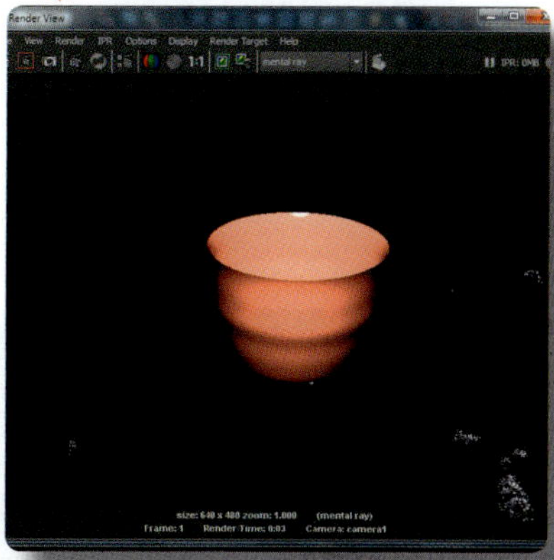

4

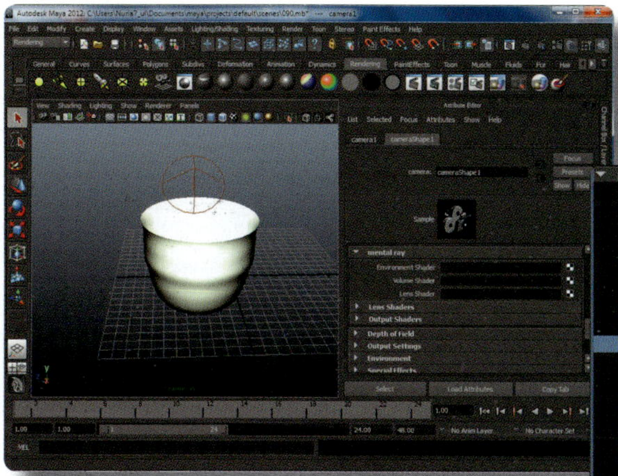

5

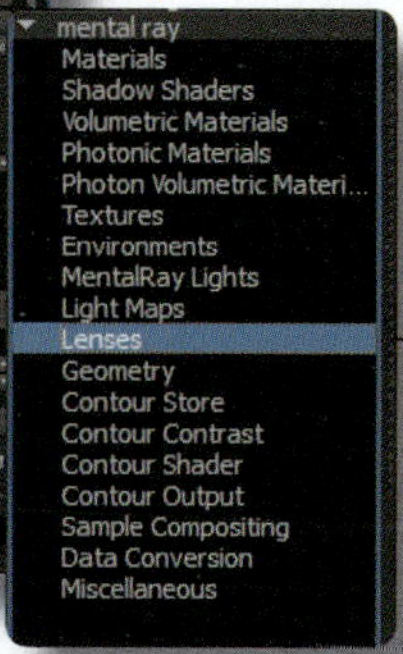

6

Las opciones para el renderizador mental ray se encuentran ordenadas alfabéticamente.

Añadir y renderizar contornos

IMPORTANTE

Otras de las interesantes opciones que puede encontrar en la pestaña **Features** del cuadro de preferencias de renderización es la denominada **Hide Source**. Al activar esta opción y renderizar la escena, sólo se visualizará el contorno, no el objeto. En el campo **Flood Color** puede elegir el color que se utilizará como fondo para la escena.

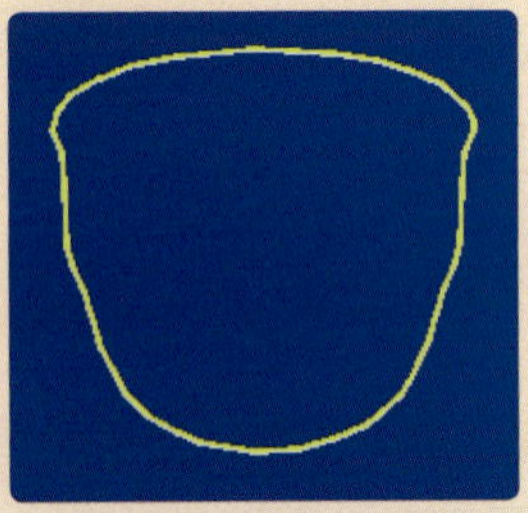

EL RENDERIZADOR MENTAL RAY CUENTA CON UN MODO de renderización de contornos especial que permite renderizar dichos contornos sobre objetos 3D. Se trata de una característica ideal cuando no se está buscando representación fotorealista, puesto que se utiliza básicamente para hacer que las escenas parezcan dibujadas.

1. La renderización de contornos no es un proceso complicado en Maya, pero requiere una serie de ajustes previos para activarla y que pueda funcionar. Seguimos trabajando con la escena **090.mb**. Para empezar, acceda a la ventana de preferencias de renderización y sitúese en la pestaña **Features**. [1]
2. Localice la sección **Contours**, ábrala y haga clic sobre la opción **Enable Contour Rendering** para activarla. [2]
3. La activación de esta opción sólo permite la renderización de los contornos de los objetos, pero no permite visualizar el resultado. Para ello, debemos configurar algunos ajustes más en este mismo cuadro. Muestre el contenido del apartado **Draw by Property Difference** y marque la opción **Between Different Instances**. [3]
4. Al activar esta opción estamos indicando que las líneas de los contornos se dibujarán alrededor de cada pieza de la geome-

1

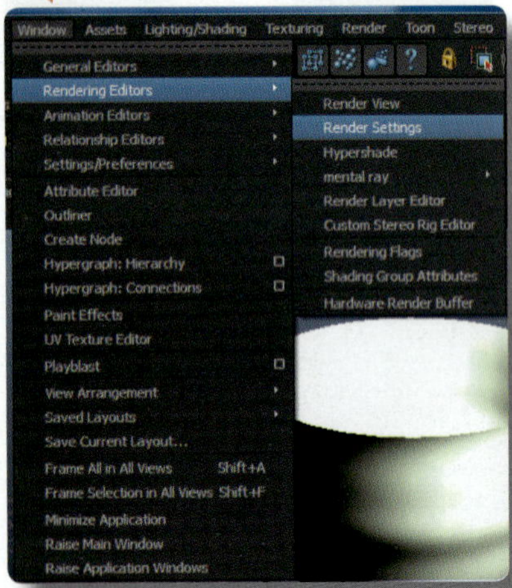

2

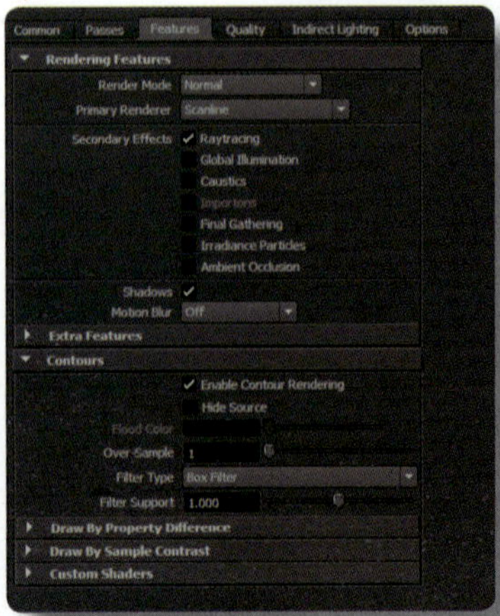

La pestaña **Features** sólo aparece si mental ray está seleccionado como renderizador.

3

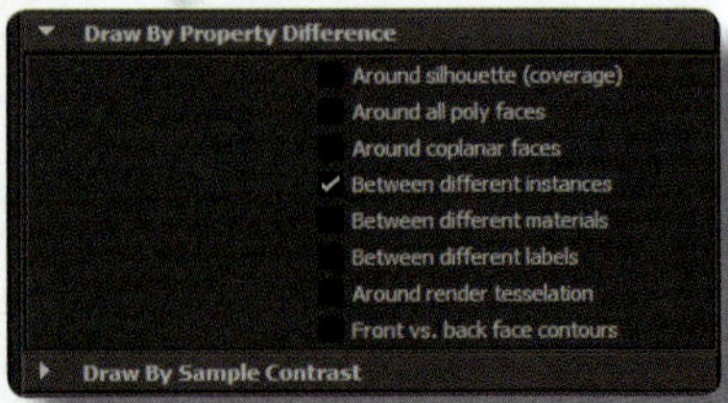

Las opciones de este apartado permiten configurar cómo se dibujan los contornos.

tría en la escena. Ahora sí, ya podemos cerrar el cuadro de preferencias, por lo que pulse el botón **Close**.

5. Una vez configurados los parámetros necesarios para llevar a cabo la renderización de contornos general, pasaremos a indicar cómo se renderizarán estos elementos en nuestra escena actual. Para ello, seleccione el vaso y muestre el editor de atributos.
6. Debemos acceder a los atributos del sombreador aplicado sobre el objeto. Para ello, sitúese en la pestaña **lambert1** y, en la primera sección del editor, pulse una vez sobre el primero de los iconos situados a la derecha del campo que contiene el nombre del material (**lambert1**) [4] y, cuando visualice los atributos del material mia, pulse en el segundo de los iconos. [5]
7. La renderización de contornos se activa desde la pestaña del grupo de sombreadores aplicados (SG). [6] Por tanto, en la pestaña **mia_material1SG**, muestre el contenido de la sección **mental ray**.
8. En esta sección se encuentra el apartado **Contours**, el cual se muestra abierto; en él, active la opción **Enable Contour Rendering**. [7]
9. Por último indicaremos de qué color queremos que se visualicen los contornos. En este caso, asigne el color amarillo en el campo **Color**. [8]
10. Eligiendo un color que destaque podremos comprobar con exactitud el resultado. Para ello, termine el ejercicio renderizando la escena. [9]

092

IMPORTANTE

Puede ajustar la anchura de los contornos desde el apartado Contours de la sección mental ray del editor de atributos. La opción Absolute Width le asegura que todos los contornos tengan la misma anchura, mientras que la opción Relative Width hace que dicha anchura sea relativa al tamaño de la imagen renderizada.

9

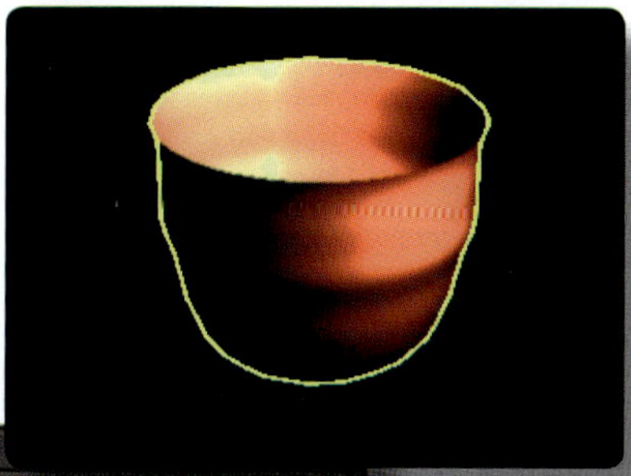

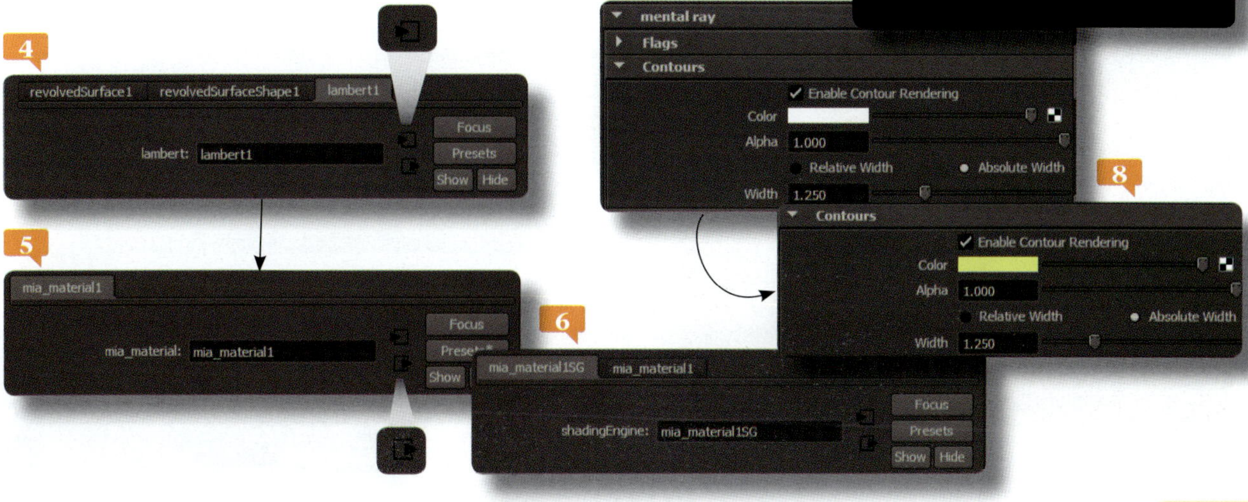

Conseguir reflejos borrosos

IMPORTANTE

El campo **Reflection Blur Limit** de la sección mental ray del material reflectante ajusta el número de veces que la reflexión desenfocada se muestra sobre otras superficies reflectantes. Por su parte, el campo **Reflection Rays** indica la calidad del desenfoque; si aumenta este valor el desenfoque aparecerá más fino.

LA REFLEXIÓN BORROSA ES MUY FÁCIL DE UTILIZAR y está disponible para la mayoría de los materiales o sombreadores de Maya que cuentan con propiedades reflectantes, como blinn, phong, anisotropic y ramp. Las propiedades de reflexión y refracción desenfocadas se encuentran en la sección mental ray del editor de atributos del sombreador en cuestión y debidamente configuradas permiten simular características realistas de distintos materiales.

1. Para llevar a cabo este ejercicio, le instamos a que descargue desde nuestra página la escena **093.mb**, una actualización de la actual, la **090.mb**. En ella hemos insertado un nuevo foco de luz, hemos modificado la posición y la orientación de la cámara y hemos creado un plano que actuará como espejo. Lo primero que haremos será cambiar el material predeterminado que presenta el mencionado plano para poder conseguir que refleje al otro objeto de la escena. Para ello, seleccione el plano, muestre el shelf **Rendering** y aplique el material blinn, el segundo de las muestras de materiales. 1
2. Al aplicar el nuevo material, se abre el editor de atributos, en el cual llevaremos a cabo los cambios oportunos. Sitúese en la pestaña del material y renómbrelo como **espejo**. 2
3. A continuación, muestre el contenido de la sección **Specular Shading** y ajuste el color de esta característica en blanco. 3

1

2

Tenga en cuenta que los resultados de los ajustes de la luz en Maya no se visualizan en el visor sino en la ventana de renderización.

3

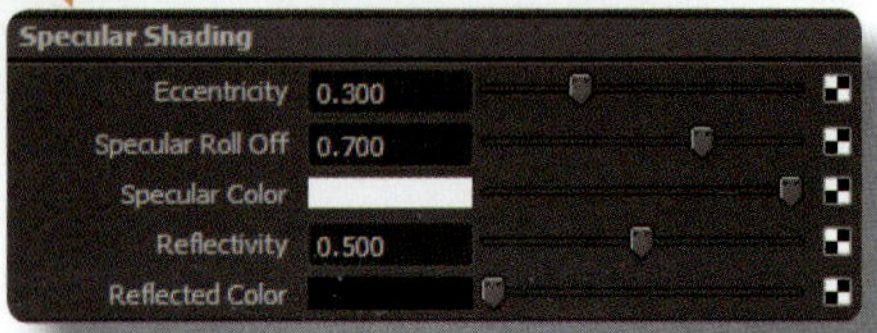

093

4. Seguidamente cambie el valor de la reflectividad de la superficie seleccionada insertando el valor **1** en el campo **Reflectivity**.
5. Vuelva a la sección **Common Material Attributes** e inserte el valor **0** en el campo **Diffuse**.
6. El siguiente paso consiste en asignar a la superficie una transparencia total. Para ello, desplace hacia la derecha totalmente el control deslizante del campo **Transparency** para designar el color blanco.
7. Compruebe que ahora, en el visor, la superficie seleccionada es invisible. Renderice la escena y compruebe que, aunque es totalmente transparente, el vaso se refleja sobre el espejo de forma nítida gracias a las características indicadas en la sección **Specular Shading**.
8. ¿Cómo podemos conseguir que este reflejo sea borroso o parezca que está desenfocado? Vamos a verlo. Cierre la ventana de renderización y, en el editor de atributos para el material **espejo**, muestre el contenido de la sección **mental ray**.
9. El campo **Mi Reflection Blur** es la que nos permitirá desenfocar el reflejo sobre el espejo. En este caso y a modo de ejemplo, inserte el valor **5** en este campo.
10. Vuelva a renderizar la escena y compruebe como, efectivamente, ahora el reflejo del vaso sobre el espejo se muestra borroso o desenfocado.

IMPORTANTE

Entre las opciones para los focos de luz, la denominada **Illuminates by Default**, activada por defecto, ilumina a todos los objetos de la escena, mientras que si se encuentra desactivada ilumina sólo a aquellos a los que la luz se encuentra vinculada. Las opciones **Emit Diffuse** y **Emit Specular**, ambas activas por defecto, permiten aportar luz difusa y reflejos sobre los objetos iluminados.

9

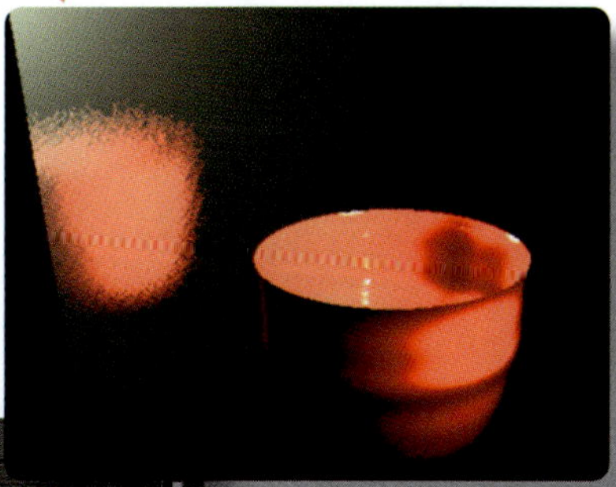

El desenfoque será mayor cuanto más elevado sea el valor insertado en el campo **Mi Reflections Blur**.

4

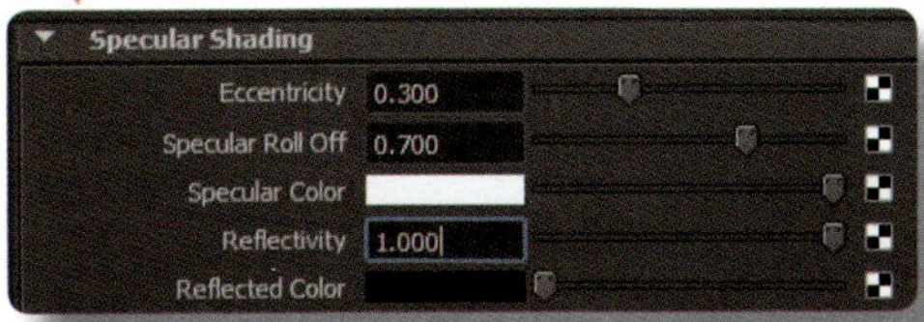

8

5

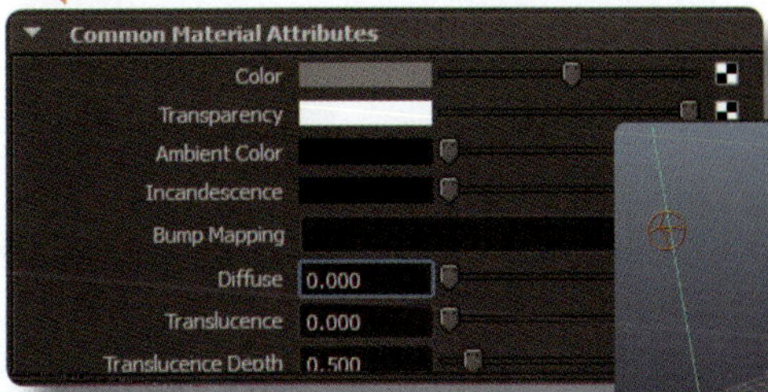

6

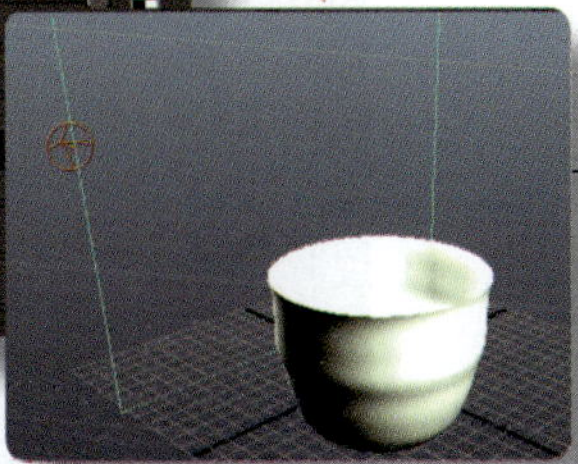

7

Conseguir refracciones desenfocadas

DEL MISMO MODO QUE HEMOS VISTO EN EL EJERCICIO anterior, Maya también permite crear refracciones desenfocadas. Las refracciones desenfocadas son muy parecidas a las reflexiones desenfocadas; consiste en que los objetos que aparecen detrás de una superficie transparente se muestren desenfocados o borrosos, proporcionando así una calidad traslúcida al objeto.

1. En este ejercicio le mostraremos cómo crear una refracción desenfocada sobre una superficie transparente. Para ello, seguimos trabajando con la escena **093.mb**, en la cual, para empezar, crearemos un nuevo objeto y lo situaremos detrás del plano que actúa como espejo o cristal. Vamos allá. Cree cualquier objeto (una esfera, un cubo, un cilindro...) y sitúelo, como hemos indicado, detrás del plano vertical.
2. Asígnele un nuevo material, el que desee, desde el shelf **Rendering** o desde el menú quad del objeto y atribúyale un color, el que quiera. 1
3. A continuación, seleccione el plano vertical, que no se visualiza en la escena pero que sin duda sabrá intuir dónde se encuentra; de no ser así, recuerde que puede utilizar el panel **Outliner** para seleccionar cualquier elemento incluido en la escena. 2

1

Cree el objeto desde el menú **Create** o bien desde el shelf **Polygons**.

2

4. Muestre el editor de atributos y, en la pestaña **espejo1**, correspondiente, como recordará, al material aplicado y modificado en la práctica anterior, y despliegue la sección **mental ray**. 3
5. Lo primero que haremos será anular el desenfoque de reflexión asignado en el ejercicio anterior para designar el valor de desenfoque de la refracción. Inserte el valor **0** en el campo **Mi Reflection Blur**, vuelva a la sección **Specular Shading** e inserte el mismo valor en el campo **Reflectivity**.
6. Anulando provisionalmente los valores de reflexión será más fácil percibir el desenfoque de la refracción. De nuevo en la sección **mental ray**, inserte el valor **2** en el campo **Mi Refraction Blur**. 3
7. Por último, muestre ahora la sección **Raytrace Options**, marque la opción **Refractions** e inserte el valor **1.2** en el campo **Refractive Index**. 4
8. Llegados a este punto, renderice la escena y compruebe como, efectivamente, podemos ver el objeto al otro lado del cristal levemente desenfocado. 5
9. Antes de terminar, volveremos a activar la reflexión de objetos sobre esta superficie. Para ello, cierre la ventana de renderización y, en las secciones pertinentes asigne una reflectividad de 1 con un desenfoque de 5.
10. Vuelva a renderizar la escena para comprobar los dos efectos conseguidos sobre el cristal. 6

094

IMPORTANTE

La opción **Refraction Blur Limit** permite ajustar el número de veces que la refracción desenfocada se verá sobre la superficie refrectante. Por su parte, si aumenta el valor del campo **Refraction Rays** aumentará también la calidad del desenfoque para que éste parezca más fino.

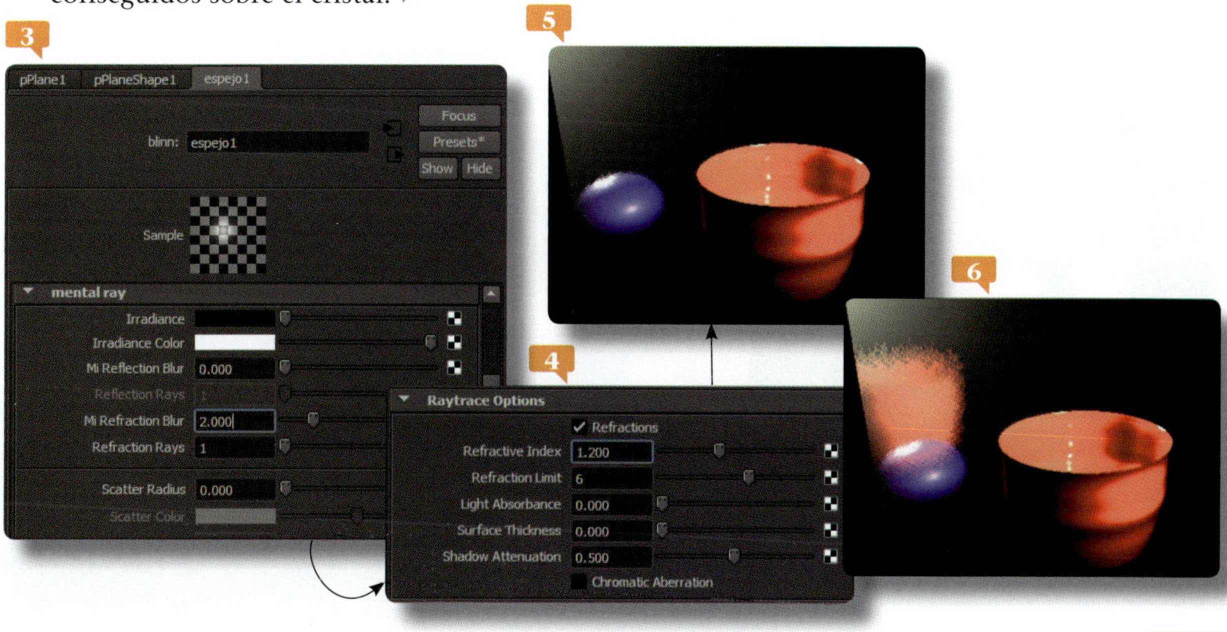

Renderizar de forma interactiva con IPR

> **IMPORTANTE**
>
> El modo IPR funciona perfectamente con el renderizador mental ray; de hecho, es compatible con más características de renderización de mental ray que de Maya Software.

LAS SIGLAS IPR CORRESPONDEN AL TÉRMINO INGLÉS *Interactive Photorealistic Render*, que podríamos traducir como renderización fotorealista interactiva. Al realizar una renderización como previsualización con el modo IPR, cualquier cambio realizado sobre sombreadores o sobre iluminación en la escena se actualiza automáticamente en la ventana Render View, lo que permite comprobar de forma interactiva cómo afectarán estos cambios.

1. En este ejercicio conocerá la renderización fotorrealista interactiva de Maya, lo que se conoce como modo IPR. Para ello, trabajaremos con nuestra escena **093.mb**, con la cual hemos practicado en los dos ejercicios anteriores. La creación de una renderización IPR es muy sencilla. El primer paso consiste en acceder a la ventana **Render View**, por lo que renderice la escena.
2. A continuación, vamos a seleccionar la cámara incluida en la escena como cámara de renderización. Para ello, despliegue el menú **Render** de la ventana de renderización, haga clic sobre el comando **Snapshot** y elija de la lista la opción **camera1**.
3. Ahora la imagen de renderización muestra la escena, de momento sin renderizar y en modo alámbrico, como si la estuviéramos mirando a través de la cámara. Seguidamente, vamos

1

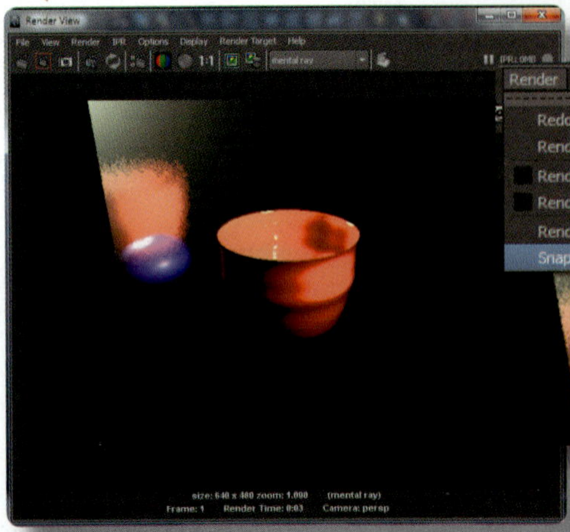

Asegúrese de que continúa teniendo el renderizador mental ray como renderizador predeterminado.

2

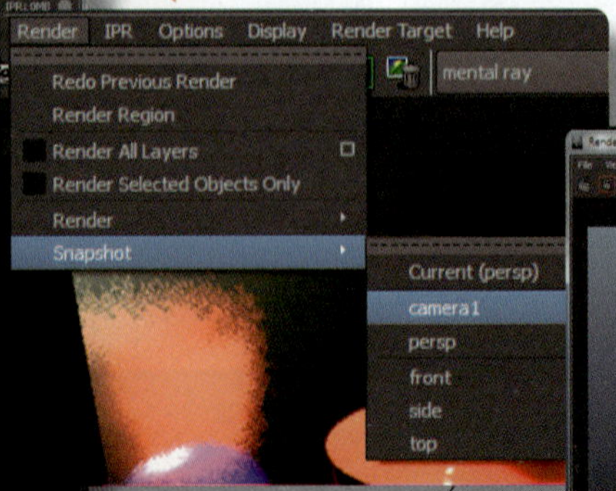

3

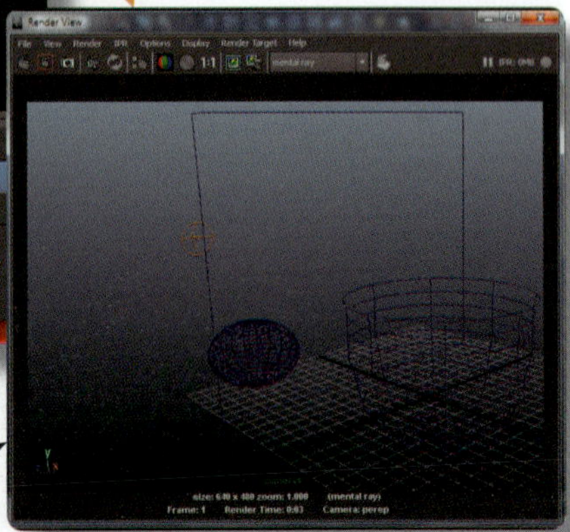

a activar el modo IPR para la previsualización de la imagen renderizada. Para ello, en la barra de herramientas de la ventana **Render View**, pulse sobre el comando **IPR**, el cuarto en dicha barra. [4]

4. Por el momento no se produce renderización alguna, sino que en la misma ventana se solicita que seleccionemos la zona de la escena que deseamos renderizar. En este caso, trace, mediante la técnica de arrastre, un rectángulo que rodee el objeto situado detrás del cristal y el vaso. [5]
5. Ahora sí, en la ventana aparece renderizada sólo la zona indicada. [6] Para comprobar la actualización de este contenido interactivamente, realizaremos algún cambio muy básico sobre uno de los objetos, en concreto, sobre el cristal-espejo. Para ello, selecciónelo en la escena.
6. Muestre el editor de atributos, sitúese en la pestaña **espejo1**, correspondiente, como ya sabe, al material aplicado al plano, y, en la sección **mental ray** disminuya hasta **3** el valor del campo **Mi Reflection Blur**. [7]
7. Al insertar y confirmar el valor en el editor de atributos, automáticamente se produce una nueva renderización en la ventana **Render View**, que permite ver cómo afecta el cambio a la escena en el mismo instante. [8] De esta forma, no será necesario que abra y cierre la ventana de renderización cuando necesite ajustar los atributos existentes. Termine este ejercicio cerrando la ventana **Render View**.

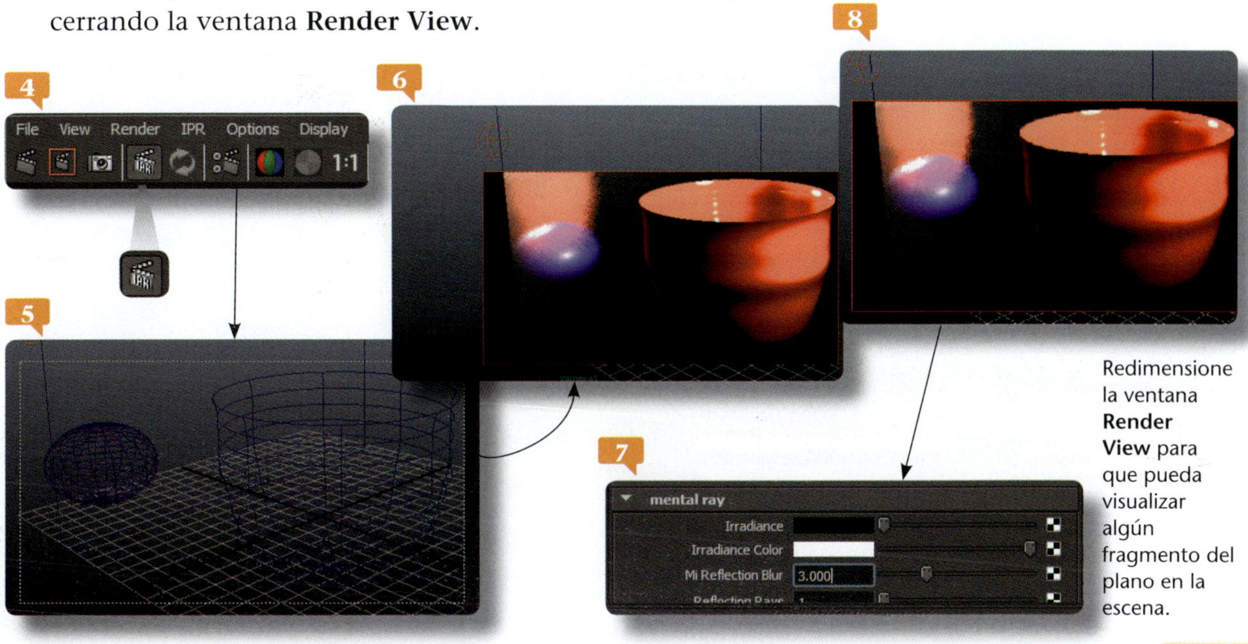

Redimensione la ventana **Render View** para que pueda visualizar algún fragmento del plano en la escena.

Crear sol y cielo reales en una escena

IMPORTANTE

Al pulsar el botón Create para la generación de sol y cielo reales, el programa crea una red de nodos que produce la luz solar. Estos nodos incluyen los modos simples **mia_physicalsun, mia_physicalsky** y **mia_exposure simple**.

MENTAL RAY PRODUCE UNA RED ESPECIAL DE LUCES y sombreados que emulan con una espectacular precisión la luz del sol en escenas de exteriores. La creación de la red de sol y cielo físicos requiere la renderización de la escena con Final Gathering.

1. En este ejercicio, el último dedicado a la iluminación y la renderización, le mostraremos cómo conseguir recrear una escena de exterior con luz solar. Para hacerlo, vamos a recuperar el archivo con el cual llevamos a cabo las prácticas relativas a la creación de océanos y la flotación de objetos (ejercicios 68 y 69). Si no dispone de esta escena, sepa que puede descargar una actualización de la misma desde nuestra página web, con el nombre **096.mb.** Cuando disponga de ella, ábrala en el área de trabajo de Maya. 1
2. La creación de la red especial que necesitamos se lleva a cabo desde el cuadro de ajustes de renderización, por lo que acceda a este cuadro y elija, en el campo **Render Using**, **mental ray** como renderizador. 2
3. A continuación, sitúese en la pestaña **Indirect Lighting.** 3

1

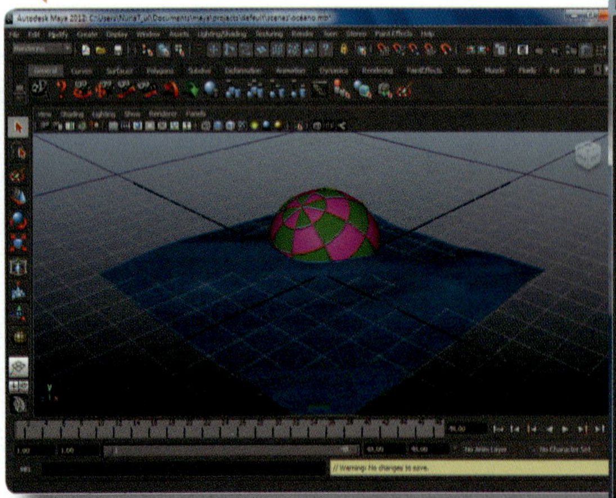

Si en su momento almacenó este archivo, no tendrá el mismo aspecto que el que aquí mostramos. No se preocupe, puesto que estas diferencias no son importantes para el objetivo de este ejercicio.

2

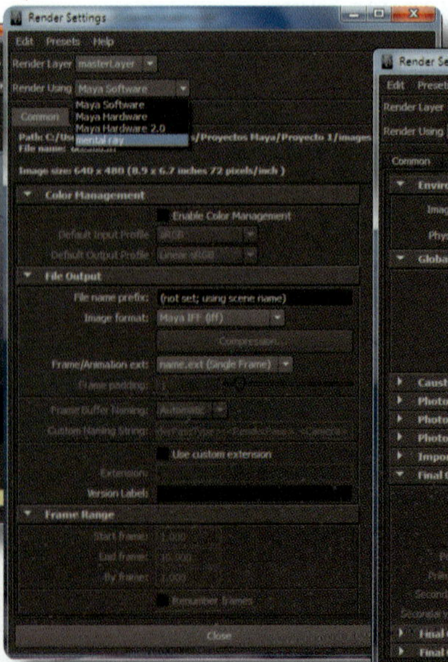

3

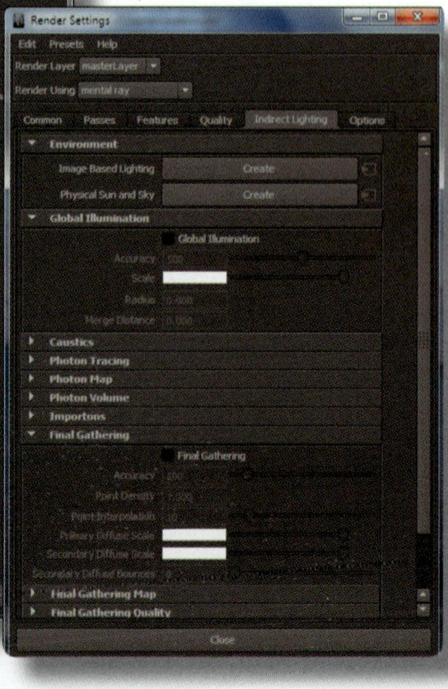

096

4. En la sección **Environment**, pulse sobre el botón **Create** del campo **Physical Sun and Sky**. [4]
5. Si desplaza el cuadro **Render Settings** verá que se ha creado un punto de luz direccional en el centro de la escena, al tiempo que se abre el editor de atributos para este nodo, que el programa denomina **SunDirection**, y para el material que actúa como fondo de cielo, **miaphysicalsky1**. [5] Compruebe también que, al crear sol y cielo, se activa automáticamente la opción **Final Gathering**. Cierre la ventana de ajustes pulsando el botón **Close**.
6. Renderice la escena y compruebe el espectacular aspecto conseguido en cuanto a iluminación se refiere. [6]
7. La imagen renderizada incluye proyección de sombras según el punto en que se encuentra situado el nodo solar, oclusión ambiental creada por el método Final Gathering y también, no disponible en esta escena por razones de contenido, un cielo que actúa como fondo. Lo que haremos a continuación será cambiar la orientación del sol. Tras cerrar la ventana de renderización, sitúese en la pestaña **sunDirection** del editor de atributos y escriba en los campos **Rotate X**, **Rotate Y** y **Rotate Z** los valores **-157**, **38.124** y **11.685**, respectivamente. [7]
8. Renderice de nuevo la escena y compruebe como hemos conseguido una luz solar distinta a la anterior. Vea sobre todo los reflejos y la sombra proyectada sobre el agua del mar. [8]

IMPORTANTE

Para controlar la iluminación de la escena una vez generados sol y cielo, es preciso cambiar la orientación de la luz y para cambiar el resto de atributos necesitará editar el nodo **mia_physicalsky**.

7

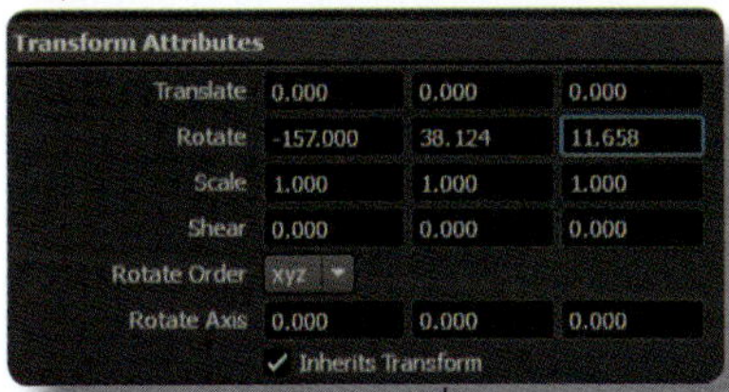

8

4

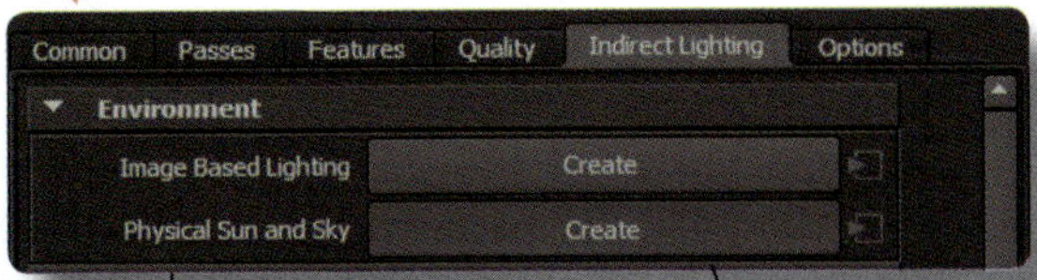

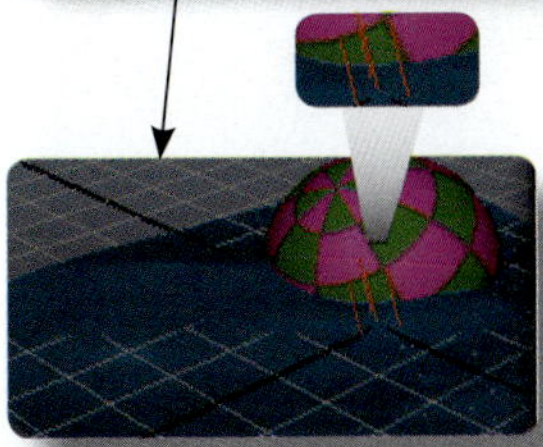

Al crear la red de nodos, el botón **Create** se convierte en **Delete**, lo que significa que se puede eliminar en cualquier momento.

5

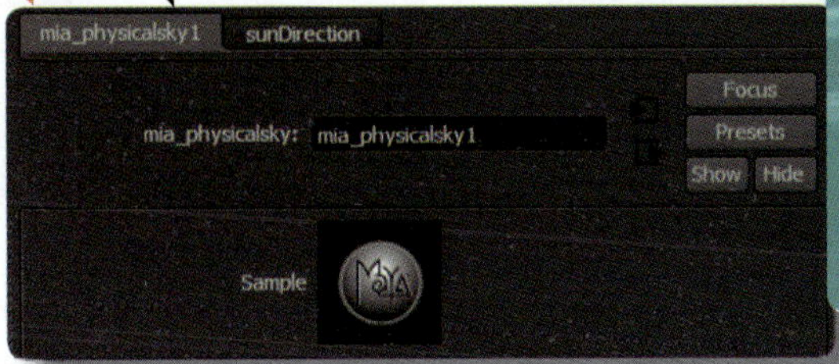

6

Utilizar los comandos MEL

IMPORTANTE

El lenguaje de programación MEL ha sido desarrollado durante muchos años dentro de una potente herramienta por muchos artistas y directores técnicos. Por otra parte, usuarios de Maya de todo el mundo comparten sus instrucciones MEL online y pueden ser descargados e instalados como parte del programa con el fin de personalizar los flujos de trabajo.

MEL (MAYA EMBEDDED LANGUAGE) ES UN POTENTE lenguaje de programación que puede utilizarse en Maya para automatizar algunas tareas. MEL permite crear guiones de acciones propios, lo cual puede ahorrarle mucho tiempo y esfuerzo y ampliar así las capacidades del programa. La mayoría de las tareas más complicadas de Maya pueden eliminarse simplemente con unas pocas instrucciones.

1. En este primer ejercicio dedicado al lenguaje MEL le mostraremos cómo funciona este lenguaje mediante la inserción de ciertos comandos muy básicos. Debe saber que dispone de varias formas de insertar comandos MEL: la ventana **Command Shell**, la línea de comandos, situada en la parte inferior del área de trabajo de Maya y encabezada por la palabra **MEL**, y la ventana **Script Editor**. En esta ocasión, sobre una escena en blanco, despliegue el menú **Window**, haga clic sobre el comando **General Editors** y elija la opción **Command Shell**. [1]
2. Se abre así la ventana **Command shell**, preparada para que usted inserte el comando que desee. (Compruebe que aparece, detrás de los dos puntos, un cursor parpadeante.) A modo de ejemplo básico, para que vea cómo funciona este lenguaje, escriba el comando **torus** y pulse la tecla **Retorno**. [2]
3. En el centro de la escena se dibuja automáticamente, con unos atributos determinados, un toroide NURBS. Compruebe a su

1

Siguiendo este mismo procedimiento también puede acceder a la ventana **Script Editor**.

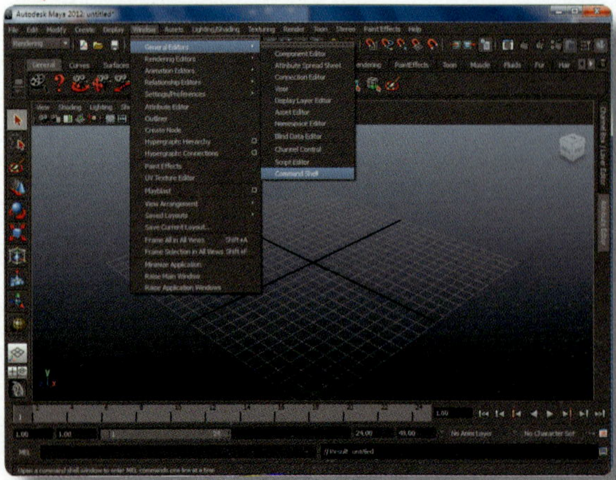

2

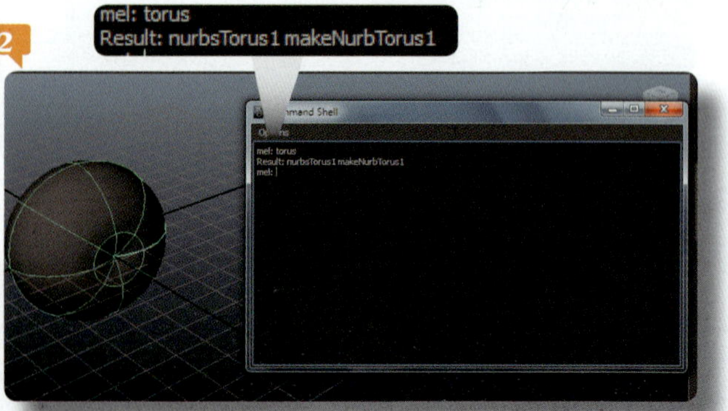

Para comprobar mejor el resultado, reubique la ventana **Command shell**, muestre el contenido de la escena con sombreado y aplique un zoom a la misma.

vez como en la ventana de comandos aparece un texto que describe el resultado obtenido tras la inserción del comando. Vamos a eliminar el objeto mediante el comando oportuno. Manteniendo el toroide seleccionado, inserte el comando **delete** y pulse **Retorno**. 3

4. Efectivamente, el objeto desaparece de la escena. Como hemos indicado en los primeros pasos de este ejercicio, Maya dispone de varios elementos para insertar comandos MEL. Trabajaremos ahora con la línea de comandos, por lo que cierre la ventana **Command Shell**, inserte el comando **cone** en la mencionada línea de comandos, encabezada por la palabra **MEL**, y pulse **Retorno**. 4
5. Según la orden indicada, aparece un cono NURBS en el centro de la escena. 5 Para eliminarla de nuevo desde la línea de comandos, escriba el comando **delete** y pulse **Retorno**. 6
6. Como última práctica de inserción básica de comandos, utilizaremos el editor de scripts del programa. Utilice el icono situado en el extremo derecho de la línea de comandos para acceder al Script Editor. 7
7. Asegúrese de que se encuentra activa la pestaña **MEL** en la parte inferior del editor, escriba el comando **sphere** y pulse **Retorno**. 8
8. Como el Script Editor está diseñado para crear scripts multilíneas, en este caso no se ha creado la esfera en la escena, sino que en la parte superior del editor se ha añadido una nueva línea. Para ejecutar el comando, pulse la tecla **Enter** en el teclado numérico y cierre el editor de scripts.

097

IMPORTANTE

La línea de comandos MEL aparece por defecto en la parte inferior del área de trabajo de Maya; si no es así, puede mostrarla desplegando el menú **Display** y seleccionando la opción **Command line** del comando **UI Elements**.

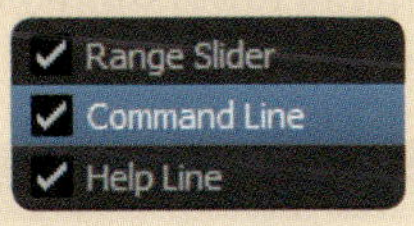

7

8

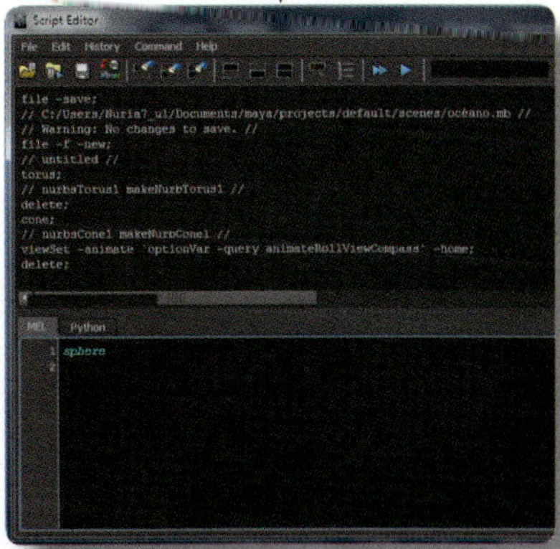

3

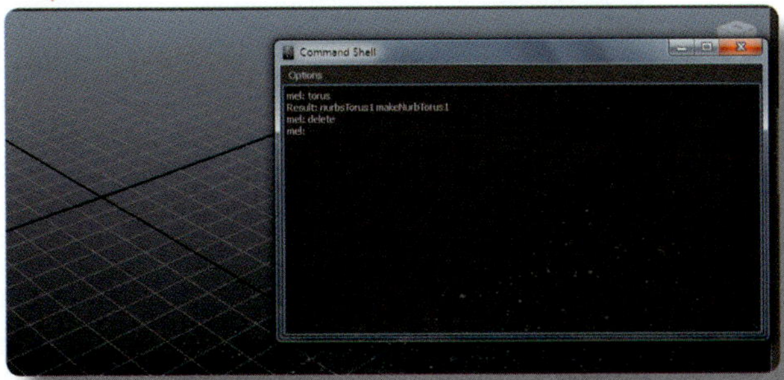

En el **Script Editor**, si pulsa **Retorno** se crea una nueva línea de comandos; si pulsa **Enter**, se ejecuta la orden indicada.

4

5

6

Si la línea de comandos muestra la palabra **Python** en vez de **MEL**, pulse sobre dicha palabra y cambiará automáticamente.

Comprender la sintaxis de scripting con MEL

AL EMPEZAR A TRABAJAR CON EL LENGUAJE de scripting MEL puede parecer que se trata de un entorno muy complicado en el cual sólo pueden entrar y trabajar los profesionales del sector. Sin embargo, con un poco de atención se llega a entender cómo están formados lo scripts y, por tanto, cómo se pueden crear según las necesidades del usuario.

1. En este ejercicio utilizaremos una escena generada en las prácticas dedicadas a las partículas para tratar de entender la sintaxis de los scripts MEL. Además, le mostraremos cómo puede obtener ayuda acerca de los comandos que se utilizan en dicha sintaxis. Empiece descargando desde nuestra página web el archivo **098.mb**, la última versión del modificado en el ejercicio 077, y abriéndolo en el área de trabado de Maya. Cuando disponga de él, abra la ventana **Script Editor** desde el comando de la parte inferior del área de trabajo y sitúela en la parte izquierda del área de trabajo, de manera que le permita ver el editor de atributos. 1
2. El Script Editor muestra las últimas acciones llevadas a cabo en el programa; en este caso, solamente hemos abierto el archivo. Vamos a eliminar todos estos scripts. Para ello, despliegue el menú **Edit** de la ventana del editor y elija la opción **Clear All.** 2

IMPORTANTE

La sintaxis para la mayoría de los comandos es la siguiente: **comando -flag nombre del nodo**. Por ejemplo, en la sintaxis **select -r nParticle ;** el elemento **select** es el comando, el elemento **-r** es el flag y el elemento **nParticle1** es el nombre del nodo sobre el que actúa la acción.

```
select -r nParticle1 ;
```

1

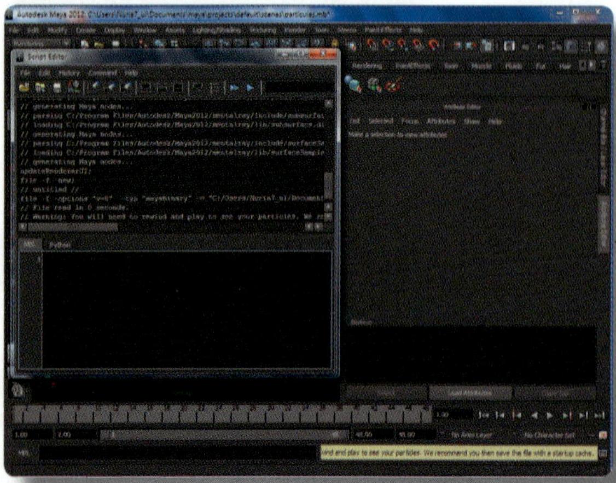

Si lo prefiere, puede abrir el **Script Editor** desde el menú **Display**, dentro del comando **UI Elements**.

2

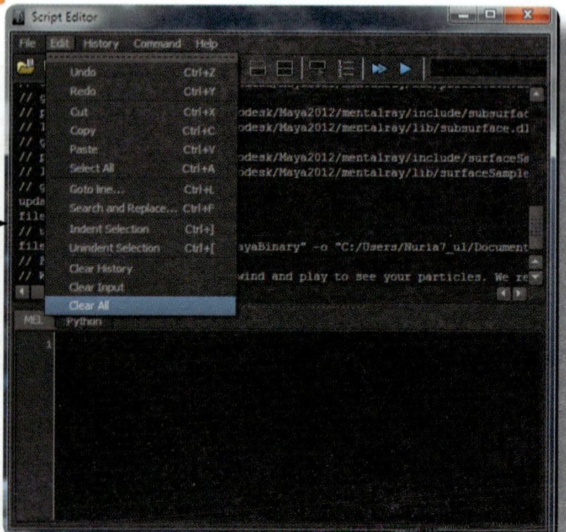

098

3. La ventana no muestra ahora ningún script. Para seleccionar el sistema de partículas, abra el panel **Outliner** y haga clic sobre el nodo **nParticles1**. [3]

4. Al minimizar o cerrar el panel Outliner verá como en el Script Editor aparece un nuevo script, describiendo la acción de selección que acabamos de realizar. [4] A continuación, en la pestaña **nParticleShape1** del editor de atributos, muestre la sección **Shading**, despliegue el campo **Particle Render Type** y elija de la lista la opción **Sprites**. [5]

5. Con esta acción, cambiamos el tipo de renderización de las partículas y así se refleja en Script Editor, añadiendo un número determinado de líneas a su historial. ¿Cómo podemos saber qué significan estos elementos? Accediendo a los archivos de ayuda de Maya o bien realizando una búsqueda del comando en concreto en el mismo editor de scripts. Como ejemplo, escriba en la parte inferior del Script Editor el término **help select** y pulse la tecla **Intro** del teclado numérico. [7]

6. En el historial del editor se listan todos los flags que pueden seguir el comando indicado, en este caso, **select**. Utilice la barra de desplazamiento vertical para comprobar que el flag **-r** corresponde a la acción **replace** (sustituir). [8]

7. Regrese a la parte superior del historial para comprender que la sintaxis de la segunda línea del script, **setAttr "nParticleShape1.particleRenderType" 5;**, está describiendo el cambio realizado en el editor de atributos, siendo el 5 el número correspondiente a la opción elegida en el campo **Particle Render Type**.

IMPORTANTE

En la sintaxis **setAttr "nParticleShape1. particleRenderType" 5;** el elemento **setAttr** es el comando propiamente dicho; el resto de elementos indican el nodo sobre el cual se lleva a cabo la acción y, separado por un punto, el atributo al que se refiere el comando **setAttr**.

8

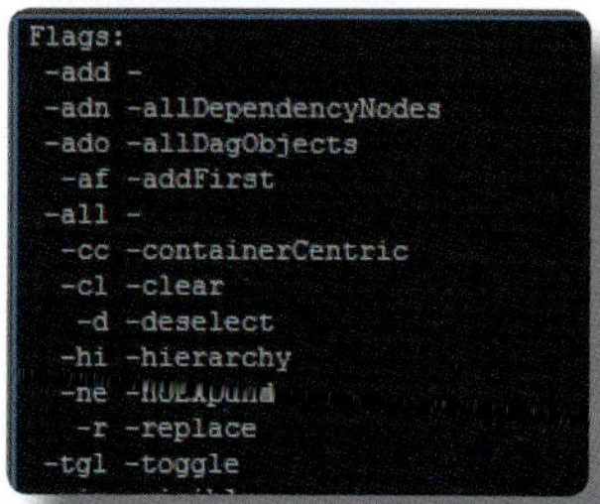

Recuerde que la tecla **Retorno** añade una línea en blanco en el editor y que por tanto debemos pulsar la tecla **Intro** del teclado numérico para ejecutar los comandos indicados.

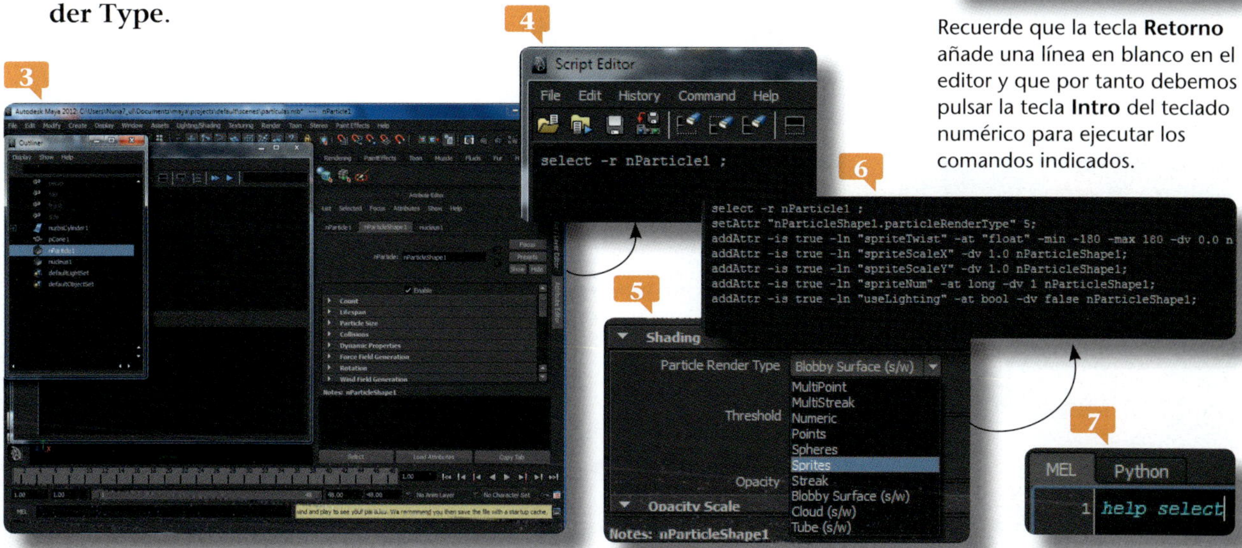

Crear y guardar scripts MEL

IMPORTANTE

Cuando pegue las líneas de código desde el editor de texto al Script Editor, verá que Maya colorea algunas partes de código. Cada color designa un tipo de sintaxis: el color rojo indica comentarios, el color verde indica variables, el color azul indica comandos y los atributos se colorean en amarillo.

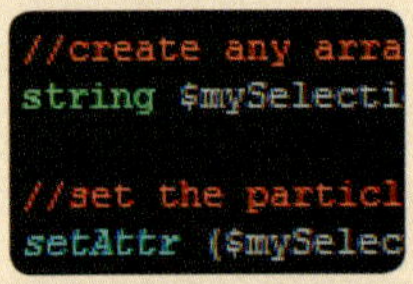

EL TÉRMINO "SCRIPT MEL" SE REFIERE A LAS LÍNEAS de comandos escritas y ejecutadas en el Script Editor. Los scripts MEL pueden almacenarse en un documento de texto con la extensión .mel; la ventaja que presenta el uso de un editor de texto es que los scripts pueden guardarse y ser utilizados en otras escenas para ahorrar tiempo y esfuerzo. Otra ventaja que presenta el uso de un editor de texto previamente a la del Script Editor es que si surge algún problema con Maya, el script no sufrirá ningún daño.

1. En este ejercicio le mostraremos cómo crear una nueva cadena de script en un editor de texto, cómo guardarla y cómo aplicar dicha cadena en una nueva escena, que puede descargar desde nuestra página web con el nombre **099.mb**. Para empezar, reproduzca la escena de la práctica anterior para comprobar el cambio producido sobre las partículas tras la modificación en el editor de atributos. 1

2. Efectivamente, en lugar de ser redondas, las partículas son ahora planas y cuadradas (sprites). Crearemos un script para cambiar de nuevo el tipo de renderización de las partículas. Para ello, abra un editor de texto, como el Bloc de notas y escriba lo siguiente: 2

// create any array containing the current selection
string $mySelection[0] = `-ls -selection`;
//set the particle render type of the current selection to cloud (s/w)
setAttr ($mySelection[0]+".particleRenderType") 8;

1

El símbolo // indica que esta línea es únicamente un comentario referente a la instrucción de la siguiente línea; el Script Editor no lo tiene en cuenta.

2

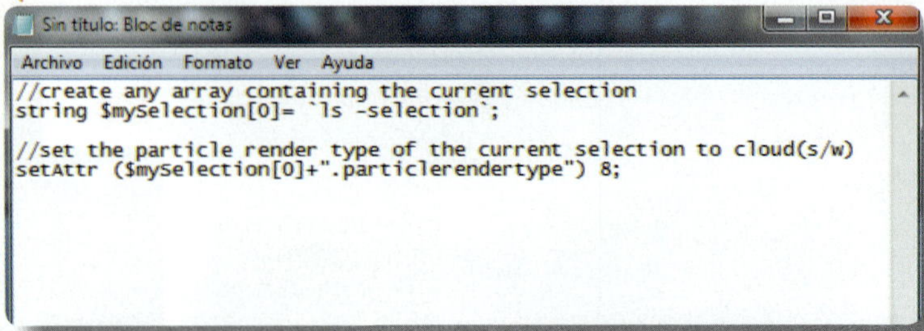

El símbolo que abre y cierra el término -ls -selection, el símbolo `, no es un apóstrofe sino un acento abierto.

3. Con estas líneas de comandos indicamos que el elemento seleccionado sea convertido al tipo de renderización concreto cloud (s/w). Lo que haremos a continuación será copiar este código y pegarlo en el **Script Editor** de la escena **099.mb**. Para ello, seleccione todo el código, despliegue el menú **Edición** del editor y pulse sobre el comando **Copiar**. [3]
4. Abra en el área de trabajo de Maya la escena **099.mb** y seleccione el sistema de partículas en el panel **Outliner** (nodo **nParticle1**). [4]
5. A continuación, acceda al **Script Editor**, despliegue el menú **Edit** y pulse sobre el comando **Paste** para pegar el código copiado en la parte inferior de la ventana. [5]
6. Pulse la tecla **Intro** para ejecutarlo.
7. Si no surge ningún error, el código se aplica a la escena y aparecen, en el Script Editor, las tres líneas de adición de atributos que implica la acción insertada. [6] Minimice el editor de script y el panel **Outliner** y reproduzca la escena para comprobar el cambio conseguido.
8. En lugar de burbujas, el objeto emite pequeñas nubes. Para terminar, guardaremos el código creado como script para que pueda ser utilizado en otras ocasiones. Para ello, vuelva al editor de texto y mediante el comando **Guardar** almacénelo con el nombre **cambio_partículas** con la extensión **.mel**.

099

IMPORTANTE

Si tras la ejecución del comando surgen errores de algún tipo, el programa lo indica en la línea de información a la derecha de la línea de comandos, aplicando un fondo de color rosa. De ser así, es recomendable que como primera comprobación revise la tipografía de todos los scripts, puesto que la mayoría de las veces los errores son producidos por haber omitido o mal escrito algún elemento.

// Error: Syntax error

3

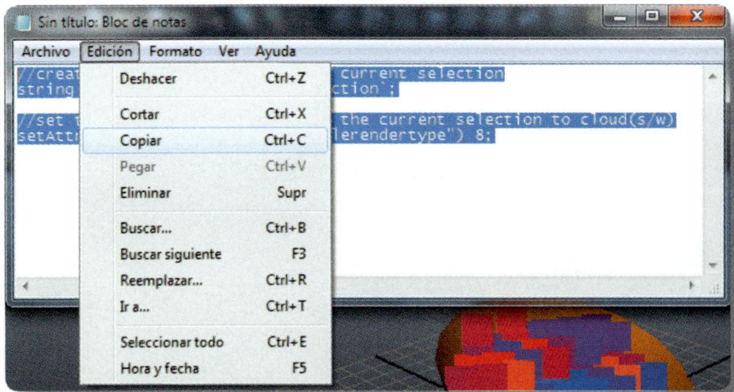

6

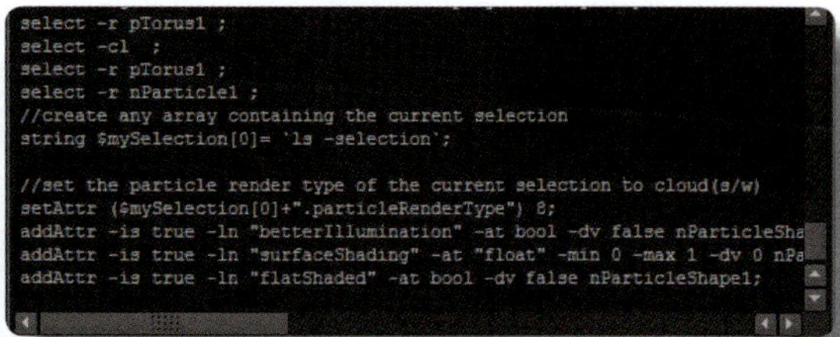

Una vez ejecutado el script puede comprobar en el editor de atributos como se ha aplicado el cambio en el campo **Particle Render Type** de la sección **Shading**.

4

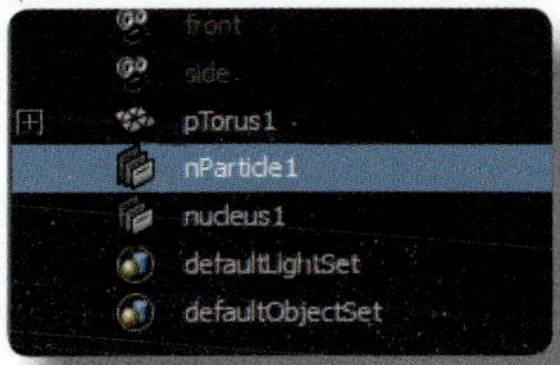

5

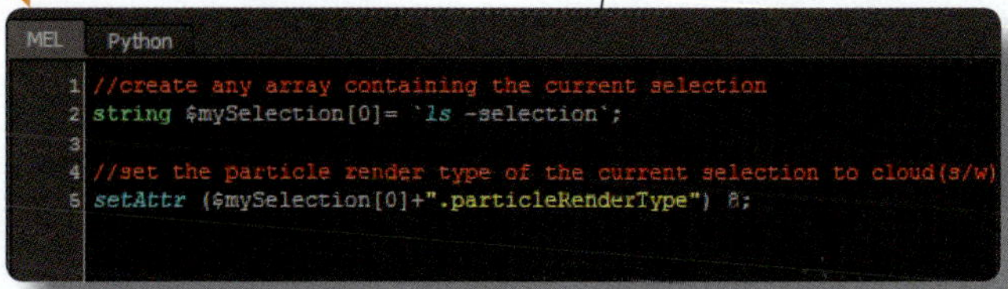

Añadir atributos con MEL

EL LENGUAJE MEL NO SÓLO PERMITE CREAR LÍNEAS de comandos para la ejecución de acciones concretas en Maya sino también permite modificar el comportamiento de estas acciones. El modo de hacerlo es básicamente agregando nuevos atributos. Este proceso no se lleva a cabo en el Script Editor sino en el editor de atributos, como veremos a continuación.

1. En este último ejercicio del libro le mostraremos cómo añadir atributos a un script. Para ello, recupere la escena **098.mb**, seleccione el sistema de partículas y muestre el editor de atributos. [1]
2. Asegúrese de que se encuentra activa la pestaña **nParticleShape1** en el editor de atributos, localice la sección **Add Dynamic Attributes** y pulse sobre el botón **General**. [2]
3. Se abre la ventana **Add Attribute** para el elemento seleccionado, en este caso, el sistema de partículas. Como nos interesa precisamente crear añadir los nuevos atributos para las partículas, sitúese en la pestaña **Particle**. [3]
4. Ahora se trata de localizar los atributos que nos interesan; imagine que lo que queremos es aplicar una rotación y un cambio de tamaño a las partículas. Con la tecla **Ctrl** pulsada,

IMPORTANTE

Si una vez añadidos los atributos para cada partícula estos no aparecen en la sección **Per Particle (Array) Attributes** del editor de atributos no se preocupe: pulse el botón **Load Attributes** de la parte inferior del editor para actualizarlo.

1

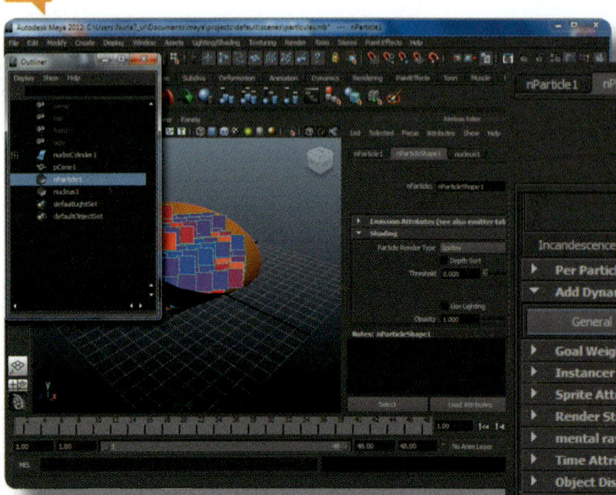

2

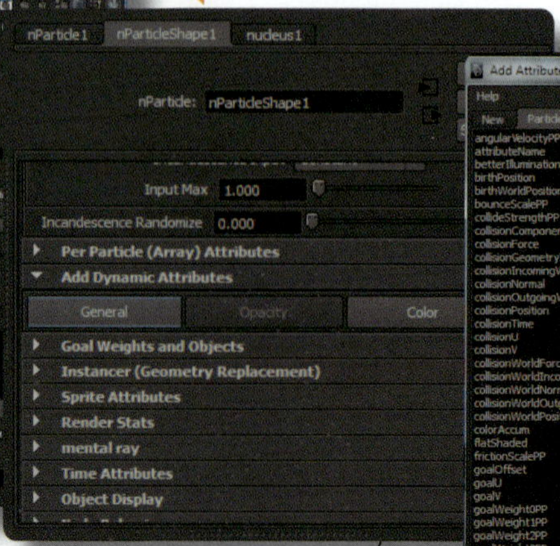

3

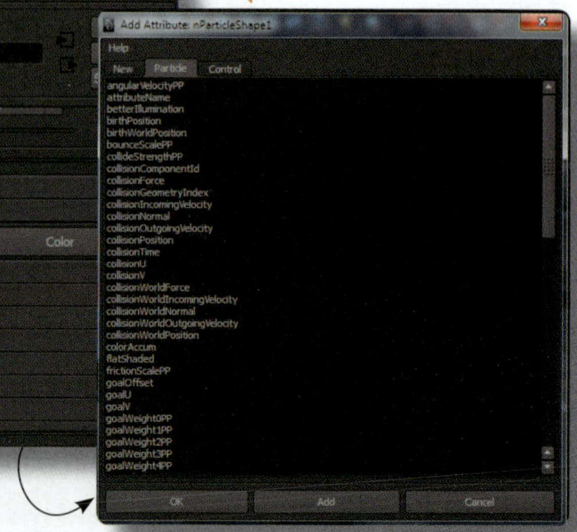

Recuerde que el uso del panel Outliner es la mejor manera de asegurarse la selección precisa del elemento que necesitamos seleccione los siguientes atributos: **spriteNumPP**, **spriteScaleXPP**, **spriteScaleYPP** y **spriteTwistPP**. [4]

5. Las letras PP que siguen cada uno de estos atributos seleccionados es que cada atributo es para una partícula (*per-particle*). Ahora pulse los botones **Add** y **OK** para añadir los atributos y cerrar la ventana.
6. Estos atributos que hemos añadido deberían aparecer en la sección P**er Particle (Array) Attributes** del editor de atributos. Compruébelo desplegando dicha sección. [5]
7. Ahora veremos cómo se refleja en el **Script Editor** el proceso de añadir atributos. Para ello, acceda al mencionado editor y compruebe la parte superior del mismo. [6]
8. De esta forma puede ver la sintaxis que debe utilizar para añadir atributos con MEL. Lo que podríamos hacer en estos momentos sería copiar estas líneas de código y adaptarlas según nuestras necesidades. Veamos brevemente cómo hacerlo. Seleccione desde la primera línea que empieza por **addAttr** hasta la última, cópiela y péguela en la parte inferior del editor de script. [7]
9. Antes de ejecutarla, cambie el elemento **nParticleShape1** por **$mySelection[0]**; en todas las líneas. [8]
10. Por último, añada dos líneas al inicio del script e inserte la siguiente cadena de código: [9]

//create an array containing the current selection
string $mySelection[] = `ls -selection`;

11. Ahora sí, ejecute el código pulsando la tecla **Intro**.

100

IMPORTANTE

Si después de cargar manualmente los atributos, mediante la pulsación del botón **Load Attributes**, estos siguen sin aparecer en la sección **Per Particle (Array) Attributes** del editor de atributos, compruebe si están en la sección **Extra Attributes** de la pestaña **nParticle1** del mismo editor.

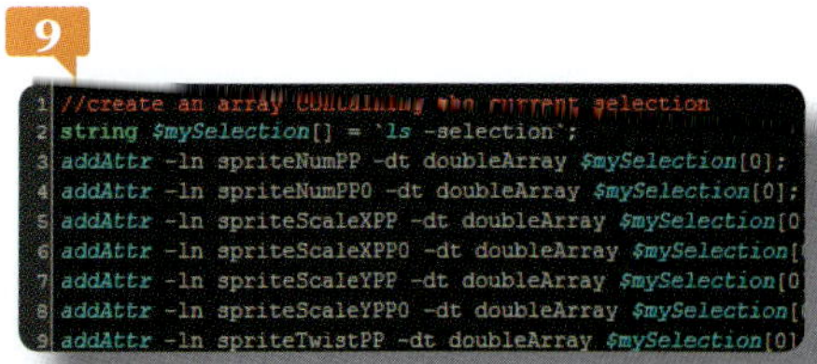

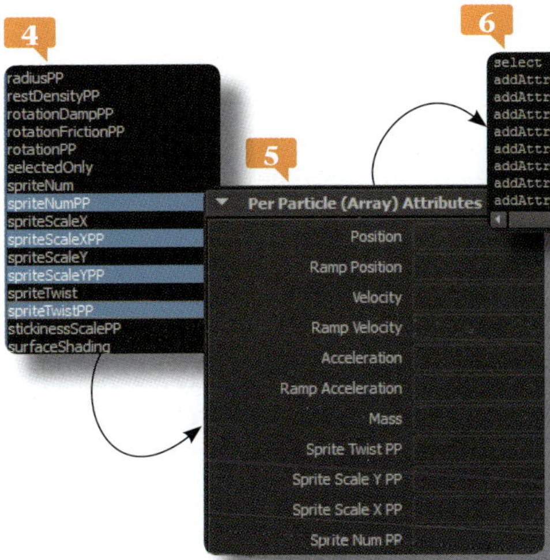

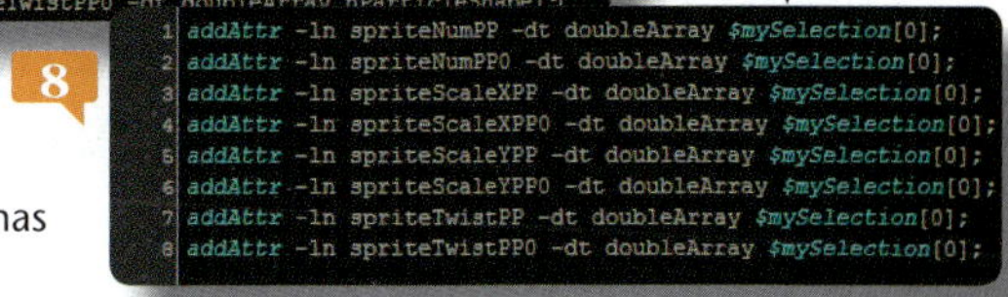

Recuerde respetar estrictamente la tipografía de las cadenas de código.

Para continuar aprendiendo...

SI ESTE LIBRO HA COLMADO SUS EXPECTATIVAS...

Este libro forma parte de una colección en la que se cubren los programas informáticos de más uso y difusión en todos los sectores profesionales.

Todos los libros de la colección tienen el mismo planteamiento que éste que acaba de terminar. Así que, si con éste hemos conseguido que tenga una primera toma de contacto con las principales herramientas de pintura, deformación, animación, iluminación y renderización de Maya y complete sus conocimientos en el mundo del desarrollo tridimensional, no se detenga aquí; en la página siguiente encontrará otros libros de la colección que pueden ser de su interés.

MODELADO TRIDIMENSIONAL

Si lo que le interesa es conocer las funciones consideradas básicas de Maya, entonces "Aprender Maya 2012 con 100 ejercicios prácticos" es, sin duda, el libro que está buscando.

Como ya sabe, **Maya** Maya es un programa que permite modelar, animar y renderizar objetos tridimensionales en poco tiempo. No dude en realizar los 100 ejercicios de este libro para descubrir las mil y una posibilidades que esconde este genial programa, tan defendido por los profesionales.

Con este libro:

- conozca la interfaz de usuario de Maya 2012,
- practique con las principales herramientas para la manipulación de objetos y la organización de escenas,
- aprenda a crear objetos, a editar su geometría y a transformarlos.

DISEÑO ASISTIDO POR ORDENADOR

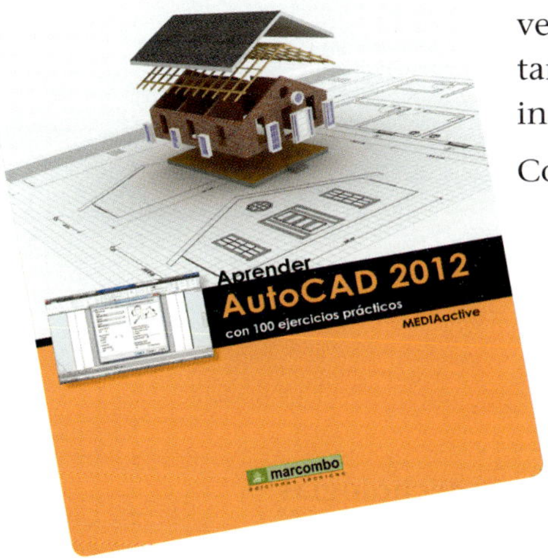

Por otro lado si su interés está más cerca del diseño de interiores y, en general, al diseño técnico, entonces su libro ideal es "Aprender AutoCAD 2012 con 100 ejercicios prácticos".

AutoCAD es en la actualidad una de las aplicaciones más respetadas y utilizadas por diseñadores, ingenieros y arquitectos. Con este manual aprenderá a manejarla de forma cómoda. En la versión 2012 de AutoCAD se presentan interesantes novedades, tanto en su aspecto como en sus herramientas y funciones, que incrementan las posibilidades de creación y diseño técnico.

Con este libro:

- aprenda a modificar fácil, gráfica e intuitivamente el aspecto de líneas, arcos, cotas y directrices múltiples
- cree rápida y sencillamente matrices de objetos
- agrupe objetos y contrólelos con más precisión con la herramienta de agrupación y con el Administrador de grupos
- conozca la nueva etiqueta de visualización de los visores

COLECCIÓN APRENDER...CON 100 EJERCICIOS PRÁCTICOS

DISEÑO Y CREATIVIDAD ASISTIDOS

- 3ds Max 2010 (TAMBIÉN EN CATALÁN)
- 3ds Max 2010 Avanzado (TAMBIÉN EN CATALÁN)
- 3ds Max 2012
- 3ds Max 2012 Avanzado
- AutoCAD 2009
- AutoCAD 2010 (TAMBIÉN EN CATALÁN)
- AutoCAD 2012 Básico
- AutoCAD 2012 Avanzado
- Flash CS4
- Flash CS5 (TAMBIÉN EN CATALÁN)
- Illustrator CS4
- Illustrator CS5 (TAMBIÉN EN CATALÁN)
- Indesign CS4
- Dreamweaver CS4
- Photoshop CS4
- Photoshop CS5 (TAMBIÉN EN CATALÁN)
- Retoque fotográfico con Photoshop CS4
- Retoque fotográfico con Photoshop CS5.5

INTERNET

- Internet Explorer 8
- Windows Live

OFIMÁTICA

- Access 2010 (TAMBIÉN EN CATALÁN)
- Excel 2007
- Excel 2010 (TAMBIÉN EN CATALÁN)
- Office 2010
- PowerPoint 2007
- PowerPoint 2010 (TAMBIÉN EN CATALÁN)
- Word 2007
- Word 2010 (TAMBIÉN EN CATALÁN)

SISTEMAS OPERATIVOS

- Las novedades de Windows 7
- Windows 7 Avanzado
- Windows 7 Multimedia y Nuevas tecnologías